JN348681

옥한흠

제자훈련에 인생을 건 광인(狂人) 옥한흠. 그는 선교단체의 전유물인 제자훈련을 개혁주의 교회론에 입각하여 창의적으로 재해석하고 지역 교회에 적용한 교회 중심 제자훈련의 선구자이다.
1978년 사랑의교회를 개척한 후, 줄곧 '한 사람' 철학으로 예수 그리스도를 닮은 평신도 지도자를 양성하는 데 사력을 다했다. 사랑의교회는 지역 교회에 제자훈련을 접목해 풍성한 열매를 거둔 첫 사례가 되었으며 오늘날까지 국내외 수많은 교회가 본받는 모델 교회로 자리매김하고 있다. 1986년도부터 시작한 '평신도를 깨운다 제자훈련 지도자 세미나'(Called to Awaken the Laity)는 20년이 넘도록 오로지 제자훈련을 목회의 본질로 끌어안고 씨름하는 수많은 목회자들에게 이론과 현장을 동시에 제공하는 탁월한 세미나로 인정받고 있다.

무엇보다 철저한 자기 절제가 빚어낸 그의 설교는 듣는 이의 영혼에 강한 울림을 주는 육화된 하나님의 말씀으로 나타났다. 50대 초반에 발병하여 72세의 일기로 생을 마감할 때까지 그를 괴롭힌 육체의 질병은 그로 하여금 더욱더 하나님의 말씀에 천착하도록 이끌었다. 삶의 현장을 파고드는 다양한 이슈의 주제 설교와 더불어 성경말씀을 심도 있게 다룬 강해 설교 시리즈를 통해 성도들에게 하나님의 말씀을 이해하는 지평을 넓혀준 그는, 실로 우리 시대의 탁월한 성경 해석자요 강해 설교가였다.

고(故) 옥한흠 목사는 1938년 경남 거제에서 태어났으며 성균관대학교와 총신대학원을 졸업하고, 미국의 캘빈신학교(Th.M.)와 웨스트민스터신학교에서 공부했으며 동(同) 신학교에서 평신도 지도자 훈련에 관한 논문으로 학위(D. Min.)를 취득했다. 한국 교회에 끼친 제자훈련의 공로를 인정받아 웨스트민스터신학교에서 수여하는 명예신학박사 학위(D.D.)를 받았다. 2010년 9월 2일, 주님과 동행한 72년간의 은혜의 발걸음을 뒤로 하고 하나님의 너른 품에 안겼다.

생전에 그가 집필한 교회 중심의 제자훈련 교과서인 『평신도를 깨운다』는 100쇄를 넘긴 스테디셀러로 영어, 중국어, 일본어 등 11개 언어로 번역 출간되었다. 주요 저서로 『나를 사랑하느냐』, 『안아 주심』, 『옥한흠 목사가 목사에게』, 성경 강해 시리즈 『로마서 1,2,3』, 『요한이 전한 복음 1,2,3』, 『교회는 이긴다 1,2,3』 외에 그의 일생을 다룬 책으로 『광인』, 『제자훈련 열정 40』 등이 있다.

恩步

무삭제본
無削除本

옥한흠 설교전집

일러두기

설교 제목 옆 성경 본문은 개역개정을 사용하였습니다.

恩步

무삭제본
無削除本

옥한흠 설교전집

Vol.1 1978年

옥한흠

은보
EUNBO

나눔을 권하는 글

(옥한흠 목사와의 사역 시점 시작 순으로 배열)

유학 생활 3년을 마치고 귀국한 후 드렸던 첫 번째 주일 예배는 잊혀지지 않는 경험이다. 설교 시간 내내 옆에 자리한 분들에게 미안할 정도로 주책 없이 눈물을 흘리며 말씀을 들었다. 3년이란 긴 시간 동안 채워지지 않았던 영적 갈급함이 해소되는 시간이었기 때문이었다. 사실 부교역자가 담임목사의 설교에 은혜받기가 쉽지 않다고들 말한다. 그런데 내게 그 말은 해당되지 않았다. 설교 시간마다 얻는 새로운 통찰과 도전, 감동이 그 시간을 사모하며 더 기다리도록 만들었다. 그렇다고 옥한흠 목사님의 설교가 화려한 문장이나 언변으로 청중을 사로잡는 설교는 아니다. 오히려 깊은 사색과 묵상의 결과로 잘 준비된 진지한 설교였다. 옥 목사님의 설교는 늘 하나님의 말씀에 비추어 부정적인 우리의 현실을 들추어냄으로 듣는 이의 마음을 불편하게 만든다. 화장하지 않은 우리의 민낯을 드러내어 마주하게 한다. 그리고 설교의 마무리에 가면 하나님의 선하신 손길에 우리 자신의 연약한 부분들을 내어 맡기며 변화될 것을 소망하게 만든다. 그래서 예배를 드리고 나가는 사람들마다 힘을 얻고 환한 얼굴로 다시 세상 속에서 삶의 예배를 드릴 수 있도록 만들었다. 요즘 나는 집요하게 우리의 삶의 문제를 드러내어 정신이 번쩍 들도록 호통을 치는 그분의 설교가 그립다. 우리의 삶을 통해 이루어내실 하나님의 역사를 기대하며 설레는 마음으로 예배당 문을 나서게 만드는 그분의 설교가 사무치게 그립다. 차제에 옥 목사님의 설교를 손질 없이 대할 수 있는 설교집이 출간되어 반갑다. 많은 분들이 이 설교집을 통해 내가 받아왔던 도전과 감동을 동일하게 경험할 수 있기를 바란다.

김명호 (일산 대림교회 담임목사, 전 국제제자훈련원 대표)

난 행복한 사람이다. 주님을 섬기면서 좋은 사람들을 많이 만났기 때문이다. 좋은 사람과의 만남은 인생을 바꾼다. 그래서 난 지금도 내 자신이 좋은 만남의 대상이 되려고 힘쓴다. 옥한흠 목사님은 내가 합동신학대학원을 다닐 때 선생님으로 만났다. 옥 목사님이 제자훈련 목회를 정리하던 때였다. 가르침과 토론을 통해 제자훈련의 목회철학을 더 날카롭게 하시던 시기로 보아진다. 목사님은 생각이나 말투나, 표현에 있어서 명료했다. 나는 1982년 말에 사랑의교회 교역자로 부임했다. 목사님을 가까이서 뵐 수 있는 기회를 갖게 되었다. 교역자 수련회에서 목사님이 교역자들에게 주신 말씀은 마치 신학교에서 박윤선 목사님께 듣는 말씀과 같았다. 교역자들의 문제점, 약한 부분을 꼬집어서 말씀하시는데 강한 인상을 받았다. 시간이 지나면서 대중과 달리 소수의 사람들 앞에서 도전을 주는 설교를 하는 것은 결코 쉬운 일이 아닌 것을 깨닫게 되었는데, 당시 목사님의 모습은 지금 생각해도 탁월하셨다. 내가 유학을 다녀온 후에 접한 목사님의 설교는 더욱 다양하고 화려하고 깊이가 있었다. 명료한 본문 이해, 다양한 예화, 명쾌한 전달, 흠잡을 데가 별로 없을 정도였다. 늘 은혜가 있었고 도전이 되었다. 아마 목사님이 몸이 아프셔서 많은 고통을 겪고 난 후였기 때문이 아닌가 한다. 그 후 나는 목사님을 가장 가까운 거리에서 모시게 되었는데 많은 이야기를 나눌 수 있었다. 목사님의 기쁨, 슬픔, 아픔, 고뇌, 고통, 염려, 그리고 갈등.... 순수하고 정적인 목사님의 모습을 대하면서 난 귀한 목사님을 모시고 있다는 생각을 많이 했다. 사역자가 신학교를 졸업한 후 첫 3년을 누구 밑에서 목회를 배우느냐가 가장 중요하다고 한다. 그 때가 바로 목회에 대한 모든 것을 배우고 습관화 되는 시간이기 때문이다. 난 옥한흠 목사님 밑에서 목회를 배운 것을 가장 귀하게 생각한다. 스승이시면서 또한 18년 동안 모셨던 담임 목사님이셨던 옥한흠 목사님의 설교를 생각하면 내겐 늘 진액을 쏟는 수고가 떠오른다. 목사님은 늘 서재에서 책을 읽든지, 원고를 타이핑하든지, 아니면 서서 창밖을 내다보며 묵상하시곤 했다. 예배당 한 편에서 머리를 조아리고 기도하는 모습은 말할 것도 없다. 목사님께서 하신 말씀이 기억난다. '설교가 너무 어렵다.' 어떤 때는 '설교를 하고 나면 마치 내가 꼭두각시가 된 느낌이다' 라고까지 하셨다. 많은 회중들 앞에서 설교자가 느끼는 고통과 외로움일 것이다. 설교를 마치고 나오시는 목사님의 모습 속에서 난 설교자의 고뇌를 보곤 했다. 난 이런 목사님의 모습을 보면서 한 가지 다짐한 것이 있었다. 설교자인 담임목사님을 격려하는 사람이 되어야겠다는 것이다. 설교하고 내려오시는 목사님의 모습을 보며 늘 성도들을 생각하는 그분의 무거운 어깨를 느꼈다. 그래서 난 목사님의 설교를 들으면서 한 가지씩 격려할 것을 찾기로 했다. 그리고 강대상을 내려와 걸어나오는 동안에 난 내가 받은 은혜, 그리고 좋았던 부분들을 언급해드렸다. 설교 후에 목사님은 보통 말이 없으셨는데 반응을 하시면서 말씀을 하셨고 또 얼굴은 평안해지셨다. 난 부교역자로서 목사님을 보살펴드리는 일이 바로 간단한 멘트를 통해서 목사님의 설교를 격려하는 일이라고 생각하고 계속했다. 이 과정은 나에게 축복이었다. 목사님의 설교를 더 주의깊게 듣게 되었기 때문이다. 옥한흠 목사님의 설교에는 특징이 있다. 본문과 주제를 선택하시는데 있어서 일정한 흐름을 유지하면서 균형있게 설교하셨다. 목사님은 한 달, 혹은 몇 달의 설교 본문과 주제를 보면서 균형이 있는지 늘 체크하셨다. 복음과 교리, 신앙생활과 삶의 이슈 등을 골고루 설교하려고 힘쓰셨다. 또한 목사님의 설교는 그 형식에 있어서 다양했다. 주제설교, 강해설교 등과 같은 어떤 틀에 매이지 않았다. 설교의 내용을 드러내는데 있어서 효과적이라고 생각하면 과감하게 변화를 시도하셨다. 아울러 목사님 설교의 또 하나의 특징은 커뮤니케이션이다. 목사님은 교육적인 안목이 있으셨고 커뮤니케이션의 원리를 잘 알고 계셨다. 목사님의 설교를 보면 처음 얼마 동안은 본문의 내용을 잘 설명하신다. 중간중간 좋은 예화도 사용된다. 그러다 후반부에 가서는 강한 열정을 쏟아놓는다. 요즘 많은 사람들은 나의 설교하는 모습을 보고 옥한흠 목사님을 많이 닮았다고 한다. 그러나 나는 옥한흠 목사님을 모시는 사람 가운데 가장 닮지 않은 사람이라고 생각한다. 다른 많은 부교역자들을 보면 그 분을 닮아가는 모습이 훤히 보이곤 했기 때문이다. 그에 비해 난 너무 안 닮아가는 것만 같았다. 그러나 감출 수 없는 것이 있는 것 같다. 바로 영향을 받는 것이다. 난 지금 옥한흠 목사님의 영향을 내 몸에서 보고 있는 듯 하다. 옥한흠 목사님의 좋은 부분이 나를 통해서 드러난다면 그것도 기쁨이 아닐까! 이번 설교전집을 통해서 존경하고 사랑하는 옥한흠 목사님의 목회 정신과 한 영혼을 향한 사랑, 하나님을 위한 헌신, 하나님의 말씀을 향한 열정이 많은 사람들에게 영향을 주고 또한 다음 세대에까지도 잘 전수되어지기를 기대해본다.

김만형 (친구들교회 담임목사, 합동신학대학원 교수, 전 사랑의교회 수석 부목사)

목사님의 설교를 들으며 젊은 시절을 보냈고 목회자로써 첫 걸음을 떼고 걸음마를 배운 저로서는 목사님의 설교전집에 제 마음을 담을 수 있다는 사실이 참으로 감사하고 영광스러운 일입니다. 더불어 목사님의 설교를 통해 제가 누린 은혜와 교훈들을 더 많은 분들이 누릴 수 있기를 바라는 마음이 가득합니다. 어느새 길게는 40여년 전, 짧게는 십수년 전에 선포된 과거의 말씀들이지만 마치 이 시대를 꿰뚫어보는 듯한 강력한 메시지들은 그때보다 지금 더 들어야 할 하나님의 음성입니다. 목사님의 설교를 처음 접한 것은 어린 시절 저의 모교회에서 있었던 말씀 사경회에서였습니다. 그 당시는 사경회가 있으면 어른 아이 할 것 없이 다 참석하였기에 저 역시 집회를 통해 목사님의 설교를 접하게 되었는데 비록 어린 나이였지만 선포되는 말씀이 무척 인상적이었고 많은 은혜를 받았던 기억이 납니다. 그 동안 접했던 부흥회 설교와는 뭔가 달랐습니다. 나중에 목사님께 여쭈어보았더니 그 교회를 기억하고 계셨습니다. 신학교에서 함께 공부하신 친구가 시무하던 교회라고 하셨습니다. 아무튼 그 집회가 인연이 되어 저는 서울로 이사를 오게 된 후 목사님이 개척하신 교회를 찾게 되었고 사랑의교회 대학부는 저의 인생과 신앙의 여정에서 큰 전환점이 되었으니 저와 목사님의 만남은 어찌 보면 설교가 주선해 준 만남이라고 생각합니다. 목사님의 설교와는 또 다른 인연도 있습니다. 대학을 졸업하고 신학을 공부하게 되면서 주일학교 전도사로 사역을 하게 되었는데 어느 날 목사님의 주일 설교를 요약하여 주보에 싣는 일을 맡았으면 좋겠다는 말씀을 주셨습니다. 많은 선배 목사님들과 풀타임 사역자들이 있었는데 어떤 이유에서였는지는 모르겠으나 저에게 그 일이 주어져 기쁨으로 2,3년 정도를 섬긴 기억이 납니다. 1부 예배가 끝나면 1부 설교 테이프와 목사님이 직접 작성하신 설교 원고가 비서실을 통해 전달되었는데 다음주 주보가 인쇄되기 전까지 주보 한 면에 들어갈 정도로 요약하는 일이 제가 해야 할 사역이었습니다. 지금 생각해보면 큰 특권이었다는 생각이 듭니다. 아마 저도 모르게 설교에 대해 배우는 훈련이 되었을 것이고 몇 번씩 되새김질을 하며 받은 은혜도 많았으니까요. 이런 저런 이유로 목사님의 설교에 가까이 있었고 또 오랜 시간 목사님의 설교를 들었던 저에게 목사님의 설교는 좋은 모델이기도 했고 또 제 자신에게 주시는 풍성한 영적인 꼴이었습니다. 저의 부교역자 시절을 생각해보면 참 감사하다는 생각이 듭니다. 담임목사님을 진심으로 존경하며 사역할 수 있었고 매주일 증거되는 말씀이 기대되고 은혜받을 수 있었으니 말입니다. 굴곡 많은 인생길을 걸으며 어려움이 있을 때에는 위로를 받았고 용기가 필요할 때는 용기를 얻었습니다. 매 주일 선포되는 담임 목사님의 말씀을 기대하는 부교역자, 참 행복한 사람입니다. 목사님의 설교는 깊은 묵상에서 비롯되었습니다. 이미 영감있는 베테랑 설교자로 교계에서 인정 받으셨음에도 불구하고 목사님은 단에 서기 전 마지막 순간까지 말씀과 씨름하셨습니다. 은퇴하신 이후에도 설교 부탁을 받으시면 가벼운 마음으로 대충 준비해서 단에 서시는 것을 본 적이 없습니다. 자신과 다른 스타일의 설교, 젊은 목회자들의 설교도 자주 들으셨습니다. 타고난 은사를 가지신 분임에도 불구하고 늘 배우고자 하시고, 그토록 오랜 시간을 묵상하고 준비하니, 그 설교에는 파워가 있을 수밖에 없었다는 생각이 듭니다. 목사님의 설교는 성도들의 삶의 현실과 이어져있었습니다. 그렇기 때문에 매우 논리적이었으나 감동이 있었고 예화 하나하나도 허튼 소리가 없었습니다. 말씀 자체를 깊이 묵상하고 다루시면서도 성도들의 마음 어느 곳을 어떻게 터치해야 하는지를 아는 설교였습니다. 이것은 설교학적으로 분석해서 얻은 결론이라기보다는 목사님의 설교를 듣는 성도의 입장에서 제가 느끼는 것입니다. 배우고 싶은 부분입니다. 육신의 기력은 쇠하여가셨지만 목사님은 단에 서시면 언제나 하나님의 말씀을 증거하는 사자였고 하나님은 목사님을 통해 성도 한 사람 한 사람에게 필요한 은혜를 주셨습니다. 담임목회를 해보니 그런 설교를 사역하시는 내내 하신 것이 참 존경스럽습니다. 제가 곁에서 보고 들은 목사님의 설교는 교회의 성장과 목사님의 연륜과 시대의 상황에 따라 몇 차례의 매듭들이 지어졌던 것 같습니다. 개척기의 설교, 사랑의교회가 안정되고 성장하던 시기의 설교, 육신의 아픔을 겪으신 이후의 설교, 목사님께서 한국교회와 시대상을 아파하며 책임감을 느끼시던 시기의 설교, 그리고 은퇴하시고 사랑과 긍휼이 풍성한 할아버지와 같은 마음으로 하셨던 설교.... 그 모든 것을 시간의 흐름을 따라 느껴볼 수 있도록 목사님의 설교전집이 출간된다니 저는 감사한 마음입니다. 아마 주제별로 엮어낸 설교집과는 또 다른 느낌일 것 같습니다. 이렇게 글을 쓰다 보니 목사님이 참 그립습니다. 설교를 하는 설교자가 아니라 선포되는 말씀을 듣는 성도의 자리에 있고 싶다는 생각도 듭니다. 그 그늘 아래에서 마음껏 사역하던 때가 그립기도 합니다. 하지만 비록 목사님과 같은 큰 나무는 될 수 없다 하더라도 목사님께 배운 우리들도 누군가가 쉴 수 있고 마음껏 사역할 수 있는 그늘을 만들어 주는 작은 나무들이기를 바랍니다. 그리고 목사님의 설교전집이 단지 서재에 꽂혀있는 기념품이 아니라 읽히고 들리는 하나님의 말씀이 되기를 바랍니다.

김건우 (좋은 씨앗교회, 전 국제제자훈련원 대표 총무)

옥한흠 목사님의 설교를 처음 들은 것은 제가 미국에서 이민 생활하던 20대 후반이었습니다. 이후에 이민 생활을 정리하고 귀국하여 신학교에 들어갔을 때 종종 옥 목사님께서 시무하시던 사랑의교회로 찾아가서 예배를 드리곤 했습니다. 신학생이었던 당시에 저는 단순히 은혜받고자 하는 열망을 넘어 무엇보다 설교자가 가져야 하는 중심을 옥 목사님으로부터 배우고 싶었기 때문입니다. 이후에 청소년 사역자로 사랑의교회에 부임하여 옥 목사님 가까이서 목회를 배울 수 있었던 10

년의 세월은 저에게 참으로 복된 시간 그 자체였습니다. 지속적으로 옥 목사님의 설교를 들으며 목회자가 갖추어야 할 진심과 열심을 배울 수 있었기 때문입니다. 호랑이는 죽어서 가죽을 남기고 사람은 죽어서 이름을 남긴다지만 감사하게도 옥 목사님은 우리들에게 선포하신 설교 말씀을 남겨주셨습니다. 보고 배울 수 있는 귀한 샘플이신 옥 목사님을 허락하신 하나님께 감사드립니다. 바라기는 옥한흠 목사님의 설교를 담은 이 책이 많은 목회자들과 성도들에게 은혜의 통로가 될 뿐 아니라 그 분의 정신이 전수되는 은혜가 있기를 바랍니다. 무엇보다 한국교회가 나날이 어려움을 처하는 이 시대에 다시 한 번 귀한 하나님의 뜻이 말씀을 통해 우리의 심령에 전해지기를 간절히 기도합니다.

이찬수 (분당 우리교회 담임목사, 전 사랑의교회 부교역자)

옥 목사님의 설교가 편집되지 않고 육성 그대로 글이 되어 책으로 나온다는 소식을 들으니 벌써 가슴이 설렙니다. 옥 목사님은 생전에 설교에 목숨을 거셨던 분입니다. 25년간 목회하는 내내 주일 설교 한 편을 위해 매번 30시간 이상을 연구하셨습니다. 30시간의 고뇌를 거친 설교가 어찌 능력이 없을 수 있겠습니까? 목사님의 설교집을 읽어보면 다양한 주석은 물론 종종 원어 연구를 위해 '킷텔신학사전'까지 참조한 흔적이 엿보입니다. 과연 전세계를 통틀어 주로 학자들이 사용하는 킷텔신학사전을 통해 설교 본문을 연구하는 설교가가 몇이나 될까 궁금합니다. 그처럼 탄탄한 본문 연구는 물론 소그룹과 목회 현장에서 성도들의 삶을 이해하는 탁월한 적용에 이르기까지 옥 목사님의 설교는 그야말로 이 시대 모든 설교가들이 본받아야 할 모범입니다. 아무쪼록 이번 옥 목사님 무삭제 설교전집 발간이라는 귀한 기회를 통해 흔들리는 한국교회에 위대한 스승의 예언자적 목소리가 다시 한번 준엄하게 울려퍼지기를 기대합니다. 목회자는 물론 온 성도들이 그 말씀 앞에 서서 자신과 한국교회를 올바로 세우는 계기가 되기를 간절히 원합니다.

박정근 (부산 영안교회 담임목사)

10대의 두 아이가 고대 그리스의 장터를 배회하고 있는 한 지혜로운 늙은 철학자를 골려주기로 작정했다. 한 소년이 손에 작은 새를 쥐고 노인에게 물었다. "아테네의 현인이시여, 내 손에 새 한 마리가 있습니다. 그 새가 죽었는지 살았는지 말해 보시겠습니까?" 노인이 만약 "죽었다" 라고 말한다면 소년은 손을 펴고 새가 날아가게 할 것이다. 한편 노인이 "살았다" 라고 말한다면 그는 새를 눌러 죽일 것이다. 군중들이 노인의 대답을 들으려고 모여 들었다. 노인은 이렇게 말했다. "새가 죽었는지 살았는지 나는 알지 못하오. 그러나 이것만은 알고 있소. 그 생명은 당신의 손에 달렸소." 이 짧은 글을 말씀으로 목양을 하는 목회자의 엄중한 책임감에 비추어 지금 생각해 본다. 말씀을 듣는 성도들 영혼의 생명이 자신의 손안에 달려있다고 생각하며 무거운 책임감으로 밤을 지새우고 눈물을 흘리며 강단에 서는 목회자들이 과연 얼마나 될까? 1998년 11월 26일 강남 사랑의교회에서 1,000여명의 목회자들이 회집한 한국기독교목회자협의회 창립총회에서 설교하셨던 옥 목사님의 모습을 나는 지금도 생생하게 기억한다. 그날의 설교는 그 자리에 회집한 목회자들에게 하나님의 말씀을 선포한다는 것이 무엇을 의미하는지에 대한 근본적인 도전의 시간이었다. 옥 목사님이 선택한 본문은 아모스 3장7–8절이었다.

> 주 여호와께서는 자기의 비밀을 그 종 선지자들에게 보이지 아니하시고는 결코 행하심이 없으시리라. 사자가 부르짖은즉 누가 두려워하지 아니하겠느냐 주 여호와께서 말씀하신즉 누가 예언하지 아니하겠느냐?

옥 목사님은 창립총회의 본문 말씀으로 아모스서를 선택하게 된 것은 아모스 선자자가 살았고 예언했던 시대 속에서 한국교회의 현실을 이해하게 되었기 때문이라고 말문을 열었다. 이어 옥 목사님은 이어 북왕국의 상황과 한국교회의 상황을 동일한 것으로 볼 수는 없지만 이스라엘 지도자들의 경우를 거울 삼아 우리들의 문제들을 점검할 필요가 있다고 말하면서 다음과 같은 준열한 질문을 던지셨다.

> **"우리가 얼마동안 경제적인 번영을 누리면서 자신이 세속주의에 물들지 않았다고 양심선언을 할 수 있는 목회자가 몇 명이나 됩니까? 돈을 좋아하고 거짓말을 예사로 하고, 심지어는 양떼들을 이용하여 자기 몫을 챙기는데 급급하는 지도자들이 적지 않다는 것이 가슴 아픈 우리 모두의 현실이 아닙니까? 과연 정의를 땅에 던지는 일이 성직자들이 모이는 곳에서는 없었다고 말할 수 있습니까? 왜 세상 정치판에서도 볼 수 없는 추태들이 교회 지도자들 사이에서 일어납니까? 왜 진실과 공의와 하나님**

의 뜻을 표방하면서 뒤에서는 거짓과 음해를 합니까? 한국교회의 조직적인 비리들을 우리가 어떻게 설명을 해야 할까요?"

나는 지금도 창립총회에 참석한 1,000여 명의 목회자들을 향해 사자처럼 포효하던 옥 목사님을 생생하게 기억한다. 실로 한 영혼을 살리기 위해 다시 한번 생명의 말씀을 붙들고 씨름하자는 안타까운 권고요, 자책이요, 외침이었다. 이러한 옥 목사님을 통해 새로운 경험과 새로운 지평을 열어가면서 나는 한 생명의 영혼을 섬기는 그 소중하고도 막중한 책임의 자리에 서게 되었다. 그리고 지금, 이 땅끝의 작은 어촌도시에서 부끄럽지만 하나님의 말씀을 한 영혼을 위해 전하려고 애쓰며 몸부림치는 설교자로 살고 있다. 사자처럼 울부짖는 하나님의 음성을 듣기 위하여 설교 한 편에 30시간 이상의 시간을 투자했던 옥한흠 목사님! 그에게는 설교 한 편을 만들어내는 작업이 그의 온 생명을 바치는 고통스러운 영적 투쟁의 과정이었음을 그를 가까이 했던 사람들은 잘 알고 있다. 물론 많은 목회자들이 그런 과정을 거치면서 설교를 준비하지만 내게는 그 분의 그러한 땀과 눈물이 항상 더 피부로 다가왔고 지금도 간절히 닮고 싶은 모습이다. 이처럼 지난한 고투와 치열한 영적 투쟁을 통해 탄생된 말씀이었기에 그의 설교는 잠든 평신도들의 영혼들을 깨웠고 잠든 교회를 깨웠다. 그리고 절망과 슬픔에 빠진 자에게 희망을 주었고 방황하는 영혼들을 바른 길로 인도해주었다. 그렇기에 초원의 생수처럼 말씀으로 영혼을 살리던 그분의 부재가, 그분의 빈 자리가 특히 오늘날 너무도 크다. 다시 옥 목사님의 설교를 더 들을 수 없음이 때로는 슬픔이 되고, 안타까움이 되고 있는 차에 옥 목사님의 무삭제 설교전집 발간은 참으로 반가운 소식이다. 양식이 없어 주림이 아니며 물이 없어 갈함이 아니라 하나님의 말씀을 듣지 못해 심한 영적 고갈을 겪고 있는 이 때에(암 8:11) 새롭게 정리된 옥 목사님의 설교집은 또 하나의 생명을 살리는 사자후의 음성이 될 것이라고 확신한다. 옥 목사님의 그 음성이 죽어서도 말하는 생명의 외침이 되어 죽어가는 영혼을 깨우고, 한국교회를 깨우고, 시대를 깨우는 역할을 하게 될 것을 기대하며 다시 그리움으로 그 분을 떠올려 본다.

김원배 (갈릴리 목포땅에 위치한 꿈동산교회 담임목사, 전 한목협 상임총무)

대학 시절, 가끔 옥 목사님이 집으로 전화를 하셨다.

"장로님~"

"아, 목사님, 제가 아니고요.... 아버지 바꾸어 드리겠습니다."

그 짧은 통화에도 설교가 아닌 다른 말씀을 하시는 옥 목사님은 나에게 매우 이상(?)했다. 최고 순도의 강철이 목소리가 된다면 분명 그럴 것 같이 명확하고 단단한 발음, 듣는 사람을 각성하게 하는 약간 높은 톤, 그리고 천부天賦라고 할 수 밖에 없는 그 음성으로 목사님은 예수님을 전하셨다. 도덕이 아니라, 인생이 아니라, 관조觀照가 아니라, 십자가에 달리신 예수님을 전하셨다. 설교자 본인이 그 십자가의 도에 압도되어 견딜 수 없는 감격 속에서 전하는 놀라운 소식이었다. 설교의 주제가 무엇이든 듣는 나에게 남는 것은 언제나 놀라운 십자가의 소식과 그 소식이 요구하는 결단이었다. 그렇지만 그 메시지는 불꽃놀이 같은 말의 성찬이 아니라, 정예군이 빈틈없이 진을 짜고 질서정연하게 진군해오는 듯한 논리로 뒷받침되어있었다. 살았고 운동력 있는 하나님의 말씀을 듣는 이의 심령에 일직선으로 전력투구해주시던 목사님의 설교! 그 설교들을 강단에서 외쳐지던 그 음성 그대로 이제는 글로 찬찬히 읽으며 다시 곱씹을 수 있게 되니, 이는 은혜 위에 은혜이다.

이명헌 (인천대학교 경제학과 교수, 1979년부터 사랑의교회 출석)

편집자 노트 1

사랑의교회(구: 강남은평교회)를 개척한 1978년부터 옥한흠 목사는 자신의 설교가 지향하는 방향을 명확히 했습니다.

옥한흠 목사는 앞에 앉은 소수의 사람들과 다이렉트로 눈과 눈을 마주치면서, 가슴과 가슴을 같이 맞대고 복음을 전하는 데에 치중했습니다. 그리고 그는 하나님의 말씀을 전하는 데에 있어서 결코 청중들의 기호에 아부하지 않았습니다.

오늘날 교회 강단마다, 교회마다 너무 현실적으로 아부하는 하나냐 같은 그런 선지자들이 많이 있어요. 교회마다 너무 지나치게 많은 사람들이 욕구 불만에 아부하고 많은 사람들의 기호에 아부를 해서 하나님의 말씀을 세속적으로 해석하고 믿음을 현실적으로 타락시키는 오늘 그와 같은 일들이 우리 주변에는 너무나 많습니다. **(1978년 9월 10일 주일 낮 예배 설교 중)**

달리 말해 복음과 예언자적 외침이라는 옥한흠 설교의 골격은 이미 그가 사랑의교회를 개척한 1978년에 거의 완벽하게 잡혀

있었다고 해도 과언이 아닙니다. 그런 면에서 옥한흠 목사의 사역 초창기인 1978년과 1979년의 설교는 사역 중후반의 설교와 비교할 때 이미 완성된 설교적 골격 위에 그의 거침없는 내면까지 가감 없이 드러난 매우 귀중하고 희귀한 자료입니다.

편집자로서 독자에게 몇 가지 안내를 드립니다.

1. 이 설교전집의 가장 큰 특징은 '무삭제'입니다. 달리 말해 보통 설교집을 만들 때 필요한 내용적, 구성적 편집을 거의 하지 않았습니다. 말 그대로 마치 나의 귀에 바로 들리는 듯한 옥한흠 목사의 구어체를 그대로 사용했습니다. 옥한흠 목사는 자신만의 특유의 구어체가 있습니다. 최대한 그의 어투를 그대로 살렸습니다. 그것이 문법적으로 조금은 안 맞을 수도 있지만 편집부는 문법보다 더 중요한 것은 메시지라고 판단했습니다. 그것이 더 생생하게 옥한흠 목사의 설교 속 의도가 독자에게 전해지는 길이라고 확신했기 때문입니다.

2. 사랑의교회는 1978년 7월 23일에 9명의 성도와 함께 시작되었습니다. 그러나 7월과 8월의 설교 내용이 없습니다. 그리고

그 후에도 주일 낮 예배 설교가 빠진 것이 중간중간 있습니다.

3. 당시 사랑의교회는 매주 주일 저녁 예배와 수요일 예배가 있었습니다. 모두 옥한흠 목사가 설교했습니다. 안타깝게도 이 책에는 단지 두 번의 주일 저녁 예배 설교와 두 번의 수요일 예배 설교만이 수록되어있습니다.

4. 설교 후 옥한흠 목사의 기도는 9월 10일 설교에만 기록이 남아있습니다.

5. 주일 저녁 예배와 수요일 예배는 참석자들이 소수였던 관계로 옥한흠 목사는 앞에 앉은 청중들의 이름을 부르면서 친근하게 설교를 진행하곤 했습니다. 그 분들의 이름은 익명으로 처리했습니다.

6. 옥한흠 목사는 미국 유학 시절 구매한 중고 녹음기로 1978년 설교를 직접 녹음했습니다. 아내 김영순 사모가 그 테이프를 집에서 복사해 설교 테이프를 요청하는 몇몇 가정들에게 발송했습니다.

7. 1978년 말 사랑의교회는 주일 낮 예배에 약 80~90명이 출석하는 규모로 성장했고 1979년 초 서초동 진흥 아파트 앞의 상가로 교회당을 확장 이전하기로 예정되어있었습니다.

8. 이 설교전집을 통해 독자는 중공과 소련 등등 지금은 사라진 우리 일상의 단어들 뿐만 아니라 당시의 생생한 예화들을 통해 70년대의 생활 양식이 주는 추억과 향수를 느낄 수 있습니다.

이 책을 읽는 독자들 중에 혹시 1978년, 1979년 옥한흠 목사의 설교 테이프 등을 포함해 사랑의교회 초창기 자료를 갖고 계신 분이 있으면 은보 출판사로 연락해주시길 바랍니다. 그리고 개척 초기 옥한흠 목사의 설교를 들었던 성도들 중에서 당시 예배 또는 설교와 관련해 기억나는 일화 등이 있으면 역시 은보 출판사로 연락해주십시오.

지난 몇십 년 사이에 우리 생활이 얼마나 급격한 변화를 겪었는지요? 앞으로 또 얼마나 더 급격한 변화를 만날지 아무도 모릅니다. 우리는 1978년에 선포된 하나님의 말씀이 2016년 현재에도 여전히 살아 숨쉬며 역사한다는 사실을 이 설교전집을 통해 느끼게 될 것입니다. 마찬가지로 앞으로 30년이 더 지난 2046년에도 하나님의 말씀은 여전히 살아 우리의 영혼을 때릴 것입니다. 역사하는 말씀의 능력을 이 설교전집을 손에 쥔 모든 성도들이 체험하길 바랍니다.

차례

본질, 핵심 그리고 회복

거장의 25년 육성 설교 시리즈

恩步

옥한흠

무삭제본

無削除本

설교전집

1978년 9월 10일 주일 낮 예배

아브라함의 믿음

(롬 4 : 16 – 25)

(히 11 : 17 - 19)

아브라함의 생애를 한마디로 이야기하면 믿음으로 전부를 버린 사람이요. 믿음으로 모든 것을 얻었던 사람이요. 믿음으로 모든 걸 드렸던 사람입니다. 정확하게 아세요. 믿음으로 모든 것을 버렸던 사람이고, 믿음으로 모든 것을 얻었던 사람이고, 믿음으로 모든 것을 드렸던 사람입니다. 이해가 갑니까?

16. 그러므로 상속자가 되는 그것이 은혜에 속하기 위하여 믿음으로 되나니 이는 그 약속을 그 모든 후손에게 굳게 하려 하심이라 율법에 속한 자에게뿐만 아니라 아브라함의 믿음에 속한 자에게도 그러하니 아브라함은 우리 모든 사람의 조상이라
17. 기록된 바 내가 너를 많은 민족의 조상으로 세웠다 하심과 같으니 그가 믿은 바 하나님은 죽은 자를 살리시며 없는 것을 있는 것으로 부르시는 이시니라
18. 아브라함이 바랄 수 없는 중에 바라고 믿었으니 이는 네 후손이 이같으리라 하신 말씀대로 많은 민족의 조상이 되게 하려 하심이라
19. 그가 백 세나 되어 자기 몸이 죽은 것 같고 사라의 태가 죽은 것 같음을 알고도 믿음이 약하여지지 아니하고
20. 믿음이 없어 하나님의 약속을 의심하지 않고 믿음으로 견고하여져서 하나님께 영광을 돌리며
21. 약속하신 그것을 또한 능히 이루실 줄을 확신하였으니
22. 그러므로 그것이 그에게 의로 여겨졌느니라
23. 그에게 의로 여겨졌다 기록된 것은 아브라함만 위한 것이 아니요
24. 의로 여기심을 받을 우리도 위함이니 곧 예수 우리 주를 죽은 자 가운데서 살리신 이를 믿는 자니라
25. 예수는 우리가 범죄한 것 때문에 내줌이 되고 또한 우리를 의롭다 하시기 위하여 살아나셨느니라

17. 아브라함은 시험을 받을 때에 믿음으로 이삭을 드렸으니 그는 약속들을 받은 자로되 그 외아들을 드렸느니라
18. 그에게 이미 말씀하시기를 네 자손이라 칭할 자는 이삭으로 말미암으리라 하셨으니
19. 그가 하나님이 능히 이삭을 죽은 자 가운데서 다시 살리실 줄로 생각한지라 비유컨대 그를 죽은 자 가운데서 도로 받은 것이니라

성경에 히브리서 11장하고 로마서 4장은 아예 표를 딱 해놓으세요. 언제든지 넘길 수 있도록 표를 해놓으시고 이 시간 성경 말씀 들으시기 바랍니다. 오늘 아브라함의 믿음에 대해서 우리 여기 계신 분들하고 같이 나누려고 하는데요. 지난 주일에는 롯에 대해서 말씀드렸죠. 오늘은 아브라함에 대해서 말씀드립니다. 굉장히 중요한 인물입니다.

아브라함은 175세까지 살았습니다. 그가 하나님의 선택을 받아서 자기 고향을 떠날 당시에 나이가 75세였습니다. 그리고 75세부터 하나님과 독특한 관계를 가지고 몇 년을 살았느냐면은 1세기를 살았습니다. 100년을 살았습니다. 그래서 전 생애가 거의 2세기를 걸친 인물이었는데도 성경이 아브라함의 생애에 대해서 다루는 내용은 얼마되지 않습니다. 불과 한 20년 분량의 역사 중에서 중요한 것만 뽑아서 성경이 다루고 있는데요. 즉 175년을 산 사람의 생애 치고는 성경이 너무 짧게 다루고 있습니다만은 이 사람은 대단히 우리에게 중요합니다. 왜냐하면 아브라함은 혈통적으로 지금 현재 세계적으로 살고있는 1,450만 명 유대인의 조상입니다. 그리고 아브라함은 또 영적으로 온 세계에 흩어져 있는 크리스천들 그러니까 지금 통계로서 어느 정도입니까? 지금 약 9억 정도를 보는데요. 그 모든 크리스천들의 조상입니다. 그래서 바울은 이 아브라함에 대해서 말하기를 로마서 4장 16절에 하나님 앞에서 우리 모든 사람의 조상이라고 그랬어요. 하나님 앞에서 우리 모든 사람의 조상.

그리고 아브라함의 특징은 믿음입니다. 그래서 믿음의 조상이라고 흔히 별명을 많이 부릅니다. 우리가 영적으로 아브라함의 자손이면 반드시 아브라함이 믿음으로 어떻게 살았느냐를 우리가 자세히 검토하고 그 검토한 말씀대로 우리가 실천을 해야 됩니다. 만약에 아브라함이 산대로 우리가 살지 못한다고 하면 영적으로 아브라함의 자손이 아닙니다. 예수님 당시에 유대 나라에 태어난 많은 유대인들이 이르기를 우리는 아브라함의 자손이라 우리는 아브라함의 자손이라......그렇게 교만해할 때에 예수님이 책망하기를 뭐라 그랬냐면은 너희가 아브라함의 자손이면 아브라함의 행사를 할 것이다. 그렇죠? 너희가 아브라함의 자손이면 아브라함의 행사를 할 것이다. 아브라함은 이렇게 하지 아니하였느니라. 요한복음 8장에 나옵니다. 그러므로 우리가 영적으로 아브라함의 자손이면 아브라함이 한 대로 살아야 합니다. 오늘 처음 나오신 분들에게는 조금 미안해요. 왜냐하면 구약의 사건을 드러내기 때문에 여러분들이 백그라운드를 잘 모를 겁니다. 그러나 들어보시면 나중에 이해가 갈 겁니다. 우리는 아브라함의 자손이기 때문에 아브라함이 어떻게 믿음 생활을 했느냐를 잘 검토하고 그대로 그 믿음을 따라가야 됩니다. 그래서 아브라함의 믿음의 특징은, 아브라함의 믿음은 특징상으로 볼 때 여러 개가 있는데 그 가운데 오늘 몇 가지만 여러분들에게 제시를 하겠습니다.

히브리서 11장에 보면 우리 주변에는 구름같이 둘러싼 허다한 믿음의 증인들이 있는데 그 가운데서 히브리서 11장이 다룬 인물이 16명 나옵니다. 그 16명 가운데서 오늘 바로 이 말씀이죠. 그 가운데서 제일 부분을 많이 차지하고 길게 설명한 사람이 누구냐 하면 아브라함입니다. 구름같이 둘러싼 수많은 믿음의 증인들이 우리 주변에 있습니다. 하늘나라에 가면 하늘나라에 지금 천국 들어간 많은 믿음의 증인들이 있습니다. 오늘 이 세계를 돌아다녀 보면은 세계 곳곳마다 아름다운 믿음을 가진 사람들을 다 심어놓았습니다. 만나는 자들마다 마음이 통하고 생각이 통합니다. 다 있어요. 그 수많은 믿음의 사람들 가운데서 히브리서 11장은 16명을 택해서 기록했는데 그 가운데서 아브라함의 사건을 제일 길게 다루고 있습니다. 오늘 우리가 읽은 본문 전체입니다.

아브라함의 생애는 하나님의 축복의 약속을 받고 새 생활을 시작한 다음부터 100년 동안의 생활을 3기로 나눌 수가 있습니다. 첫째로는 믿음으로 소명을 받고 고향을 떠나던 출발 단계입니다. 그다음에 둘째는 믿음으로 약속받은 땅인 가나안에 가서 떠나지 않고 장막 생활을 하던 제2기입니다. 그다음에 세 번째는 믿음으로 시험을 받을 때 외아들 되는 이삭을 하나님 앞에 제물로 드리던 마지막 클라이맥스입니다. 이렇게 해서 아브라함의 믿음을 우리가 따진다면 이 세 가지를 정점으로 하고 많이 생각을 합니다. 그래서 아브라함의 생애를 한마디로 이야기하면 믿음으로 전부를 버린 사람이요. 믿음으로 모든 것을 얻었던 사람이요. 믿음으로 모든 걸 드렸던 사람입니다. 정확하게 아세요. 믿음으로 모든 것을 버렸던 사람이고, 믿음으로 모든 것을 얻었던 사람이고, 믿음으로 모든 것을 드렸던 사람입니다. 이해가 갑니까? 이 말은 우리가 하나님의 축복을 받기 위해서는 먼저 내가 지금까지 아끼던 거, 세속적인 거 전부 버려야 됩니다. 그래서 내 마음을 비워야 됩니다. 그때 하나님께서 모든 것을 주십니다. 그다음에 참 성도의 생활은 하나님 앞에 모든 것을 받으면 그것을 자기를 위해서 쓰지 않습니다. 나중에 온통 바쳐버려야 돼요. 이것이 크리스천의 믿음의 생활입니다. 그래서 저는 항상 그럽니다. 아브라함의 생애를 요약해서 한번 말해봐! 그 사람은 모든 것을 버린 사람이고, 모든 것을 얻은 사람이고, 모든 것을 드린 사람입니다.

그러면 아브라함의 믿음에서 첫째로 우리가 생각할 거. 아브라함의 믿음은 철저하게 하나님의 약속의 근거를 둔 믿음이었습니다. 다시 말하면 하나님이 아브라함에게 말씀으로 약속한 언약에 근거를 둔 사람이었습니다. 허황되게 무엇을 기대한 사람이 아니었어요. 하나님이 분명히 자기에게 말한 것에 근거를 했습니다. 만약에 내용이 없는 믿음이라면 그것은 맹신입니다. 오늘 크리스천들 가운데서 맹신자가 많아요. 왜 많으냐 하면은 성경에 대해서 너무 몰라요. 너무 모르기 때문에 내용 없는 믿음입니다. 내용 없는 믿음은 맹신입니다. 아브라함의 175년 생애 중 성서에 기록을 보면 꼭 열 번 하나님이 나타났습니다. 성경에 아브라함이 창세기에 나온 것 자세히 검토해보면 하나님이 열 번 나타났는데 그 열 번 하나님이 나타나서 말씀하신 가운데 여섯 번을 약속을 하셨습니다. 약속을 했는데 약속을 여섯 가지 한 것이 아니에요. 처음에 한 약속을 자꾸 반복하는 겁니다. 여러분! 그렇습니다 재밌죠?

예 반복이에요 반복. 하나님이 처음에 나타나셔서 아브라함에게 내가 어떤 복을 주겠다 약속하는 거 그다음에 몇 년 지나고 나서 아브라함의 기억이 희미해질 위험이 있으면 하나님이 또 나타나셔서 전에 하신 말씀 그대로 약간 표현은 다르지만 그대로 또 반복합니다. 그다음에 또 반복합니다. 그러면 그 약속이 어떤 내용이냐? 크게 세 가지죠.

하나는 자손이 번성하겠다. 그렇죠? 그래서 아들 이삭을 앞으로 하나님이 주시겠다. 그리고 너 자손은 땅으로 말하면 티끌같이 많을 것이요. 모래같이 많을 것이다. 하늘로 말하면 별과 같이 많겠다. 이 약속 이루어졌습니까? 여러분? 누가 아시는 분? 하늘의 별처럼, 땅에 티끌같이. 아브라함의 자손이 많겠다고. 아브라함에게 약속한 그거 이루어졌나요? 실제 육적으로 이루어졌나요? 예, 육적으로 이루어졌습니다. 유대 민족의 수는 세계 각 곳마다 퍼져있기 때문에 그 수는 보통의 수가 아닙니다. 지금 한 1,450만으로 봅니다만 지금까지 세계적으로 유대 민족으로 태어난 사람들의 수를 보면 어마어마합니다. 하늘의 별입니다.

그다음에 영적으로 이 축복 이루어졌나요? 영적으로 이루어졌어요? 어떻게 이루어졌습니까? 자, 여러분 주후 30년부터 시작해가지고 1978년까지 예수 그리스도를 마음에 영접하고 하나님의 자녀가 된 다음에 마음의 변화를 받고 새 생활을 시작해서 아브라함의 자손으로 하나님이 도장 찍어준 사람들의 수를 여러분께서는 셀 수 있습니까?

어떤 역사가도, 어떤 통계학자도 이거 계산 못합니다. 하나님의 자녀가 지난 2000년 동안 얼마나 많이, 아브라함의 자손이 이 세상에 많이 태어났는지 우리는 계산 못합니다. 나도 아브라함의 자손입니다. 여러분도 아브라함의 자손입니다. 하늘의 별이요, 땅의 티끌입니다. 그대로, 약속 그대로 성취됐습니다.

그다음에 아브라함에게 주신 축복 세 번째 건은 아브라함은 복의 근원이 되겠다고 그랬습니다. 열국의 아비가 되어서 모든 민족 혹은 모든 천하 만민이 복을 받겠다고 했습니다. 이거야말로 하나님의 굉장한 축복이었는데 어떻습니까? 아브라함 너에게 저주하는 자는 저주를 받을 것이죠. 너를 축복하는 자는 복을 받으리라 너는 복의 근원이라. 너로 인해서 모든 세계 족속이 복을 받으리라. 뭡니까? 아브라함의 자손 가운데 예수 그리스도가 탄생하시고 그 예수 그리스도가 전 세계 복을 주셨습니다. 그래서 오늘날 그렇잖아요. 예수님을 핍박하고 교회를 핍박하고 신자들을 핍박하는 사람들, 저주하는 사람들은 반드시 그 결과는 망합니다. 역사의 증명입니다. 크리스천들에게 축복을 하고 크리스천들을 도와주고 교회를 도와주는 국가는 항상 번성하는 역사적인 증명들입니다. 아브라함에게 약속하신 그대로입니다.

자 그런데 하나님이 아브라함의 나이가 75세부터 86세까지 11년 동안 다섯 번 나타나서 이 약속들을 계속해서 반복했습니다. 다섯 번 동안. 다섯 번이나 반복했습니다. 그리고 13년 동안 침묵을 지키고 있었어요 왜? 하나님이 왜 13년 동안 아브라함에게 나타나지 않고 침묵 지키셨는지 아세요? 아브라함의 가정에서 범죄가 일어났어요. 첩을 취했다고요. 그래요 범죄가 일어난 겁니다. 그래서 13년 동안 하나님이 침묵 지켰습니다. 그다음에 아브라함의 말기에 가서 또 하나님이 침묵을 지키시는 장면이 있는데 그것은 꼭 범죄 때문이 아닙니다. 비록 후처들을 많이 취했지만 그것은 이삭이 그 대를 이었기 때문에 아브라함에게는 하나님이 침묵을 지킨 겁니다. 그러나 75세부터 86세까지 11년 동안 다섯 번 나타나시고 13년 침묵하시다가 99세부터 111세까지 거의 11년 동안, 12년 동안 다섯 번 또 나타났습니다. 그래서 이렇게 열 번 나타나셔서 계속 처음에 말씀하신 약속들을 반복하고 반복하고 반복하고 잊어버릴 만하면 반복했다....

오늘 저는 여러분에게 말씀드립니다. 우리의 믿음은 우리의 믿음은 철저하게 논리적인 하나님의 약속과 하나님의 말씀에 근거를 둔 것입니다. 그러므로 성경 말씀에 무식하면 믿음이 절대 자라지 않습니다. 하나님의 말씀 아래서 하나님이 나에게 주신 약속이 무엇인가를 철저하게 살펴야 됩니다. 하나님의 말씀을 통해서 매일 매일 하나님의 말씀을 반복해야 됩니다.

지금 극동 방송국에 부이사장이 있어요. 극동 방송국 총책임자 밑에 부책임자로 와서 계시는 친구 목사가 하나 있습니다. 뭐 아주 가까운 친구는 아니라도 미시간 있을 때 가까이 지내던 사람입니다. 그 친구가 영어를 아주 잘합니다. 그래서 옥중에 있는 미국 죄수들에게 몇 년 동안 전도를 다녔습니다. 전도를 아주 열심히 다녔는데. 한 번은 전도를 가서 메시지를 옥중에 있는 죄수들에게 전하고 나오니까 옥중에 있는 사람이 하는 말이, 죄수가 뒤에서 하는 말이 "목사님은 어떻게 꼭 날마다 하는 말, 꼭 하는 말 그것만 합니까? 어떻게 하는 말 그것만 합니까?" 그래서 목사님이 나오면서 "당신들은 매일 같은 밥만 먹지 않소. 그래 왜 매일 같은 밥만 먹소? 그거 안 먹으면 당신 죽어요. 예수가 당신의 구주입니다. 그거는 매일 반복해야 되는 진리입니다." 이렇게 대답했답니다. 맞습니다. 예수가 당신을 위해 죽었습니다. 예수가 당신을 위해서 부활했습니다. 예수 믿으면 구원받습니다. 당신 같은 죄인이라도 예수의 피가 전부 다 씻어줍니다. 그거는 매일 매일 말해도 아무리 반복해도 그것은 지나치다는 법이 없어요. 특히 감옥에 앉아있는 죄수들에게 할 말이 뭐 있겠어요? 거기 가서 무슨 구수한 이야기를 해주겠어요? 당신 같은 죄인도 예수 믿고 돌아오면 마음 변화받고 하나님의 자녀가 되어 놀라운 하나님의 축복받습니다. 이거 외에 할 말이 뭐 있느냐 그 이야기예요. 그거 말 안 하면 죽지요. 그러니까 그 목사님 얘기는 당신 매일 쌀밥 먹는 거나 내가 매일 당신에게 영적으로 같은 밥, 같은 거 먹이는 거나 똑같다는 이야기죠. 하나님도 아브라함에게 얘기할 때 다른 얘기 안 하셨어요. 그저, 성경 자세히 읽어보세요! 나타나실 때마다 똑같은 이야기에요. 똑같은 이야기를 반복합니다. 여러분의 신앙 생활에 예수 그리스도가 반복되면 될수록 여러분의 생활은 윤택해집니다. 여러분의 신앙 생활에 예수 그리스도가 반복되는 일이, 점점 그 횟수가 줄어지면 줄어질수록 여러분의 생활은 메마르고 그다음에는 피폐해집니다.

그다음에 둘째로, 아브라함의 믿음의 특징 둘째로는요. 아브라함의 믿음은 현실적인 믿음이 아닙니다. 미래적인 것입니다. 하늘의 별과 같이 자손이 번창하리라는 약속을 받았지만은, 100세가 되었지만은 진짜 아들 하나 없었습니다. 우리 바울의 표현 한번 들어볼까요? 다 같이 로마서 4장 펴세요. 로마서 4장 18절, 19절 봅시다. 로마서 4장 19절. '그가 100세나 되어서 자기 몸의 죽은 것 같음과 사라의 태의 죽은 것 같음을 알고도 믿음이 약하여지지 아니하고.' 그랬죠? 100세가 되도록 하나님께서 약속 이행을 안 하는 겁니다. 아브라함의 자손이 하늘의 별과 같이 많아지겠다. 너의 자손들이 이 땅을 차지하리라. 하나님이 아무리 몇 번? 열 번, 열 번 나타나서 말씀을 했지만 그 약속 이행을 도무지 25년 동안 하지 않고 계십니다. 혈육 하나 없습니다. 100세입니다. 100세에 무슨 아들을 낳아요? 자기 부인은 90세입니다. 90세에 무슨 아들을 낳아요? 이삭이라는 뜻이 뭡니까? 웃는다는 뜻입니다. 100세에 아들을 낳고, 90세의 여자가 아이를 낳는다니까 우습지 않아요? 웃었단 말이에요. 웃었어요. 그러니까 그만 이름이 이삭이 되어버렸어요. 보통 사람 같으면 이와 같이 현실적으로 도무지 하나님의 약속이 지켜지지 아니하면 실망해버릴 겁니다. 그런데 아브라함의 믿음은 현실적인 것 보다도 미래적인 것이기 때문에 그는 바랄 수 없는 소망 가운데서 바라는 믿음을 가졌습니다. 오늘 우리 가운데서 현실적인 믿음이 너무 많습니다. 저는 보았어요. 너무 현실적인 믿음이 많아요. 계산을 이렇게 해가지고 하나님이 우리 가정에 내가 예수 믿을 때 하나님이 우리 가정에 이런 거, 이런 거 안 해주면 이것은 하나님 믿을 필요가 없다. 아주 현실적입니다.

제가 군대 다닐 때 어느 교회에 다니고 있었는데 예수 믿고 얼마 안 된 부부가 교회 나오다가 한 번은 구역 예배 갔는데 구역 예배 보는 중에 자전거를 도둑을 맞았습니다. 그 다음부터 교회 안 나옵니다. 자전거하고 예수하고 팔아먹은 거예요. 바꿔먹은 거예요. 오늘 우리 교회는 그런 일이 없겠지만은 오늘 현실적으로 많은 사람들이 너무 현실주의, 너무 실용주의, 그래서 믿음을 지금 내가 내 손에 받는 복하고 자꾸 비교를 합니다. 여러분 가운데 이런 시험이 없나요? 예? 물론, 하나님이 육적인 축복 줍니다. 아브라함에게 많은 재산 주셨던 것처럼 하나님이 축복도 주십니다. 그러나 우리 믿음은 이런 현실적인 것을 초월한 믿음입니다. 내가 주판 놓는 대로 하나님이 안 해주신다고 해서 내가 믿음이 떨어지고 내가 계산하는 대로 믿음 생활에서 축복 못 받는다고 해서 내가 믿음이 떨어지면 여러분, 그것은 너무 지나친 현실주의입니다. 그런 사람에게 분명히 한마디 말합니다. 당신 정말 중생 받았느냐 한번 다시 생각하십시오. 차라리 그런 사람 절간에 가서 엎드리는 게 나아요. 하나님이 약속하신 놀라운 축복은 여기가 아닌 저기 있습니다. 저기 있습니다. 그래요, 저기 있습니다. 세상이 뭡니까? 도대체 무엇입니까? 여러분? 오늘 새벽에도 저는 어떤 할머니가 나와서 기가 막힌 간증을 하는 거 듣고 제 마음이 지금도 괴롭습니다. 여러분! 서른한 살 때 생과부가 되어가지고 아들 하나 낳아 붙들고 키워가지고 이제 1년 전에 결혼시켜놓으니까 지금 환갑이 다 되어가는 할머니를 혼자 놔두고 미국 가겠다고 발버둥이라니.... 그 어머니 마음이 얼마나 괴롭겠어요. 세상이 뭡니까 여러분? 세상에서 받는 복이 도대체 뭡니까? 우리 잘 압니다. 아무리 자식에게 정성을 다 쏟아서 청춘을 희생하고 그야말로 내 정력을 희생해도 다 키워놓은 자식 뒤에서 혼자 숨어 울고 있는 어머니가 오늘 이 땅 위에 얼마나 많은지 아세요? 이 세상이 뭡니까? 여러분! 그게 복입니까?

하나님은 이런 덧없는 세상에다가 우리에게 지나치게 복을 주어가지고 우리가 지나치게 썩어버리지 않기 위해서, 아브라함에게 25년이 지나도록 그의 믿음이 현실적인 믿음 되지 않고 장래에다가 그의 믿음 두도록 하기 위해서 하신 것처럼 오늘날 하나님을 믿는 자녀들을 향해서도 하나님께서는 그 믿음이 세상에 붙지 아니하고 하늘을 향할 수 있도록 어떤 때는 주실 복도 주시지 않고 기다릴 때가 많이 있습니다. 많은 사람들이 하나님을 보고 불평합니다마는 그런 현실적인 믿음 가지고는 하나님 나라 들어갈 수 있습니까? 여러분, 하나님이 넓게 보실 때 세상을 사는 거는 이만한데 세상 끝나고 나면 하나님이 주신 넓은 세계를 놓고 볼 때 하나님은 이쪽에다 더 강조를 하는 겁니다. 여기 와서 네가 잘 살아야지. 그런데 우리는 그게 아니라고 봅니다. 지금 당장 달라는 겁니다. 믿음이 현실적일수록 그것은 부패한 믿음입니다. 제가 어제 대학부 청년들 모아놓고 성경을, 다니엘서를 가르치면서도 말했지만은 오늘날 교회 강단마다, 교회마다 너무 현실적으로 아부하는 하나냐 같은 그런 선지자들이 많이 있어요. 많은 사람들이 평안을 요구합니다. 미국 같은 경우는 더욱 그래요. 이민 생활이 너무 괴롭고 텐션tension이 많고 너무 지치니까 교회 가면은 무조건 토닥토닥 두들겨주기만 바랍니다. 그렇게 두들겨주기만 바랍니다 현실적으로. 그저 재미있는 이야기해가지고 막 웃기고 말이죠. 뭐 그냥 프로그램 같은 거 많이 해가지고 한번 마음에 있는 거 쑥 풀고 돌아오기를 바랍니다. 어떤 때는 가서 그저 막 떠들고 기도를 하고 이래가지고 좀 속이 후련해 오기를 바랍니다. 얼마나 현실적입니까 여러분? 그러한 현실적인 욕구를 메꾸어주지 못하는 목사는 자격 없는 목사로 인정을 합니다. 많은 교역자들이 죄 문제는 이야기하지 않습니다. 왜? 죄 이야기하면 교인들이 싫어하기 때문에 죄 이야기 안 합니다. 여러분 병원에 가서 칼을 가지고 상처를 째지 않고 어떻게 그 상처를 고칩니까? 성경의 법칙은 축복받기 위해서는, 그 마음이 불안이 사라지기 위해서는, 그 마음에 고독이 사라지기 위해서는, 그 마음의 진정한 평화를 얻기 위해서는 진짜 하나님 앞에 해결해야 될 것을 째서 뽑아내어야 됩니다. 아파도 수술해야 됩니다. 그다음에 평안이 옵니다. 그런데 많은 사람들은 그것을 덮어두고 상처만 치료해 달라고 합니다. 거기에 부응해서 많은 목사들이, 많은 종들이 교회 안에서 달콤한 이야기로 그저 등허리만 두들겨 줍니다. 현실적인 믿음, 이런 현실적인 믿음. 우리 이거 고쳐야 됩니다. 아브라함이 현실적인 믿음 되지 않도록 하기 위해서 하나님이 몇 가지

처리를 했습니다.

첫째로 고향을 떠나게 만들었습니다. 이것은 세상을 떠나는 것을 의미합니다. “너 고향 떠나라! 우상 숭배로 가득하고 세속주의로 가득 찬 고향 떠나라! ” 고향 떠났습니다.

아브라함이 또 그 믿음이 부패해서 현실적인 믿음 되지 않도록 하기 위해서 롯하고 이별을 시켰습니다. 롯은 비록 의로운 사람이었지만은 세속주의자의 전형입니다. 그런 세속주의자하고 여러분이 생활을 많이 하면 우리 자신의 믿음도 현실주의자가 되어버리고 기회주의자가 되어버립니다. 아브라함은 당연히 롯을 보냈습니다. 여러분 주변에 어떤 친구들이 있습니까? 여러분 주변에 어떤 사람이 있습니까? 롯과 같이 예수를 믿지만은 현실주의자가 없습니까? 롯과 같이 예수 믿지만은 실용주의자가 없습니까? 롯과 같이 예수 믿지만 하나님을 세상 축복을 위해서 이용하는 사람이 없습니까? 그런 사람들은 분명히 내 주변에서 떼어내야 됩니다. 그래야 내 신앙이 현실적인 신앙이 안 돼요.

그다음에 하나님은 아브라함에게 이스마엘을 내어 보내셨습니다. 이스마엘은 무엇의 전형입니까? 인간 수단 방법으로 무언가 해보려고 하는, 인간 수단 방법을 가지고 무언가 해보려고 하는 자기 위주의 사람입니다. 신앙 세계는 이런 거 없습니다.

그다음에 네 번째로 이삭을 하나님이 떼어놓았습니다. 가장 사랑하는 것까지 하나님 앞에 바치도록 만들었습니다. 왜? 참 우리가 여기서 이해할 수 없습니다. 여러분 잘 들으세요. 상당한 수의 신자들 가운데서 하나님 앞에 축복을 받지 못했기 때문에 타락하든지 신앙이 병드는 것이 아니고, 하나님 앞에 축복을 너무 받아서 병이 드는 경우가 상당히 많습니다. 왜 그런지 아세요? 하나님이 처음에 불쌍이 여겨서 물질도 주시고 자녀도 잘해주시고 모든 지위 다 잘해주시고 다 건강도 주시고 했는데 그거 다 손에 쥐고 보니까 어떻게 돼요? 그것을 사랑하게 되는지 놓치를 않아요. 그래서 마음이 전부 다 거기 들어가 있어요. 이것 때문에 점점 점점 신앙이 병이 들어가요. 우리에게 이런 위험이 없나요? 아까 제가 아브라함의 생애를 이야기할 때 모든 것을 버린 사람이요, 모든 것을 얻은 사람이요, 모든 것을 드린 사람이라고 그랬습니다. 아브라함은 하나님 앞에 자기가 받은 모든 것을 마지막에 드려버렸습니다. 왜냐하면 그것을 드려야 내 마음이 세상에 붙어 있지 않기 때문이에요. 여러분이 아들에게 마음을 많이 두고 있습니까? 아들을 하나님 앞에 드리세요. 여러분 사업에 많은 마음이 가 있습니까? 사업을 아예 하나님 이름으로 명의 변경 해버리세요. 무슨 말인지 여러분들이 이해하실 겁니다. 여러분 앞으로의 어떤 꿈이, 어떤 출세가 여러분의 마음을 사로잡고 있으면 아예 그 꿈, 아예 그 비전을, 아예 그 모든 소망을 하나님에게 완전히 등기 등록 해버리세요. 그렇게 해서 "하나님 이것은 당신의 것입니다!" 하고 전부를 바치고 그다음에 내가 그것을 위해서 하려고 할 때 하나님이 내 마음을 깨끗하게 해주시고 나에게 축복해주시지 "이거는 내 것입니다. 하나님! " 하고 꽉 붙들고 있는 사람은 비록 축복으로 받았다고 하더라도 그것은 나중에 썩어요. 마음이 썩어요. 그래서 하나님이 이삭을 갖다가 바쳐라. 그 사랑하는 100세에 얻은 아들을 그거 바쳐라. 아브라함이 그대로 실천했죠.

제가 말씀드린 거 다시 한번 정확하게 요점을 알려드립니다. 여러분 마음속에 꼭 기억을 하십시오. 아브라함은 믿음의 사람입니다. 우리는 아브라함의 자손입니다. 그러므로 조상 된, 믿음의 조상 된 아브라함이 행한 것처럼 우리가 알아서 행해야 됩니다. 만약에 그대로 행하지 아니하면 우리는 아브라함의 자손이라고 말하지 못합니다. 그러면 아브라함은 어떤 사람입니까? 아브라함은 그의 믿음을 약속에 근거를 두고 산 사람입니다. 하나님의 하신 말씀에다가 근거를 둔 사람입니다. 우리의 믿음이 하나님의 말씀에 철저하게 근거하고 하나님의 말씀을 통해서 그 믿음이 자라지 아니하면 그 믿음은 맹신입니다 맹신. 그 다음에 둘째로 아브라함은 그 믿음이 철저하게 미래적입니다. 현실적이 아니라는 뜻입니다. 그래서 25년 동안 약속 이행을 안 했습니다. 계속 약속만 반복했습니다. 말만 반복했습니다. 드디어 하나님께서 그에게 은혜를 주셨는데 이 현실적인 신앙이 되기 쉬운 이 위험을 막기 위해서 하나님은 첫째로 고향을 떠나게 하고 둘째로 롯을 떠나게 하고 셋째로 이스마엘을 떠나게 하고 마지막은 이삭까지 분리를 시켰습니다. 그래서 예수님이 아브라함을 보고 뭐라고 그랬는지 아세요? 이 구절은 꼭 적어놓으세요. 요한복음 8장 56절 '너의 조상 아브라함은 나의 때 볼 것을 즐거워하다가 보고 기뻐하였느니라.' 여러분, 이 본문 이해합니까? 요한복음 8장 56절 이해하세요? 성경 한번 펴보세요. 이 본문 이해하세요? 오늘 이 본문 이해하시면 여러분 설교 요점은 다 들으신 겁니다. '너의 조상 아브라함은 나의 때 볼 것을 즐거워하다가 보고 기뻐하였느니라.' 예수님 태어나기 몇 년 전에 이 아브라함이 살았습니까? 한 1,600년 전에 살았습니다. 1,600년 전에 산 아브라함이 어떻게 1,600년 후에 올 예수님에 대해서 환하게 보고 환하게 내다보고 그것을 기뻐하다가 이 세상 떠났다고 하는 말이 어떻게 성립이 됩니까 여러분? 어떻게 그게 가능합니까? 어떻게 1,600년 전에 1,600년 후에 오는 예수님을 보고, 예수님을 통해서 하나님이 주시는 놀라운 축복을 쳐다보고, 그것을 보고 기뻐하다가 세상 떠났다. 어떻게 가능해요? 믿음으로 모든 축복을 멀리 하나님이 주시는 것을 보고 미래에 주시는 것을 보고 살았기 때문에 믿음을 통해서 예수 그리스도를 멀리 내다본 겁니다. 그리고 그게 좋아서 좋아하다가 갔다. 예수님이 하신 말씀이기 때문에 이것은 거짓말이 아니에요. 오늘 우리들이 그래야 됩니다. 지나치게 현실주의자 그것은 믿음이 아닙니다. 참 오늘 우리에게 중요한 도전의 말씀이 있었습니다. 우리의 조상은 아브라함인데 그 아브라함은 어떤 믿음을 가지고 살았는가를 우리가 세세하게 검토해보면 오늘 우리에게 도전하는 부분, 부분이 한두 가지가 아닙니다.

주님, 우리 믿음이 철저하게 말씀에 근거하고 있습니까?
아니면 귀로 들은 상식에 근거하고 있습니까? 아니면 형식적으로, 습관적으로 믿어온 믿음에 근거하고 있습니까? 하나님, 잘못된 거 다 고쳐주시고 아브라함처럼 말씀의 약속에 철저하게 근거하는 믿음되게 해주시옵소서. 하나님, 이것을 위해서 우리는 하나님의 말씀을 알아야 되겠습니다. 주님의 말씀을 사랑해야 되겠습니다. 이 말씀을 반복해서 계속 읽으며 배우며 묵상해야 되겠습니다. 하나님이 아브라함의 인생을 통해서 열 번이나 나타나서 다른 말씀하시지 아니하고 계속 같은 말만 반복하신 것처럼 오늘 우리에게는 예수 그리스도라는 놀라운 진리의 말씀, 진리의 약속이 우리에게는 너무나 필요합니다. 사랑하시는 주님, 우리 여기 나온 성도들만은 아버지 부탁합니다. 말씀에 정통하는 신자들 되게 해주시옵소서. 하나님 우리 교회 신자들만은 내가 믿는 내용이 뭔지도 모르게 그냥 맹신하는 사람들이 없도록 하시고 철저하게 약속에 근거하는 믿음 가지고 어떠한 사탄에 도전이라도 막아낼 수 있는 말씀의 사람들 되게 하시고 어떠한 환경의 유혹이라든지 어떠한 환경의 위험 속에서도 흔들리지 아니하는 하나님의 말씀의 사람들 되도록 해주시옵소서. 오늘까지 말씀 등한히 했던 죄를 용서하여주시옵소서. 오늘날까지 하나님의 말씀 잘 읽지 아니한 죄를 용서해주시옵소서. 오늘날까지 하나님의 말씀에 근거하지 아니하고 귀로 들은 말씀만 생각하고 믿어왔다고 생각하는 죄를 용서해주시옵소서. 아브라함처럼 분명하게 내 믿음을 말씀의 닻에 던질 수 있도록 축복해주시옵소서. 거룩하신 하나님, 아브라함은 그 믿음이 미래적이었습니다. 25년 동안 지나면서도 혈육 하나 없었지만 아브라함의 믿음은 변하지 아니했습니다. 왜냐하면 현실적인 믿음이 아니었기 때문입니다. 하나님, 오늘 이 세계가 말세의 말末을 당하고 많은 교회들이 등장하면서 너무 지나치게 변화하는 환경 속에서 예수를 믿는 풍조가 일어나니까 교회마다 너무 지나치게 많은 사람들이 욕구불만에 아부하고 많은 사람들의 기호에 아부를 해서 하나님의 말씀을 세속적으로 해석하고 믿음을 현실적으로 타락시키는 오늘, 그와 같은 일들이 우리 주변에는 너무나 많습니다. 하나님, 우리가 사는 세상은 여기가 아닙니다. 여기가 아닙니다. 주님, 우리는 이미 30년 40년 세상 살면서 쓴 것, 단 것 다 맛보고 있습니다. 여기가 우리가 살 세상이 아닙니다 주님. 아무리 화려한 거 내 손에 쥐었다고 할지라도 1년만 지나가면 그것이 다시 쳐다보기 싫어지는 것이 이 세상입니다. 세상은 절대 내 것이 아닙니다 주님. 그렇기 때문에 하나님이 우리에게 축복을 주실 때 세상의 은혜만을 부어주시는 미련한 일을 절대 하나님은 하시지 아니합니다. 우리의 소망이 항상 하나님이 나라에 있도록 하기 위해서 우리의 믿음을 점점 승화시키는 것을 봅니다.

오 사랑하시는 주여, 우리 성도들에게 롯이 있습니까? 분리시켜 주시옵소서. 우리의 생활에 하나님 아버지 '갈대아 우르' 와 같은 세속적인 고향이 있습니까? 분리시켜 주시옵소서. 하나님 아버지, 우리 생활 가운데서 이스마엘과 같이 자기 능력 의지하고 살려고 하는 인간 수단이 있습니까? 주여, 분리시켜 주시옵소서. 하나님이여, 우리 생활에 이삭과 같이 하나님의 축복을 받고 나서 그거에 너무 정을 쏟아가지고 하나님을 잊어버릴 정도로 몰두해버리는 어떤 우상이 있습니까? 주여, 이것도 다 분리시켜 주시옵소서. 우리 믿음은 하늘을 향하여, 천공을 향하여 독수리처럼 날개를 달고 올라가지 아니하면 이 믿음은 구원의 믿음이 되지 못합니다. 오늘 여기 나오시는 성도들 아브라함의 믿음 본받게 해주시옵소서. 그대로 살게 해주시옵소서. 다음에 하나님 나라에 가서 아브라함을 만날 때 기쁨으로 그와 악수하면서 "당신 믿음 내가 본받고 이 자리에 왔소! " 하고 대답할 수 있도록 우리의 믿음을 아브라함의 믿음으로 끌어올려 주시옵소서. 성령께서 오늘 이 일을 하십니다. 감사합니다. 누구나 다 이 믿음 가질 수 있습니다. 감사합니다. 모든 말씀 예수님 이름으로 기도하옵나이다. 아멘.

Passage________ Date 78.10.18 수

Passage Description: 누가복음 4장1-13

예수의 시험 2

1. 시험의 장소와 여건들

광야: 이스라엘에게는 배고픔과 목마름과 불안의 장소였다.
40년의 광야역사는 거의다 실패의 연속이었다.
이 광야는 성도가 살아가야 할 세상과 많이 비교된다.
광야가 주는 여건은 독특한데가 있다. 사람에게 가장
위협적인 절박성이다.
* 절박한 필요조건을 사탄은 시험한다. 하나님의 자비
성실함을 불신하게 하고
불신앙적인 방법과 쉽게 타협하게 하고
현실주의자로 타락하게 만듬
** 돌로 떡을 만드는 자체가 잘못이 아님. 요한은 돌들
로 아브라함의 자손으로 ...
나쁜것은 사탄의 방법이라는데 . 왜? 그 의도가 죄악
에서 나오는 것이므로
*가난은 대단히 견디기 어려운 조건이다.
주기도문의 내용에 삽입된 그 의의를 보아도...
헨리는 가난하지 않도록 기도하라. 그것은 가난이 주는
고통때문이 아니라 시험때문이다. 라고.
잠언 30:8절이하
* 가난한자나 부한자나 광야의 시험을 이길려면
신8:3의 신념에서 살아야.
이 말씀의 배경을 보자. 광야의 환경을 주신 근본목적
과 만나를 주신 근본목적은 ?
*나에게 가장 절박한 사항이 무엇인지 유의해 두라.
그것은 하나님의 가장 확실한 응답일수 있지만 사탄의
시험거리일수도 있다.

산꼭대기: 천하를 다 내려다 볼수 있는 곳이었다.
그리고 감탄과 기쁨의 대상이 될수 있는 곳이었다.
다윗은 사울을 이기고 나서 얼마 안되어 그 산꼭대기에
서 천하를 내려다 볼수 있었다.
한마디로 성공, 출세, 형통의 장소라고 할수 있다.
* 사탄은 이 기회를 가장좋아 한다. 욥을 시험한 이유,
사울을 시험한 이유, 다윗을 시험한 이유가 다 여기에
있었다.
실패로 시험당한 자보다 성공으로 시험당한자가 더 많아

1978년 9월 10일 주일 저녁 예배

아브라함의 부활 신앙

(롬 4 : 16 - 25)

여러분 기독교의 신앙은 죽음 속에서, 죽음 가운데서 생명을 보는 신앙입니다. 이것이 부활 신앙입니다. 그러면 어디서 먼저, 어디서 먼저 그것을 보느냐? 십자가에서 우리는 부활을 봅니다. 첫째, 그렇죠? 그것을 근거해서 그다음에 무엇을 봅니까? 예수 그리스도 안에서 나는 벌써 죄의 몸은 죽었다. 내 안에서 죽음을 보는 겁니다. 그렇죠? 내 안에서 죽음을 보는 겁니다.

16. 그러므로 상속자가 되는 그것이 은혜에 속하기 위하여 믿음으로 되나니 이는 그
약속을 그 모든 후손에게 굳게 하려 하심이라 율법에 속한 자에게 뿐만 아니라 아브라
함의 믿음에 속한 자에게도 그러하니 아브라함은 우리 모든 사람의 조상이라
17. 기록된 바 내가 너를 많은 민족의 조상으로 세웠다 하심과 같으니 그가 믿은 바 하
나님은 죽은 자를 살리시며 없는 것을 있는 것으로 부르시는 이시니라
18. 아브라함이 바랄 수 없는 중에 바라고 믿었으니 이는 네 후손이 이같으리라 하신
말씀대로 많은 민족의 조상이 되게 하려 하심이라
19. 그가 백 세나 되어 자기 몸이 죽은 것 같고 사라의 태가 죽은 것 같음을 알고도 믿
음이 약하여지지 아니하고
20. 믿음이 없어 하나님의 약속을 의심하지 않고 믿음으로 견고하여져서 하나님께 영
광을 돌리며
21. 약속하신 그것을 또한 능히 이루실 줄을 확신하였으니
22. 그러므로 그것이 그에게 의로 여겨졌느니라
23. 그에게 의로 여겨졌다 기록된 것은 아브라함만 위한 것이 아니요
24. 의로 여기심을 받을 우리도 위함이니 곧 예수 우리 주를 죽은 자 가운데서 살리신
이를 믿는 자니라
25. 예수는 우리가 범죄한 것 때문에 내줌이 되고 또한 우리를 의롭다 하시기 위하여
살아나셨느니라

이 본문의 간단한 요약은 우리가 믿음으로 의롭다 함을 받는데 그 믿음으로 의롭다 함을 받는 사례의 가장 최초의 사람이 누구냐 하면 아브라함이었어요. 아브라함은 율법 이전에 산 사람으로서 우리와 똑같이 믿음으로 의롭다 함을 받고 믿음으로 구원받았다. 그러면 그 믿음은 어떤 믿음이냐? 죽음 가운데서 생명을 보는 믿음이다. 이것이 골자입니다. 죽음 가운데서 생명을 보는 믿음이다.

오늘 저녁에 낮에 설교한 거 계속해서 좀 합시다. 어떻게 제가 설교를 잘한 건지 아니면 못한 건지 좀 남았어요. 저녁에는 사실 제가 다른 것을 생각하고 지난 주일의 설교 내용 계속하려고 했는데 본문이 남아서 그냥 낮 설교 계속하겠습니다. 그렇게 아시고 양해해주세요. 자, 우리 낮의 내용을 복습합시다. 항상 리피트repeat가 중요합니다.

아브라함은 우리 모든 사람의 조상이다. 무엇의 조상이냐? 믿음의 조상이다. 그러므로 아브라함에 있어서 우리가 제일 중요하게 다루어야 할 것은 믿음입니다. 그 사람이 가졌던 믿음. '너희가 아브라함의 자손이면 아브라함의 행세를 할 것이요.' 늘 예수님이 유대 나라 사람들에게 충고한 것처럼 오늘도 교회에 있는 많은 사람들을 향해서 예수님은 분명히 말합니다. 우리가 영적으로 아브라함의 자손이라고 부르지요. 그러면서도 아브라함의 행세를 못할 때가 많아요. 아브라함이 할 일을 우리가 따라가지 못할 때가 많아요. 가장 중요한 것은 믿음입니다. 아브라함의 믿음은 우리에게 있어서 제일 원본이에요. 원본, 오리

지닐입니다. 원본이기 때문에 아브라함의 믿음이 어떠했느냐를 우리는 그대로 따라가야 합니다.

자, 첫째 아브라함의 믿음의 특징은 무엇이라고 그랬죠? 예, 약속에 철저하게 근거한 믿음이었다. 다시 말하면 내용이 분명한 믿음이었다는 이야기입니다. 무엇인지도 제대로 알지도 못하고 무엇을 믿는지도 모르고 그냥 막연하게 믿는 것은 맹신이라고 그랬어요. 그것은 믿음이 아니라고 그랬습니다. 그러면 아브라함에게 있어서 그 내용은 세 가지로 구별된다고 그랬어요. 첫째는 자손의 번성. 둘째는 가나안 땅의 소유. 그다음에 모든 민족의 복의 근원. 크게 나누면 이 세 가지 축복을 하나님께서 아브라함에게 약속으로 주셨어요. 아브라함에게 하나님이 몇 번 나타났습니까? 열 번. 전 생애를 통해서 성경에 기록된 것만 열 번 나타났는데 열 번 나타난 그 모든 것 중에 대부분이 무엇을 위한 것이냐면은, 제일 처음에 아브라함에게 주신 이 세 가지 축복에 대한 것을 어떻게 하는 거라고 그랬어요? 반복하고 반복하고 반복하고. 만나면 반복하고 만나면 또 반복하고. 어떤 때는 하늘의 별을 보라. 어떤 때는 동서남북을 보라. 자꾸 반복했습니다. 이 반복이 왜 중요합니까? 항상 기억하십시오. 성경에 보면 반복되는 것이 많이 있습니다. 반복되는 말이 자주 나오면 나올수록 그것은 굉장히 중요한 것이라는 것을 기억해야 합니다.

예수님에 대해서 얼마나 중요했던지 예수님을 증거하는 복음서가 몇 개입니까? 네 개입니다. 얼마나 중요한지요. 그렇죠? 예. 요한복음에서 생명, 생명, 생명이 자꾸 나오면 "야, 이게 굉장히 중요한 거구나" 하고 바로 알아야 됩니다. 요한 1서에서 사랑, 사랑, 사랑, 사랑이 자꾸 나오면 "야! 사랑이 굉장히 중요한 것이구나." 이 반복이 굉장히 중요한 겁니다.

자, 우리가 아브라함에 대해서 꼭 기억해야 할 것은 우리 믿음은 막연한 게 아닙니다. 우리 믿음은 절대 막연한 게 아닙니다. 여러분 성경을 등한히 하면 믿음이 막연해집니다. 대답은 뭐예요? 물음에 대답도 한마디 못해요. 안 믿는 사람 앉혀놓고 예수님에 대해서 제대로 조리있게 말 한마디도 못합니다. 그래 놓고 예수 믿는다고 앉아있어요. 여러분! 이거는 참 기가 막힌 모순입니다. 아브라함은 그런 식으로 믿지 않았어요. 하늘의 별을 보아도 하나님의 약속을 알았어요. 먼지, 땅에 날아다니는 티끌을 보아도 하나님의 약속을 알았어요. 동서남북을 다 볼 때마다 하나님의 약속은 항상 마음의 대상이었어요. 믿음에 분명히 내용이 있어요. 그런데 오늘 크리스천들 대부분이 교회 안에서 너무 맹신하는 사람이 많아요. 철저하게 내용을 가지세요. 예수 믿는 내용을 철저하게 가지세요. 그리고 그 내용을 항상 반복하십시오. 예수는 아무리 반복해도 괜찮습니다.

그 다음에 둘째로 아브라함의 믿음은 어떤 믿음입니까? 미래적인 것. 예, 현실적인 믿음이라기보다는 미래적인 믿음이다. 무엇을 보고 알겠느냐? 하나님께서 약속하신 거 25년 동안 주지 않는 거 보아서 알아요. 그리고 예수님이 말씀하신 대로 그는 장차 자기 자손 가운데서 하나님의 아들이 나타나실 터인데 그 하나님이 나타나시는 때를 멀리 믿음으로 보고 어떻게 했다고요? 믿음으로 내다보고 즐거워하고 또 즐거워했어요. 예수님이 증거했으니까 분명한 거 아니에요? 예, 미래적인 거예요. 멀리 내다보고 즐거워하고 즐거워했다고. 자기 자손 가운데서 하나님의 아들이 태어나서 그 하나님의 아들을 통해서 전 세계 민족이 복을 받고 하나님의 나라가 건설될 것을, 몇천 년 전에 믿음의 눈으로 내다보고 기뻐하고 기뻐했다. 미래적이에요.

그래서 아브라함의 믿음이 현실 위주의 믿음이 되지 않도록 하기 위해서 하나님께서 네 번의 분리를 시켰다고 그랬어요. 첫째는 어디로 떠나? 고향을 떠나. 고향은 세상입니다. 세상과의 분리. 그다음에 둘째로 롯과의 분리. 롯은 어떤 대표입니까? 세속주의자의 대표입니다. 믿음은 있으면서 만날 세상에서 잘 살 것만 생각하는 세속주의자의 대표예요. 롯이 그러다가 망했죠? 그런 사람하고 분리가 되어야 돼요. 다시 말하면 마음이 그런 사람 하고는 나누어져 있어야 된다. 그 얘기입니다. 그래야 내 신앙이 땅에 붙은 신앙이 안 돼요. 그다음에 셋째로 무엇과 분리됐습니까? 이스마엘. 이스마엘은 어떤 전형이라고 그랬어요? 자기 수단으로 하는, 자기 수단으로 무엇이든지 하겠다고 하는 자기 과신의 상징입니다. 이런 자기 과신의 상징, 자기 자신을 믿는 자세. 이런 것과 분리가 돼야 됩니다. 그다음 마지막은 하나님이 축복으로 주시고 약속으로 주시는 가장 중요한 이삭마저도 아브라함과 분리를 시켰습니다. 제사를 지내라고 그랬죠. 왜? 나에게 가장 사랑하는 거, 그것도 어떤 때는 내 믿음이 세속주의가 될 수 있는 가장 위험한 것입니다. 하나님이 물질 축복 주셨습니다. 물질 모으다가 하나님이 막 쏟아 주니까 사업을 통해서 그저 물질이 막 들어옵니다. 그거 손에 꽉 쥐고 보니까 참 그게 귀하게 보입니다. 아깝게 보입니다. 거기에 마음이 팔려가지고 그다음에는 하나님 앞에 그 믿음이 점점 날개를 달고 올라가는 것이 아니라 날개죽지가 분질러져서 자꾸 떨어집니다. 이럴 땐 하나님께서 축복으로 주신 것도 갑니다. 내 자녀도 마찬가지, 나의 성공도 마찬가지예요. 여러분, 세계 역사를 한번 보세요. 참 기독교 신자치고 좀 출세했다 싶을 때 한번 당하지 않는 사람이 있었나? 세상적으로 볼 때 끝까지 올라가야 될 거 아니에요? 그렇죠? 그런데 중간에 한 번씩 당한단 말이에요. 그 이유가 뭔지 아세요. 분리입니다.

가장 좋은 대표자가 황성수 박사(1917~1997)예요. 그분은 자기 스스로 그렇게 고백을 하고 다니니까. 미국에 와서 설교할 때도 그랬고요. 아, 국회의원이다. 뭐 나이 30대에 국회의원이다, 국회 부의장이다 하고 막 날개를 달고, 그야말로 연대 같은데 가서 강의를 하면, 특강을 한 번씩 가면 "당신이야말로 한국의 장차 대통령이요! " 이 정도로 그냥 주변에서 선망의 대상이 되었는데 그 사람이 목사 아들 아니요? 신학을 하던 사람 아니요? 우리 눈으로 보면 꼭대기까지 올라갈 거 같았는데 그 하나님께서, 예. 그냥 그래요. 지금은 이제 그 분 목사가 됐죠.

그 분이 LA 같은데 와서 부흥회 하면서 뭐라고 그러는지 알아요? "여러분, 나와 같은 인생을 살지 마십시오. 이제 60이 넘어서야 목사가 되어가지고 하나님을 위해 살려고 합니다만은 설교 한번 하고 나면 헐떡헐떡하고 앉아있으니 이래가지고 내가 무슨 일을 합니까? 여러분 나와 같은 인생 살지 마십시오." 그래요. 원칙, 하나님을 믿는 자녀는 축복으로 받은 거까지도 어떤 때는 나 자신과 가를 수 있어야 됩니다. 그래야 내 신앙이 항상 하나님 앞에 미래를 보고, 영원한 나라를 보고 승화가 되어가지. 그렇지 아니하면 자꾸 떨어집니다. 아브라함을 하나님께서 연단시키기 위해서 그 믿음을 순수하게 만들기 위해서 그렇게 가르고, 가르고, 가르고 그랬습니다.

오늘 저녁은 '아브라함의 믿음은 부활 신앙이다' 라고 하는 문제. 아브라함의 믿음은 부활 신앙이다. 예, 어디서 근거가 나오느냐 하면은요. 우리 오늘 읽은 본문 18절, 19절. 아브라함이 바랄 수 없는 중에 바라고 믿었으니 죽음 가운데서 생명을 내다보는 겁니다. '이는 네 후손이 이와 같으리라 하신 말씀대로 많은 민족의 조상이 되게 하려 하심을 인함이라. 그가 100세나 되어 자기 몸이 죽은 것 같음과 같이 되고.' 예, 죽음입니다. 여기에서 무엇을 보았습니까? "하나님께서 반드시 이삭을 주신다. 아들을 주신다" 하는 부활을 보았습니다. 사라의 태가 죽은 것 같음을 알고도 믿음이 약하여지지 아니하고 오히려 믿음이 견고해졌다. 그래서 반드시 하나님은 약속하신 그것을 이루실 줄을 확신하였으니 이것이 아브라함이다.

그다음에 히브리서 11장 넘어갑시다. 첫째는 아브라함의 신앙이 부활 신앙이다라고 하는 것은 이삭의 탄생에서 우리가 보는 겁니다. 이삭의 탄생은 분명히 죽은 데서 다시 생명이 나온 겁니다. 이삭의 탄생에서 봅니다. 그다음에 아브라함의 믿음이 부활 신앙이었다 하는 그 두 번째로 히브리서 11장 17절. '아브라함은 시험을 받을 때에 믿음으로 이삭을 드렸으니 저는 약속을 받은 자로되 그 독생자를 드렸느니라.' 하나님이 바치라니까 바쳤다 그겁니다. 왜 바쳤느냐? 아브라함에게 이미 말씀하시기를 네 자손이라 칭할 자는 반드시 이삭으로 말미암을 것이라 했는데 왜 바쳤느냐? 그다음에 뭡니까? 저가 하나님이 능히 죽은 자 가운데서 다시 살리실 줄로 확실히 생각하니라. 비유컨대, 죽은 자 가운데서 도로 받은 것이니라. 부활 신앙입니다. 아브라함의 믿음은 이삭의 탄생에서 부활 신앙의 성격을 띠었고, 이삭을 번제로 바치는 데서 부활 신앙의 성격을 띠었습니다. 어떻게 100세가 되어서 전혀 자녀를 생산할 가능성이 없는 고목 같은 몸을 가지고, 어떻게 90세가 된 여자, 전혀 이제는 소망이 없이 완전히 죽었다고 보아야 할 그 사람의 태를 통해서 하나님이 약속하신 아들이 반드시 태어날 것이라고 믿을 수 있었느냐? 어떻게 그와 같은 일이 가능했느냐? 믿음은 그와 같은 일을 가능하게 합니다. 왜냐하면 믿음은 죽음 속에서 생명을 보는 것이기 때문입니다. 골고다에서 십자가에서 부활을 보는 것이 바로 믿음이기 때문입니다. 그렇기 때문에 가능한 거예요. 오늘 아브라함의 믿음은 어디까지나 막연한 믿음이 아니에요. 최악의 상황에서 최고의 상황을 내다보는 하나의 믿음입니다. 하나님께서 이삭이 12살이 되었을 때 아브라함을 하루는 불러서 "아브라함아 네 독자 이삭을 나에게 번제로 드려라." 번제가 뭐죠? 누가 번제의 정의를 한번 이야기해보세요. 번제. 번제의 정의? 그 제사 방법이 어떻죠? 불에 태우는 거죠. 그래서 번제. 불에다 완전히 태우는 거예요. 완전히. 그냥 죽여가지고 완전히 태워서 그저 재를 만드는 겁니다. 하나님이 그 향기를 맡으시고 우리의 모든 죄를 용서하시고, 그의 피를 보시고 우리의 죄를 용서하신다. 그렇습니다. 완전 죽음이 번제입니다. 그렇죠? 그래서 이삭을 그야말로 남는 것이 없도록 완전히 태워서 죽이는 것이 번제입니다. 하나님께서 아들을 잡아서 번제를 드려라. 도대체 그것은 있을 수 없는 이야기입니다. 근데 아브라함은 그것을 두말 안 하고 실천했습니다. 두 가지 근거가 있습니다. 왜 실천했습니까? 하나는 히브리서 11장에 나타나는데요. 하나는 뭡니까? 하나는 뭐예요? 무엇을 끝까지, 무엇을 끝까지 강하게 잡고 아브라함은 늘어진 겁니까? 좀 속된 말로, 예 그래요. 하나님이 뭐라고 약속했어요? 누구를 통해서 아브라함의 자손이 하늘의 별과 같이 된다고 그랬어요? 반드시 이삭을 통해서 된다고 약속했어요. 그것도 한두 번이 아니에요. 하나님이 반드시 이삭을 통해서 그의 몸에서 나는 후손들을 통해서 하나님께서 이스라엘 백성들을 하늘에 별처럼 많게 하겠다고 약속했어요. 그렇게 철저하게 약속한 이삭을 하나님이 지금 바치라고 합니다. 그러니까 약속을 분명히 믿는 이상 여기는 분명히 무슨 하나님의 묘한 곡절이 있다는 걸 아브라함이 깨달은 거죠. 그 약속은 변할 수가 없습니다. 그렇죠? 이삭을 통해서 하나님이 축복하신다는 약속은 절대 변하지 못합니다. 그런데 변할 수 없는 그 약속을 한 하나님이 지금 모순된 명령을 내렸단 말이에요. 그 이삭을 잡아라! 죽여라! 번제 드려라! 그럼 이삭이 없어지면 어떻게 되어가는 이야기예요? 그러나 아브라함은 약속하신 분이 하나님이니 반드시 이삭을 통해서 내 자손이 하늘에 별처럼 된다. 그러므로 내가 백 번 잡아서 하나님 앞에 드린다고 할지라도 반드시 이 약속은 성취된다. 약속에 대한 확신. 그러니 여러분 우리에게 부활 신앙이 강하게 남아있으려면 이 성경을 통해서 하나님이 무엇이라고 약속했는가를 철저하게 붙들어야 됩니다. 이게 부활 신앙이에요. 성경에서 하나님이 무슨 약속을 했는지도 전혀 알지를 못하니까 내 신앙은 점점 죽은 신앙이지 부활 신앙이 되지 못하는 거예요.

그다음에 두 번째 아브라함은 어떻게 이삭을 자신 있게 드릴 수 있었어요? 두 번째는? 내가 만약 이삭을 죽여도 그다음에 뭐요? 하나님이 반드시 살린다. 살릴 수 있다. 살릴 수 있다. 그러니 아브라함의 신앙이 얼마나 논리적입니까? 그렇죠. 논리적이죠? 철저하게 논리적입니다. 이것은 막연한 맹신이 아니에요. 하나님은 약속하셨어. 그 약속하신 분은 절대 두 번 그 약속을 변경시키지 않아, 그러니까 그 약속 믿는 이상 바쳐도 괜찮아! 그다음에 둘째는 내가 만약 그를 죽여서 바쳤다고 할지라도 하나님이 죽은 자 가운데서 살릴 수 있어. 얼마나 논리적이에요? 신앙은 이만큼 논리적입니다. 그러니까 자신있게 이삭을 바치려고 했습니다.

여러분 기독교의 신앙은 죽음 속에서, 죽음 가운데서 생명을 보는 신앙입니다. 이것이 부활 신앙입니다. 그러면 어디서 먼저, 어디서 먼저 그것을 보느냐? 예수님이 십자가에서 죽으셨습니다. 그러나 그 십자가에서 우리는 부활을 봅니다. 첫째, 그렇죠? 그것을 근거해서 그다음에 무엇을 봅니까? 예수 그리스도 안에서 나는 벌써 죄의 몸은 죽었다. 내 안에서 죽음을 보는 겁니다. 그렇죠? 내 안에서 죽음을 보는 겁니다. 나는 벌써 죄의 몸은 죽은 놈이다. 십자가와 함께 못 박혀 죽은 놈이다. 죽은 내 안에서 무엇을 봅니까? 그리스도 안에서 다시 살아난 나 자신을 봅니다. 이게 부활 신앙입니다.

하나는 예수 그리스도에게서 죽음과 부활을 봅니다. 그다음에 두 번째 단계는 뭡니까? 내 안에서 죽음과 부활을 봅니다. 이것이 기독교 신앙이죠? 그다음에 셋째로 어디서 봅니까? 이 세상은 죽음의 도성입니다. 하나님 나라는 영원히 사는 곳입니다. 이 세상에서 죽음을 보고 영원한 나라에서 생명을 봅니다. 이것이 부활 신앙입니다. 아무리 내 주변이 캄캄해도 우리는 그 캄캄한 가운데서 영원한 나라의 샛별을 봅니다. 이것이 부활 신앙입니다. 그다음에 네 번째로, 우리는 어디서 부활 신앙을 봅니까? 내가 직접 경험하고 당하는 절망적인 상황 속에서 반드시 하나님은 일으키신다는 부활 신앙을 갖게 됩니다. 이거는 현실의 적용입니다. 그렇죠? 현실의 적용입니다. 사업이 망했습니다. 예, 사업이 망했습니다. 좋아요. 망한 사업 속에서 내가 주님을 강하게 붙들면 하나님은 반드시 이 사업을 통해서 이 죽은 것 같은 사업을 통해서 하나님은 놀라운 살아계시는 역사를 보여주신다. 실패에서 희망을 보는 겁니다. 거기서 소망을 보는 겁니다. 성공을 보는 겁니다. 이것이 부활 신앙이에요. 내가 하던 일이 안 됩니다. 절망입니다. 그러나 그 절망 가운데서 하나님의 놀라우신 능력을 보는 겁니다. 이것이 부활 신앙입니다. 지금 내가 계획했던 무엇이 지금 제대로 잘 안 됩니다. 좀 이상합니다. 자꾸 마음이 가라앉습니다. 그러한 속에서 아브라함처럼 죽은 것 같은 절망적인 상황 속에서 하나님은 반드시 하신다 하고 믿는 그것이 부활 신앙이에요. 우리는 어디에서 배웠어요? 골고다에서 배웠어요. 우리는 어디서 배웠어요? 나 자신 속에서 배웠어요. 우리는 어디서 배웠어요? 세상에서 배웠어요. 우리는 어디에서 배웠어요? 내 현실에서 배워요. 내 경험에서 배워요. 부활 신앙을.

그런데 한 가지 중요한 조건이 있습니다. 부활 신앙은 어떤 사람에게 더 강하게 적용되느냐? 나타나느냐? 완전 헌신자에게만 나타나는 겁니다. 아브라함처럼 아들도 줬습니다. "주님! 예, 바치라면 바치지요. 고향 떠나라면 좋아요. 떠나지요. 내가 갖고있는 것 달라면 드리지요." 그저 뭐든지 그저 송두리째 그저 바치는 자세가 되어있는 사람. 완전 헌신자. 이 사람을 통해서 부활 신앙은 항상 입증이 됩니다. 바쳐버리고 나니까 아무 것도 없잖아요. 그 가운데서 하나님이 기적을 일으키는 겁니다. 그게 부활 신앙이에요. 여러분이 그러니까 부활 신앙을 체험하고 싶습니까? 헌신하세요! 시간도 최선을 다해서 바치세요! 마음도 최선을 다해서 주님에게 바치세요! 물질도 달라하시면 한번 바쳐보세요! 하나님이 어떻게 그 가운데서 부활 신앙을 입증을 하시느냐? 아무것도 없는 빈털터리에서 어떻게 하나님이 일으켜 세우는가 한번 제대로 보란 말이에요. 왜 우리가 이와 같은 기적을 체험하지 못하느냐? 내가 꼭 쥔 것을 내놓지 않기 때문에 하나님이 일을 못하는 겁니다. 예. 여러분 이삭이 아깝다고 해서 하나님 아브라함이 이삭을 내놓지 않고 꼭 쥐고 있었으면 그야말로 죽은 것 가운데서 살리시는 하나님의 능력을 볼 수 있었겠어요? 없죠. 바친다고 그저 전부 다 맡기고 들어갔을 때 비로소 하나님이 그와 같은 역사를 일으키고 체험하죠. 헌신이 없는 곳에, 완전 헌신이 없는 곳에 부활 신앙은 입증이 안 됩니다. 이건 공식이에요. 완전 헌신이 없는 곳에 부활 신앙은 입증이 안 됩니다. 다른 말로 말하면 체험이 안 됩니다. 기독교의 아름다운 저력, 예수 믿는 사람이 가지고 있는 아름다운 저력이에요.

제가 이 이야기했나요? UCLA에 다니는 대학생 하나가 제가 UCLA 바이블 스터디 가르쳐 줄 때 항상 저를 안내하던 대학생입니다. 한 번은 아버지 어머니 앞에서 무릎을 꿇고 앉았습니다. "아버지, 어머니! 예수 믿는 집안에서 술집을 해 가지고 되겠습니까?" 미국에서 리커 스토어liguor store라고 그럽니다. 양주 파는 데. 수입이 좋아요. 그래서 교포들이 많이 합니다. 하루에 거의 18시간 이상을 열어 놓기 때문에. "아버지 어머니 어떻게 예수 믿는 사람이 양주 장사를 할 수 있습니까? 내가 알기로는, 내 양심상 그것은 할 수 없다고 봅니다. 그러니까 아버지 믿읍시다. 그래서 전부 다 포기한다고 생각하고. 예, 그저 하나님 앞에 전부다 그저 망한다고 생각하고 그저 다 없어진다고 생각하고 양주 가게 내놓읍시다. 절대 하나님이 우리를 굶기지는 않습니다." 아버지가 고급 장교로 제대하신 분입니다. 아들이 무릎을 꿇고 앉아서 진지하게 그런 이야기를 할 때 아버지가 감동을 받았어요. 그저 교회는 적당히 다니는 집안인데. "그래 좋아! 네가 그렇게까지 진지하게 나온다면 좋아. 내놓지." 아! 그 날, 양주 가게 내놓았어요. 그 날 저녁으로 그냥 팔려버렸습니다. 무엇을 할 것이냐? 가족들이 앉아서 생각하고 기도하는 중에 도넛 핫도그 집 하자! 그것은 뭐에요? 양주 장사하는 거하고 틀리니까 그것은 신자가 할 수 있다. 이래가지고 핫도그 가게를 하나 냈습니다. 불과 1년 안에 핫도그 가게가 4개가 되었습니다. 기적을 본 겁니다. 내 손에 쥐었던 거 적합하지 않다고 하나님의 자녀로서 합당하지 않다고 할 때 그냥 송두리째 놓는 겁니다. 놓을 때 하나님께서 대신 갚아줍니다. 그런데 또 문제가 하나 생겼습니다. 아들이 또 부모님에게 도전합니다. "이제는 우리가 술장사를 안 하기 때문에 내 마음이 많이 떳떳하지만 아버지 어머니, 우리가 축복 더 받으려면 주일 지켜야 됩니다. 이 핫도그 이거 이거 일주일 7일 내내 열어놔야 되는 건데 이거 아무리 일꾼을 시켜서 하는 것이지만 우리가 양심이 아프지 않습니까?" 이 아들의 말이 뭡니까? 그러니까 핫도그 상점이 네 개니까 사사 십육, 16일을 그냥 공치자는 얘기 아닙니까? 그렇죠? 16일을 공치느냐? 여러분 이런 신앙이 뭔지 아세요? 바로 부활 신앙입니다. 손해 보는 것 같이, 그저 보이는 게 뻔해요. 손해 보는 겁니다. 그러면서도 내가 손해를 볼지언정 놓는다 하고 들어갈 때 하나님께서 그 가운데서 인간 생각 이상의 무엇을 일으키는 것을 보는 것이 부활 신앙입니다. 많은 주변 사람들이 볼 때 그렇게 해서 안 된다고 하는데 내가 하나님의 능력을 생각하면 반드시 하나님이 주신다 하고 보는 그것이 부활 신앙입니다. 우리 젊은 청년들은 여러분의 생애에 앞으로 그와 같은 결단을 해야 될 위기가 자주자주 여러분 앞에 올 것입니다. 내가 하나님 앞에 바치라고 할 때에, 완전히 바칠 때 기적을 볼 수 있느냐? 안 바침으로서 내 꼴이 항상 이럴 것이냐? 여러분 결단할 때가 옵니다. 또 하나님이 버리라고 할 때 과연 내가 버릴 수 있느냐? 아쉽지만은 버릴 수 있느냐? 버리면 하나님이 내 손에 놀라운 것 쥐어 주시는데 안 버릴 때 내가 그거 쥐고 앉아있다가 결국 끝에 남는 거는 그거밖에 없다. 그런 인생을 사느냐? 이 둘을 앞에 놓고 여러분들이 결단을 해야 될 때가 옵니다. 그럴 때 어떤 사람이 승리를 하느냐 부활 신앙을 가진 사람이 승리를 합니다. 죽음 안에서 생명을 보는 자, 실패 안에서 성공을 보는 자, 절망 가운데서 소망을 보는 자, 아무것도 없는 가운데서 풍부함을 보는 자 그 사람이 결국은 하나님의 능력을 체험하는 승리자가 됩니다. 아브라함은 그런 사람이었어요 아브라함은.

저도 여러분에게 또 자신에게 이렇게 큰소리칠만한 인물이 못됩니다. 저도 지금까지 살아온 생애를 가만히 생각해보면 부활 신앙이 아니라 죽은 신앙을 한두 번씩 자주 가졌으니까요. 그래서 실패를 많이 했습니다. 그러나 말씀이 우리에게 이와 같이 가르치시니까 우리 한번 실천해봐요. 하나님의 나라를 위해서 버릴 때는 버려요. 바칠 때는 바쳐요. 그저 아무것도 없어야 될 때 아무것도 없이 한번 서봐요. 그 가운데 하나님이 어떻게 일을 하시는지. 반드시 이삭이 태어납니다. 반드시 이삭이 살아납니다. 반드시 전 생애에 복을 받는 놀라운 역사가 그 가운데서 일어납니다. 제 메시지 가운데서 여러분 질문하실 거 없어요? 그래요. 잠시만요. 한번 해보세요. 그리고 꺾이면 한번 오세요. 한번 봅시다. 근데 하나님께서 원리는 있어요. 뭐든지 즐거운 마음으로 하는 것을 원해요. 그걸 기뻐하신다고 그랬어요. 뭐든지 즐거운 마음으로. 그러므로 나 솔직히 이야기해서 이런 저런 교회 주보들을 전부 보면 뒤에 십일조 헌금자 뭐, 김 누구 이 누구 누구 누구 이만큼 적어놨어요. 그다음에 뭐 감사 헌금 뭐뭐 도대체 왜 그렇게 해야 합니까? 나 도대체 그 이유를 알 수가 없어. 무슨 등록을 하는 겁니까? 무슨 계산을 하는 겁니까? 왜 그렇게 해야 돼요? 은밀하게 보시는 하나님 앞에 십일조 바치면 하나님께서 상 주시는 거 뻔한데 왜? 상은 자기가 받지 남이 받나? 자기가 알고 자기가 바치면 되는 거고, 자기가 알고 자기가 감사하면 되는 거고. 다 뭐 기쁜 마음으로 하나님 앞에 드리면 다 되는 거지. 뭘 주보에다가 요란하게 공개를 해가지고 다른 사람보고 내라고 하는 것처럼 그렇게 교회가 인상 나쁘게 말이에요. 그 자체가 벌써 무언가 즐겨내는 게 아니라는 이야기예요. 그렇죠? 즐겨내는 것은 사람 앞에 자랑 안 합니다. 여러분, 하나님이 분명히 오른손이 하는 거 왼손이 모르게 하라. 하나님이 그야말로 그 사람만이 알도록 축복해줄 때 그게 단맛이 납니다. 소문나서 받는 축복이 아니고. 물론 어떤 경우에 뭐 건축을 한다든지 무슨 특별한 용도가 있을 때는 그야말로 계산을 똑바로 해야 되고 어떤 사람이 어느 정도로 참 이 일을 위해서 힘쓰느냐를 알기 위해서 우리가 서류상으로는 좀 그런 것을, 명단을 좀 알아두는 것이 좋죠. 그러나 그걸 갖고 주보에다가 광고할 필요는 또 뭐 있어요. 바로 그런 문제가 다 적용이 되는 겁니다. 즐겁게 내느냐 즐겁게 던지느냐 그것이 하나님의 축복과 연관이 됩니다. 삽비라 아시죠? 내도 손해 보는 경우가 있어요. 그렇죠? 자기 것 뺏기고 손해 보고 그래요. 그게 어떤 때입니까? 억지 춘양을 할 때. “주보에 이 집사하고 박 집사 이름은 십일조란에 다 났는데 이거 내 이름이 빠져가지고 되겠나? 여보 이거 망신인데, 우리 헌금 좀 합시다.” 그랬어요. 그런 식으로 해가지고. 예, 예 그렇죠. 솔직히, 저는 솔직히 우리 재정권은 우리 집사람한테 다 넘겨 놓고 있으니까. 십일조를 하는지 십의 이조를 하는지 전 도대체 몰라요. 전혀 모릅니다. 그래서 만약에 하나님 앞에 가가지고 십일조 못했다고 혼이 나면 그때는 책임 전가를 시키는 거죠. “하나님, 나는 십일조는 제가 관리를 안 했습니다.” 뭐, 이렇게. 하지만 제가 알기로는 우리 집사람 아주 지독하게 그 문제는 잘 처리하는 줄로 알고 있어요.

그러니까 여러분 만 가지가 그래요 만 가지가. 하필 십일조뿐만이 아니고 모든 것이 내가 텅텅 비울 때 하나님이 채우신다. 그거 부활 신앙이에요. 내가 완전히 손 들었을 때 믿음으로 끝까지 버티면 하나님이 축복하신다. 그게 부활 신앙이에요. 그 가운데서 제가 개척교회 하는 것도 마찬가지 아닙니까? 여러분, 도대체 있나요? 뭐가. 처음에 오니까 사찰 일하고, 주일학교 교사 일하고, 목사 일하고 일인 사역을 해야 되니 양동이를 들고 돌아다니면서 가만히 생각하니 도대체, 내가 이 일을 위해서 내가 미국에서 여기까지 왔나 하는 생각이 한참 나기도 하고요. 김 집사님! 너무 고마운 일을 해주셔서 내가 할 말이 없습니다만은. 저는 한 가지 투자입니다. 내가 완전히 땅에까지 낮아지고 완전히 내 손에 쥔 거 다 집어던지고 내 안에 있던 거 다 집어던지고 주님이, 아무 것도 없으니까 이 황무지에서 주님이 살아계신다는 사실을 한번 증명을 해주십시오! 그거 하나만은, 저는 부활 신앙이라고 봐요. 저는 분명히 그렇죠? 오늘 낮에 한 50명 모이니까 벌써 이 장소가 은근히 답답해 보이지 않아요? 여러분, 앞으로 하나님께서 얼마나 축복을 하실는지 모르지만 하나님께서 절대 시시하게 하시지 않을 거예요. 또 이렇게 좋은 형제들을 보내주시는데, 다른 교회 개척 교회하면요 집사 하나 세울 사람이 없어가지고 절절절절 맵니다. 모이는 거는 얼마나 모이는지는 모르지만, 그러나 우리 교회는 전부 장로, 전부 권사 감이에요. 지금 다 나온 사람들은, 그것도 남이 키워놓은 사람 전부 데리고 온 거 아니고 그래도 나와 조금씩 관계있는 사람이에요. 하나님께서 창 밖으로 다 집어던지고 나서, 전부 다 집어던지고 완전히 나 자신을 비울 때 하나님께서는 반드시 부활의 기적을 가져온다. 백 번 반복해도, 백 번 반복해도 싫증이 나지 아니하는 말입니다. 여러분의 가정에서 그걸 적용하세요. 여러분의 사업체에도 적용하세요. 여러분의 개인 생활에 적용하세요. 이것 외에 또 다른 말씀 없어요!

우리 찬송 하나 부르고 기도하십시다. 참 적절한 찬송 없어요? 우리

이럴 때 적절한 찬송. '어두움 후에 빛이 오면', 좋아요? 그 찬송 알아요? 한번 봅시다. 예, 찬송가 535장. 이것은 진짜 부활 신앙의 일면을 갖다 표현한 건데 어두움 후에 반드시 빛이 온다. 바람 분 후에는 반드시 잔잔해진다. 괴로운 후에는 평안이 온다. 슬퍼한 후에는 희락이 있다. 멀게 된 후에는 가까웁고 고독한 후에는 사랑이 온다. 이게 부활 신앙이죠.

1978년 9월 17일 주일 낮 예배

하나님의 의

(롬 4 : 1 - 10)

인간이 죄 문제를 논하는데 있어서 참 심각한 이유가 내가 죄인이라고 느끼는 데서 오는 심각성이 아니고 나를 죄인이라고 규정하는 하나님의 선언 때문에 오는 심각성입니다. 그러므로 이 문제는 결코 내가 처리하지 못합니다. 하나님이 처리할 수밖에 없습니다.

1. 그런즉 육신으로 우리 조상인 아브라함이 무엇을 얻었다 하리요
2. 만일 아브라함이 행위로써 의롭다 하심을 받았으면 자랑할 것이 있으려니와 하나
님 앞에서는 없느니라
3. 성경이 무엇을 말하느냐 아브라함이 하나님을 믿으매 그것이 그에게 의로 여겨진
바 되었느니라
4. 일하는 자에게는 그 삯이 은혜로 여겨지지 아니하고 보수로 여겨지거니와
5. 일을 아니할지라도 경건하지 아니한 자를 의롭다 하시는 이를 믿는 자에게는 그의
믿음을 의로 여기시나니
6. 일한 것이 없이 하나님께 의로 여기심을 받는 사람의 복에 대하여 다윗이 말한 바
7. 불법이 사함을 받고 죄가 가리어짐을 받는 사람들은 복이 있고
8. 주께서 그 죄를 인정하지 아니하실 사람은 복이 있도다 함과 같으니라
9. 그런즉 이 복이 할례자에게냐 혹은 무할례자에게도냐 무릇 우리가 말하기를 아브
라함에게는 그 믿음이 의로 여겨졌다 하노라
10. 그런즉 그것이 어떻게 여겨졌느냐 할례시냐 무할례시냐 할례시가 아니요 무할례
시니라

지난 주일날 우리가 아브라함에 관한 중요한 몇 가지를 고찰했습니다. 그리고 주일날 저녁에도 계속해서 아브라함에 대해서 우리가 좀 생각을 했습니다. 오늘도 계속해서 중요한 부분 하나를 다루겠습니다. 그리고 오늘 저녁에는 아브라함의 가정 불화에 대해서 말씀을 나누겠습니다. 그러니까 여러분들이 오셔서 꼭 같이 하나님의 말씀 들으시기 바랍니다.

오늘 낮에 드리는 이 설교는 사실 완전한 설교가 아닙니다. 왜냐하면 오늘 이 설교를 다 마칠 수가 없어요. 그래서 다음 주일 낮에도 계속하려고 그럽니다. 오늘 낮에는 특별히 하나님이 요구하시는 '의' 라는 것이 어떤 성격의 것이냐 하는데 초점을 두겠습니다. 하나님이 요구하시는 '의' 뭐, 달리 말하면 '선' 이라고도 할 수 있겠죠. '의' 라는 것이 어떤 것이냐 하는 것입니다. 저는 이 본문을 참 좋아합니다. 특별히요. 다윗이 말한 7절, 8절 너무 좋아요. 그래서 저는 이 성경을 볼 때마다 그저 제 마음이 항상 기쁨을 느끼는데요. '그 불법을 사하심을 받고 그 죄를 가리심을 받는 자는 복이 있고 주께서 그 죄를 인정치 아니하는 사람은 복이 있도다.' 이 본문에 대한 깊은 해석은 다음 주일날 있겠습니다만은 참 오늘 우리가 보는 이 본문은 너무 기가 막힌 본문입니다. 만약에 저처럼 기가 막힌다는 표현이 안 생기면 조금 노력을 하십시오. 예수 믿고 나서 우리가 이런 본문 우리가 읽을 때 자연스럽게 기가 막힌다는 소리가 나와야 됩니다. 제가 목사가 돼서 그런 것이 아니고, 제가 지금까지 예수 믿는 사람들 많이 만나보니까 참 은혜받고 하나님의 말씀에 깊이 깨달음을 가진 사람들은 똑같이, 저와 같은 표현을 하는 걸 봅니다. 기가 막힌다는 표현입니다.

아브라함이 애굽에 가서 참 치욕적인 생활을 하다가 그다음에 가나안으로 다시 돌아와서 얼마 되지 아니했을 때 하나님께서 아브라함을 한번 방문하셨습니다. 시간은 밤이었습니다. 아브라함에게 하나님께서 "자, 나는 너의 방패요 너의 놀라운 기업이 되겠다" 하시고 아브라함이, 하나님이 아브라함에게 그렇게 말씀을 하시니까 아브라함이 조금 불평 섞인 조로 항의를 했습니다. "하나님, 하나님은 항상 나에게 말하기를 하나님은 나의 방패요 나의 축복이요 나의 모든 기업이라고 하셨지만은 아직도 내가 이 땅 위에 온 지가 거의 20년이 넘어가는데도 지금 혈육 하나 없습니다. 그러므로 우리 집에 있는 참 충실한 하인 엘리에셀이 우리 가정의 가문을 이어서 우리 후손이 되겠나이다. 그렇게 해야 되겠습니다" 하고 불평 조로 이야기하니까 하나님이 뭐라고 하십니까? "아니야. 앞으로 너의 후손 될 사람은 너 몸에서 나는 사람이라야 후손이 되겠다. 그러니까 반드시 내가 너에게 아들을 줄테니까 너는 절대 의심하지 말고 믿으라"고 분명히 했습니다. 그리고 아브라함을 데리고 밖으로 나왔습니다. 저 하늘에 있는 아름다운 별들을 하나님이 가리키면서 "자, 너 저 하늘의 별들을 한번 봐. 하늘을 우러러 뭇별을 네가 셀 수 있겠는지 한 번 봐. 네 자손이 이와 같으니라." 그러니까 비로소 아브라함이 하나님이 하신 말씀을 믿었다고 그랬어요. 믿으니까 하나님이 그 믿음을 뭐로 인정하셨습니까? '의'로 인정했습니다.

그랬죠? 하나님이 그 믿는 것을 보고 그것을 하나의 '의'로 보셨다. 그래서 아브라함은 무슨, 뭐 특별히 생활이 깨끗해가지고 하나님 앞으로 의롭다고 인정받은 사람이 아닙니다. 아브라함이 무슨, 날 때부터 특별히 성격이 선하고 성격이 참 덕이 있어서 하나님이 그것을 놓고 그 사람을 의롭다고 인정하는 것이 아닙니다. 하나님이 하신 약속을 그대로 믿었더니 하나님이 그 믿는 것을 보시고 그를 의롭다고 인정을, 아주 인정을 해버린 겁니다. 이런 의미에서 아브라함은 우리 모든 크리스천의 조상이라는 뜻입니다. 왜? 우리 크리스천들 잘 알잖아요. 우리가 뭐 선이 있습니까? 뭐, 예수 믿는다고 해서 특별히, 가끔 비난도 많이 받습니다만 뭐 그렇게 성자처럼 달라진 것이 금방 우리 눈에 그렇게 보이나요? 또 뭐 예수 믿는 사람들 그렇게 성품상으로 사회 사람들하고 비교할 때 두드러진 거 있나요? 제가 목사로서 좀 부끄러운 이야기입니다만 성격이 고약한 사람 교회 안에 가니까 오히려 더 많아요. 그런데 참 이상하죠? 성격도 보시지 않고 어떤 면에는 생활도 보시지 않고 어떤 면에는 우리의 과거도 따지지 않고 무조건 우리 믿음 보시고 우리를 의롭다고 다루시는 하나님. 바로 아브라함의 하나님이 우리의 하나님이 된 겁니다. 그래서 그분이 우리의 조상이에요. 위대한 조상이에요. 그래서 로마서 4장 23절에 바울이 이렇게 외쳤어요. '저에게 아브라함에게 의로 여기셨다 기록된 것은 아브라함만 위한 것이 아니요 의로 여기심을 받을 우리도 위함이니 곧 예수 우리 주를 죽은 자 가운데서 살리신 이를 믿는 자들이니라.'

자, 그러면 하나님이 원하시는 하나님이 표준으로 세워 놓으신 '의'가 뭡니까? 성격상 그것이 뭡니까? 기독교에 있어서 가장 중요한 진리 중에 하나가 하나님이 요구하시는 '의'가 무엇이냐는 것을 정확하게 깨닫는 데 있습니다. 불행하게도 많은 크리스천들에게 물어보면 대답을 잘 못합니다. 그래서 전도할 때 가끔 사람들을 만납니다. "뭐, 나는 뭐 특별히 나쁜 일 안 하고 그런대로 내 마음에 내가 그래도 최선을 다해서 선하게 살려고 하는 사람입니다." 이렇게 말할 때 우리가 무엇이라고 대답해야 하느냐? 하나님의 '의'가 무엇인가를 잘 모르는 사람은 여기에 대답 못합니다. 여러분들이 기독교 진리에, 핵심에 빨리 들어오기를 원하시면 하나님이 원하는 '의'가 뭔지를 여러분이 빨리 캐치catch하셔야 됩니다. 하나님이 원하는 '의', 하나님이라는 상대를 너무 몰라서 사람들은 좀 자부심을 갖습니다. 내가 깨끗하게 사는 거, 내가 무슨 선한 일을 하는 거, 이것 가지고 하나님이 인정해주리라고 하는 망상을 갖고 있습니다. 그러나 그렇지 않아요.

엊저녁에 참 달이 밝았잖아요. 저는 참 그 추석 전야에 달이 그렇게 밝은 거 최근에 오랜만에 보았는데 달을 보면서 제가 생각한 하나님의 말씀이 있어요. 욥이 한 이야기 여러분 기억나세요? '하나님의 눈에는 달이라도 명랑치 못하며.' 그렇죠? '별도 깨끗지 못하거든 하물며 벌레인 사람, 구더기 인생이랴.' 한번 더요. '하나님의 눈에는 달이라도 명랑치 못하며 별도 깨끗지 못하거든 하물며 벌레인 사람, 구더기 인생이랴.' 욥기 25장 5절, 6절인데. 예, 하나님 보시기에 그렇게 청명한 달도 하나님 앞에서는 깨끗하다고 인정이 안 됩니다. 그렇게 밝게 반짝이는 별도 하나님 앞에서는 그렇게 신통하지 못합니다. 그런데 구더기 같고 벌레 같은 인간이 아무리 선하게 스스로 산다고 할지라도 그것이 하나님의 눈에 들어오겠느냐? 아니다 그겁니다.

자 그러면 먼저 우리 부정적으로 우리 두 가지를 생각합시다. 하나님이 요구하시는 '의'는 우리가 원래 갖고 있는 어떤 선을 말하는 거 아닙니다. 인간에게는 약간의 의로움이 있어요. 선한 것이 있습니다. 뭐 그 사람이 성악설性惡設을 주장하든 성선설性善說을 주장하든 여하를 막론하고 인간에게는 어떤 일면의 선이 있습니다. '의'가 있어요. 그러나 이와 같은 인간이 고유하게 갖고 있는 이 '의'도 하나님의 관심을 끌지 못합니다. 왜? 사람의 마음에서 나오는 생각과 모든 계획이 항상 악하다고 하나님께서 이미 진단하신지가 창세기에서부터 시작되었습니다. 만물보다도 거짓되고 부패한 것. 여러분, 한 가지 꼭 아세요. 앞으로 전도하실 때도 마찬가지입니다만 꼭 아세요. 마음을 하나님이 어떻게 정의하셨습니까? 하나님의 정의. 심리학자에게 가서 물어볼 필요도 없고 철학자에게 가서 물어볼 필요가 없어요. 하나님이 마음을 뭐라고 정의했습니까? 만물보다 거짓되고 부패한 것. 그것이 마음의 정의입니다. 그렇죠? 예, 만물보다도 거짓되고 부패한 것. 그것이 마음의 정의입니다. 누구의 정의입니까? 창조하시는 하나님의 정의입니다. 그러므로 오늘 내 마음이 좀 깨끗하다, 내가 좀 그래도 의롭게 산다 이 마음을 붙들고 하나님 앞에 가면 그것이 '의'로 인정되기를 기다리는 사람들만큼 답답하고 불쌍한 사람이 없어요. 상대를 모르면 그렇게 좀 불쌍한 사람이 될 수 있습니다. 예, 상대를 모르면 그렇게 되어요.

미국에 처음에 이민 간 사람들이 한 1년 안에는 항상 무슨 말을 하는지 알아요? "아이고 미국 사람들, 참 그거 어리석은 사람들 도대체 너무 순진해. 그거 뭐 우리 한국 사람들에 비하면 너무 무언가 제대로 생각을 못하는 것 같아." 열 사람이면 열 사람한테 다 물어보세요. 똑같이 그렇게 이야기합니다. 그러고 나서 미국에서 한 3년 내지 5년 지나면 뭐라고 그러는지 알아요? 미국 사람들만큼 지긋지긋하고 무서운 사람이 없다고 그럽니다. 왜 그렇게 상황이 바뀝니까? 처음에는 미국 사람이라는 게 뭔지를 너무 모르고 덤볐기 때문에 그래요. 그러기 때문에 우리가 어느 정도 정의를 갖고 있는 미국 사람의 관觀을 가지고 우리가 그 사람을 대합니다. 그러니까 속죠. 모르면 속아요. 하나님이 어떠한 분이며 그가 원하는 '의'를 알지 못하니까 나에게 있는 약간의 선을 가지고 내 마음이 조금 선하게 생각한다는 이거 가지고 나는 하나님 앞에 인정받을 것까지 생각하는 사람들. 이것은 답답하다 그 이야기입니다. 무지에서 오는 교만입니다.

두 번째로요 우리가 또 한 가지 부정적으로 생각해야 될 것은 하나님이 요구하시는 '의'는 우리가 행하는 어떤 것이 아닙니다. 인간이 예외 없이 다 치우쳐서 한 가지로 무익하게 되고 선을 행하는 자가 없나니 하나도 없다고 했습니다. 선한 자가 없나니 하나도 없다고 그러지 않았어요? 선을 행하는 자가 없나니 하나도 없다고 그랬어요. 행하는 사람이 없어요. 그러니까 여기에는 소크라테스도 포함이 안 됩니다. 석가모니도 포함이 안 됩니다. 하나님 눈 앞에서는 전부 없습니다. 왜요? 인간에게 어떤 행동을 통해서 하나님이 인정할 만한 '의'가 전혀 생산되지 아니합니다. 성도교회 제가 시무할 때 한 번은 그 남산 어린이 공원 밑에, 야외 음악당 밑에 그 아주 빈민들이 사는 그 참, 초라한 아파트들이 몇 개 있습니다. 그 아파트에 사는 어떤 여자 신도로부터 연락이 왔어요. "목사님 꼭 좀 와 주십시오. 지금 우리 남편이 위독합니다." 그래서 전도사님하고 뛰어 올라갔습니다. 올라갔더니 부인은 예수 믿지만 남편은 예수 안 믿어요. 안 믿는데, 오래 전부터 폐결핵을 앓고 있었는데 거의 사경에 들어갔습니다. 가보니까 방안에서 냄새가 콱콱 나오고 그야말로 그 도무지 뭐 비위가 상해서.... 그래도 이 목사라는 이 직책이 하나 좋은 것은 그런거 가리지 않는다는 점에서 좋습니다. 가슴에 통증이 너무 심하니까 바로 눕지도 못하고 엎드려가지고 가슴을 쥐어짜면서 그냥 엎드려가지고 비참하게 되어있는데 이거는 뭐 딱 봐도 시간 문제에요. 죽는 거는 시간 문제에요. 그래서 제가 가서 보고는 '야, 참 불쌍하구나. 나이가 이제 겨우 40대 초에 들어간 사람인데....' 제가 예수 믿으라고 그랬어요. "예수 믿고, 당신 비록 세상에서는 이와 같이 고생하다가 가지만은 하나님의 품안에 가서 당신이 편히 쉴 수 있습니다." 그런데 이상하게 안 통해요. "목사님 나는 6.25 때 38선을 넘어오면서도 시체 하나 안 밟은 사람입니다. 그런데 어떻게 나를 이렇게 고생을 시키고 이렇게 비참한 인생을 살게 하는지요. 38선 넘어오면서 남의 시체 그냥 밟고 사람 죽이고 막 그러면서 내려온 사람은 아직도 세상에서 떳떳하게 내 주변에 잘 살고 있는데 나는 시체 하나 안 밟은 사람입니다." 아이고 맙소사. 여러분 시체 안 밟은 게 하나님 앞에 무슨 상관있나요? 그게 '선' 입니까? 그게 '의' 입니까? 여러분 이게 유치한 이야기가 아닙니다. 많은 사람들 이야기를 들어보면 무언가 자기가 알고 있는 어떤 선의 관념이 있어요. 그래서 "내가 이렇게만 하면은 예수 믿는 사람이 무어라고 하든 간에 다음에 나는 구원받을는지 모른다"고 하는 막연한 생각을 갖고 있습니다. 답답한 이야기입니다. 하나님은 우리가 어떻게 의롭게 행하는 행위 자체에서 하나님이 원하는 '의' 를 찾지를 않습니다. 여러분 꼭 알아두세요. 제가 두 가지 말씀드렸어요. 부정적인 면에서 두 가지 말씀드렸어요. 하나는 우리가 본래 가지고 있는 '의' 를 하나님이 요구하는 거 아니라는 것. 그다음에 우리가 행하는 어떤 것을 '의' 로 요구하는 거 아니라는 것. 우리가 이것을 미리 전제 조건으로 알고 계셔야 됩니다. 기독교를 여러분들이 믿을 때 예수 믿고 하나님 앞에 나올 때 이 사실을 분명히 확인하지 아니하면 잘못하면 여러분들 오해하고 뒤로 넘어집니다.

그러면 하나님이 만족하시는 '의' 가 뭡니까? 예, 봅시다. 하나님이 만족하시는 '의' 는 간단하게 말하면 율법상으로 정말 무결하게 순종하는 것을 하나님이 요구합니다. 구약과 신약 보면은요 하나님이 우리에게 주신 율법이 있어요. 하나에서 열까지 하나 빠짐없이 우리가 지켜야 될 율법을 하나님이 주셨어요. 율법을 우리가 정말 무결하게 지킬 때 하나님이 '의'라고 판단합니다. 만약에 십계명을 예로 든다면 아홉까지 계명을 지켰어도 한 가지 우리가 실수하면 하나님 편에서는 한 가지 실수 때문에 십계명을 전부 범한 것으로 간주합니다. 그러므로 하나님이 원하는 것은 율법 전체를 하나도 빠짐없이 완전하게 지키는 것을 '의'라고 그럽니다. 자신 있어요? 여러분? 그리고 그 항목상으로 그렇게 지켜야 된다는 것도 문제가 되지만은 하나님이 율법을 지키라고 요구하실 때 또 하나 중요한 것은 행동은 반드시 동기와 일치를 해야 된다는 조건이 있습니다. 행동은 반드시 동기와 일치해야 된다. 무슨 말이냐 하면은 우리가 겉으로는 7계명을 안 범합니다. 그러니까 어떤 여자하고의 그런 어떤 불륜의 관계라든지 혹은 우리가 어떤 나쁜 간음죄라든지 그것을 범하지 않는다고 할지라도 마음이 벌써 여자에 대해서 어떤 음심을 조금이라고 갖고 있었을 때는 그 계명을 범한 것이 됩니다. 그러므로 하나님이 요구하시는 '의'는 어떤 것이냐? 동기와 행동이 정말 무결하게 일치할 때 하나님이 원하는 '의'를 우리가 드릴 수 있습니다. 겉으로 간음죄 안 범하는 것과 동시에 마음으로도 전혀 여자에 대해서 순수하고 깨끗할 때 그 사람은 비로소 7계명을 지켰다고 그럽니다. 살인죄를 우리가 비유를 들어도 마찬가지예요. 사람을 죽이지는 않았지만은 마음속에 어떤 형제를 미워한다든지 사랑하지 못할 때는 그 사람은 살인죄를 범한 것으로 간주합니다. 왜냐하면 동기가 썩어있기 때문에 그렇습니다. 그러니 여러분 보세요. 모든 율법은 다 지켜야 된다. 율법 하나를 지켜도 동기와 행동이 반드시 일치한 순종이라야 된다. 이것이 하나님이 요구하는 조건입니다. 어느 인간이 여기에, 여러분 응답할 사람이 있습니까? 나오세요. 누가 이 하나님의 요구에 응해서 당당하게 "이봐, 하나님이요, 이것이 당신이 원하는 의입니다" 하고 바칠 사람 있습니까? 아무도 없어요.

두 번째로 하나님이 요구하시는 '의'의 성격은 또 하나 있습니다. 공의의 요구 조건입니다. 공의라는 말은 죄는 어디까지나 죄입니다. 선은 어디까지나 선입니다. 또 달리 말하면 죄는 어디까지나 그 값을 받습니다. 선은 어디까지나 그 선의 값을 받습니다. 이것이 공의입니다. 절대 절충이나 번복이 없습니다. 오늘 우리 인간들은 하나님의 공의와 거룩에 상당한 손해를 주어왔습니다. 그러므로 하나님 편에서 보는 '의'는 뭐냐? 죄의 값을 공정하게 치르는 데 있습니다. 죄의 값을 공정하게 치르는 데 있습니다. 하나님의 '의'입니다. 이것을 우리가 드릴 수 있습니까? 노! 아무도 못합니다. 구약에 미가 선지자는 이렇게 독백했습니다. '내가 무엇을 가지고 여호와 앞에 나아가며 높으신 하나님께 경배할고. 내가 내 허물을 위하여 내가 범한 죄를 위하여 내 맏아들을 하나님 앞에 가지고 가서 제사 지낼까. 내 영혼의 죄를 인하여 내 몸에서 난 자식을 하나님 앞에 드릴까. 하나님 앞에 무엇을 갖다 받쳐야 내 죄의 값을 공정하게 받을까.' 미가 선지자가 독백한 것은 모든 인간의 독백입니다. 왜냐하면 모든 인간이 죄인이라는 것은 자기 양심적으로 이미 판단하고 있고 하나님이 이미 선언하고 있기 때문에. 내가 죄인 아니라고 누구 하나 하나님 앞에 가서 담대하게 말할 사람이 없어요. 자, 죄인이에요. 그러므로 하나님이 요구하시는 '의'가 뭡니까? 내 죄는 죄의 값을 그대로 받는다. 이것이 하나님의 '의'입니다. 그러므로 미가 선지자 같은 사람. 내 자식을 갖다 드리면 될까? 내 딸을 갖다 하나님 앞에 드리면 될까? 어떻게 내 허물을 위해서 무엇을 바칠까? 하나님이 요구하시는 '의'는 이와 같이 조건이 굉장히 수준이 높습니다. 율법을 지켜도 정말 무결하게 지키고 죄의 값을 받아도 정말 무결하게 죄의 값을 받아야 합니다. 이것이 하나님이 요구하는 '의'입니다. 누가 이것을, 누가 이것을 이 조건을 들어줄 사람 있습니까? 누가, 누가? 이것이 인간에게 있어서 가장 중요한 숙제입니다.

예, 죄에 대한 몇 가지 고찰 가운데서요. 이 죄가 가지고 있는 고약한 성격 세 가지가 있지요. 우리가 잘 알고 있는 데 본문 로마서 4장 한번 봅시다. 7절. 로마서 4장 7절, 8절. 몇 가지가 나옵니까? 거기에서 불법이라는 말이 나오고 그 다음에 죄라는 말이 나오고 그 다음에 또 뭐가 나옵니까? 8절에 또 죄라는 말이 나오죠. 예, 세 가지 말이 나옵니다. 불법이라는 말이 나오고 죄라는 말이 나오고 또 죄라는 말이 나옵니다. 영어 성경 가지신 분들은 참고하세요. 불법이라는 말은 우리가 뭐, 이의가 없습니다만 두 번째 죄라는 말이 나오고 그것은 복수입니다. 영어 성경에 보면 복수입니다. 그 다음에 세 번째 죄는 뭡니까? 영어 성경 있어요? 단수입니다. 분명히 의미가 다른 것입니다. 이 본문은 다윗의 시편에서 인용한 본문인데요. 다윗이 지은 시편 51편 1절 2절에 가서 보면 세 가지가 분명히 나옵니다. '죄'라는 것이 나오고 '죄과'라는 말이 나오고 그 다음에 '죄의 악'이라는 말이 나옵니다. 그래서 이 죄는 세 가지 성격을 가집니다.

첫째는 불법이라는 성격을 갖고 있습니다. 헬라어로 '아노미아'라고 하고 히브리어로 '페사'라고 하는 겁니다. 불법의 성격을 갖고 있습니다. 그럼 이 불법이라는 단어는 뭡니까? 왕에 대한 반역 행위입니다. 정부에 대한 쿠데타입니다. 권위에 대한 도전입니다. 이것이 불법이라는 단어가 지니는 본本성격입니다. 역사적으로 우리가 볼 때에 반역 행위만큼 중벌 위주로 다룬 예가 없습니다. 우리나라를 봐도 한 사람이 왕에 대해서 도전하면은 그 혈족의 7족까지 멸해버리는 것이 일반적인 경향이었어요. 그러면 우리가 하나님 앞에 이렇게 아노미아를 범했다는 말입니까? 불법을 범했다는 말입니까? 반역 행위를 했다 말입니까? 예, 했어요. 로마서 1장 21절에. 하나님을 알되 그다음에 뭡니까? 아시는 분 좀 로마서 읽어주세요. 예, 맞았어요. 1장 21절 한번 보세요. 하나님을 알기는 아는데 하나님을 영화롭게도 아니하고, 영화롭게도 아니한다는 말을 쉽게 풀면은 하나님 앞에 경배하지 아니하고 한마디로 말하면 복종하지 않는다는 말입니다. 그 권위를 인정하지 않는다는 말입니다. 하나님을 영화롭게도 아니하고 감사치도 아니하고 오히려 그 생각이 허망하여지며 미련한 마음이 어두워졌다. 이거 하나 반역 행위입니다. 하나의 쿠데타입니다. 인간이 하나님 앞에서 행한 쿠데타예요. 하나님의 권위에 공공연히 도전하는 겁니다. 그래서 마땅히 섬겨야 될 하나님이라는 존재를 내 마음 안에서 쫓아내고 하나님이 앉아야 될 그 자리에다가 나를 앉혀놓고 나를 숭상하는 인간으로 바꿔어버렸습니다. 모든 권위가 나 자신에게 있습니다. 죄라는 것은 뭐냐? 이와 같이 하나님의 권위에 도전하는 반역 행위입니다. 왕을 갈아치우는 행위입니다. 하나님을 내 마음에서 쫓아내고 나를 왕으로 세운 행위입니다. 이것이 죄입니다. 이 죄에 대한 분명한 심판을 하나님이 요구하는 겁니다. 이것이 '의' 입니다. 하나님이 요구하는 '의' 에요.

그다음에 두 번째 죄가 갖고 있는 고약한 성격 또 하나 있습니다. 이 죄라고 나왔죠 두 번째. '하마로티아' 라는 헬라어에 히브리어는 '차타' 라고 합니다. 이 말은, '차타' 라는 이 말은 표적을 빗나갔다는 뜻입니다. 하나님이 세워놓은 표적이 있어요. 활을 쏠 때 맞아야 할 표적이 있어요. 하나님이 세워놓은 목적이 있어요. 그런데 그 목적에 미흡한 것입니다. 그래서 탈선하는 겁니다. 이거 죄입니다. 여러분 죄 짓는 생활이 뭔지 아세요? 하나님 모르고 내 마음으로 사는 생활이 무엇을 의미하는지 아세요? 하나님이 세워놓은 목적에 맞추어서 내 생활을 살지 않고 내가 가서 하나님이 세워놓은 거, 표적을 뽑아버리고 내가 만들어놓은 어떤 목적을 앞에 놓고 그것을 위해서 뛰는 것이 죄라는 겁니다. 빗나간 생활입니다. 다음에 여러분 하나님 앞에 가서 한번 물어보세요. 당신들이 산 생활이 잘됐는지 못됐는지. 나는 여러분들 보고 말하는 거 아닙니다. 여러분들은 이미 예수 믿고 다 이 자리에서 와서 구원받은 하나님의 자녀이기 때문에 이와 같은 죄의 성격을 가진 생활을 못합니다. 그러나 바깥에 가서 물어보십시오. 그 사람들이 하나님이 세워놓은 목적에 의해서 사는지 한번 물어보세요. 그 사람들이 하나님이 세워놓은 어떤 표적에 맞추어서 사는지 한번 물어보세요. 이것이 죄입니다.

세 번째로 죄라는 것은 죄과라고 말이 나오고 죄악이라고 시편에는 적혀져 있습니다. 죄악이라고 표현이 되어있는데 이것은 무엇을 의미하느냐? 곁길로 들어선다는 의미입니다. 자동차를 몰고 가다 자동차가 본 궤도에서 벗어져 나가는 것을 가져다가 여기서 이야기합니다. 그래서 이사야는 이 단어를 잘 표현했죠. 이사야 53편 6장에. '우리는 다 양 같아서 그릇 행하여 각기 제 길로 갔거늘.' 제 마음대로 가버렸어요. 제 마음대로. 자 그러면 이 죄가 가지고 있는 이 고유한 고약한 성격을 한마디로 표현하면 어떻게 할까요? 하나님 대신에 자기가 원하는 신을 가지고 있고 하나님의 법 대신에 자기가 만든 법을 가지고 빗나가버린 생활이 바로 죄라는 것입니다. 다른 말로 표현할까요? 주인도 없고 목적도 없고 방향도 없는 무법의 생활, 무법의 마음이 바로 죄입니다. 인생 가운데서 그 누가 이 죄에 대한 대가를 지불하고 하나님의 '의'를 만족시킬 수 있습니까? 내가 조금 선하게 산다는 것 가지고 이 문제를 해결할 수 있겠습니까? 여러분? 내 마음이 다른 사람보다 좀 선하다는 문제 가지고 이 하나님의 죄에 대한 대가를 지불할 수 있겠습니까? 아무도 그렇게 못합니다. 우리 모두가 하나님이 원하는 '의'가 어떤 것이라는 것을 분명하게 깨달을 때에는 비로소 어떤 결과가 나타나느냐면 두 손들어버리는 겁니다. "하나님, 하나님 나는 못합니다. 나는 아무것도 아닙니다. 안 됩니다. 나는 안 됩니다. 안 됩니다 하나님. 나에게 '의'를 요구하지 마세요." 안 됩니다. 모르니까 교만할 수 있고 모르니까 자만할 수 있고 모르니까 안심할 수 있습니다. 그러나 알고 나면은 절대 그 누구도 마음의 평안을 가질 수가 없습니다. 하나님 요구하는 '의'는 이 무서운 죄에 대한 분명한 공정한 결과를 요구하는 엄중한 '의'입니다. 여러분 의사에게 가지 아니하고 이 약 저 약 쓰는 사람에게 문제점이 뭡니까? 바로 한 가지. 자기가 가지고 있는 병이 얼마나 무서운가를 잘 모르는 무지에서 그런 행동을 합니다.

제가 공부했던 미시간주에 닥터 전이라고 하는 분이 있었습니다. 정치학 박사입니다. 그랜드밸리 스테이트 칼리지Grandvalley State College에 지금 정치학 교수로서 일을 하고 계시는 분인데 자꾸 두통이 나요. 두통이. 1년 전부터 계속 두통이 나요. 아무리 뭐 도무지 물어봐도 아무도 그 원인을 몰라요. 요사이 미국에 이유를 알 수 없는 두통 환자가 너무 많습니다. 그런데 그래서 그거 뭡니까? 아스피린 같은 걸 자꾸 먹고 그러다가.... 나중에는 아예 소화가 안 되니까 소화제를 먹고 또 한 1년 지나가니까 두통이 점점 점점 심해지니까 시력까지 점점 점점 약해져버려. 그래서 또 안약을 샀고 그랬는데도 증세가 자꾸 악화되니까 디트로이트에 있는 권위 있는 내과 의사에게 가서 진단을 며칠을 두고 세밀하게 받았습니다. 그랬더니 진단이 어떻게 나오느냐 하면 "당신은 악성 뇌종양입니다. 이 두개골 안에 큰 혹이 지금 퍼져가고 있습니다. 그것 때문에 당신 두통이 오는 겁니다. 소화가 안 되는 거 아닙니다. 신경통이 생겨서 그런 것도 아닙니다. 당신 지금 큰 병에 걸렸어요" 라고 그랬어요. 자기 병이 무엇인가를 알고 나니까 지금까지 갖고 있던 자기의 자신감이 한순간에 무너져버렸습니다. 몰랐을 때는 용감할 수 있고, 몰랐는 때는 자기 자신이 그래도 버티고 나갈 수 있었지만 자기 병이 뭐라는 것을 정확한 의사의 진단에 의해서 발견하고 나니까 모든 희망이 깡그리채 무너졌습니다. 내일이 수술 날입니다. 살 수 있는 확률은 50대 50입니다. "목사님 좀 와주십시오." 연락이 왔습니다. 그 사람 크리스천이 아닙니다. 예수 믿는 사람입니다. 그러나 크리스천은 아닙니다. 여러분 오해하지 말고 들으세요. 미국에는 목사 자격증까지 가진 사람이 있습니다. 그런데 그 자격증을 돈 주고 산 사람입니다. 그러나 그런 사람 절대 크리스천은 아닙니다. 미국에서 15불만 주면은 목사 면허증 하나 사요. 그래서 약혼식 같은 거 해주고 결혼식 같은 거 해주고 장례식 같은 거 가서 해줄 수 있어요. 그러나 제가 볼 때는 그런 사람 절대 크리스천이 아닙니다. 아무튼 디트로이트까지 차를 몰고 4시간을 가서 그랜드래피즈에서 내려가지고 그 병원에 가서 제가 마지막으로 그랬습니다. "전 박사님. 당신 지금 이제 연세가 쉰이 가까워진 분입니다. 당신 예수 바로 믿으십시오. 당신이 사느냐 죽느냐는 하나님 앞에 맡겨두고 예수 믿으세요. 중요한 문제입니다." 그리고는 기도해 주었습니다. 의사가 뭐라고 그랬느냐면은 "두개골을 이렇게 떼어 보고 이것이 암 종류면 당신은 가망 없습니다. 그러나 그저 보통 뇌종양의 그런 종양이면 긁어내면 됩니다." 떼어 봤더니 다행히 악성 암은 아니에요. 일반 뇌종양이에요. 그래서 두 번 수술을 했습니다. 완전히 두통이 가신 것은 아니지만 그래도 학교에 와서 이제 강의를 하고 계십니다. 여러분 제가 이 비유를 드는 이유가 있습니다. 사람이 자기가 짓는 죄가 어떤 것인가를 모르면 교만해질 수 있습니다. 하나님이 원하시는 '의'가 뭔지를 잘 모르면 교만해질 수 있습니다. 그러나 성경을 통해서 그것을 분명히 알고 나면은요 완전히 내려앉습니다. 크리스천이 어떤 사람입니까? 죄를 제대로 알고 완전히 그냥 주저앉아버리는 사람이 크리스천입니다. 나에게는 '의'가 없구나! 나에게는 하나님을 만족시킬 어떠한 조건도 없구나. 다음 주일날 이야기하겠습니다. 누가 우리의 이 심각한 문제를 해결해주십니까? 누굽니까? 대답하십시오. 예수 그리스도. 누가 이 기가 막힌 요구 조건, 하나님의 '의'에 대한 요구 조건을 응해줄 사람이 있느냐? 우리 대신에 누가 하나님 앞에 '의'를 가져다줄 자가 있느냐? 나에게 절망적인 이 사항을 누가 대신해줄 자가 있느냐? 나사렛 예수 그리스도. 그의 십자가와 그의 부활. 그거밖에 없습니다.

그래서 저는 찬송가를 참 좋아합니다. 우리 오늘 프린트해준 거 두 장인가요? 예. 놀라운 그 이름, 놀라운 그 이름 예수님의 이름만 생각해도 놀랍습니다. 도무지 가능성이 없었던 나를 그분의 이름 때문에 살려주시고, 하나님이 요구하는 '의'를 드릴 수 없는데 그분이 나의, 나의 불의한 것을 대신해서 하나님 앞에 '의'를 드렸으니 예수의 이름 생각하면 얼마나 좋은지요. 저는 자동차를 타고 가면서도 이 찬송 부릅니다. 길을 걸어가면서도 저는 이 찬송 부릅니다. '놀라운 그 이름 놀라운

그 이름 놀라운 그 이름. 주님 예수 전능의 왕이요 만물의 주시니. 그 이름 놀랍네 예수 내 주. 권능의 목자요 영원한 반석 전능의 하나님.' 원문상으로는 '그의 앞에 경배하라 그에게 사랑과 존귀를 돌려라 놀라운 그 이름 예수 내 주.' 그분 때문에 우리가 살고 있습니다. 그분 때문에 우리가 하나님 앞에 담대하게 나옵니다. 그분 때문에 오늘 우리의 마음에 평안이 있습니다. 그분 때문에 오늘 우리의 마음에 기쁨이 있습니다. 우리 찬송 같이 부릅시다. 그리고 부르고 난 다음에 우리 기도하십시다.

1978년 9월 24일 주일 낮 예배

아브라함의 의

(롬 4 : 1 – 9)

하나님이 원하시는 '의'가 뭔지를 잘 모르면 교만해질 수 있습니다. 그러나 성경을 통해서 그것을 분명히 알고 나면은요 완전히 내려앉습니다. 크리스천이 어떤 사람입니까? 죄를 제대로 알고 완전히 그냥 주저앉아 버리는 사람이 크리스천입니다.

1. 그런즉 육신으로 우리 조상인 아브라함이 무엇을 얻었다 하리요

2. 만일 아브라함이 행위로써 의롭다 하심을 받았으면 자랑할 것이 있으려니와 하나님 앞에서는 없느니라

3. 성경이 무엇을 말하느냐 아브라함이 하나님을 믿으매 그것이 그에게 의로 여겨진 바 되었느니라

4. 일하는 자에게는 그 삯이 은혜로 여겨지지 아니하고 보수로 여겨지거니와

5. 일을 아니할지라도 경건하지 아니한 자를 의롭다 하시는 이를 믿는 자에게는 그의 믿음을 의로 여기시나니

6. 일한 것이 없이 하나님께 의로 여기심을 받는 사람의 복에 대하여 다윗이 말한 바

7. 불법이 사함을 받고 죄가 가리어짐을 받는 사람들은 복이 있고

8. 주께서 그 죄를 인정하지 아니하실 사람은 복이 있도다 함과 같으니라

9. 그런즉 이 복이 할례자에게냐 혹은 무할례자에게도냐 무릇 우리가 말하기를 아브라함에게는 그 믿음이 의로 여겨졌다 하노라

지난 주일 이어서 우리 아브라함이 하나님 앞에서 인정받은 의에 대해서 좀 생각을 합니다. 오늘은 이제 실제적으로 좀 몇 가지 생각을 하겠습니다. 죄는 어디까지나 상대성을 가집니다. 다시 말하면 한국에서 죄가 되는 것이 미국에 가서는 죄가 안 될 수가 있습니다. 국가에 따라서 죄의 성질이 달라집니다. 한국에서 간통죄가 미국에서는 전혀 법정으로 끌어갈 수 없는 이유는 거기에서 간통죄는 죄로 취급을 안 하기 때문입니다. 죄를 논할 때 항상 우리가 생각해야 될 것은 그 죄의 대상이 누구냐? 이것이 중요합니다. 그 죄 대상이 누구냐? 한 국가를 대상으로 하고 죄를 생각하는 사람조차도 실질적으로 그 국가의 법에 접촉되지 아니하는 한 그 사람은 마음의 평안을 가질 수가 있을 것입니다. 양심의 어떤 가책에다가 항상 죄의 기준을 두는 사람은 양심이 시간과 함께 무디어지고 양심이 제 기능을 발휘하지 못하면 마음에 평안을 누릴 수가 있을 것입니다. 그러나 양심은 면역성이 강합니다. 시간에 약합니다.

근본적인 죄의 대상은 누구냐? 지난 주일에 말씀드린 대로 하나님입니다. 바로 여기에 크리스천과 넌크리스천의 포인트가 있습니다. 죄의 대상을 누구로 잡느냐? 죄의 대상을 하나님이라고 말씀을 통해서 배우지 못한 사람은 절대 양심의 가책을 안 받습니다. 죄인이라는 말에 절대 실감이 안 납니다. 그러나 성경을 통해서 죄의 대상이 하나님이라는 것을 알게 되면은 그때부터는 문제가 대단히 심각해집니다. 기독교가 말하는 모든 죄는 하나님을 상대합니다. 그러므로 지난 주일에 제가 말씀드린 대로 죄가 왜 반역 행위냐? 하나님을 상대하기 때문에 반역 행위입니다. 왜 죄가 하나님이 정해놓은 목적에 이루지 못하는 미흡한 것이냐? 하나님을 상대하기 때문입니다. 왜 죄가 제 궤도를 벗어난 것이냐? 하나님을 상대한 것이기 때문입니다. 그러므로 하나님을 상대할 때 비로소 죄에 대한 정확한 윤곽을 잡을 수 있고 죄와 나와의 관계를 정확하게 말할 수가 있습니다.

그러므로 두 번째 논리는 이것입니다. 죄는 하나님을 상대하는 것이 원칙이기 때문에 자기 스스로 죄 문제를 해결하겠다고 생각하는 사람만큼 바보 천치가 없다는 겁니다. 좋은 예를 하나 들죠. 미국에 가면 밀입국해서 불법 체류를 하는 사람이 수백만 거의 천만에 가까와옵니다. 멕시칸들이 많은 수를 차지합니다. 한국 사람들도 상당수를 차지합니다. 영주권을 얻지 못합니다. 그러므로 그들은 법적 보호를 받지 못하기 때문에 미국에 와가지고 제일 값싼 노동에 종사를 합니다. 한 시간에 2달러를 못 받는 경우가 허다합니다. 그리고 잘못하면 주인에게 나중에 손해를 봅니다. 권리 주장을 할 수가 없습니다. 그러나 그 사람들은 미국에서 참 선량한 사람들입니다. 최선을 다해서 노동합니다. 싼 임금에 대해서 불평 안 하고 최선을 다합니다. 고생하면서 삽니다. 그러면서 어떤 사람은 자기가 미국을 위해 봉사하고 미국 나라를 위해서 자기가 기여한다고 생각을 합니다. 그러나 여러분 불법 체류는 자기 혼자 해결하는 죄 문제가 아닙니다. 그것은 미국이라는 국가를 상대한 죄이기 때문에 국가가 그 문제를 해결해 주지 않으면 자기 스스로 아무리 미국을 위해서 봉사를 많이 하고 선한 생활 많이 한다고 할지라도 그 죄 문제는 해결이 안 됩니다. 그러잖아요?

오늘 우리가 하나님을 나의 죄의 대상으로 생각할 때 그 죄를 인간 스스로가 해결한다고 생각하는 것만큼 참 어리석은 일이 없어요. 오늘 밖에 나가서 전부 물어보세요. 전부 물어보세요. 전부 죄라는 것을 자기 스스로 해결할 수 있다고 생각하는 사람들이 수두룩합니다. 우리 주변에 수두룩해요. 그러므로 인간이 죄 문제를 논하는 데 있어서 참 심각한 이유가 두 가지 있는데 하나는, 내가 죄인이라고 느끼는 데서 오는 심각성이 아니고 나를 죄인이라고 규정하는 하나님의 선언 때문에 오는 심각성입니다. 다시 말합니다. 우리의 심각한 문제는요, 내가 양심으로 죄를 느낀다고 하는 데서 오지 않습니다. 여러분 아무리 죄 많이 느껴도 그것이 대단한 거 아닙니다. 하나님만큼 예민하지 못합니다. 그러면 나에게 죄 문제가 심각해지는 이유가 뭐냐? 하나님이 나를 죄인이라고 단정을 하고 있다는 데서 옵니다. 그러므로 이 문제는 결코 내가 처리하지 못합니다. 하나님이 처리할 수 밖에 없습니다. 그러므로 성경에 보면 인간이 스스로 자기 죄 문제를 해결하겠다고 하는 것에 대해서 얼마나 비웃고 있는지 한번 봅시다.

만국의 선지자라고 할 수 있는, 눈물의 선지자라고 할 수 있는 예레미야는 흑인 친구가 하나 있었습니다. 그 흑인 친구의 이름은 에벳멜렉입니다. 유대 나라에서 궁중의 환관으로 일하는 에티오피아 사람입니다. 그런데 그 사람은 하나님을 공경하는 사람이요, 정말 마음이 열려 있는 사람입니다. 그런데 예레미야 선지자가 왕의 미움을 받아서 저 깊은 구렁텅이에 던짐을 받았을 때 이 에벳멜렉이, 이 흑인 에티오피아 사람이 왕에게 가서 무릎을 꿇고 간절히 탄원을 했습니다. "왕이여 그 선지자를 그 구덩이에 집어넣고 있으면 나중에 굶어서 죽어버립니다. 어떻게 하시려고 그럽니까? 살려주십시오. 하나님의 종을 그렇게 대우하면 안 됩니다." 그러니까 왕이 그 정성에 감복해가지고 건져주라고 그랬습니다. 그래서 흑인 에벳멜렉이 자기 주변에 있는 신하들을 데리고 가서 헝겊과 줄을 굴에다 넣어가지고 예레미야를 달아올려서 예레미야를 살린 역사가 있습니다. 그래서 예레미야와 에벳멜렉은 서로가 친한 친구가 되었습니다. 그때 예레미야가 에벳멜렉을 옆에서 보면서 무엇을 느끼겠는가? 아무리 저 친구가 비누를 가지고 몸을 닦고 닦아도 저 친구의 몸은 하얘지지 않을 거다. 거기에서 오는 위대한 영감이 있었습니다. 그래서 예레미야 13장 23절에 '에티오피아 사람이 어찌 그 피부를 표범이 어찌 그 반점을 변할 수가 있겠느냐. 구스인이 어떻게 그 피부를 아무리 씻는다고 할지라도 그 피부가 희여질 수 있겠느냐. 만약에 그것을 할 수 있을진대 이 악의 익숙한 인간도 선을 행할 수 있을 것이다.' 한마디로 말하면 우리 인간의 운명은 에티오피아 사람처럼 씻으래야 씻을 수 없는 새카만 죄악 덩어리라는 것입니다.

저에게도 흑인 친구가 몇이 있습니다. 아프리카의 나이지리아에서 온 크래쉬라는 친구와 나이지리아에서 온 에이모라고 하는 친구가 있습니다. 같이 살았습니다. 아침이 되면 제일 먼저 화장실을 들어가는 사람이 이 아프리카 친구들입니다. 들어가서 문을 잠궈놓고는 한 30분동안 안 나와요. 다른 사람이 죽을 지경입니다. 문을 두드리면 목욕탕에 앉아서 얼마나 비벼대는지 도무지 물소리만 나지 사람 소리가 안 납니다. 그래서 우리 백인 친구들하고 우리 동양에서 온 저 같은 사람이 모여가지고 "야! 저거 저거, 어떻게 하면 저 버릇을 고쳐주지?" 그러면서도 한편으로 동정이 가는 것이 그 하얀 천지에 와가지고 얼마나 그 살결이 괴롭겠어요? 기가 막히게 마음의 괴로움을 주겠어요? 꼭 손바닥은 뱀처럼 그렇고 말이죠. 확실히 그 사람들에게 콤플렉스가 있어요. 그러므로 화장실에 가면 누구보다도 비누를 많이 쓰고 누구보다도 많이 문질러댑니다. 그런데도 그게 도무지 벗겨지지를 않아요. 그래서 제가 그걸 보고 "야, 참 인간이라는 것이 어떠하냐? 성경에 말한 것처럼 아무리 비비고 아무리 교양을 쌓고 아무리 수양을 하고 아무리 선을 행한다고 할지라도 우리의 죄악 덩어리는 하나님 앞에 절대 희여질 수는 없구나. 없어질 수가 없구나! " 제가 그것을 느꼈습니다.

그래서 로마 3장 10절 이하에요. 예, 같이 한번 성경 봅시다. 로마서 3장, 금방 우리 읽은 바로 앞의 3장 10절에 기록한바 '의인은 없나니 하나도 없다' 라고 그랬죠? 13절 넘어가서, 이 죄인 된 사람들, 의인이 아닌 이 죄인들이 도대체 어떤 사람이냐? '목구멍은 열린 무덤이요 그 혀로는 속임을 베풀며 그 입술에는 독사의 독이 있고 그 입에는 저주와 악독이 가득하고.' 목구멍에서부터 입에까지 이비인후과 진찰을 한 겁니다. 그런데 목구멍에서 입술까지 이비인후과 의사로서 진찰을 했는데 너무 더럽습니다. 열린 무덤이고, 독을 품은 독사의 독이 있고 그 다음에 이건 뭐 도무지 이거는 저주와 악독이 가득하고, 이거 하나님이 보실 때 얼마나 냄새나겠어요? 여러분 그러니 발부터 머리 끝까지 한 번 진단하면 뭐가 나오겠어요? 목에서부터 입술까지만 진단해도 이 모양인데. 하나님이 보실 때 이거는 도무지 에티오피아 사람이 검은 것 이상입니다. 도무지 인간의 힘으로는 이 문제를 해결할 수가 없습니다. 그래서 이사야 53장 6절에는 '우리가 다 양 같아서 그릇 행하여 각기 제 길로 갔거늘.' 제 마음대로 살아요. 제 마음대로.

전 미 부통령이었던 험프리Hubert Humphrey(1911~1978)가 세상을 떠나기 얼마 전에 카터 대통령과 함께 그의 별장에서 밤에 벽난로를 피워놓고 앞에 앉아서 진지한 이야기를 나누었다고 합니다. 나중에 카터 대통령이 고백한 바에 의하면, "그가 죽기 전에 마지막으로 나와 만났을 때 우리의 대화는 죄 문제였다. 죄 문제였다. 하나님 앞에 우리가 죄를 어떻게 해결할 수 있느냐? 우리가 세상에서 정치인으로서 지은 죄들이 어떠한 것이냐 하는 죄 문제를 둘이서 진지하게 나누었다"고 했습니다. 그리고 얼마 후에 험프리가 세상을 떠났습니다.

여러분 대통령이든 부귀영화를 다 쥔 재벌이든 인기를 독차지한 스타든 어떤 사람이든 이 죄 문제만은 심각하게 다루어야 합니다. 왜냐하면 이 죄는 내가 스스로 해결할 죄가 아닙니다. 하나님이 나에게 죄인이라고 규정한 이상 하나님이 해결해주어야 할 것입니다. 그러므로 내 스스로는 해결하지 못하는 불가능이기 때문에 인간은 누구든지 지위 여하를 막론하고 죄 문제만은 심각하게 다루어야 합니다. 그런데 왜 사람들에게, 왜 사람들에게 이 문제가 그렇게 안 통할까요? 뭐 여기 계시는 분들은 이미 신앙적으로 상당한 수준에 오르니까 지금 제가 이야기하는 게 좀 잔소리 같을지도 몰라요. 그러나 여러분 안 믿는 사람들을 대할 때 이건 알아두셔야 돼요. 그리고 여러분들이 처음 믿는, 예수 처음 믿는 사람들을 대할 때 이 문제를 제대로 알고 있어야 됩니다. 왜 사람들이 죄 문제에 대해서 도무지 그렇게 감각이 둔할까요?

금요일 제가 우리 교회 나오지 아니하는 어떤 형제와 앉아서 성경공부를 하고 있었습니다. 일주일에 한 번씩 만나는 형제입니다. 외국 선박을 타는 분이기 때문에 그들이 정말 하트heart가 바로 열리고, 정말 새로워지면 그들이 배 안에 들어가서 할 일이 너무 태산입니다. 그래서 제가 시간을 좀 내서 그 형제와 만나는 겁니다. 교회를 거의 10여 년을 다녔다고 하는데도 어쩌면 그렇게 답답할까요? 여러분, 어떻게 그렇게 답답해요? 그런데 그 친구와 금요일 만났을 때는 죄 문제가 주제였습니다. 그래서 성경적으로 죄 문제를 놓고 하나하나 서로 찾아가면서 인간의 죄에 대한 성격과 인간이 죄에 대해서 얼마나 불가능하며 얼마나 무능력하다는 것을 서로가 이야기하고 있는데 손님 하나가 찾아왔어요. 우리 집이 아닙니다. 그 형제 집입니다. 처고모 되시는 분이라는데 전화 좀 쓰겠다고 찾아들어 왔어요. 한 50대 되는 부인입니다.

전화를 돌리는데 전화가 통화 중이라 잘 안 되니까 가만히 앉아있더군요. 그래서 우리는 성경 공부를 다시 또 계속 했습니다. 성경 공부하는데 갑자기 "금방 뭐라고 그랬습니까?" 하고 나옵니다.

"예, 아주머니 우리가 지금 죄 문제를 논하고 있습니다. 우리 인간은 하나님 앞에 다 죄인이고 그래서 이 죄 문제를 인간이 해결하지 아니하면 우리에게 소망이 없다는 것을 지금 우리가 이야기하고 있습니다. 아주머니 예수 믿으시나요?"

"예, 저는 예수 믿습니다. 주일학교 때부터 다녔습니다. 지금 시내 모 교회에 다닙니다."

"예, 그럼 반갑습니다. 아주머니는 어떻게 자신이 하나님 앞에 죄인이라는 문제에 대해서 좀 심각하게 예수 믿으면서 한번 생각해본 일이 있습니까? 성경은 아주머니를 죄인이라고 그러는데요."

"아니, 무슨 말씀을 그렇게 하세요? 내가 왜 죄인이요? 내가 왜 죄인이요? 말을 그렇게 함부로 하시면 안 되어요. 사람 봐가면서 그런 말을 해야지. 사람을 보고 무조건 죄인이라고 그러면 어떻게 합니까?"

그다음부터 목사 인신공격이 나오는데 그날 저 혼자 가득히 당했습니다.

"요사이 목사들은 뭐 전부 다 교양을 더 받아야 돼. 교육을 좀 더 받아야 돼. 예비 고사 떨어지면 전부 신학교로 간다더니."

아니, 이거 젊은 목사를 앉혀놓고는 이거 막 그냥 나오는 게 한이 없습니다. 그냥 쏟아져나와요.

"나는 지옥이니 천당이니 그런 거 관심이 없어요. 나는 세상에서 내가 어떻게 선하게 사느냐 그게 문제입니다.”

그래, 제가 속으로 들으면서 ‘선하게 산다고 하는 작자가 저 모양이냐? 목사 앞에다 앉혀놓고 저렇게 인신공격을 하고’ 말이죠. 그래, 그 분 다닌다는 교회를 알아보니까 그야말로 자유주의 신학에 물이 들어 있는 기가 막힌 교회입니다. 그래서 제가 마지막으로 그랬어요.

“아주머니 본인이 죄인이라고 생각 안 하면 아주머니는 예수님하고 관계없는 분입니다. 왜냐하면 예수님은 나는 의인을 부르러 온 것이 아니요 죄인을 부르러 왔다고 그랬습니다. 죄인일 때 예수님하고 접촉이 되는거지 아주머니 속으로 그렇게 의인이라고 생각하면 이거는 전혀 예수님하고 관계가 없습니다. 그러니까 예수를 믿으려면 이제 이 문제를 좀 다시 제대로 재검토하고 믿으시던지 아니면 포기를 하시던지 둘 중에 한 가지만 하십시오.”

아이구! 그렇게 했더니 제2차 공격이 들어옵니다. 그건 제가 차마 입에 안 담겠어요. 그래서 한 30분을 또 그저 뭐 난타를 당했죠. 그리고는 그분이 떠났습니다. 떠날 때 저는 인사도 안 했습니다. 뭐 완전히 낙아웃knock out이 되어버렸는데 인사가 뭡니까? 어떻게 목사들이 잘못한 게 그렇게 많습니까? 세상 목사들이 그 사람 앞에서만 전부 무슨 잘못을 그렇게들 많이 했는지, 하여튼 뭐 목사들이 지은 죄가 나오는데 이거는 뭐 도무지, 이거는 감당할 수가 없어요. 그러니 저도 목사의 한 사람으로서 고스란히 당할 수밖에 없잖아요. 그러니 제가 “하나님 앞에 당신이 죄인이라고 그럽니다” 라는 말을 했다가 그만 우리 모든 목사가 그 여자 앞에 완전히 죄인으로 낙찰이 되어버린 겁니다.

여러분 죄에 대해서 왜 그렇게 인간들이 마음이 열리지 않습니까? 죄에 대해서 인간의 마음이 열리지 아니했다는 말은 예수님의 은혜에 대해서 전혀 감각이 없다는 이야기입니다. 죄가 많은 곳에 뭐가 많아요? 죄가 많은 곳에 뭐가 많아요? 은혜가 많다. 인간이 해결할 수 없는 이 죄 문제가 있기 때문에 하나님은 자기 스스로 해결책을 찾았습니다. 로마서 4장 5절 보세요. 오늘 우리 읽은 본문입니다. 하나님이 우리 죄 문제를 해결해줍니다. 잘 들으세요. 하나님이 우리 죄 문제 해결해줍니다. 어떻게 해결해주시느냐? 5절에서 '일을 아니할지라도.' 일을 아니 한다는 말은 의를 행하지 못한다 할지라도, 선을 행하지 못한다 할지라도 해결해주신다. 이제 그다음에 둘째 '경건치 아니한 자를' 하는 말은 본질이 깨끗하지를 못하여도, 본질이 의롭지 못해도 하는 말입니다. 그러므로 행동이 의롭지 못해도, 본질이 깨끗하지 못해도 그것을 탓하지 아니하고 믿음 하나만 가지고 깨끗하지 못한 사람을 무조건 의롭다고 인정해주기로 결정을 하셨고, 의를 행하지 아니하는데도 불구하고 의를 행한 것처럼 하나님이 받아주기로 결정을 하셨습니다. 이것이 하나님이 우리를 위해서 준비하여놓은 대책입니다. 의로울 수가 없는 자를, 의로운 자로 의를 행하지도 못하는 자를 의를 행하는 자로 하나님께서 처리하시기로 작정하신 것입니다.

그렇다면 무슨 근거에서 그렇게 하기로 했습니까? 두 가지 근거가 있습니다. 그 옆에 5장 보세요. 성경 가지고 잘 확인하세요. 5장 8절 다 같이 읽어 보십시다. 예, 이제 9절 잘 보세요. 그러면 이제 우리가 무엇을 인하여 의롭다 하심을 얻었다고요? '그 피를 인하여 의롭다 하심을 얻었은즉.' 하나님이 우리를 무조건 의롭지도 아니한데 의로운 자로 대우해주시고 의를 행하지 못하는데도 의를 행하는 자와 같이 처리해 주시기로 작정하셨는데 어떤 근거에서? 예수 그리스도께서 십자가에서 흘리신 피를 근거해서 우리를 그렇게 무조건적으로 대우해주시기로 작정하신 것입니다. 로마서 3장 24절에 한 곳 더 보세요. 3장 24절에 앞쪽으로 '그리스도 예수 안에 있는 구속으로 말미암아.' 구속으로 말미암아 하는 말은 예수 그리스도가 흘린 피로 말미암아 하나님의 은혜로 값없이 무엇을 받았습니까? '의롭다 함을 받았느니라.' 사랑하는 성도 여러분 예수님이 우리의 의롭다 함을 받는 근거입니다. 그분이 흘린 피가 우리의 근거입니다. 하나님이 그분이 흘려놓은 피를 보시고 의롭지 아니하는 우리를 의롭다고 인정하기로 작정했습니다. 예수님이 십자가에서 흘려놓으신 피를 보시고 의가 없는 우리를 의가 있는 것처럼 대우해주시기로 작정한 것입니다. 이것이 기독교가 말하는 복음의 핵심입니다.

이 사실이 얼마나 놀라왔는지 히브리서 저자는 히브리서 10장 14절에 '저가 한 제물로 거룩하게 된 자들을 영원히 온전케 하셨느니라.' 영원히 온전하게 하셨느니라. 18절에 '이것을 사하셨은즉 다시 죄를 위하여 제사드릴 것이 없느니라.' 제사 드릴 것이 없습니다. 그러므로요, 여러분 성경을 잘 보시면요. 예수님의 피, 예수님의 십자가, 예수님의 부활은 너무나 탁월한 기독교 진리이기 때문에 예수님의 지상 생활 마지막 3일 동안에 이 십자가의 사건이 일어났는데 이 3일 동안의 일을 기록한 것이 복음서 전체에 오 분의 일을 차지합니다. 만약에 이 비율로 예수님이 3년 반 동안 사신 전부를 기록해놓았다면. 어떤 학자가 말하기를 복음서만 해도 8,400페이지 이상을 넘을 거라고 추산을 했습니다. 그리고 지금 현재 신약 전체를 보면 십자가와 부활에 대한 하나님의 말씀만이 7,959번이 나오는데 이것은 53절마다 한 번씩 언급하신 말씀입니다. 그만큼 이 보배는 놀라운 것입니다. 예수 그리스도의 피, 예수 그리스도의 피 때문에 내가 의로운 옷을 입고 하나님 앞에 나갈 때 그분이 나의 죄를 보지 않게 되었고 예수 그리스도의 피 때문에 나는 죄가 있는데도 하나님이 나를 의롭도록 인정받게 되었으니 이것만큼 기독교에 큰 축복이 없습니다. 하나님이 그렇게 해주셨어요.

둘째 근거는 로마서 5장 1절입니다. 로마서 5장 1절 우리가 다시 한 번 봅시다. 그러므로 우리가 뭡니까? '믿음으로 의롭다 함을 얻었은 즉 첫째는 그 피로 의롭다 함을 얻었다.' 이제 믿음으로 의롭다 함을 얻었다. 믿음입니다. 믿음입니다. 3장 22절에도 나오고 28절에도 나옵니다. 믿음은 십자가에서 하나님이 이루어놓으신 의를 인정받는 유일한 수단입니다. 믿기만 하면 무조건적으로 나를 의인으로 인정해버립니다. 한 가지 여러분 꼭 기억하십시오. 전도를 해보던지, 교회 안에 중책을 맡고있는 사람들이라고 하는 분들을 만나서 대화를 할 때도 번번이 튀어나오는 문제가 뭐냐? "당신이 의로운 줄을 아십니까? 하나님이 의롭다고 하는데 당신 그것을 믿습니까?" 하면 "아이고! 목사님 나에게 지금 아직도 부족한 게 많고 지금도 말도 못하게 여러 가지 면에서 실패를 많이 하는데 어떻게 내가 의롭다고 인정을 받겠습니까?" 들으면 굉장히 겸손한 이야기 같죠? 그러나 기가 막힌 실패입니다. 많은 크리스천들이, 많은 불신자들이 하나님 앞에 의롭다고 하는 기준을 항상 자기에게서 찾고 있습니다. 여러분 내가 하나님 앞에 의인이라고 인정받을 때는 그 기준을 여러분에게서 찾지 마세요. 여러분 자신을 들여다보시지 말라고요. 여러분 자신을 들여다보면 그 신앙은 절대 안 생깁니다. 하나님이 우리를 의롭다고 하실 때 우리를 보고 의롭다고 하신 것이 아니고, 무엇을 보구요? 예수 그리스도의 피를 보고. 그다음에 우리에게서 무엇을 보고? 예수를 믿는 믿음 보고 우리를 의롭다고 해주시는 거지 우리 안에 얼마나 경건해졌느냐, 우리가 얼마만큼 의로워졌느냐를 따져서 주판 놓고 계산해서 우리를 의롭다고 하는 게 아니에요.

그러므로 많은 신자들이 신앙 생활하다가 실패하는 이유가 뭐냐? 주저앉아버리는 이유가 뭐냐? 모든 근거를 나에게서 찾아내기 때문에 실패하는 겁니다. 예수 그리스도를 보아야 합니다. 그분 보고 하나님이 인정하는 거지 날 보고 인정하나요? 그러므로 믿음은 마치 사형수에게 대통령이 내리는 특사와 같습니다. 대통령이 특사를 내릴 때 그 죄수가 얼마나 경건하냐, 얼마나 회개를 했느냐 하는 문제를 따지지 않습니다. 그 사람이 살인죄를 범하든, 그때와 지금 모습이 조금도 다름이 없어도 특별한 이유가 있어서 대통령이 특사를 내리면 그 사람은 나갑니다. 우리가 그리스도 안에서 의롭다고 인정받는 것은 하나님이 일방적으로 내리는 법적인 선언입니다. 그래서 제가 좋아하는 4장 7절, 8절이 바로 이야기했죠. 하나님이 어떻게 해줍니까? 첫째 그 불법을 뭐 한다고요? 사하심을 받는다. '아피에미.' 이 사한다는 말은 멀리 옮겨버린다는 뜻입니다. 멀리 옮겨버린다는 뜻입니다. 그래서 시편 103편 12절에 '동이 서에서 먼 것 같이 우리 죄를 우리에게서 멀리 옮겨주셨다' 고 그랬습니다. 미가서 7장 19절에 '다시 우리를 긍휼히 여기셔서 우리의 죄악을 발로 밟으시고 우리의 모든 죄를 깊은 바다에 던지셨다' 고 그랬습니다. 여기서 '아피에미', 사한다는 말은 멀리 옮긴다는 뜻입니다. 우리 죄를 멀리 옮겨버렸어요. 여러분, 왜요? 예수님의 피 보시고. 왜요? 우리 믿음 보시고 우리의 잘못된 거, 에티오피아 사람처럼 새카만 우리의 근본적인 죄악의 본질을 하나님이 멀리 옮기셨어요.

그것으로 부족할 거 같으니까 한마디 더 합시다. 뭡니까? 그다음에 뭡니까? '가리우신다.' 가리우신다가 무슨 말입니까? 가리운다는 말. '에피칼롭토' 라는 말인데 랜스키라고 하는 주석 학자가 재미있는 말을 했어요. "이 가리운다는 말은 어떤 물건 위에다가 보자기를 덮어 놓는다는 의미가 아니다. 왜냐하면, 그런 경우 보자기가 날아가버리면 그게 또 나오니까. 그러면 이게 무슨 의미냐? 아예 하나님의 눈을 가렸다는 이야기다." 재미있는 이야기예요. 그러면 하나님의 눈을 어떻게 가렸느냐? 어떻게 가렸느냐? 우리의 나쁜 것은 절대 보지 못하도록 가려놓은 눈이다. 그래서 제가 그 말을 읽고, "그렇지요, 하나님! 아버지 어머니의 사랑은 자식의 잘못에 대해서는 봉사, 장님입니다." 그렇죠? 아버지 어머니의 사랑은 아버지 어머니의 눈을 멀게 합니다. 그래서 자식의 잘못을 보지 못하게 합니다. 그럴 때가 많죠. 덮어버립니다. 예수 그리스도의 피는 얼마나 의로우신 피인지 하나님의 눈을 가렸는데, 우리 죄를 아예 보지 못하도록 가려놓으셨어요. 우리 죄가 가리워졌어요. 가리워졌어요.

그다음에 세 번째로 그것도 부족해서 뭐라고 그랬습니까? 그 죄를 인정치 아니한다. 예, '로기저마이'라고 하는 말은 원래 영어의 카운트라는 말입니다. 숫자를 센다는 말입니다. 그래서 우리 죄를 하나하나 들추어내서 숫자 세듯이 따지지를 않는다는 이야기입니다. 아예 그냥 무더기로, 아예 그냥 전부 해결해주어 버리는 분입니다. 이것이 하나님께서 우리 믿음을 보시고 예수 그리스도의 피에 의존해서 우리를 의롭다고 하시는 것입니다. 사랑하시는 여러분, 우리에게 필요한 것은 믿음입니다. 믿음이요. 믿음입니다. 믿음이 없으면 이 축복이 우리에게 안 옵니다.

재미있는 글 하나를 제가 읽은 일이 있어요. 1829년 조지 윌슨이라고 하는 펜실베이니아에 사는 청년이 미 대법원으로부터 교수형을 선고 받았습니다. 선고 받은 이유는 우편물 강도와 살인입니다. 그런데 어떤 이유에서인지 그 당시 대통령이었던 앤드류 잭슨이 특사를 내렸습니다. 법관이 감옥에 찾아와가지고 대통령 특사 명령을 내밀면서

"너 이제 나가도 된다" 하니까 이 친구가, 조지 윌슨 이 친구가 "나는 못 나간다. 내가 그 특사 안 받아들이면 대통령이 아무리 명령해도 나는 나갈 수가 없다. 나는 그 사면 안 받겠다." 이거는 미국 역사상에 도무지 전례가 없었던 사건입니다. 그래서 그 사면장이 다시 대통령에게로 돌아갔습니다. 대통령이 가만히 보니까 이게 도대체 어떻게 되는 건지 처음 있는 일이라 잘 모르겠거든요. 그러니까 미 대법원에다가 이 문제의 유권 해석을 명령했습니다. 주임 판사였던 쟌 마샬은 이 문제를 자기 법관들과 신중하게 검토한 다음에 뭐라고 판정을 내렸느냐고 하면은 "사면이라는 것은 한 장의 서류에 불과하다. 효력을 발휘하려면은 받아들이는 사람이 그것을 믿고 인정했을 때 효력을 발휘한다. 그러므로 대통령이 아무리 명령했다고 할지라도 본인이 그것을 받아들이지 아니하면 그것은 무효다. 그러므로 조지 윌슨은 교수형을 받아야 한다." 이것이 판결문이었습니다. 결국 조지 윌슨은 목매어 달림을 받고 죽었습니다. 재미있는 예화 아닙니까?

하나님이 아무리 자기 아들을 십자가에 못 박아 죽이고, 그 의로운 피를 보시고 우리를 의롭다고 해주시기로 작정하시고 이미 선언했지만 그것을 받는 우리가 믿음으로 바로 받아들이지 아니하면 그 의로운 십자가의 은혜가 내 것이 되지 아니합니다. 내 것이 안 됩니다. 하나님도 이것만은 불가능입니다. 물론, 캘빈주의에서 보면 불가항력적인 은혜가 있습니다. 그러나 우리 편에서 볼 때는 우리가 마음을 열고 믿음을 가지고 하나님이 나를 의롭다고 해주신 그 놀라운 십자가의 은혜를 그대로 받아들이는 믿음이 없으면 아무리 하나님께서 엄청난 은혜를 우리 위해서 준비했다고 할지라도 우리 것이 되지를 못합니다. 이 가운데서 행여나 여러분 믿음이 없는 사람이 있습니까? 믿음을 가지십시오. 믿음을 가지십시오. 4장 5절에 보면, 9절에 보면 뭐라고 그랬어요? 재미있는 단어 하나 나옵니다. 6절에도 나옵니다. 이렇게 '의롭다 함을 받는 것'을 로마서의 저자는 뭐라고 그랬어요? 사람의 뭐요? 6절에 행복. 그다음에 9절에. 이 행복. 예, 이 행복. 이 행복!

저는 이제 설교 마칩니다. 여러분 이 행복을 압니까? 이 행복, 용서받은 이 행복. 영어로 블레스트네스blessedness. 이 행복! 저는 저 자신이 죄 문제에 대해서 너무 많이 고민한 사람 중에 하나이기 때문에 하나님이 나를 무조건적으로 이렇게 처리해주셨다는 거 보고 항상 저는 이 행복, 하나님이 주신 이 행복, 이것을 저는 항상 마음에 생각합니다. 그래서 언제나 저는 이 행복만 생각하면 날 위해서 십자가에 못 박혀 돌아가신 예수 그리스도의 이름을 찬양하지 아니할 수가 없습니다. 놀라운 그 이름, 놀라운 그 이름, 놀라운 그 이름, 놀라운 그 이름, 나에게 이 행복 주신 놀라운 그 이름. 그러므로 제가 로마서 8장도 사랑합니다. '그런즉 우리가 무슨 말하리오. 만일 하나님이 우리를 위하시면 누가 우리를 대적하리오. 자기 아들을 아끼지 아니하시고 우리 모든 사람을 위하여 내어주신 이가 어찌 그 아들과 함께 모든 것을 우리에게 은사로 주지 않겠느뇨.' 누가 능히 하나님이 용서해준 자를 송사하겠느냐? 누가 능히 하나님께서 의롭다하신 자를 대적하겠느냐? 나는 비록 죄가 있지만은, 나는 아직도 완전하지 못하지만은, 나는 아직 예수 그리스도처럼 완전하려면은 멀었지만, 아직도 하나님 나라 가기까지는 요원하지만은 그러나 하나님께서 나를 의롭다고 하시는 것은 내 안에 무엇을 보시고 의롭다고 하시는 거 아니고 예수 그리스도의 피 보고 나를 무조건 하얀 눈의 옷을 입혀서 의롭다고 인정하고 받아주시는데 이거야말로 행복 아닙니까? 여러분? 이 행복. 그러므로 이 놀라운 행복을 나에게 주신 하나님 앞에 그 이름만 생각해도 놀라운 겁니다. 놀라운 겁니다.

여러분 젊은이들 한번 불러봐요. "아이 윌 프레이스 히스 네임 I will praise his name." 한번 다 같이 불러봐요. '주 찬양하세 주 찬양하세 주 찬양하세 그 이름 찬양하세.' 숯검정같이 더러운 나를 의롭다고 인정받도록 해주신 그 이름 찬양하세. 이 행복입니다. 기독교인의 행복은 바로 이겁니다. 그것을 붙들면요, 내가 지금까지 중요하게 생각했던 모든 것이 내 손에서 자연적으로 놓아집니다. 이 놀라운 예수 그리스도를 발견하면 내 마음에 있던 무거운 짐이 한 순간에 다 내려집니다. 지금까지 가졌던 불안이 사라집니다. 이 행복, 이 행복. 예레미야는 구스인이 어떻게 그 피부를 깨끗하게 할 수 있겠느냐고 부르짖었지만은 나는 말합니다. 이제 구스인과 같이, 에티오피아 사람같이, 그 검정처럼 검은 나도 이제는 희어질 수 있다고 말할 수 있습니다. 그렇죠? 누구를 통해서? 예수 그리스도를 통해서. 예레미야의 눈에 불가능하게 보였던 것이 예수 그리스도를 통해서 가능하게 된 겁니다. 나 같은 새카만 사람이 하나님 앞에 하얗게 의로운 사람으로 변했으니 얼마나 큰 축복이에요. 꼭 부탁합니다. 여러분 예수 믿습니까? 예수 믿어요! 그러면 이 행복에 대해서 여러분이 마음 뜨겁게 느껴야 됩니다. 만약에 이 느낌이 여러분 마음속에 아직도 오지 않는다면 성경 공부 더 잘하세요. 더 많이 하세요. 다 같이 기도하십시다.

Title: 세례 요한 · 눅 3:1—20

1. 출현 1—6. (20세기 [illegible]. [illegible])

① [illegible] 나타난 [illegible] — 그 [illegible]

② God의 말씀을 [illegible] 요한. [illegible]

나타나기 [illegible]. 광야에 = [illegible]

Theme: ③ 이사야 예언의 성취.

not word but a voice.

구원을 [illegible] 그 대로를 받들어 오는 것

"will be"

구세주의 오심[illegible]. 인간의 [illegible] 아님

예배로 인간의 [illegible] 그 [illegible]

⑤ 그의 때에는 [illegible] <그[illegible]>

Conclusions: a. [illegible] b. [illegible]

[illegible] c. 메시야 [illegible]

④ 그의 회개에서 "사회" 복음이 시작.

Lenski : [illegible]. 그로 사회가 [illegible]

Morgan : [illegible]

[illegible]. 회개 [illegible]

예수의 사회[illegible] [illegible]

※ 예수의 이름은 사회의 [illegible]

그로 [illegible] 사회[illegible]

[illegible] 사회[illegible]

예수의 이름을 [illegible] 사회에 [illegible]

2. 맺어라 7—14

주께로 회개 <마음의 회개>

대상은 모든 유대인 <[illegible]. 세리. 군인. [illegible]>

회개 : Metanoia → 마음의 변화로 [illegible]

[illegible]

저주의 대상은? [illegible]

세례의 [illegible] 회개를 [illegible]

Application: [illegible] 회개의 [illegible]

회개로 [illegible] 아닌

세리같이 "무엇을 하리까?" [illegible]

[illegible]. [illegible]

마 13:38, 요 8:44, 행 13:10

[illegible] 이방인의 [illegible]

아브라함의 [illegible] 예수의 [illegible]

그의 맺어라는 [illegible] : 사랑의 [illegible]

[illegible] 이유는? 예수도?

3. 메시야 증거 15—17

세례요한의 [illegible] ⎧ [illegible]
마 11:9. ⎨ [illegible] [illegible]
11 ⎩ 메시야로 [illegible]

1978년 10월 1일 주일 낮 예배

대사명

(마 28:19)

전도자는 절대로 단수 행동을 할 수가 없습니다. 다시 말하면 혼자 전도하는 예가 없습니다. 왜냐하면 반드시 예수님께서 전도하는 자와 함께 하신다고 그랬어요. 임마누엘의 보장이 되어있습니다. 또 여기에는 예수님이 나와 함께 하신다는 것만 포함된 거 아닙니다. 능력을 주신다고 약속한 겁니다. 성령의 충만함을 주신다고 약속한 것입니다.

19. 그러므로 너희는 가서 모든 민족을 제자로 삼아 아버지와 아들과 성령의 이름으로 세례를 베풀고

이 달은 전도의 날을 맞이해서 이 예수를 증거하는 우리 크리스천들의 여러 가지 면들을 좀 생각하도록 하겠습니다. 오늘은 제일 중요한 말씀인데요. 마태복음 28장을 택했습니다. 마태복음, 마가복음, 누가복음, 요한복음마다 우리가 뒤져보면은 제일 뒤쪽에 나오는 말씀에는 공통된 것이 있습니다. 마가복음에서는 '너희는 온 천하에 다니며 만민에게 복음을 전파하라' 이렇게 말씀이 나오고요. 누가복음 24장 27절에는 '그의 이름으로 죄사함을 얻게 하는 회개가 예루살렘으로부터 시작하여 모든 족속에게 전파될 것이 기록되었다' 이렇게 말씀했고 또 오늘 보는 마태복음에는 '하늘과 땅의 모든 권세를 내게 주셨으니 그러므로 너희는 가서 모든 족속으로 제자를 삼아 아버지와 아들과 성령의 이름으로 세례를 주어 내가 너희에게 분부한 모든 것을 가르쳐 지키게 하라.' 결국 예수님의 마지막 부탁은 복음을 세상 끝까지 전하라는 겁니다. 이것이 예수님께서 주신 부탁이에요. 그러나 마태는 강조점이 어디 있느냐 하면은 '제자를 만들라' 는 데에 강조점을 두고 있고 마가는 '전도자에게 나타날 능력' 에 대해서 강조점을 두고 있고 누가복음은 '전도자가 받을 성령의 약속' 에 대해서 강조점을 두고 있습니다. 물론 약간의 강조점은 다릅니다만은 공통된 것은 복음을 전하라. 이것입니다.

여기서 우리 먼저 한 가지 시정합시다. 이 가운데에서도 아마 그렇게 생각하시는 분들 계실 거예요. 예수님께서 복음 전하라 하는 말은 사도들에게만 말씀하신 것이고 또 오늘날 와서는 신학교를 나오고 혹은 전도사 혹은 목사를 임명 받아가지고 소위 말하는 풀타임 워커가 되어 일하는 사람에게만 적용되는 말씀이다. 우리 평신도들은 그저 열심히 돈 벌어가지고 그저 연보 조금 내고 그저 교회 출석 잘하면 그것으로 된다 하고 생각하는 분이 아마 여기 계실는지 몰라요. 여러분 그것은 분명히 틀린 생각입니다. 틀렸다고 생각하시면 돼요. 설명이 필요 없습니다. 왜 틀렸습니까? 성경 말씀에 틀렸다고 그럽니다. 모르시면 우리 나중에 우리 같이 공부합시다. 왜 틀렸는지 공부합시다. 지금까지 어떤 방식으로 생각하셨든 간에 전도하는 의무는 교회 목사에게나 전도사에게나 이렇게 교회에서 사례금을 받아가면서 전문적으로 일하는 사람만 전도한다. 또 조금 더 나가면 전도는 특별히 은사받은 사람만이 전도한다 하는 이런 이상한 관념이 오늘 교회 안에 퍼져있어요. 왜 그와 같은 관념이 모든 사람들의 마음을 사로잡느냐? 성경 공부 안 하기 때문에 그래요. 성경이 뭐라고 말씀하시는지 모르고 그저 건성으로 듣고만 생각하니까 모든 것을 그렇게 잘못 판단하고 있어요.

지금 예수님이 마태복음 28장에 '하늘과 땅의 모든 권세를 내게 주셨다. 너희는 가서 모든 족속으로 제자를 삼으라.' 이 말씀을 누구에게 했느냐? 12명 앞에 세워놓고 했느냐? 아니에요. 학자들의 해석에 의하면 바울이 말하기를 예수님이 살아나셔서 제일 많은 사람에게 보인 경우가 500명 앞에서 자기를 나타내었다고 그랬습니다. 그래서 지금 마태복음 28장 이 사건은 적어도 500명 이상 모인 예수님의 제자들 앞에서 예수님이 분부하신 것이라고 해석합니다. 그러므로 이것은 예수님의 열두 제자에게만 적용되는 것이 아니에요. 예수 믿는 사람들, 그 때 예수님이 부활하셨다는 것을 믿고 나온 모든 사람들 앞에 하나님께서 명령하신 겁니다. 그리고 17절에 한번 보세요. 재미있는 말 한마디 있죠. 무엇이 재미있습니까? '예수를 뵈옵고 경배하나' 그다음에요. 그 중에는 의심하는 사람이 끼어 있었어요. 많은 사람들이 '저 예수가 진짜 살아난 예수냐 아니면은 우리 눈에 그저 공상적으로 보이는 예수냐?' 그런데도 또 한 가지 재미있는 것은 비록 신앙이 약해서 의심은 할지라도 또 예수님께서 명령은 똑같이 주셨어요. '너희는 가서 땅끝까지 모든 족속을 제자로 삼으라.' '땅끝까지 가서 모든 족속을 제자로 삼으라.' 사도들에게만 명령한 것이 아니고 믿음이 아주 좋은 사람에게만 명령한 거 아니고, 사도 아닌 사람에게도 명령했고 심지어 마음의 의심이 있는 사람까지도 주님께서 똑같이 명령을 했습니다. 그러니까 여러분, 신앙이 얼마나 좋냐 나쁘냐 그런 거 너무 따지지 마시고 내가 일단 예수 믿으면 하나님 앞에 꼭 하나 실천해야 될 거 있는데 그것은 이 예수를 모르는, 이 예수님을 아직도 믿지 못하고 있는 사람들에게 내가 전해야 된다.

미국에 통계가 하나 있습니다. 어떤 기관에서 장로교니 그다음에 감리교니 조사를 했어요. 요사이 좀 슬슬 늙어가는 교단들요. 미국 가보시면 압니다. 그런 교단이 지금 얼마나 늙어가는지 좀 아실 수 있어요. 슬슬 늙어가고 힘이 빠져가는 교단에 있는 신자들 전부 조사를 대충해가지고 뭐라고 질문을 했느냐 하면은 "당신은 1년 동안 전도를 몇 번

합니까?" 하는 설문서를 냈다고 합니다. 그 결과가 뭐냐 하면은 "1년 동안에 전도를 한 번도 못합니다" 하는 사람이 95%. 뭐가 잘못되지 않았어요? 여러분, 분명히 잘못된 겁니다 이거는. 스타아핸이라고 하는 유명한 학자가 지적한 바에 의하면 오늘 교회 안에 들어가면은 많은 양심의 고통이 있을 수 있지만은 제일 큰 양심의 고통이 뭐냐? 모든 신자들의 마음을 은근히 사로잡고 있는 양심의 고통이 하나 있는데 그것은 '내가 전도를 못한다' 하는 고통이라고 그랬습니다. 그렇죠? 여러분 마음에 그와 같은 가책이 있죠? 왜 그 가책이 오는지 압니까? 전도하라는 명령은 목사에게만 떨어진 명령이 아니고 예수 믿는 모든 사람에게 떨어진 명령이기 때문에 성령께서 마음에서 벌써 마음의 가책을 주는 겁니다. "너 생활에 큰 거 하나 빠진 거 있어. 너 지금 직장에 가봐. 너하고 책상을 나란히 앉는 사람에게 네가 예수 한번 믿으라고 한 일이 있느냐?" 그렇잖아요. 빌리 그래함 목사님(1918~)에게 전도를 받고 집회에서 예수 믿겠다고 이제 결정한 어떤 회사의 상무가 있었습니다. 미국인입니다. 그 상무가 예수 믿고 나서 사람이 변했습니다. 너무 좋습니다. 예수 믿기 전에 정말 몰랐는데 예수 믿고 나니까 너무 좋아요. 우리 김ㅇㅇ씨가 그런 말씀하신다지요 집에서요, 우리 교회 나오시는 분. "왜 내가 예수를 좀 빨리 믿지 못했던고" 라고요. 맞아요. 왜 예수를 빨리 믿지 못했던고 하는 후회 말입니다. 예수 믿고 나면 그와 같은 변화가 일어납니다. 그 상무 되는 분이 예수 믿고 나서 너무 좋아서 직장에 와가지고는 자기하고 항상 이야기하는, 또 옆에 같이 앉아서 근무하는 간부에게 그랬어요.

"야, 너 예수 믿어라. 내가 며칠 전에 빌리 그래함 목사의 집회에 갔다가 내가 예수 믿기로 작정하고 예수 믿었는데 내 마음이 이렇게 좋다 너 예수 믿어라."

그랬더니 그 친구 대답이 걸작이에요.

"아이고, 미안하네, 나는 모 교회 장로라네."

그 친구 대답에 그 새로 예수 믿은 상무가 놀래가지고 물었습니다.

"아니, 그러면 너 나하고 지금까지 사무실에서 몇 년 같이 있었니?"

"아이고, 한 15년 정도 되지."

"야, 그런데 너 지난 15년 동안 나보고 예수 믿으라는 말 한마디라도 한 일이 있니?"

그 말을 들은 장로라는 사람의 얼굴이 빨개졌습니다. 기가 막힌 하나의 예화 아니에요? 많은 사람들이 전도해야 한다는 양심의 가책을 받고 있으면서도 안 합니다. 그것은 교회 목사나 전도사가 한다고 생각합니다. 오늘 이 시간부터 여러분들 마음속에 이와 같은 사탄의 심령이 있으면 당장 끊어 내버리세요. 사탄은 하나님의 나라가 이 땅 위에 빨리 건설될수록 자기들에게 불리하기 때문에 성도들이 입을 전부다 꽉꽉 틀어막아가지고 예수라는 말을 하지 못하도록 오늘 역사를 합니다.

여기에 나오는 마태복음 28장의 이 명령은요, 최초의 명령이고 또 최후의 명령입니다. 알파와 오메가의 명령입니다. 왜 최초의 명령이라고 하느냐? 제가 설명해드리죠. 우리 좀 성경 좀 잘 아시는 분들 한번 대답해보세요. 예수님이 하늘과 땅과 땅 아래에 모든 권세를 하나님으로부터 완전히 인수받은 때가 언제입니까? 예수님이 처음 세상에 초림하셨을 때입니까? 아니면 십자가에서 부활하셨을 때입니까? 언제입니까? 여기는 그만 너무 앞서나가서 창조 전부터 받았다고 하시네요. 이제 그렇게 되면은 저는 할 말이 없습니다. 예, 창조 전부터 받았지요. 맞아요. 그런데 그것이 예수님에게 구체적으로 실현된 때가 언제입니까? 우리의 구세주로서. 예, 앞의 이 친구는 약간 제 설명을 오버센스를 한 것 같아요. 예, 맞아요 부활 때부터. 그래서 예수님께서 마태복음 28장 18절에 처음으로 자기가 하늘과 땅에 모든 권세를 하나님으로부터 받았다고 지금 설명합니다. 처음으로 세상에 오셔서, 처음으로 하늘과 땅의 모든 권세를 하나님이 예수님에게 주셨다고 설명합니다. 18절에 그러니까 이 예수님은 십자가에 못 박히기 이전의 예수님하고 다릅니다. 벌써 성격상 달라요. 십자가 이전의 예수님은 전 인류의 죄를 짊어지고, 우리의 죄를 짊어지고 십자가상에서 제물이 되어야 할 예수님입니다. 그러므로 그분은 어린 양과 같고 보잘 것 없고 남에게 조롱을 당하고 남에게 뺨을 맞으며 남에게 버림받은 그런 비참한 사람이지만은 십자가에서 승리한 예수님은 다른 분입니다. 하늘과 땅의 모든 권세가 이제는 그에게 일임이 되었습니다. 만왕의 왕입니다. 온 우주의 구주입니다. 모든 인류의 심판권을 쥐고 계시는 분입니다. 처음으로 자기가 이와 같은 권세를 받았다고 확인하시고 가르쳐주시고 그 권세를 가지고 명령한 제1호가 바로 뭡니까? 이겁니다. 아시겠죠. 예, 승리하신 예수님이 하나님으로부터 받은 권세 가지고 처음으로 명령한 명령이 '너희는 가서 모든 족속으로 제자를 삼으라.' 그리고 '세례를 주라' 그리고 '내가 가르쳐준 모든 것을 지키게 하라' 고 한 겁니다. 이런 의미에서 이 마태복음 28장은 예수님이 주신 최초의 명령입니다. 제일 권위 있는 최초의 명령입니다.

그다음에 마지막 명령이라고 하는 의미가 있습니다. 왜 이 말씀은 또 마지막 명령이냐? 하나님 나라에 예수님이 승천하시면서 두고 간 마지막 명령입니다. 그래서 알파와 오메가의 명령은 굉장히 권위가 있는 것입니다. 성경의 어느 명령보다도 권위가 있는 것입니다. 그러므로 저는 생각합니다. 우리가 살인하지 말라는 말씀은 지키려고 애를 쓰고 거짓말하지 말라고 하는 말씀은 지키려고 애를 쓰지만, 예수님이 권세를 받으시고 처음 주신 명령이요 세상을 떠나시면서 마지막으로 주신 이 명령은 우리가 등한히 할 때가 많아요. 고쳐야 되겠죠? 고쳐야 될 것입니다. 이 명령에는 둘도 없는 권위가 주어져 있습니다. 온 우주의 왕으로서 명령하는 권위입니다.

그리고 이 명령에는 철저한 근거가 있습니다. 무슨 근거입니까? 20절에. '볼지어다 내가 세상 끝날까지 너희와 함께 있으리라.' 바로 보장의 근거입니다. 철저한 보장이 있습니다. 전도자는 절대로 단수 행동을 할 수가 없습니다. 다시 말하면 혼자 전도하는 예가 없습니다. 왜냐하면 반드시 예수님께서 전도하는 자와 함께 하신다고 그랬어요. 임마누엘의 보장이 되어있습니다. 또 여기에는 예수님이 나와 함께 하신다는 것만 포함된 거 아닙니다. 능력을 주신다고 약속한 겁니다. 성령의 충만함을 주신다고 약속한 것입니다. 그리고 여기에는 일시적으로만 예수님이 함께 하신다고 약속한 거 아닙니다. '세상 끝날까지 함께 하신다' 고 보장하셨습니다. 그러므로 이 명령에는 완고한 어떤 두려운 명령만으로 끝나는 것이 아니고 명령을 받는 자들이 안심하고 일할 수 있도록 모든 보장과 모든 권위와 모든 근거가 다 주어져 있습니다. 그러므로 전도자에게는 비관주의라는 것이 없습니다. 제가 그 사람 이름을 잊어버렸습니다. 어떤 분이 전도를 하다가 선교사로 파송되서 전도하다가 무디 선생님에게 돌아와서 하는 말이 "선생님, 선생님 제가 아프리카에 가서 전도하다가 아무래도 전도 못할 것 같아서 지금 돌아왔습니다. 저는 아무래도 전도를 할 수가 없습니다." 무디가 말하기를 "당신이 전도할 수 없다고 말했는데 당신이 전도할 수 없을 만큼 그 사람들이 악한 사람이었습니까?" 하고 질문을 했습니다. 그 말에 그 전도자는 마음이 찔렸습니다. "아니요, 세상에는 전도를 받을 수 없을 만큼 악한 자가 없습니다. 제가 약해서 그렇습니다. 믿음이 약해서 그렇습니다." 거기서 그 사람이 고백하고 다시 돌아가서 성공적인 선교를 했습니다. 여러분, 전도자는 절대 외롭지 않습니다. 전도자는 절대 비관주의자가 아닙니다. 전도자는 절대 쓰러지는 사람이 아닙니다. 왜냐하면 모든 권세를 다 가지고 계시는 분이 이 명령을 주셨고 그리고 '세상 끝날까지 나와 함께 하신다' 고 성령을 통해서 보장하셨기 때문에 전도자는 절대로 외롭지 않습니다. 하나님이 나와 함께 하심을 여러분이 체험하시려면 여러분이 전도하세요. 이웃집에 가서 한번 전도해보세요. 자기 집에 찾아온 사람보고 예수 믿으라고 전도해보세요. 정말 성령께서 내 안에서 기쁘게 역사하는 거 여러분 느끼게 됩니다.

제가 요한 1서 강의할 때 그랬죠. 성령이 내 안에서 역사하는 것을 어떻게 알 수 있느냐? 사랑을 실천해보면 알 수 있다고 그랬어요. 마찬가지로 성령께서 나와 함께 하시고 예수 그리스도가 나와 함께 하시는 것을 한번 체험해보고 싶어요? 나가서 한번 전도해봐요. 입이 잘 안 떨어지지만 "아, 내가 이 예수 그리스도 전해야지. 이 예수를 전해야지" 하고는 전도 한번 해보시라고요. 그러면은 내가 입을 열자마자 성령께서 기뻐서 내 마음에서 강하게 역사하는 것을 내가 느낄 수 있습니다. 대답하십시오. 예수 그리스도의 어머니 마리아가 엘리사벳에게 찾아오니까 예수님의 어머니가 찾아오는 것을 복중에 있는 세례 요한이 알고 복중에서 어떻게 했다고 그랬습니까? 어떻게 했습니까? 기뻐서 뛰었다고 그랬습니다. 우리가 주님의 명령 갖고 나가서 누구에게든지 예수 그리스도를 이야기하면 바로 그 때부터 성령께서 내 마음에서 강하게 역사하시며 내 안에서 예수님이 기뻐하시는 것을 내가 체험하게 돼요. 내가 체험하게 돼요. 왜냐? 주님이 그렇게 보장했기 때문입니다. 그렇게 약속했기 때문입니다. 그런데요. 제가 알기로는 오늘날까지 전도자가 된 사람 가운데서 억지로 강요에 못 이겨서 전도자가 된 사람 하나도 없습니다. 저는 그렇게 봅니다. 사도행전부터 쭉 나가면서 자세히 살펴보면요 수많은 전도인들이 나옵니다. 수많은 교인들이 전도를 시작했습니다. 예루살렘에서 3,000명, 5,000명이 예수님 믿고 나서는 전도를 했습니다. 온 예루살렘에 예수라는 이름이 가득하게 만들었습니다. 안디옥 교회가 전도를 시작했습니다. 안디옥 교회에서 많은 사람들이 나가서 헬라 사람들에게 전도를 했습니다. 그러나 성경을 엄밀하게 검토해볼 때 전도하는 사람들이 명령에 못 이겨서 억지로 나가서 전도한 역사가 없습니다. 왜냐? 명령은 주님이 주셨지만은 전도하는 자에게 억지로 하지 않도록 하나님께서 특별히 은혜를 주시는 것이 있습니다. 내 마음에서 불이 나서 전도하게 되어있습니다. 내가 할 일은 그겁니다. '주님 순종하겠습니다. 예, 전도하지요.' 그것만 여러분이 순종하시면 그다음부터 문제는 주님이 책임집니다. 내 마음에서 예수라는 분을 이야기하고 싶은 뜨거운 마음이 생깁니다. 예수 안 믿는 형제를 바라볼 때에 정말로 가슴이 아픕니다. 자가용 타고 다닌다고 길거리에서 으시대면서 다니는 사람 보면 "아이고, 불쌍한 존재야" 하고 마음에서 생각이 납니다. 벌써 마음에서 성령께서 말을 할 수 있도록 준비를 시켜요. 그리고 누구를 만나도 마음이 떨리지 않도록 합니다. 제가 대학생들 간증을 많이 들어서 압니다. 어떤 형제가 와서 그래요. "목사님 전도하러 나가니까 도대체 처음에는 불안하고 두려워서 도무지 전도하지 못하겠고 특별히 제가 전도한 사람은 깡패같이 생긴 사람인데 도무지 겁이 나서 접근을 못하겠어요. 그런데, 그런데 제가 어떻게 할까 속으로 생각하면서 마음으로 기도하는데 성령께서 나로 하여금 그 사람에게 접근하도록 할 수 있는 용기를 주었어요. 그래서 가서 전도를 했습니다. 했더니 그 깡패 같은 사람이 어떻게 양 같이 앉아서 길가에서 듣는지 그다음부터는 신이 나가지고 성령이 내 마음에서 그저 무슨 말을 그렇게 많이 주는지 줄줄 나오는데 야, 하나님께서 필요할 때마다 내 입을 통해서 말씀하신다는 거 내가 체험했습니다." 옳은 이야기죠? 여러분 처음 예수 믿으라고 할 때는 할 말이 없어 어떻게 할꼬? 나는 천성으로 말 잘 못하는 사람인데. 꼭 저 모세처럼. 그런데 여러분 그 명령 순종해보면요 일단 내가 전도하겠다고 마음에 결심하고 주님 앞에 기쁨으로 순종만 하려고 딱 결심하면 그다음부터 성령께서 놀랍도록 역사합니다. 예, 역사합니다. 그래요. 여러분 그거 잘 모르시죠? 한번 체험해보세요.

자 우리 본문 한번 더 봅시다. 중요한 거 하나 지적하죠. 그러므로 19절. 너희는 가서 모든 족속으로 제자를 삼아. 동사가 몇 개 나옵니까? 한번 보세요. 너희는 그다음에, 동사 첫째 뭡니까? '가서.' 그다음에? '모든 족속으로.' 그다음에 동사 뭡니까? '제자를 삼아.' 그다음에 세 번째 '아버지와 아들과 성령의 이름으로' 뭡니까? '세례를 주고.' 그렇죠? 그다음에 또 동사. '내가 너희에게 분부한 모든 것을 가르쳐' 뭡니까? '지키게 하라.' 자, 그런데 여러분들이 만약에 헬라어를 읽을 줄 알면 이 네 동사 중에서 제일 중심되는 동사가 뭐냐 하면은 '제자를 삼으라' 는 동사입니다.

여러분. 자 우리 이제 설교를 제가 마치겠는데 마치기 전에 성경 몇 군데 찾아보면서 확인하세요. 마태복음 16장..... 옆에서 아직 성경 잘 못 찾으시는 분들은 도와주세요. 마태복음 16장 24절. 제자가 되기 위해서는 우리가 어떻게 해야 합니까? 첫째는 '이에 예수께서 제자들에게 이르시되' 그다음에 같이 읽으세요. '아무든지 나를 따라오려거든 자기를 부인하고 자기 십자가를 지고 나를 좇을 것이니라.' 자기 부인할 줄 아는 사람이 제자입니다. 예수님보다 자기를 더 사랑하는 사람 제자 될 수 없어요. 예수님보다도 자기를 위주하는 사람은 제자가 될 수가 없어요. 예수 믿는다고 하면서 "사랑하는 주님, 사랑하는 주님" 하면서 기도할 때는 수십 번 외우면서도 사실 실제 생활에 들어가 보면 예수님보다도 자기를 앞세우는 사람, 그것은 신자가 아니에요. 제자가 아니에요. 자기를 부인하고 십자가를 지고 주님을 따라야 됩니다. 그다음에 25절. '누구든지' 부터. 다 같이 읽겠습니다. '누구든지 제 목숨을 구원코자 하면 잃을 것이요 누구든지 나를 위하여 제 목숨을 잃으면 찾으리라.' 여러분 내 생명을 하나님 나라 위해서 바쳐놓은 사람이 제자입니다. 날마다 자기 목숨 살 궁리하는 사람 제자가 될 수 없어요. 그다음에, 누가복음 14장 가십시오. 누가복음 14장 33절. 누가복음 14장 33절 다 같이 읽습니다. '이와 같이 너희 중에 누구든지 자기의 모든 소유를 버리지 아니하면 능히 내 제자가 되지 못하리라.' 여러분, 내 마음이 세상 물질에 가서 붙어있으면 제자가 될 수 없습니다. 여러분, 예수 왜 믿어요? 부자 될라고 예수 믿나요? 돈 많이 모으려고 예수 믿어요? 내 자식 잘되게 하기 위해서 예수 믿어요? 그것도 하나의 방법 중에 있을 겁니다. 하나의 이유 중에 있을 거예요. 그러나 진짜 예수를 바로 믿는 사람은 세상에 있는 모든 거 주님에게 먼저 바쳐놓은 사람입니다. 모든 소유를 주님을 위해서 바쳐놓은 사람입니다. 내가 억대를 가지고 있든지 내가 어떠한 재벌이 되어있든지 간에 여하를 막론하고 "나에게 있는 것은 전부 다 주님의 것입니다" 하고 내 마음으로 이미 하나님 앞에 바쳐놓고 사는 사람이 예수님의 제자입니다. 그 사람이 진짜 하나님의 자녀입니다. "하나님 내가 지금 얼마 벌고 싶은데 하나님 축복해줘야 합니다." 하나님을 그런 식으로 이용하는 사람은 아예 신자 안 된 사람이에요. "하나님 나에게 이거 얼마 없지만은 내 자식들 내 처자들 내 재산 다 주님의 것인데 내가 세상에 한 80년 살 동안 하나님께서 필요하니까 나에게 좀 맡겨놓은 것 뿐이지요. 주여 나는 지금 맡아있는 사람입니다. 내가 이것을 갖고 있지만은 내 마음대로 쓰고 싶지 않습니다. 하나님의 것이니까 하나님 뜻대로 내가 쓰지요. 그러나 하나님 모든 것을 축복해주시옵소서." 이런 자세가 되어있는 사람이 예수 믿는 사람이지요. "하나님 내가 뭐 하고 싶은데 복 좀 주십시오. 내 이거 잘하게 해주십시오." 예, 잘해주면은 어떻게 할래요? 많은 사람들이 하나님 앞에 축복받고 나서 탈선하는 이유가 그겁니다. 내가 갖는 있는 것이 누구 건지를 제대로 알지 못하기 때문에 하나님이 축복해놓으면 전부 탈선합니다.

그다음에 또 봅시다. 14장 33절 보았죠. 그다음에 14장 26절은 뭡니까? 다 같이 읽어 봅시다. '무릇 내게 오는 자가 자기 부모와 처자와 형제와 자매와 및 자기 목숨까지 미워하지 아니하면 능히 나의 제자가 되지 못하고.' 여러분 이 말씀 이해가 갑니까? 아이고, 다른 성경에 보니까 '아내들이여 너의 남편 공경하고 사랑하기를 사라가 마치 아브라함을 주라 부른 것처럼 하라' 고 그랬고 '아 남편들아 너의 아내를 사랑하기를 예수님이 교회를 사랑한 것같이 사랑하라' 고 그랬는데 여기 보니까 아내와 그다음에 남편과 형제와 자매를 미워하지 아니하면 나의 제자되지 못하고, 야 이거 도대체 무슨 소리냐? 어떻게 된 소리냐? 그래요, 한마디로 말씀드리죠. 예수 믿는 사람만큼 아내를 사랑하는 사람 없어요. 예수 믿는 사람만큼 남편을 사랑하는 사람 없어요. 예수 믿는 사람만큼 이웃을 사랑하는 사람이 없어요. 그러나 그러나, 주님을 위해서 포기를 해야 될 때는 언제든지 포기할 준비가 되어있는 사람입니다. 이 사람이 어떤 면에서는 자기 처자를 미워하는 사람입니다. 예수님 이상 더 사랑하는 사람이 없는 사람입니다. 여러분의 마음속에 사랑의 우상이 누굽니까? 아내입니까? 남편입니까? 자식입니까? 여러분 마음속에 사랑의 우상이 된 사람이 누굽니까? 그것을 뽑아야 예수 그리스도의 제자가 될 수가 있습니다.

그다음에 요한복음 8장 31절. 요한복음 8장 32절. 자 다 같이 읽읍시다. '그러므로 예수께서 자기를 믿은 유대인들에게 이르시되 너희가 내 말에 거하면 참 내 제자가 되고 진리를 알지니 진리가 너희를 자유케 하리라.' 내 말에 거하면 하나님의 말씀을 사랑하지요. 이 말씀을 마음에 묵상하면서 그다음에 넘어가서 15장 8절, 요한복음 15장 8절, '너희가 과실을 많이 맺으면 내 아버지께서 영광을 받으실 것이요 너희가 내 제자가 되리라.' 예, 우리의 생활에 예수 믿는 사람으로서의 과실이 많이 맺혀야 됩니다. 인격적인 과실이 맺혀야 됩니다. 생활에 과실이 맺혀야 됩니다. 전도를 통해서 과실이 맺혀야 됩니다. 교회 다니면 과실을 맺어야 됩니다. 이럴 때에 너희가 내 제자가 되리라. 하나님께서 예수님을 통해서 비유 하나를 가르쳐 주었어요. 포도를 따기 위해서 포도 나무를 심었더니 3년 동안 기다려도 나무 열매가 안 맺어요. 주인이 와서 말하기를 "이 포도 나무는 열매를 맺지 아니하니 이제 찍어버리겠다" 하니까 예수님께서 말씀하시기를 "오 하나님이여 1년만 더 참아주십시오. 1년만 참아주면 내가 거름을 주고 내가 물을 주고 해서 꼭 열매를 맺도록 하겠나이다." 그래서 하나님께서 1년을 더 참았다고 그랬습니다. 지금 온 교회 안에, 오늘 교회 안에 하나님께서 1년을 더 참는 사람이 얼마나 많은지요. 예수를 믿기는 오래 믿었지만은 열매가 없기 때문에 하나님이 1년을 더 참는 사람이 얼마나 많은지요. 여러분 진정 제자가 되고 싶으면 열매를 많이 맺는 사람 되기를 원합니다.

저는 어떤 기록을 통해서 예수님의 제자들이 가득한 교회 하나를 알고 있습니다. 그 교회 한번 소개해주죠. 현재까지 보고된 바에 의하면 세계에서 가장 선교를 많이 하는 교회는 캐나다에 토론토시에 있는 피플스처치The People' s Church입니다. 피플스 처치. 그 교회 10여 년 전에 스미스Paul B. Smith 목사님이 부임했을 때는 교인들이 불과 몇십 명밖에 안 되었다고 그럽니다. 그래서 그 목사님이 처음에 부임해가지고, 처음에 기도한 말이 다른 말이 아니고 "하나님 우리 교회가 전도하지 아니하면 저주를 내려주십시오. 하나님 목사가 전도하지 아니하면 저주를 내려주십시오. 하나님 우리 교인들이 전도하지 아니하면 저주를 내려주십시오." 처음으로 교회 부임한 사람이 "오! 하나님 우리 교회 축복해주시옵소서" 하고 기도하지 않고 저주를 내려달라고 기도했습니다. 그와 같이 저주를 앞에 놓고 시작한 교회인지라 십여 년이 지난 다음에 그 교회는 지금 한 2,000명이 모이는데 몇 명의 선교사를 세계에 파송하고 있느냐면 470명. 작년 통계입니다. 470명의 해외 선교사를 파송하고 있습니다. 그리고 그 교회를 통해서 예수 믿고 돌아온 가정 가운데서 35가정이 지금 선교사로 파송이 되었습니다. 그리고 그 교회가 1년 동안 선교사들을 위해서 지불하는 돈이 1,129,788불로 작년에 나왔습니다. 1,129,788달러. 그래서 제가 한번 계산을 해봤더니요. 한 2,000명이 이 정도의 선교비를 부담한다면 어느 정도일까 제가 한번 확인을 해봤더니 한 달에 적어도 교인 한 사람이 100불 이상을 연보 한다는 결과가 됩니다. 일반 경상비 빼고요. 그러니까 미국에서 한 교인이 한 달에 100불 정도 낸다면은 그저 보통 평균 수입을 가진 사람의 십일조입니다. 그러니까 이게 보통 저력이 아닙니다 그 교회는. 그래서 그 교회 스미스 목사님이 기자들에게 한 말이 있습니다. "우리는 오직 믿음으로 이 일을 해나갑니다."

한국에 2,000명 이상 되는 교회 많을 거예요. 한국에 지금 몇만 명 모인다고 자랑하는 교회들 있습니다. 한국에 지금 막 부흥한다고 하는 교회들 있습니다. 그러나 저는 묻고 싶습니다. 당신 교회에 제자 될만한 사람들이 몇 사람이나 됩니까? 우리 교회는 그래도 이만큼 잘한 분들이 많이 왔기 때문에 기도를 하고 싶으면 서로 모여서 둘씩 둘씩 만나서 기도도 할 수 있고, 우리 교회는 그래도 이만큼 무언가 기초가 되어있기 때문에 하나님께서 그런대로 서로가 영적인 대화라도 나눌 수 가 있게 되어있지만 일반 교회 가보세요. 여러분, 옆에 사람하고 앉아 있어도 대화도 한마디 못하고 하나님만 쳐다보고 이렇게 있다가 돌아 나옵니다. 전부 고개가 축 처져가지고 나옵니다. 무슨 이야기인지 아시겠어요? 우리 신자에게는 하나님의 말씀 증거할 축복이 있습니다. 이거는 복입니다. 예, 한번 해보세요. 한번 해보시고 이제 시간 시간마다 잃어버린 양이 여러분의 손을 잡고 이 자리에 나오는 역사가 많이 있기를 바랍니다. 하나님이 반드시 축복합니다. 반드시 하나님이 축복해 주십니다. 여러분 마음을 여세요. 그리고 말씀을 증거하세요. 다 같이 기도하십시다.

1:2 [illegible], 종교적 지도자의 언급

(1) 예수 공생애의 정확한 역사적 시기를 밝힘

(2) 당시가 이방 로마의 치하에 있던 정치적 시기를 지적

(3) 정치적 [illegible] 지적
[illegible]

(4) 안나스와 [illegible] 대제사장 [illegible]
[illegible].

★ 메시야의 출현이 불가피함.

3. 요한의 세례가 시급히 요청된 이유

(1) 죄악은 회개의 세례 [illegible] 라는 의식이 [illegible]

(2) 이방 유대인 [illegible]

(3) 메시야 강림의 준비.

21. 예수의 세례.

(1) 유대인 들이 거의 다 받았음

(2) 요한도 [illegible]

(3) [illegible] 인류의 죄를 [illegible] 예수가 [illegible] 지시는 의미를 세례에서 보여 줌.

23 유대인의 족보는 [illegible]

[illegible]

[illegible]

[illegible] 특히 [illegible]

메시야 출생의 [illegible]

[illegible]

23 족보는 마리아의 조상의. [illegible]

"보병"의 이름을 [illegible]

[illegible] (다윗의 후손) [illegible]

을 [illegible]

특히 이족보의 의의는

예수는 인류의 구주, 즉 [illegible]

unity를 보여 줌.

마리아의 족보가 아닌 [illegible]

[illegible]

[illegible], 아담까지 [illegible]

☆ 누가의 고유한 기록.

1. 잉태, 2. 출생

3. 8일째의 할례

4. 40일째의 헌신.

5. 12세시의 예루살렘.

6. 30세의 공생애 등장

[illegible]

[illegible]

[illegible]

 [illegible]

1978년 10월 8일 주일 낮 예배

선한 사마리아인

(눅 10:25-37)

여러분, 특히 여러 젊은 형제들 들으세요. 재산이 많다고 그 사람 앞에서 굽실거리면 안 됩니다. 학적으로 몹시 높다고 해서 그 사람에게 굽실거리면 안 됩니다. 인격적으론 존중해주세요. 그러나 영적으로 그 사람 예수 안 믿고 그야말로 성경에 말한 대로 내 배를 우상으로 삼고 이 세상을 자기의 영원한 안식처로 삼고 하나님은 완전 자기 인생권 밖에다가 축출시키고 자기가 왕이 되어가지고 사는 사람은 강도 만난 인간이라는 거 여러분이 알아야 됩니다.

25. 어떤 율법교사가 일어나 예수를 시험하여 이르되 선생님 내가 무엇을 하여야 영생을 얻으리이까
26. 예수께서 이르시되 율법에 무엇이라 기록되었으며 네가 어떻게 읽느냐
27. 대답하여 이르되 네 마음을 다하며 목숨을 다하며 힘을 다하며 뜻을 다하여 주 너의 하나님을 사랑하고 또한 네 이웃을 네 자신 같이 사랑하라 하였나이다
28. 예수께서 이르시되 네 대답이 옳도다 이를 행하라 그러면 살리라 하시니
29. 그 사람이 자기를 옳게 보이려고 예수께 여짜오되 그러면 내 이웃이 누구니이까
30. 예수께서 대답하여 이르시되 어떤 사람이 예루살렘에서 여리고로 내려가다가 강도를 만나매 강도들이 그 옷을 벗기고 때려 거의 죽은 것을 버리고 갔더라
31. 마침 한 제사장이 그 길로 내려가다가 그를 보고 피하여 지나가고
32. 또 이와 같이 한 레위인도 그 곳에 이르러 그를 보고 피하여 지나가되
33. 어떤 사마리아 사람은 여행하는 중 거기 이르러 그를 보고 불쌍히 여겨
34. 가까이 가서 기름과 포도주를 그 상처에 붓고 싸매고 자기 짐승에 태워 주막으로 데리고 가서 돌보아 주니라
35. 그 이튿날 그가 주막 주인에게 데나리온 둘을 내어 주며 이르되 이 사람을 돌보아 주라 비용이 더 들면 내가 돌아올 때에 갚으리라 하였으니
36. 네 생각에는 이 세 사람 중에 누가 강도 만난 자의 이웃이 되겠느냐
37. 이르되 자비를 베푼 자니이다 예수께서 이르시되 가서 너도 이와 같이 하라 하시니라

먼저 우리가 이 본문을 이야기하기 전에 이 본문이 가지고 있는 배경에 대해서 간단히 설명하십시다. 누가복음 10장을 여러분들이 보시면 제일 처음에 72명의 전도대를 예수님이 파송하는 사건이 나옵니다. 우리나라 번역에는 70인으로 나와 있는데요. 다른 성경에는 72인으로 번역된 데도 많습니다. 그래서 72명의 전도대를 파견하는 그 장면이 나오고 그다음에, 이 72명이 36쌍씩 짝을 지어서 온 유대 나라를 다니면서 전도한 다음 그들이 돌아와서 귀가 보고를 하는 장면이 나옵니다. 아, 이 제자들이 너무 기뻤어요. 17절에 보면 '칠십 인이 기뻐서 돌아와 가로되' 그랬죠? 너무너무 기뻤어요. 그래가지고 예수님 앞에 와서 "아유 예수님, 아 예수님의 이름으로 복음을 전하니까 귀신들도 복종하고 병든 자들이 고침 받고 죄인들이 돌아오고 놀라운 기적들이 있었습니다." 너무 기뻐서 그렇게 하니까 예수님도 기뻐하셔가지고 나중에, 21절에 '이 때에 예수께서 성령으로 기뻐하사 가라사대.' 제가 항상 말하지만은 예수님이 세상에 살아계실 동안 기뻐하셨다는 말은 여기 한 곳밖에 없습니다. 물론 '내 기쁨을 너희에게 주노니' 하는 말씀이 있기는 하지만 예수님이 실제적으로 기쁨을 표현한 데는 여기밖에 없어요. 그 백그라운드가 뭐냐? 72명의 전도대를 통해서 많은 영혼들이 예수님 앞으로 돌아오고 하나님 믿게 되었다는 그 소식을 들을 때 너무 기뻐했어요. 그래서 예수님이 이제 기도를 하시고 제자들의 귀에다가 속닥속닥 말씀을 하셨어요. 23절 보세요. 제자들을 돌아보시며 조용하게 말씀을 하셨어요. 물론 거기에 다른 사람들이 많이 있었는데 제자들에게만 대고 아주 소근거리는 음성으로 뭐라고 하셨는고 하면 "얘들아 너희의 보는 것을 보는 눈은 복이 있도다." 대답 좀 하십시오. 너희의 보는 것을 보는 눈, 즉 무엇을 보았다는 겁니까? 그다음에 "또 내가 너희에게 말하노니 많은 선지자와 임금이 너희 보는 바를 보고자 하였으되 보지 못하였으며 너희 듣는 바를 듣고자 하였으되 듣지 못하였는데 야, 너희들 정말 복 많다." 자 누구입니까 이것은? 예수 그리스도. 바로 옆에 서 있는 하나님의 아들. "아, 너희들 나를 보는 눈, 나의 음성을 듣는 귀. 얼마나 너희들이 복이 많은지 모른다." 아주 속삭이면서 이야기를 해주었습니다.

그럴 때 그 주변에 있는 무리 가운데 한 사람이 예수님 앞으로 다가왔습니다. 그 사람은 영어 번역으로 '로여lawer'로 되어있으니까 아마 우리나라 말로 말하면 법률계 종사하는 사람인데 성경에는 율법사라고 그럽니다. 유대 나라에서 이 율법에 대해서 권위자입니다. 그래서 유권적인 해석을 하려면 이 율법사의 해석을 받아야 됩니다. 그만큼 지식인이고 귀족이고 또 그 나라의 지도적인 계급에 소속된 사람인데, 그 사람이 예수님 앞에 나와서 "선생님 무엇을 해야 영생을 얻을 수 있습니까?" 그 질문의 동기는 예수님을 책잡기 위한 것이라고 그랬습니다. 그러나 책잡는 동기도 있었지만 또 우리가 성경을 유심히 읽어보면 그 사람에게서 문제는 실제로 무언가 물어보고 싶었던 것임에 틀림이 없습니다. "어떻게 하면 영생 얻을 수 있습니까?" 라는 질문을 보면, 율법사는 두 가지 면에 특별히 관심을 가진 사람입니다. 하나는 행동, 어떻게 행하여야 되느냐 하는 행위 면에 특별히 관심을 가졌던 사람이고, 그다음에는 영원히 사는 문제에 대해서 관심을 가진 사람입니다. 그래서 선행을 행하는 것과 영원히 사는 것, 이 두 가지를 놓고 은근히 마음속에 고통을 하는 사람의 하나였고 그 문제에 관심을 갖고 그 문제를 해결해보려는 사람 중에 하나였다고 우리는 볼 수 있습니다. 그래서 그는 율법사이기 때문에 '선을 행하여야만이 구원을 얻는다' 라는 철저한 구약적인 규율에 사로잡혀서 고생하는 인물입니다. 오늘 우리 주변에도 그런 사람들이 많아요. 이 올가미에 걸려가지고 고통하는 사람들이 많아요. 전도할 때 보면은 "아이고 물론 더 많이 선을 행해야지요. 하지만 나 지금 뭐 그렇게 악한 짓 하지 않습니다. 지금 이 정도면 만약에 천당이 있다면 나는 들어갈 자신 있습니다. 왜냐하면 내 아직까지 양심 거리낀 일이 없어요." 많은 사람들이 생각하기를 뭔가 선을 행할 때에 하나님이 그 선에 대한 보답으로 나에게 영원히 사는 생명을 준다. 이렇게 생각하고 있습니다. 이것은 올가미입니다. 많은 사람들이 속고 있는 올가미입니다. 이 율법사도 마찬가지입니다. 자, 이런 잘못된 스타일을 다루는 예수님의 솜씨가 대단히 아름답습니다. 뭐냐하면은 직접적인 공격을 예수님이 피했습니다. "야, 너 율법을 지켜가지고 구원 얻는 줄 아니? 믿음으로 구원 얻지. 너 생각 잘못됐다" 하고 직접적으로 공격을 하시지 않고 은근히 말씀을 하심으로서 그 율법사로 하여금 자폭을 하게 만들었습니다. 지금 오늘 율법사는 자폭한 사람이에요. 나중에 보면 알아요.

예수님은 말씀 많이 안 하셨어요. 첫 번에 뭐했습니까? "너 율법에 뭐라고 기록되어있느냐? 영생을 얻으려면 율법에 어떻게 기록되어있느냐?" 다시 반문했습니다. 왜 이렇게 반문했느냐 하면은 당시에 제사장이나 율법사들이나 의인들은요 '필락테릭스phylacterics'라고 하는 경문 띠 가죽으로 만든 주머니가 있어요. 그 주머니를 배에 차고 다녔다고 그럽니다. 그리고 그 주머니 속에는 성경 구절들을 적은 종이들을 넣어가지고 다니는데 주로 어떤 성경을 적어가지고 다녔느냐 하면은 레위기 19장 18절에 있는 '네 이웃을 네 몸과 같이 사랑하라'라는 말씀이라든지, 신명기 6장 5절 이하에 있는 '마음을 다하고 힘을 다하고 뜻을 다하고 목숨을 다하여 하나님을 사랑하라' 이런 말씀이라든지, 이런 것을 종이에다 적어가지고, 그 가죽 주머니에 넣어가지고 다녔어요. 마치 우리나라 사람들 옛날에 할머니들 돈 주머니 차고 다니듯이 차고 다녔다고 그럽니다. 그러니까 예수님이 "야, 너희들 그렇게 중요시 생각하는 율법에 영생을 얻는 방법이 뭐라고 기록되어 있느냐?" 이렇게 질문을 했습니다. 그랬더니 대답은 나왔습니다. 뭐라고 대답했어요? 네 마음을 다하며 목숨을 다하며 율법 전체의 총 강령을 이야기하는 겁니다. "네 마음을 다하며 목숨을 다하며 힘을 다하며 뜻을 다해 주 너의 하나님을 사랑하고 네 이웃을 네 몸과 같이 사랑하라 했습니다." 그랬더니 예수님께서 대답이 "너 대답이 옳다 이대로 행하라." 그리하면 어떻게 된다고요? 영원히 산다. 율법 자체도 하나님의 입에서 나온 말씀이에요. 그리고 율법 자체도 권위를 가졌습니다. 율법에도 생명력이 있습니다. 그러므로 그 율법을 완전하게 지킬 수만 있다면 영생 얻습니다. 그렇기 때문에 예수님께서 "너 그대로 행해라 그러면 너 산다." 그러나 문제는 이 세상에 죄인치고 어느 인간도 마음을 다하고 뜻을 다하고 힘을 다하고 목숨을 다해서 하나님 사랑하는 인간이 아무도 없습니다. 아무리 그렇게 사랑하려고 해도 그것은 몸부림에 지나지 않습니다. 절대 그렇게 못합니다. 그거보다 더 쉬운 것은 이웃을 내 몸과 같이 사랑하라는 것인데 어느 인간치고 이웃을 내 몸뚱이만큼 사랑하는 사람 없습니다. 그래요? 안 그래요? 그러니까 한마디로 말하면 "너 그대로 지키면 영원히 사는 생명 얻지만 사실은 너는 그것 가지고는 생명을 얻지 못한다" 하는 말하고 같은 말 아니에요? 왜냐하면 아무도 그거는 지키지 못해요. 이제 율법사의 마음에 가책이 왔습니다. "아, 이웃을 내 몸과 같이 사랑하면 구원 얻는다고 그러는데 영원히 산다고 그러는데." 지금 자기 마음에 무언가 싸움이 있습니다. "내가 정말 이웃을 사랑하느냐?" 왜 이 가책이 율법사의 마음속에 들어왔느냐? 그거는 이유가 있습니다. 그래서 그 사람은 자기의 마음에 은근히 생각하는 것을 정당화시키기 위해서 제2의 질문을 했습니다. "선생님 그러면 내 이웃이 누굽니까?" 누구든지 마음속에서 많이 생각하는 것은 말을 많이 하게 되어있습니다. 사업에 대해서 많이 생각하는 사람은 사업에 대한 이야기를 많이 합니다. 어떤 특별한 전공에 대해서 많이 심혈을 기울이는 사람은 자연히 그분하고 반 시간만 앉아있으면 자기 전공에 대한 이야기들이 많이 나옵니다. 사랑에 대해서 깊이 생각하는 사람들은 사랑에 대한 이야기가 잘 나옵니다. 마음속에 뭔가 고민하는 것은 잘 나옵니다. 교만 때문에 항상 신음하는 사람은 교만에 대해서 말이 잘 나오고 겸손에 대해서 강조가 많이 나옵니다. 그렇죠? 경건하게 살지 못하는 사람은 항상 경건하게 살아야 된다는 문제에 대해서 말이 많이 나옵니다. 왜냐하면 마음속에 그것이 문제화되어있기 때문에 가끔가끔 노출이 되는 것입니다. 이 율법사가 "그럼 내 이웃이 누굽니까?" 하고 물을 때 이웃을 내 몸과 같이 사랑하라고 했는데 문제는 그 사람이 생각하는 이웃 관념이 좀 차이가 있어요 그래서 겁이 나서 이것을 정당화시키려고 다시 물은 겁니다. 아브라함의 자손인 유대 민족들은 이웃은 전적으로 유대 민족에게만 국한되어있다고 생각합니다. 그래서 기록에 보면 유대 민족이 아닌 이방 여자가 아기를 낳느라고 어디서 진통하는 것을 보면 절대 도와줘서는 안 된다고 그렇게 되어있습니다. 왜냐? 그 진통하고 있는 여자를 도와주면 결국 이방인이 하나 더 생기니까. 이방인이 결국 하나 더 생긴다. 그러므로 도와줘서는 안 된다. 저는 어떤 면에서는 유대인 그렇게 좋아하지 않습니다. 물론 우리 성경적으로 볼 때 유대인이 참 차지하는 위치가 크지만은요. 차라리 아랍 사람들이 나아요. 아랍 사람들 중에 예수 믿는 사람들이 많아요. 유대 민족처럼 콧대가 높고, 아주 뭡니까? 그런 사람들도 세상에서 찾기 힘들어요. 우리하고 그렇게 비위 안 맞는 사람도 또 없습니다. 왜냐하면 그 사람들은 혈통 의식 때문에 아예 유대 민족의 피를 받지 아니한 사람은 도대체 겉으로는 싱글싱글 웃는데요 속에는 가시가 보여요. 제가 미국에서도 여럿 만나본 사람들도 있고 대화도 좀 해봤지만 유대인 표가 납니다. 바로 이웃 관념이 잘못되어있는 겁니다. 이웃을 자기 나라 혈통에 소속된 사람만 이웃이라고 생각해요. 그러니 율법사로서는 마음에 가책이 온 겁니다. 나는 유대 민족만 내 이웃으로 생각하고 있는데 이 선생이라는 예수님은 무엇을 생각하는 것이냐? 그래서 내 이웃이 누굽니까라고 물었습니다. 확실히 이 율법사는 이웃을 제대로 사랑하지 못한 사람입니다. 왜냐하면 이웃이라는 정의 자체가 벌써 틀렸어요. 그래서 이런 사람은 하나님의 저울에 달아볼 때 '데겔' 입니다. '메네 메네 데겔 우르바신.' 여기서 '데겔' 은 뭐예요? 성경 아시는 분? '데겔' 의 뜻이 뭐예요? 어디에 달아가지고 모자라다는 거에요? 하나님이 저울에 달아보니까 모자란다. 누구처럼 모자라요? 벨사살왕처럼 모자란다. 바로 '데겔' 이에요. 그리고 이런 사람은 예수님이 정해놓은 원칙에 벌써 걸려 넘어진 사람입니다. 요한 1서 4장 20절, '보는바 그 형제를 사랑하지 않는 자가 보지 못하는바 하나님을 사랑할 수 없느니라.' 그렇습니까? 사랑할 수 '없느니라.' 예, 눈에 보이는 형제를 제한 없이 사랑하지 못하는 사람은 절대 하나님 사랑하지 못한다. 그러니까 어디에 걸렸습니까? 자기가 영생 얻는 비결로 말한 율법 두 가지에 완전히 걸렸어요. 안 걸렸어요? 걸렸죠. '마음을 다하고 힘을 다하고 생명을 다해 주 너의 하나님 사랑하라. 내 이웃을 내 몸과 같이 사랑하라.' 그런데 내 이웃을 내 몸과 같이 사랑하라는 여기에 걸려버리면 첫 번째 율법에도 걸려버리는 겁니다. 왜냐하면은 눈에 보이는 형제 사랑하지 못하는 존재가 보이지 않는 하나님 사랑한다는 말은 전혀 그것은 이치상으로 맞지 않기 때문에 두 가지에 다 걸렸어요. 그러니까 우리 대답합시다. 이 율법사 구원받을 수 있는 사람입니까? 없는 사람입니까? 없는 사람입니다. 그래서 이제 내 이웃이 누구냐고 나온 겁니다.

자 봅시다. 선한 사마리아 비유가 나옵니다. 이것은 비유가 아닙니다. 예화입니다. 왜냐하면 기록상으로 우리가 볼 때 예루살렘은 해발 2,300피트에 위치하고 있습니다. 그런데 여리고는 해저 1,300피트에 해당합니다. 그러므로 예루살렘하고 여리고에 거리가 한 20마일 되는데 한 20마일 거리 사이에 약 3,600피트에 이르는 경사가 나 있는 겁니다. 그러니까 그 길이 상당히 험하다는 것은 우리가 추측으로 알 수 있습니다. 제가 콜로라도에 가서, 뭡니까? 국립 산림지역인가, 거기 관광지역이죠. 자동차를 몰고 그러니까 원래 콜로라도가 해발 한 6,000피트입니다. 거기에서 11,000피트까지 자동차를 몰고 올라가서 고개를 넘어가는데 그 한 4,000피트의 간격 사이에도 상당히 길이 험해요. 그래서 핸들을 함부로 꺾을 수가 없어요. 벼랑이 너무 깊어서요. 그런데 여기에 본문을 보면 한 3,600피트에 이르는 격차가 나는 낭떠러지를 20마일 선으로 걸어가는 길이니까 대단히 골짜기가 많고 험하다는 것은 사실입니다. 그래서 예수님께서도 이 비유를 하신 것 같아요. 그리고 제로미Jerome라는 사람은 이 예루살렘에서 여리고로 향하는 길을 '피의 길' 이라고 그랬습니다. 하도 강도들이 많이 나와서요. 그리고 1930년대만 해도 야간 통행은 제한되어있던 지역입니다. 그리고 주간에도 통행을 할 때에는 그룹으로 사람들이 모여서, 사람들이 그렇게 여행을 하게 되어있었습니다. 그리고 당시에 여리고는 제사장들이나 레위 사람들이 집단적으로 살고 있는 특수 지역이었습니다. 그래서 예루살렘에서 제사를 지내기 위해서 당번이 되어있는데 즉, 제사장들이나 레위 사람들이 예루살렘에 있는 성전에 가서 근무하는 당번이 정해져 있어요. 그래서 여리고에서 자기 당번이 되면은 예루살렘으로 올라가 일주일 혹은 한 달씩 성전에서 일해주고 내려오고 합니다. 이렇기 때문에 예루살렘과 여리고 사이에는 제사장이나 레위 사람의 통행이 대단히 빈번하다는 것은 사실입니다. 자, 이런 상황에서 어떤 사람이 가는 중에 강도를 만났습니다. 이 사람은 학자들의 견해에 의하면 유대인이라고 보통 생각을 합니다. 그 당시에 강도들의 수법은 4,5명이 그룹을 만들어가지고 한 사람이 길에 나가서 강도를 만나 다 죽어가는 흉내 연극을 한답니다. 그래가지고 고통하고 엉터리로 신음을 하고 있으면 지나가는 사람들이 와서 그 사람에게 관심을 보이고 무언가 도와줄려고 하면 그 틈을 타서 숲에 숨어있던 다른 동료들이 들어와서 덮쳐가지고 강도질을 한다고 그래요. 그래서 아마 그 당시나 지금이나 강도들의 아이큐는 굉장히 높습니다. 그래서 아마 이 지금 가다가 강도 만난 이 사람도 여기에 걸려가지고 당한 사람인지도 몰라요. 그런 면에서 선한 사람인지도 몰라요. 성경에 자세히 말을 안 하니까 모르겠지만. 아무튼 이 사람이 강도를 만나서 사경을 헤매는 어려운 고통에 빠졌습니다. 제사장이 왔습니다. 슬쩍 피해 달아났습니다. 왜 피해 달아났을까? 전 몰라요. 그러나 스펄전이 야유한 거 한번 봅시다. 영국에 유명한 설교가 스펄전이 "야 그 사람은 한 달 동안 예루살렘 성전에서 지금 근무를 하고 지금 처자들이 기다리는 여리고로 가고 있는 중인데 분명히 가족들하고 몇 월 며칠 몇 시쯤 내가 집으로 돌아갈 것이다 하고 약속을 한 사람일 거다. 그러므로 이 사람은 시간을 지키는데 상당히 중요시하는 사람이야. 그래서 강도 만난 사람이 있어도 그 사람을 피해서 시간을 지키기 위해서 도망갔다." 좋은 이야기입니다. 스펄전의 이유 좀 더 들어볼래요? "이 사람은 분명히 한 달 동안 성전에서 근무를 했기 때문에 돈을 좀 두둑히 받아가지고 내려갈 것이다. 일삯을 받아 내려갈 것이다. 그러므로 포켓트에 돈이 좀 있으니까 그것을 지키기 위해서는 빨리 도망가는 것이 최고라고 생각했을 것이다." 그것도 옳은 추측일 수 있습니다. 아니면 민수기 19장 11절에 있는 바에 의하면 죽은 시체를 손으로 만지면 부정을 탄다고 합니다. 그래서 그 다음부터는 가지고 있던 옷까지 팔고 야단이 나야 됩니다. 그러니까 "야, 저 길바닥에 저렇게 반 죽어서 누워있는데 저게 죽었는지 살았는지 모르지만 내가 가서 그것을 만지면 분명히 부정 탈 테니까 도망가자." 하여튼 그러나 그 사람이 시간을 지키는데 철저했기 때문에 도망을 갔던지 자기 포켓트에 있는 돈을 아끼기 위해서 도망을 갔든지 아니면 부정을 타지 않기 위해서 도망을 갔던 간에 제사장이 도망을 갔습니다. 그 호주머니 속에 네 이웃을 네 몸과 같이 사랑하라고 하는 성경 쪽지를 써가지고 다니는 사람인데 도망갔습니다. 참, 기가 막힌 모순이죠. 레위 사람이 그다음에 왔습니다. 또 도망갔습니다. 그 사람 이유는 잘 몰라요. 스펄전도 말 안 했어요. 그런데 사마리아 사람이 그 사람에게 왔습니다. 이 사람은 유대 사람에게 개처럼 취급받는 사람입니다. 피를 다른 나라와 섞었다고 해서 인간 대우를 받지 못하는 사람입니다. 그 사람이 왔습니다. 강도 만난 사람을 보았습니다. 그다음에 상처가 큰 것을 알고 기름하고 포도주를 발라서 응급 치료를 했습니다. 고대 의사인 히포크라테스의 처방에 의하면 종기 난 사람에게는 상처에 부드러운 양털을 감고 포도주와 기름을 뿌려주라고 그랬습니다. 그걸 보면은 그 당시에 상처에는 포도주와 기름으로 응급 치료를 하는 것이 일종의 상식으로 통하던 거 같습니다. 그래서 강도 만난 자를 응급 치료해가지고 자기 당나귀에다 싣고 여관으로 가서 밤새도록 간호해주고 그다음날 떠나기 전에 얼마죠? 두 데나리온. 두 데나리온을 미리 주면서 환자를 치료해달라고 그랬습니다. 쟌Jean이라는 유명한 성경 학자에 의하면 140년, 주후 140년경에 북 이태리아 지방에서 여관비가 얼마였느냐? 숙식을 완전히 제공받았을 때 여관비가 얼마냐 하면은 1/2 아사리온이라고 그랬습니다. 1/2 아사리온이면 한 데나리온의 1/32입니다. 그런데 이 사마리아인은 여기 두 데나리온을 썼어요. 그러므로 학자들의 계산에 의하면 이 사람이 떠나면서 자기가 누구인지도 모르는 강도 만난 이 사람을 위해서 여관에다가 미리 두 달분 숙식비를 제공하고 간 것입니다. 예수님이 이 예화를 하신 다음에 이 예화를 통해서 그 율법사의 가슴에 있는 허점을 신랄하게 찔렀습니다. 그것은 뭐냐? 너희 성직자들, 제사장이나 레위인이나 율법사나 성직자들과 같은 유대인마저도 너희들은 진짜 사랑을 하지 못하고 있는 존재들이다. 둘째는 너희들은 성직자지만 율법을 잘 아는 사람이지만 사마리아 사람만도 못한 인간들이다. 너희들의 사랑은 순전히 말뿐이지 그것을 실제로 실천하지 못하는 존재들이다. 그러므로 너희들은 영원히 사는 영생 얻지 못한다. 이것을 암암리에 율법사에게 지금 지적하고 있는 겁니다.

그러면 우리가 이 본문에서 간단하게 세 가지를 요점으로 택합시다.

자, 첫째로 왜 율법사가 갑자기 영생 문제를 들고 나왔을까? 율법사가 가만히 보니까. 72명의 전도단들이 돌아와가지고 전도하는데 전도를 통해서 많은 사람이 예수 믿고 돌아온다고 보고를 하니까 이 율법사의 마음에 회의가 일어난 겁니다. 어떻게 전도를 통해서 영생을 얻느냐? 율법을 지켜야 영생 얻지. 어떻게 예수 믿으라는 말 가지고 영생을 얻을 수가 있느냐? 그의 마음속에 분명히 회의가 일어난 것은 사실입니다. 그러므로 누가복음 10장에서 '전도' 라는 거하고 그다음에 '영생' 이라는 거하고 그다음에 '사랑' 이라는 거하고 '이웃' 이라는 거하고 네 가지 개념을 여러분들이 연결시켜서 보셔야 됩니다. 아시겠죠? 그래서 율법사는 "어떻게 예수 믿으라고 하는 전도 가지고 영생을 얻을 수 있느냐? 아니야 그거는 안돼." 이런 회의를 가진 겁니다. 그러나 예수님은 복음을 전하므로 영원히 사는 생명 얻는다고 합니다. 두 견해가 팽팽하게 맞선 하나의 장면입니다. 그러므로 영생에 대해서 질문을 했습니다. 이 가운데서도 율법사와 같은 견해를 만약에 여러분들이 가졌으면 오늘 이 시간 해결을 하시기 바랍니다. 어떻게 예수 믿으라는 전도만 가지고 영원히 사는 생명 얻느냐? 어떻게 예수 믿는 것만 가지고 영원히 사느냐? 그래서 길을 가다가 전도하는 사람을 보면 피식 웃습니다. 대천 해수욕장에서 대학생들이 70년 대 초 수련회 때 전도하러 나가가지고 둘씩 둘씩 전도하는데 이쁜 여학생 하나가 어떤 집에 들어가서 예수 믿으라고 전하니까 안 믿겠다고 그래요. 그러니까 전도하러 들어온 여학생 둘이가 나가는데 뒤에서 하는 말이 "인물은 뻔질하게 생겼는데 참 불쌍하게 됐다." 예. 우리는 예수 믿으라는 그 말을 통해서 예수님을 그 사람이 영접함을 통해서 영원히 사는 생명 얻는 것을 확신하고 있습니다. 어디에서 그것을 확신하느냐? 하나님께서 그 길을 우리에게 주셨어요. 예수 믿고 영원히 사는 길 외에는 하나님께서, 영원히 사는 길 주지 않았어요. 그러므로 우리는 그것만이 우리가 사는 길인 줄 알고 누구 만나도 예수 믿으라고 그렇게 말을 합니다. 만약에 여기에 대한 확신이 여러분 마음에 없으면 우리 고쳐야 됩니다. 이사야는 예수 믿으라고 전도하러 다니는 사람들의 발을 보고 '아름답도다 좋은 소식을 전하는 자들의 발이요.' 여러분 발이 아름답다고 칭찬하고 시를 쓴 사람 있나요? 저는 이사야밖에 몰라요. 누구 있습니까? 여러분 아무리 아름다운 미인의 발이라도 발을 놓고 칭찬하고 시를 쓴 사람 있어요? 저는 몰라요. 그러나 이사야는 복음을 전하러 다니는 자들의 발이 너무나 아름답구나, 너무나 아름답구나. 왜? 영원히 사는 생명을 그 사람들을 통해서 전달해주기 때문에.... 확신을 가집시다. 율법사와 같이 회의를 갖지 말고 확신을 가져요. "전도하면 많은 생명들이 영원히 사는 생명 얻는다. 우리가 입을 다물고 예수 증거 하지 아니하면 많은 생명들이 죽는다." 지식인들이 볼 때는 너무 단순하다. 너무 바보같다 그럴 거예요. 그러나 하나님의 권위에 의존합니다. 하나님이 그렇게 우리에게 시켰어요.

두 번째로 생각할 것은 "내 이웃이 누구입니까?" 하고 묻는 율법사의 질문에 예수님은 바로 대답을 하셨는가? 자, 한번 누가 대답 좀 해보세요. 내 이웃이 누구냐고 율법사가 질문을 했습니다. 대답은 바로 된 겁니까? 안 된 겁니까? 예수님의 대답은 뭐죠? "네 이웃은 사마리아 사람이다." 그랬습니까? "네 이웃은 강도 만난 사람이다." 그랬습니까? 율법사가 원하는 이웃에 대한 대답을 예수님이 하셨어요? 여러분 성경 잘 보세요. 안 했습니다. 안 했어요. 거기에 대한 직접적인 대답 안 했습니다. 율법사가 묻는 것은 "내 이웃이 누구냐" 인데, 예수님의 대답은 너는 "누구의 이웃이 되어야 한다"고 대답을 합니다. 그렇죠? 어떤 사람의 이웃이 되어야 하느냐를 가르쳐줍니다. 그러므로 이웃을 찾는데 대답을 한 것이 아니고 이웃이 되어주는 방법에 대해서 이야기를 합니다. 벌써 완전히 차원이 다릅니다. 오늘 우리도 그렇죠? 우리는 가만히 앉아서 내 이웃을 찾고 있습니다. 나에게 친절하게 해주는 사람, 나에게 관심을 보여주는 사람, 나에게 대해서 무언가 참 벗이 될 수 있는 이웃을 찾고 있습니다. 온 세상에 있는 많은 사람들이 이웃을 찾고 앉아있습니다. 그러나 예수님의 방법에 의하면 내 이웃은 찾는 법이 아니에요. 이웃은 내가 되어주는 것이에요. 이것이 예수님이 우리에게 가르쳐 주는 방법입니다. 이웃이 되어주어야 됩니다. 주는 자가 받는 자보다 복이 있다. 그다음에 남에게 대접을 받고자 하는 대로 먼저 남을 대접해라. 성경의 원리 전부는 먼저 내가 이웃이 되기 위해서 코스트를 지불하는 것에 있지 내가 가만히 앉아서 이웃을 불러들이는 것이 아닙니다. 성경의 원리가 그거에요.

오늘 교회가 왜 무능해지느냐? 여러분 똑똑하게 들으세요. 오늘 신자들이 왜 무능해지느냐? 오늘 교회가 왜 무능해지느냐? 이유가 있어요. 가만히 앉아서 이웃을 찾고 있어요. 많은 교회들이 서울에도 생기고 있고 미국에도 생기고 있지만 좋은 위치에다 교회 지어놓고 문 열어놓고 들어오기만 기다리고 있습니다. 이웃을 앉아서 찾는 거예요. 그러나 성경의 법칙에 의하면 일일이 찾아나가서 가난한 자에게 가난한 자의 벗이 되어주고, 병든 자에게 병든 자의 벗이 되어주고, 고독한 자에게 고독한 자의 벗이 되어주고, 마음이 텅텅 빈 사람들에게 정말로 예수 그리스도의 말씀을 통해서 그들에게 위로를 줄 수 있는 코스트가 지불이 되어야 비로소 이웃이 생기는 겁니다. 여러분은 이웃이 되려고 하는 사람입니까? 이웃을 찾고 있는 사람입니까? 여러분 마음속에서 한번 찾아봐야 돼요. 어떤 사람이 가장 이웃되어 주기를 원하는 사람입니까? 죽어가는 영혼 보고 살리려는 사람이 가장 이웃되기를 원하는 사람입니다. 만약에 여러분 가운데서 내 가족이 아직 예수 믿지 아니하고 만약에, 저대로 살다가 영원히 죽으면 그 책임 나에게 돌아올지도 모르는데 그것을 가만히 두고 내가 그 형제를 위해서, 내 곁에 있는 가족을 위해서 무언가 값을 지불하지 않고 그대로 앉아서 예수 믿기만 기다리고 있다면 이것은 율법사의 자세입니다. 사마리아 사람은 현장을 피하지 않았습니다. 우리도 현장을 피하지 말아야 합니다. 사마리아 사람은 시간과 몸을 받쳤습니다. 우리도 시간과 몸을 받쳐야 돼요. 사마리아 사람은 재산을 받쳤습니다. 우리도 재산을 받쳐야 돼요. 그럴 때에 생명 하나라도 살아서 돌아와서 내 이웃이 됩니다. 문제의 현장을 피해서 내 안일주의에 빠지면 나는 이웃이 될 수 없습니다. 시간과 몸을 받치지 않고 아끼면 나는 이웃이 되지 못합니다. 재산을 아끼면 이웃이 되지 못합니다.

셋째로, 마지막으로 우리가 생각할 것은 우리 주변에 강도 맞는 사람이 얼마나 많으냐 하는 문제입니다. 우리 주변에 강도 맞는 사람이 얼마나 많으냐? 제가 언제 한번 예를 들었죠. 한국의 모 재벌이 사람들 보기에는 너무 화려하고 출세하고 재산이 많지만, 제가 미시간에서 같이 지내던 그 재벌의 아들이 아버지를 보는 눈은 달랐습니다. 그 아들이 아버지를 보는 눈은 강도 만난 사람이에요. "목사님 우리 아버지만큼 불쌍한 사람 없습니다. 목사님 꼭 전도 좀 해주세요." 저하고 같이 귀국했다가 다시 돌아가면서 저에게 부탁을 하고 갔습니다. 그런데 저도 어지간히 참 약속을 못 지키는 사람 중에 하나입니다. 아직도 그분에게 편지 하나 제대로 못하고 있습니다. 전도도 못하고 있어요 아직도. 사람들이 볼 때 화려해도 우리가 영적인 눈으로 그 사람을 볼 때 강도 만난 사람이에요. 다 털렸어요. 아무것도 없어요. 손에 쥔 것은 몇 억 몇십 억이 될는지는 모르지만 마음은 텅텅 비었어요. 아무것도 손이 쥔 게 없어요. 저는 교포들 가운데서 많은 사람들을 보았습니다. 제가 이미 여러 번 이야기를 했습니다. 한국에서 그렇게 권세를 가지고 휘두르던 사람도 미국에 들어가서 지금 대학 교수를 하고 있지만 저 앞에서 그랬어요. "목사님 아무것도 없습니다." 자식을 위해서 일생 동안 심혈을 기울여가지고 자식의 출세를 통해서 무언가 하나 얻어 보겠다고 몸부림치던 부부가 허탈감에 빠져가지고, 다 잃어버린 강도 만난 사람이 되어가지고 사는 걸 제가 보았습니다. 한국 사람이나 미국 사람이나 똑갈습니다. 여러분 오늘 우리 주변에 강도 맞는 사람이 얼마나 많아요? 다 빼앗기고 아무것도 없어요. 빈 마음을 채울 길이 없어요. 눈을 똑바로 떠야 됩니다. 눈을 똑바로 떠야 됩니다. 여러분, 특히 여러 젊은 형제들 들으세요. 재산이 많다고 그 사람 앞에서 굽실거리면 안 됩니다. 학적으로 몹시 높다고 해서 그 사람에게 굽실거리면 안 됩니다. 인격적으론 존중해주세요. 그러나 영적으로 그 사람 예수 안 믿고 그야말로 성경에 말한 대로 내 배를 우상으로 삼고 이 세상을 자기의 영원한 안식처로 삼고 하나님은 완전 자기 인생권 밖에다가 축출시키고 자기가 왕이 되어가지고 사는 사람은 강도 만난 인간이라는 거 여러분이 알아야 됩니다. 다 털리고 사경에 빠진 사람이에요. 억만 달러의 재벌이었던 휴즈Howard Huges(1905~1976)가 거의 15년 동안 골방에 들어 앉아가지고 영상기만 돌리면서 영화만 보고 살다가 나중에는 반 미치광이가 되서 죽었어요 여러분. 그 사람을 보고 건전하다고 보겠어요? 강도 만난 사람이죠. 하나님을 마음속에 모시고 하나님 중심하고 인생을 똑바로 걸어가야 할 사람이 하나님을 자기 인생에서 축출해버리면 그 사람은 강도 만난 사람이에요. 자기가 왕이 되고 자기가 설계한 인생을 자기 최고의 상아탑으로 생각하고 뛰어가면 나중에 잡는 것이 있을 것 같지만 나중에 다 놓치고 맙니다. 나는 그거 왜 그런지 몰라요. 그러나 성경을 보고 알아요. 그러므로 여러분 눈을 뜨세요. 여러분 주변에 어떤 친구들이 있습니까? 여러분 주변에 어떤 가족들이 있습니까? 여러분 캠퍼스에 어떤 사람들이 있습니까? 여러분 직장에 어떤 사람이 있습니까? 자세히 보세요. 예수 없으면 저 사람은 벌써 강도 만난 사람이에요. 다 털리고 없어요. 내가 도와주어야 됩니다. 내 돈을 지불해야 됩니다. 내 정성을 받쳐야 됩니다. 그야말로 신경을 써주어야 됩니다. 그래서 살려야 될 영혼입니다. 여러분 그것을 아셔야 돼요.

저는 오늘 이 시간을 통해서 율법사가 왜 영생 문제를 들고 나왔느냐 하는 문제를 간단히 언급했습니다. 행함으로는 구원받지 못합니다. 그다음에 예수님은 어떤 대답을 해주셨느냐? 절대 이웃을 누구라고 가르쳐주지 않았습니다. 이웃이 되는 법을 가르쳐주었습니다. 그다음에 제가 특별히 강조하는 것은 우리 주변에 하나님 없는 인생을 살면서 강도 만난 자와 같이 모든 것을 다 가진 것 같지만 모든 것을 털어버리고 잃어버린 불쌍한 영혼들이 많이 있다. 우리는 영적으로 눈을 떠야 됩니다. 그리고 그 사람들을 볼 줄 알아야 됩니다. 그리고 그 사람들을 도와줄 줄 알아야 됩니다. 도와주어서 이웃이 되어야 합니다. 여러분 이웃이 되어야 합니다. 저는 자주 만납니다. 그렇게 행복하게 보이는 부부도 그렇게 잘 사는 집안에 들어가서 사실적으로 서로 만나서 깊이 대화를 나누어보면 모든 사람들의 마음이 전부 빈그릇이라는 걸 저는 봅니다. 하나님이 그 마음 채워주지 아니하면 그 누구도 채워주지 못합니다. 우리 예수 믿는 사람들이 눈을 뜹시다. 그리고 우리 주변에 있는 사람들을 똑바로 직시할 수 있는 사람 되어야 하고 이웃이 되어서 그들을 도와주어야 됩니다. 그럴 때 그 사람들이 하나님 앞으로 돌아옵니다.

우리 이 시간 다 같이 기도하겠는데요. 한 2분 동안만 포인트는 여기에다 둡시다. 주님, 우리 주변에 강도 만난 자와 같이 내가 이웃이 되어 주어야 할 자가 너무 많습니다. 그런데 주님, 나는 내 이웃을 내 몸과 같이 사랑하는 마음이 아직도 약합니다. 주님, 이 사랑의 마음을 주시옵소서. 그래서 내 것을 털어서 그 형제를 도와줄 수 있게 해주시옵소서. 여러분 소리내서 1,2분만 함께 기도하십시다.

Passage 눅 3:1- Date 78. 9. 27

Passage Description:

세례요한이 본 메시야 준비.

1. 혈통적으로 아브라함의 자손 된것은 중요한게 없다! 밖에 굴러다니는 돌멩이 차 버렸던 자들이 아브라함의 자손으로 등장할수 있음.

2. 회개만이 그를 영접하는 준비의 길.

(1) 회개는 마음을 곧게 하는 일.

회개없는 마음은 굽은길. 골짜기. 울퉁산과 같은길

(2) 회개는 과거의 열매보다 미래의 열매.

세리. 군인. 무리들에게 과거의 죄를 조사하지 않고 "~하지 말라"를 강조하였음.

요한은 죄를 [illegible] 세례후의 열매. 그래서 회개의 시작

3. 위기를 대비하는 길

요한의 메시야 고백은 종말적인 위기의식을 자극하였음.

"도끼가 나무 뿌리에 놓여 있음"

"부채로 곳간의 곡식 한번만 가리고"

"성령의 세례"

특히 성령을 불로 언급하고 강조한 이유는 성령의 심판적 성격을 지적함. (v. 17)

예수의 세례에 임한 성령은 "비둘기" 처럼 비유되었음.

복음에 이르는 세례. 위기 의식에 결심.

※ 1. 메시야에 대해선 요한이 깨우치지 못한것이 많았음.

그런점에서 { 그는 메시야가 아니었고 / 그는 천국에서 작은자보다 못하며 / 그는 죄악된 인간이었음.

[illegible]의 지시로 참형된 요한. 예수 [illegible]

요한은 역시 죄인인 인간이었음.

2. 천국의 비밀은 예수가 그 앞에 오기 전에는 선지자들에게 먼저 [illegible] 볼 [illegible] 때문에 가려 [illegible]

1978년 10월 15일 주일 낮 예배

예수의 전도

(요 4:1-14)

자기가 먼저 예수 그리스도를 발견하기 전에는 절대로 남에게 말할 수 없다는 진리입니다. 이 여자는 자기가 직접 예수 그리스도를 발견했기 때문에 동네로 뛰어갔습니다. 자기가 예수 그리스도라는 생수를 마셨기 때문에 비로소 동네에 들어갈 수가 있었습니다. 여러분이 참 훌륭한 전도자가 되고 여러분을 통해서 많은 생명들이 구원받기를 원한다면 먼저 여러분 자신 하나하나가 예수 그리스도를 발견하고 그분을 내 마음에 모셔야 됩니다. 그분이 내 마음에 가득해야 돼요. 발견하기 전에는 남에게 말하지 못합니다. 내가 발견하기 전에는 남에게 말하지 못합니다.

1. 예수께서 제자를 삼고 세례를 베푸시는 것이 요한보다 많다 하는 말을 바리새인들이 들은 줄을 주께서 아신지라

2. (예수께서 친히 세례를 베푸신 것이 아니요 제자들이 베푼 것이라)

3. 유대를 떠나사 다시 갈릴리로 가실새

4. 사마리아를 통과하여야 하겠는지라

5. 사마리아에 있는 수가라 하는 동네에 이르시니 야곱이 그 아들 요셉에게 준 땅이 가깝고

6. 거기 또 야곱의 우물이 있더라 예수께서 길 가시다가 피곤하여 우물 곁에 그대로 앉으시니 때가 여섯 시쯤 되었더라

7. 사마리아 여자 한 사람이 물을 길으러 왔으매 예수께서 물을 좀 달라 하시니

8. 이는 제자들이 먹을 것을 사러 그 동네에 들어갔음이러라

9. 사마리아 여자가 이르되 당신은 유대인으로서 어찌하여 사마리아 여자인 나에게 물을 달라 하나이까 하니 이는 유대인이 사마리아인과 상종하지 아니함이러라

10. 예수께서 대답하여 이르시되 네가 만일 하나님의 선물과 또 네게 물 좀 달라 하는 이가 누구인 줄 알았더라면 네가 그에게 구하였을 것이요 그가 생수를 네게 주었으리라

11. 여자가 가로되 주여 물 길을 그릇도 없고 이 우물은 깊은데 어디서 이 생수를 얻겠삽나이까

12. 우리 조상 야곱이 이 우물을 우리에게 주었고 또 여기서 자기와 자기 아들들과 짐승이 다 먹었으나 당신이 야곱보다 더 크니이까

13. 예수께서 대답하여 가라사대 이 물을 먹는 자마다 다시 목마르려니와

14. 내가 주는 물을 먹는 자는 영원히 목마르지 아니하리니 나의 주는 물은 그 속에서 영생하도록 솟아나는 샘물이 되리라

팔레스타인은 남북의 길이가 120마일 정도밖에 안 됩니다. 미국 같으면 자동차를 타고 두 시간이면 갈 수 있는 그런 좁은 지역입니다. 우리가 지도를 봐도 팔레스타인은 대단히 좁은 나라입니다. 그런데 그 120마일 남짓한 땅을 세 부분으로 나누었는데 마치, 우리나라에 경상도 뭐, 전라도 그다음에 함경도 하는 식으로 나누었는데 제일 북쪽에 있는 부분이 갈릴리고 중간에 있는 부분이 사마리아고 제일 남쪽에 있는 부분이 유대 나라입니다. 유대입니다. 갈릴리, 사마리아, 유대 이렇게 세 부분으로 나누어져 있어요. 머리로 그리세요. 땅이 세 부분으로 나누어져 있는데 유대 나라에 속한 예루살렘에서 만약에 일을 하다가 예배를 드리고 다시 갈릴리로 가려면은 두 길이 있어요. 하나는 중간에 자리잡고 있는 사마리아를 통과해서 직행하는 길이 있고 그렇지 아니하면 사마리아를 들어가지 않고 옆으로 와서 요단강을 건너가지고 빙 둘러서 올라가는 길이 있습니다. 중간에 있는 사마리아를 질러가면 3일 길입니다. 걸어서 3일 길이에요. 요단강을 건너서 사마리아를 들어가지 않고 돌아 들어가면은 한 6일 내지 7일이 걸리는 길입니다.

그래서 예수님은 두 길 가운데서 지름길을 택했습니다. 사마리아를 질러서 가는 3일 길을 택한 겁니다. 유대 나라에서 갈릴리까지 한 3일 정도 계획을 하시고 지금 가시는데 중간에 지금 사마리아라는 그 땅으로 들어갔습니다. 사마리아 땅 가운데 여러 도시가 있는데 그 가운데서 여기 '수가' 라고 하는 작은 촌이 하나 나옵니다. 구약에는 이 '수가' 라는 성이 '세겜' 이라는 이름으로 되어있습니다. 그러니까 '세겜' 하고

'수가' 하고 같은 것으로 학자들이 해석합니다. 옛날에 야곱이 이 땅을 샀고 야곱이 애굽에서 총리대신 하던 자기 아들 요셉에게 이 땅을 물려주었어요. 그다음에 요셉은 이 땅에다가 자기 아버지를 장례 지냈고, 요셉도 나중에 애굽에서 죽을 때 자신을 다음에 뼈라도 가지고 가서 아버지가 묻힌 이 '수가'라는 곳 '세겜' 땅, 우리 가족 묘지에다 묻어 달라고 이렇게 유언을 했기 때문에 400년이 지난 다음에 백성들이 애굽 나라에서 올라올 때에 요셉의 뼈를 가지고 올라와서 그곳에 묻었습니다. 그래서 지금도 가면은 그곳에는 야곱이 파놓은 우물이 있고요. 그다음에 주변에는 가족 묘지 비슷한 묘지들이 있습니다. 이것이 지금 성경에 나오는 이 '수가'의 우물가입니다.

6시 경이라고 했으니까 우리나라 시간으로 낮 12시입니다. 6시간 차이가 나죠 옛날 시간하고. 낮 12시쯤 돼서 예수님이 지금 길을 가시다가 너무 태양도 뜨겁고 곤하고 하시니까 지금 이 수가성에 와서 우물가에 자리를 잡고 편히 쉬고 계십니다. 제자들은 먹을 것을 사기 위해서 동네로 나갔습니다. 그런데 저 멀리에서 여자 하나가 유대 나라 여자들이 잘 가지고 다니는 항아리를 등허리에 짊어지고 혹은 머리에 이고, 어느 쪽인지 모르겠어요, 우물가에 물을 길으러 지금 옵니다. 예수님 이것을 이미 보고 계시다가 물을 길러서 이제는 가려고 하는 여자를 보고 "나에게 물 좀 달라"고 청했습니다. 제가 왜 본문 설명을 이렇게 하시는지 아세요? 다시 한번 머리에 그 본문을 잘 기억하세요. 그리고 처음 나오시는 분들은 제 설교가 좀 어렵다는 말씀을 하시고 있어요. 어려울 겁니다. 왜냐하면 저는 예수 처음 믿는 분들보다도 우리 교회 원래 나오시는 분들, 수준들이 대단히 높은 분들이 앉았기 때문에 되도록이면 쓸데없는 말을 설교에 잘 넣지를 않습니다. 그런데 제가 본문만은 정확하게 설명을 해드리겠어요. 여자가 와서 가려고 하는데 "물을 좀 달라" 하니까 여자가 돌아보면서 "당신은 유대 나라 사람인데 어떻게 사마리아 여자인 나에게 물을 좀 달라고 합니까?" 어떻게 해서 나한테 말을 겁니까 하는 일종의 시비조입니다.

이것은 역사적인 배경을 모르면 전혀 이해가 안 되는 말입니다. 예수님 나시기 720년 전에 앗수르 나라, 앗시리아가 사마리아 나라를 완전히, 사마리아 땅을 침범을 해가지고 백성들을 전부 다 끌고 가고 남아있는 백성들에게는 바빌론 혹은 앗수르 나라의 백성들을 끌고 와가지고 이민을 시켜서 전부 다 혼혈을 시켜버렸습니다. 유대 민족에게 피를 섞는다는 것만큼 치욕적인 일이 없습니다. 왜냐하면 그들은 아브라함의 자손이요 하나님이 택한 민족이라고 항상 자부하고 있었기 때문에 다른 민족과 피를 섞는다는 것은 생각도 못하는 일인데 이 사마리아 사람들이 앗수르 나라의 정책에 그만 굴복을 하고 말았습니다. 그래서 피를 섞었어요. 혼혈로 결혼을 그냥 맘대로 해버렸어요. 그다음부터 그 자손들이 유대 나라 사람들에게 따돌림을 받았습니다. 저것들은 전부 다 피를 섞은 개새끼 같은 것들이라고. 그래서 아주 개취급을 했어요. 유대 민족들이 사마리아인을 개취급을 했어요. 그래가지고 기록에 보면요. "사마리아 사람들이 만든 떡을 사 먹지 말라. 그것은 돼지고기보다 더 못하다" 하고 이렇게 말을 합니다. 돼지고기는 유대 나라 사람들이 제일 싫어하고 더럽게 생각하는 고기입니다. 지금도 안 먹죠. 사마리아 사람들이 만든 떡이라도 먹지 마라. 그것은 돼지고기나 다름없다. 그 정도로 멸시를 했습니다. 에스라와 느헤미야가 바빌론 포로 생활을 마치고 돌아와서 무너진 예루살렘 성전과 예루살렘 성곽을 다시 재건할 때에 사마리아 사람들이 와서 우리가 좀 도우면 어떻겠느냐 하고 그랬습니다. 그럴 때 느헤미야나 에스더는 받아들이지 않았습니다. "너희들의 도움이 필요없다." 왜? "너희들은 뭐 남의 민족하고 피를 섞은 개 같은 것들이 어떻게 하나님의 거룩한 성전을 짓느냐 너희들 손 더러우니까 아예 대지 말라." 이겁니다. 그만큼 그 천대를 받는 민족이 바로 사마리아 민족입니다. 그러므로 유대 나라 사람들이 유대 나라에서 갈릴리로 갈 때 사마리아로 직행하면 3일 길에 갈 수 있는데 사마리아 사람들 꼴 보기 싫어서 빙 둘러가 일주일 걸리는 길로 돌아 들어갔단 말이에요. 그런데 예수님이 일부러 사마리아로 들어간 겁니다. 거기 우물가에서 예수님이 물 좀 달라는데 여자가 벌써 보니까 유대 나라 남자거든요. 그러니 "어떻게 당신 사마리아인 여자에게 물 달라 그럽니까?" 지금도 미국에 있는 한 600만 되는 유대 나라 민족들 또, 다른 세계적으로 흩어져 있는 한 2,000만 되는 유대 민족들이요. 자기 가문에서 아들이나 딸이 유대 민족 아닌 다른 남자나 여자하고 결혼하면 말이에요. 아시겠어요? 결혼하면 아예 집안에서 장례식을 지낸답니다. "그 아들은 죽었다 이제, 그 딸은 죽었다 이제, 우리 집의 사람이 아니다. 아예 죽었다" 하고 장례식을 한데요. 그만큼 그 피를 섞는다는 것을 그들은 지독하게 수치로 알고 있고 또 그들은 아브라함의 자손이라는 긍지가 무지무지하게 무서운 민족입니다. 그러니 사마리아 사람들이 인간 대우를 못 받을 거 뻔하죠.

예수님이 그 여자를 보고 "네가 지금 물 달라하는 내가 누구며 또 물을 달라하는 내가 너에게 줄 수 있는 것이 무엇인지를 네가 안다면 두말 안 하고 네가 나에게 물을 주었을 것이다. 그런데 네가 지금 내가 누군지를 모르고 있구나." 이 이야기입니다. 그리고 예수님이 말씀하시기를 "네가 마시는 그 물은 아무리 마셔도 목이 타고 다시 마셔야 되지만 내가 주는 물이 있는데 그 물을 네가 한번 마시면 영원히 목마르지 않고 뱃속에서부터 생수처럼 펑펑 솟아난다. 너 그거 잘 모르지?" 여자가 그 이야기를 들었더니 그냥 귀가 솔깃해가지고 예수님 앞으로 바짝 와서 묻습니다. "주여 이 우물이 이렇게 깊고 당신 보니까 두레박도 안 가지고 있는데 어디서 그 펑펑 솟아나는 샘물을 나에게 줄 수 있습니까?" 그랬더니 예수님께서 뭐라고 말씀하셨어요? "내가 주는 물을 먹는 자는 영원히 목마르지 아니한다." 거기에 대한 설명을 안하시고 무조건 '내가 주는 물을 먹는 자는 영원히 목마르지 아니하니 그 속에서 생수가 되어 솟아나리라.' 다 같이 14절 한번 보세요. 얼마나 아름다운 말씀이에요. 14절 예, 우리 같이 한번 읽어보세요. 14절 한번 읽어보세요. 여러분 이 물 마시고 싶지 않으세요? 14절, '내가 주는 물을 먹는 자는 영원히 목마르지 아니하리니 나의 주는 물은 그 속에서 영생하도록 솟아나는 샘물이 되리라.' 아, 그 물을 여러분 마시고 싶지 않아요?

지금은 너무나 세계가 발달했어요. 목마르다는 예를 별로 느끼지를 못합니다. 제가 미국의 '죽음의 계곡death valley'에 자동차를 몰고 들어가서 그 뙤약볕이 내리쬐는 그 죽음의 계곡을 통과할 때에 옛날 같으면 거기에서 잘못하면 시체가 되어버립니다. 그런데 요즘엔 너무 아스팔트가 잘 깔려있고 주정부에서 나와가지고 전부 관리를 하고 있기 때문에 목말라서 죽는 법이 없어요. 죽음의 계곡을 들어가도 목마르다는 것이 얼마나 어렵다는 걸 아직 체험을 못하고 있습니다. 그렇지만은 목이 마르다는 것만큼 견디기 어려운 것이 없다고 그래요. 그런데 예수님이 주는 생수 마시면 영원히 목마르지 않고 내 속에서 오히려 더 넘치게 솟아난다. 저도 목사지만 이 본문이 무엇을 의미하는 것이냐? 참 오랫동안 고심을 많이 했어요. 왜냐하면 내가 예수 믿고 목사가 됐지만 참 내 속에서 생수가 되어서 펑펑 솟아나고, 다시는 어떤 갈증이 생기지 아니하는 그런 체험이라는 것이 그렇게 흔하지를 않았어요. 그래서 도대체 이게 무슨 말이냐? 그럼 내가 예수 믿는 것이 잘못돼 있느냐? 예수 믿는 사람은 원칙으로 마음속에서 생수와 같이 목이 마르지 않도록 생수가 터져 나오는 것이 원칙이라고 한다면 나는 지금 어떠냐? 그럼 이것은 저 오순절 계통에서 말하는 것처럼 성령 충만 받아가지고 막 그냥 뭐 두들기고 소리를 치고 흔들고 하는 그런 사람들에게만 적용되는 이야기냐? 그런데, 제가 이 주석도 보고 저 주석도 보고 자꾸 제가 조사를 해보고 또 저 자신이 깊이 생각하는데 이 본문은 분명히 생수를 성령만 가지고 적용하는 본문하고는 다르다는 걸 제가 발견을 했습니다.

이 본문의 생수는 성경에서 주로 성령을 많이 의미하는데 이것은 성령하고 꼭 결부를 시키고 그 이상은 절대 결부시킬 수 없는 그런 본문이 아니에요. 이 본문에는 그거 아닌 다른 깊은 의미가 있다는 걸 제가 발견을 했어요. 그게 뭐냐? 자 보세요. 생수가 뭐냐? 예수 그리스도. 간단합니다. 마시는 것이 뭐냐? 믿는 거. 그다음에 영원히 솟아나는 거 뭡니까? 예수 믿고 영접하고 마음에 예수님이 들어와 계시면 지금까지 내 마음에서 가졌던 욕구불만, 욕심, 갈등 그런 것이 싹 사라져버립니다. 그것이 바로 펑펑 솟는 겁니다. 이것은 여러분 예수 믿으시면 체험하시죠. 아, 내가 예수님 믿고 예수님을 내 마음에 내 구주 내 주님으로 영접했더니 아 오늘까지 내 마음속에서 그저 돈 욕심, 돈 욕심 그렇게 괴롭히던 거 나도 모르게 싹 없어지고 오늘까지 내가 무언가 남편에게도 불만, 아내에게도 불만, 자식에게도 불만, 사는 것 자체도 불만, 직장에 대해서도 불만, 무언가 갈증이 내 마음속에서 그저 항상 쉴 사이 없이 일어났는데 내가 예수 그리스도를 내 마음에 정말 나의 구주, 나의 주님으로 영접하고 그분을 내 생활 중심에 모시고 그분과 더불어서 사니까 오늘까지 내 마음에 일어났던 모든 갈증이 하나하나 다 사라지고 불평 대신에 감사, 탄식 대신에 찬송이, 걱정 대신에 기도가 내 마음속에서 계속되는 것을 우리가 체험하게 됩니다. 이것이 뭡니까? 마음속에서 생수가 되어 영원토록 솟아나는 겁니다. 무슨 말씀인지 아시겠죠? 다시 한번 보세요. 생수는 누구입니까? 예수 그리스도. 마시는 것은 뭡니까? 예수님을 믿는 거. 그분을 믿고 내 마음속에 영접하는 거. 그러면 성령께서 오셔서 그다음부터 예수 그리스도가 가득하게 찬 마음은 다른 것이 눈에 안 들어와요.

참 저는 목사가 되었지만은 하나님 앞에 감사한 것은 나에게는 욕심이 없어요. 아무리 잘 사는 집을 들어가도 욕심이 없어요. 하나님이 저의 마음을 청소를 해주셨는데 예수 그리스도가 내 마음에 계실 때 그분만 있으면 나는 모든 것을 가졌습니다. 그분 잊어버리면 난 모든 것 다 잊어버렸어요. 이게 생수입니다. 이게 생수입니다. 자 예수님이 지금 이 말씀을 합니다. "내가 주는 물을 마시는 자는 결단코 목마르지 아니하고 그뿐인지 아니? 마음속에서, 내 속에서 펑펑 솟아나는 샘물이 된다." 여자가 몰라서 "주여 그런 물 나도 좀 주십시오." 나중에 예수님하고 여자하고 대화가 오락가락하다가 "아이구! 내가 보니 당신 선지자입니다." 선지자 이상이지요. 또 대화가 오락가락하다가 "아이구! 우리가 거다리는 하나님의 아들 메시아가 오시면은 그분이 나에게 모든 것 알아서 줄 걸로 제가 믿습니다." "오 여자여 당신이 기다리는 그가 바로 나다" 했더니 여자가 받아들였습니다. "아! 당신이 메시아입니까?" 그다음에 어떻게 했어요? 물동이 내버리고 어디로 뛰어갔습니까? 동네로 뛰어가 사람들 보고 "야! 내가 메시아 만났다. 하나님의 아들 만났다. 와보라 와보라." 그 사람들을 데리고 예수님 앞으로 와서 예수님에게 그 사람들을 만나게 했습니다. 자, 대답하십시오. 예수님이 물을 떠가지고 그 여자에게 생수를 주었나요, 안 주었나요? 안 주었습니다. 성경 다 뒤져보세요. 물 떠다가 "야, 이거 생수다. 옛다, 마셔라" 하고 주지 않았어요. 어떤 사람처럼 자기 발 씻어가지고 그걸 생수라고 먹이지 않았어요. 예, 무슨 말씀인지 아시는구만요. 예수님은 물 떠다 주지 않았어요. 그런데 여자는 마셨어요 안 마셨어요 여러분? 마셨어요. 뭘 보니까 마신 걸 알아요? "내가 바로 예수 그리스도다, 메시아다" 하니까 그저 받아들이고는 좋아서 물동이 두고 그냥 동네로 뛰어들어갔다니까! 그게 뭐예요? 벌써 받아들인 겁니다. 그래서 뱃속에서 뭐가 나오는 거예요? 생수가 터진 겁니다. 아, 그렇잖아요? 그러니 물 길러왔던 것도 잊어버리고 동네에 가서 부끄러운 것도 잊어버리고 가서 예수 만나라고 소리, 소리친 겁니다. 이게 마신 거예요. 한번 보세요 마셨어요, 그 여자는 마셨어요. 참 아름다운 이야기 아닙니까? 여러분 예, 참 아름다운 이야기.

우리에게 우연이라는 것이 있을 수 있나요? 없어요. 이 여자가 우물가에 나올 때 참 자기 마음속에 지금까지 갈등을 일으키던 모든 문제에 만족을 줄 수 있는 하나님의 아들이 지금 우물가에서 기다리고 있을 줄 꿈에도 몰랐습니다. 그렇죠? 사소하게 물 길으러 나오는 그 일이 그 사람에게 놀라운 변화를 일으켜줄 줄 꿈에도 몰랐어요. 어떤 사람이 볼 때는 "야 그것은 우연이다." 천만예요. 하나님 앞에 우연이 없어요. 여러분에게도 버스 타는 일이 그 사람에게 어떤 굉장한 사건을 일으켜줄 수도 있고, 어떤 사람과 만나는 것이 그 사람에게 굉장한 사건을 일으켜줄 수 있고, 또 어떤 때는 내가 나도 모르게 저지른 실패 때문에 그 사람에게 굉장한 사건을 만들어 줄 수 있고, 세상에서 사소하고 뜻이 없다는, 뜻이 없는 우연이라는 것은 없습니다. 이 여자가 물 길으러 나온 것이 그에게 그렇게 큰 변화를 주었어요. 큰 선물을 주었어요. 예, 물 길은 것까지 하나님에게는 굉장한 의미를 가지는 겁니다. 여자가 밥하는 거, 여자가 부엌에 설거지를 하는 거, 자녀의 기저귀를 채워주는 거, 어느 것 하나 하나님 앞에 쓸데없는 시간이 없습니다. 다 있습니다. 사마리아 여자는 부흥회 가서 은혜받은 거 아닙니다. 사마리아 여자는 산에 기도하러 가서 특별히 메시아를 만난 거 아닙니다. 사마리아 여자는 예루살렘에 가서 유명한 선생님 앞에 가서 메시아를 찾은 거 아닙니다. 우물가에 와서 만났어요. 평범한 하루의 생활 가운데서 우연히 주님 앞에 나온 겁니다. 오늘 우리에게 이와 같은 일들이 너무 많이 일어납니다.

그런데 사실 오늘 제 설교는 이게 포인트가 아닙니다. 왜냐하면 지금 전도의 날이기 때문에 좀 몇 가지를 다른 면에서 찾아보고 싶었는데요. 예수님의 전도 방법에서 우리가 좀 배울 것이 있어요. 또 이 사마리아 여자에게 하시는 전도 방법에서 배울 것이 있어요. 자 예수님의 전도 방법이 참 멋있잖아요? 사마리아 여자가 저기 오는데 우물가에 앉아서 여자를 쳐다보고 기다리다가 물 길으러 나오니까 물 좀 달라하시지 않습니까?

자, 첫째 우리가 예수님에게 전도 방법 배웁시다. 피곤한 시간도 전도의 시간이라는 것 배워야 합니다. 저는 자동차를 타고 하루 정도만 드라이브를 하고 가도 피곤해가지고 내리면 비틀비틀하고 말이죠. 햄버거 사 먹으러 어디 버거킹 같은데 들어가서 앉으면 옆에 사람하고 말하기도 싫어요. 귀찮아요. 피곤하니까 아예 귀찮아요. 그냥 물끄러미 앉아서 마시고 먹고 그저 좀 쉬고는 그냥 나와 또 타고 갑니다. 아예 귀찮아요 그냥 너무 피곤하니까. 그런데 예수님은 자동차를 타신 게 아니고 도보로 걸어서 거기까지 오시는데 이틀이 걸렸는지 하루가 걸렸는지 모르지만은 수가성에 오셔가지고 우물가에 앉았어요. 유대 나라 땅의 기후가 얼마나 나쁩니까? 여러분, 대낮 되면 아예 찐다구요 쪄요. 그런데 그 사막과 같은 길을 두건을 머리에 쓰고 흰 천을 쓰고 하루 종일 걸으시고는 대낮에 그 우물가에 앉으셨으니 얼마나 피곤하겠어요? 말하기 쉽겠어요? 말하기 싫어요. 전혀 말하기 싫어요. 그런데 예수님이 우리에게 보여주신 것은 피곤도 전도의 기회다 아시겠어요? 여행도 전도의 기회다. 디모데전서 4장 1절 이하에 뭐라고 그랬습니까? 때를 얻든지 못 얻든지 뭡니까? 복음을 전파하라. 때를 얻든지 못 얻든지. 피곤하든지 안 하든지. 하나님의 복음 전해야 한다고 그랬습니다. 참 저도 이 말씀을 읽을 때 가책을 많이 느꼈어요. 하나님 아버지, 하나님 아버지, 목사가 되어가지고 피곤하다고 해서 옆에 불쌍한 영혼이 앉아있는데 내가 말을 하지 않고 가만히 있을 때가 얼마나 많습니까? 기차 칸에 갈 때, 비행기를 타고 올 때 또는 버스를 타고 갈 때 반드시 옆에 있는 사람을 보니 너무나 얼굴이 상처가 많고 무언가 고민이 가득하고 너무 피곤해서 꾸벅꾸벅 졸고 있는 친구를 볼 때 내가 피곤하니 그 말 하기 싫어서 가방 안에 전도지를 넣어놓고도 절대 전도지 빼가지고 전해주지도 않고 가만히 있을 때가 얼마나 많았어요? 내가 이 말씀을 볼 때 마음의 가책을 느꼈어요. 예수님은 그렇게 피곤해도 불쌍한 영혼을 앞에 놓고는 입을 열지 않고는 못 견뎠는데 나는 피곤하다고 해가지고 말하지 아니할 때가 얼마나 많았느냐. 여러분 이런 사람 되면 안 됩니다.

그다음에 예수님에게 우리가 배울 거 두 번째는 한 사람의 전도가 얼마나 중요하냐 하는 것을 배워야 합니다. 예수님만큼 엄청난 비전을 가진 사람 없습니다. 그는 이 세상을 구원하기 위해서 오신 분입니다. 전 인류를 구원하시기 위해서 오신 분입니다. 전 세계를 구원하시기 위해서 오신 분입니다. 그 사람의 눈에 보잘 것 없는 사마리아 여자 하나가 눈에 들어올 리가 없습니다. 어떻게 보면은 큰 비전을 놓고 지금 하늘에서 땅에 내려오셔가지고 인류를 상대하고 있는 분의 눈에 그 하잘 것 없는 여자가 눈에 띄겠어요? 그런데 주님 보세요. 한 사람의 영혼을 그게 얼마나 귀중하게 생각합니까? 그런데 여자와 예수님이 대화를 나누기까지, 예수님이 이 여자에게 말을 건네기까지는 세 가지의 큰 장벽을 예수님이 깨뜨리지 아니하면 절대 대화를 할 수 없게 되어 있었습니다. 왜냐하면 첫째는 그 사람은 사마리아 사람이었습니다. 유대나라 사람들은 사마리아 사람 지나가면 절대 말 안 합니다. 말을 안 건네요. 이 벽을 깨뜨렸습니다. 예수님이 사마리아 여자에게 말을 건네었을 때 사마리아와 유대인 사이에 가로 막혔던 대화의 장벽을 일부러 깨뜨린 겁니다. 왜? 한 사람이 그만큼 중요했기 때문에. 그다음에 둘째로 무슨 벽을 깨뜨렸느냐? 여자라는 벽을 깨뜨렸습니다. 공적으로 유대 나라 랍비들은 절대 여자에게 말하고 인사도 안 합니다. 우리나라 옛날 사람들처럼. 아주 공적인 석상에서, 길바닥에서 여자에게 말 건네면, 또 여자에게 인사를 하면 아주 수치스럽습니다. 그래서 어떤 랍비는, 어떤 랍비 그룹은 자기 아내나 딸을 공적 석상에서 보아도 절대 아는 체 안 했다고 합니다. 또 어느 정도인지 아세요 여러분? 또 어떤 부류의 바리새인들은 길에서 저기 여자가 걸어오면 일부러 집안에 들어가서 피했다가 여자가 지나가면 나와서 걸어갔다고. 그리고 "율법책을 여자에게 나누어 주느니 차라리 불에 태워버려라." 이 정도로 여자를 괄시를 했어요. 그러니 예수님도 당시의 유대 나라에 아주 위대한 스승으로 추앙을 받는 입장인데 여자에게 그것도 가뜩이나 그것도 우물가에서 여자에게 말을 건넨다는 게 참, 그 쉬운 일이겠어요? 여자인데. 그것을 깨뜨렸습니다. 왜? 한 사람의 영혼이 그만큼 중요했기 때문에. 사랑하시는 우리 여성들 말이요. 우리 자매들 정말 당신들 예수 잘 믿어야 됩니다. 왜냐하면 여러분들 사람 만든 건 예수님이에요. 여자의 인격을 남자와 동등하게 끌어올려 준 분은 예수님입니다 여러분. 아시겠어요? 그러므로 기독교가 들어가는 국가마다 여자에게 권리를 줍니다. 기독교가 들어가서 사회 제도를 전부 지배하는 곳마다 여자에게 투표권을 주고 여자에게 남자와 동등한 대우를 줍니다. 어디서 나오느냐? 예수님이 벌써 여자를 하나님의 자녀로 같이 보았습니다. 그러므로 저는 교회 안에 여자가 많은 거 우연한 일이 아니라고 봅니다. 여자들이 많아야 돼요. 왜냐하면 여자들이 얼마나 은혜를 많이 받았는데요. 만약에 예수님이 없었다면 여러분 지금도 투표 못합니다. 길바닥에 나오면 여러분들 보면 남자들이 전부 숨어버려요. 옛날에 우리나라는 안 그랬나요 뭐? 그다음에 세 번째 무슨 벽을 깨뜨려야 했느냐 하면은 이 여자는 도덕적으로 도무지 상대할 수 없는 더러운 여자였습니다. 그 이유가 있어요. 유대 나라에서는 낮 12시에 물 길으러 나오는 여자가 없습니다. 그 뙤약볕에 물 길으러 나오는 여자가 없어요. 전부 물은 아침 아니면 저녁 해질 때 나오지 대낮에 안 나와요. 근데 이 여자는 대낮에 나와요 지금. 왜요? 남의 눈을 피하기 위해서 또 고고학적으로 볼 때 이 우물은 수가성 안에 있는 우물이 아닙니다. 수가성에서 마을 밖, 반 마일 떨어져 있는데 위치한 우물입니다. 그리고 동네 안에는 우물이 따로 있어요. 그런데 왜 이 여자가 동네 안에 있는 우물에 안 가고 거기까지 나오느냐 말이에요. 동네 여자들이 그 여자에게 동네 우물 쓰지 못하도록 막았는지도 모릅니다. 그만큼 이 여자는 엉망입니다. 예수님에게 자기가 고백할 때 벌써 5명의 남자 품을 지금 전전하고 있는 여자라면 알아줘야 될 거 아니에요. 아주 도덕적으로 상대를 할 수 없는 냄새 나는 여자입니다. 그러니 예수님이 이 여자에게 말을 건다고 할 때는 벌써 상대할 수 없는 이 여자에게 말을 건다고 할 때는 도덕적으로 도무지 무너뜨릴 수 없는 장벽이 있는데도 그걸 무너뜨렸습니다. 왜요? 한 영혼이 그만큼 귀했기 때문에.

아, 한 영혼 참 중요합니다. 저는 우리 교회 안에서 조금 좋지 않은 평이 도는 거 좀 좋아 안 합니다. 아 강남은평교회 가니까 너무 수준 높은 사람들만 모이더라. 사실 그래요. 참 수준들이 높습니다. 그러니까 조금 수준이 낮다고 생각되는 사람들은 와가지고 그만 소외 의식을 느끼는 거 같아요. 그래서 제가 마음이 은근히 고민인데요. 우리 예수님의 자세를 배우면 이런 것이 우리 교회 안에 문제가 되어서는 안 됩니다. 내가 무엇이었든간에 어떤 사람과도 한 영혼이 귀함을 알고 그와 마음을 열고 나눌 수 있는 겸손한 자가 되어야 합니다. 그렇게 되면 다른 사람이 들어와서 절대 그런 말을 하지 않을 겁니다. 남자든 여자든 가리지 않고. 한 영혼의 중요성을 우리가 제대로 깨달으면요.

제가 전에 있던 성도교회의 어떤 집사님 한분이 지금 저기 신평화시장에 큰 도매상을 하고 계시는데 그 여집사님이 옆에 계시는 분을 전도를 했어요. 오늘 나오셨나요? 한ㅇㅇ씨 나오셨어요? 오늘 안 나오신 거 같아요. 저하고 아주 꿀떡같이 약속을 하셨는데. 근데 그 옆에 계시는 아주머니도 아주 큰 도매상을 하시는 아주머니인데 전도를 계속 했나 봐요. 그래가지고 그 아주머니가 예수 믿기로 작정을 했어요. 그래서 지난 주일날 저녁에 그 성도교회 집사님이 오셨어요. 전도한 그분이 오셨나 안 오셨나 확인하기 위해서 일부러 여기까지 예배보러 오셨어요. 우리 교회 저녁 예배 잘 안 나오지만 다른 교회 교인들은 잘 나옵니다. 시내에서도 오고 강남에서도 오고 다 와요. 그 집사님이 지난 주일 저녁에 오셨어요. 그리고나서 제가 그분 집으로도 방문을 했는데 못 만났고, 어제 상점으로 또 방문해 같이 이야기를 많이 나누었습니다. 한ㅇㅇ씨라는 분인데. 그분이 그래, "아이구 목사님 나 같은 사람 하나를 예수 믿게 하기 위해서 왜 그렇게 자주 옵니까?" 그래요. 그래서 제가 그랬죠. "아 한 사람이 얼마나 중요한데요. 또 우리 교회는 특별히 처음 시작하는 교회이기 때문에 하나님이 보내주시는 사람을 하나하나 저는 의미 없이 보지 않습니다. 굉장히 중요한 사람들을 보내준다고 제가 보는데 그래서 저는 한 사람에 대해서 이렇게 자주 올 때가 있습니다." 그랬더니 잘 알겠다고 그래요. 그런데 오늘 안 나오셨네요. 그 한 사람이라는 거 말이죠. 세상 사람들은 이상하게 생각할 거예요. 목사가 뭐 할 일이 없어서 저렇게 가방 들고 한 사람을 찾아서 길을 오락가락하고 남의 집 가서 벨 누르고 또 만나서 긴 시간 이야기를 하고 참 팔자 늘어진 존재다 하겠지만 천만해요. 여러분 한 사람이 얼마나 귀합니까? 그래도 예수님이 한 사람을 귀하게 생각한 것을 따라갈 수가 없어요. 따라갈 수가 없어요. 아무리 내가 발 벗고 아우성을 쳐도 예수님이 한 사람 귀하게 생각한 것 따라가려면 아직 멀었어요. 그만큼 하나가 중요한 겁니다. 흔히들 교회 안에서는 한 사람을 우습게 생각하는 예가 많아요. 그리고 큰 것만 노립니다. 적어도 우리 교회가 만 명은 되어야지. 예, 그런 영웅주의도 좋지만 한 사람이 우리에게 얼마나 귀한지 모릅니다. 30년 된 교회가 800명 모인다고 자랑합니다마는 저는 그것을 자랑이라고 생각 안 합니다. 왜냐하면 첫 해 한 사람이 오고 둘째 해 그 사람이 전도해서 두 사람이 오고 셋째 해에 네 사람이 오고 이렇게 기하급수로 만약에 그 교회가 30년 동안 자랐다고 한다면 얼마나 될까요? 제가 아내보고 "여보 30년 기하급수로 계산을 하면 30년 지나고 몇 명이 되지?" 했더니 "한 100만명 될까요?" 그래요. 천만에요. 내가 계산을 했더니 얼마인고 하면 오억삼천칠백이에요. 오억삼천칠백삼십팔만이천구백십이 명이야. 아이구 30년. 첫 해에 하나 오고 둘째 해 두 사람이 되고 셋째 해에 네 사람이 되고 그다음에 여덟 사람이 되고 이렇게 하나하나 계산하니까요. 제가 일부러 펜을 가지고 계산을 다 했어요. 했더니 30년 되니까 5억이 넘어요. 와 하나님 그러면 그 5억 가운데서 제일 전도 많이 한 사람은 30년 동안 30명을 전도했을 거고 그렇죠? 그 다음에 제일 적게 한 사람은 한 사람을 전도했을 거란 말이에요. 마지막에 들어온 사람. 그렇잖아요? 그런데도 보세요. 5억이 넘는다고 5억이 넘어. 그러니 30년 된 교회가 한 800명 모이면서 우리 교회 크다 자랑하는가? 아이구, 답답한 친구들. 우리 교회는 모르겠어요. 앞으로 무슨 비판을 받을는지 모르지만 저는요 여러분 한 사람만 붙드세요. 한 사람만. 1년에 한 사람만 붙들으라고요. 지금 있는 여러분이 1년에 한 사람만 붙들어도요 30년 지나고 나면 나중에 인구가 모자라가지고 다른 나라에 이민을 가서 데리고 와야 할 지 몰라요.

그 다음에 예수님에게 한가지 더 배웁시다. 셋째는 전도할 때 그 뭡니까? 전도를 받는 사람을 대하는 솜씨를 좀 배워야 돼요. 물 좀 주시겠습니까? 그다음에 그 물을 가지고 무엇과 연결을 시켰습니까? 영원히 사는 생수하고 연결을 시켰습니다. 아주 묘합니다. 예수님은 완벽한 전도자입니다. 이 말은 무슨 말이냐 하면은요. 우리는 경험적인 개념을 영적 개념과 연결시키는 훈련을 좀 배워야 됩니다. 예수님 보세요. 떡, 우리 매일 먹는 빵, 이거 가지고 무엇과 연결시켰어요? 영원히 사는 떡. 또 생수, 물, 영원히 사는 생명, 그다음에 뭐 또 많죠. 또 뭐 있어요? 물고기, 물고기를 가지고 그물하고 뭐라고 그랬어요? 사람을 낚는 어부. 예, 이런 식으로 경험적으로 우리가 쓰는 이 경험적인 그 대화를 가지고 영적 대화를 이끌어가는 이 재주 말이죠. 참 전도하는데 우리가 하나님 앞에 기도 많이 해야 됩니다. 하나님, 사람을 어떻게 대할까요? 무슨 말부터 할까요? 어떻게하면 자연스럽게 그 형제에게 그리스도를 전할 수 있습니까? 우리가 깊이 기도하고 예수님처럼 지혜를 얻어야 됩니다. 만약에 상상을 해보세요. 내가 길을 걸어가는데 어떤 사람이 불쑥 나와가지고 "당신 얼굴 색깔 보니까 아무래도 병이 있소. 아니 이미 걸렸는지 모르는데 당신 가서 저 병원에서 수술받고 암 고칠 생각 없소?" 하면은 이게 무슨 이따위 정신 빠진 게 나와가지고 사람 기분 잡친다고 그럴 거예요. 만약에 여러분들이 길을 가는 사람들 보고 "여보, 당신 죄인입니다. 아무리 봐도 당신 지옥 갈 거 같으니까 예수 좀 믿지 않겠습니까?" 하면 "이거 방정맞게 기분 나쁘게 아침부터." 여러분 안 그러겠어요? 예 그럴 수밖에 없다구요. 물론 옛날 최권능 목사님처럼 길에 가서 "예수 천당" 하고 외치는 그것으로도 영혼들이 돌아오도록 은사를 받은 사람이 있지만 또 그것만이 전부가 아니라구요. 영국 런던에 웨스트 미스트 센트럴 홀Central Hall Westminster이라고 하는 감리교회에서 몇십 년 동안 목회를 하고 1955년경에 세상 떠난 센스터William Sangster라고 하는 유명한 목사님이 계시는데 그 교회 목사님 전기를 읽어보면 그 교회 교인 중 하나가 이발사를 하는데 이 사람이 전도를 하고 싶어서 죽겠어요 그냥. 단골 손님에게 어떻게 전도를 할 것이냐를 생각하다가 한 번은 이제 점잖은 손님이 오셨는데 이렇게 전부 앞을 가리고 그다음에 막 그거 뭡니까? 그거 뭡니까? 비누를 가지고 이제 싹 전부 면도 준비를 해놓고 칼을 쓱쓱 들고 나와서, 그 칼을 쓱 들고는 면도하기 전에 "선생님 당신 하나님을 만나보실 생각이 없습니까?" 이 양반이 시퍼런 칼을 들고 하나님 만나볼 생각 없느냐니까 놀래가지고 그냥 막 도망친 이야기가 있어요. 그래서 내가 어떻게 우스운지. 아이구, 전도하고 싶어하는 열정은 좋지만 그 참 방법치고는 참 서툰 방법이다. 예, 참 사람을 대하고 사람에게 말을 걸고 그 사람의 말을 참 그 영적인 세계로 이끌어 들어가는 데는 지혜가 필요합니다. 이거 우리가 기도해야 돼요. 하나님 지혜를 주십시오.

예, 이제 마지막으로 우리가 여자에게서 한 가지 더 배우고 끝냅시다. 우리 사마리아 여자에게 다른 거 많이 배울 수 있어요. 간결한 간증이라든지 간결한 메시지라든지 와보라고 하는 적극성이라든지 많은 것을 배울 수 있지만 우리가 꼭 한 가지 여기서 잊어버리지 않고 넘어가야 할 것이 있습니다. 그것은 뭐냐하면은 자기가 먼저 예수 그리스도를 발견하기 전에는 절대로 남에게 말할 수 없다는 진리입니다. 이 여자는 자기가 직접 예수 그리스도를 발견했기 때문에 동네로 뛰어갔습니다. 자기가 예수 그리스도라는 생수를 마셨기 때문에 비로소 동네에 들어갈 수가 있었습니다. 여러분이 참 훌륭한 전도자가 되고 여러분을 통해서 많은 생명들이 구원받기를 원한다면 먼저 여러분 자신 하나하나가 예수 그리스도를 발견하고 그분을 내 마음에 모셔야 됩니다. 그분이 내 마음에 가득해야 돼요. 발견하기 전에는 남에게 말하지 못합니다. 내가 발견하기 전에는 남에게 말하지 못합니다. "예수님이 나에게 생수요. 아! 그분을 믿어서 그분을 내가 마셨더니 오늘까지 내 마음속에 갈증 있던 거 다 없어졌습니다. 아! 얼마나 주님이 내 마음에서 넘치는지요. 형제여 당신도 이렇게 예수 믿고 나처럼 행복한 사람 되고 싶지 않습니까?" 라고 말할 수 있을 정도로 내가 발견해야 됩니다. 그래야 전도자가 돼요.

금요일 제가 어느 가정에 심방 갔다가 사람들을 여러 명 제대로 만나지 못하고 피곤해가지고 돌아오는 길에 개나리 아파트 어느 가정을 갔습니다. 예, 오늘 안 나오셨기 때문에 제가 말씀을 드리죠. 그분은 지금까지 몇십 년 동안 교회에서 성가대하고 그래도 형식적으로 교회를 다닌다고 하는 분인데 아직까지 한 번도 교회에 제대로 등록을 하고 다닌 역사가 없는 분이에요. 근데 그날은 들어가니까 "목사님 아, 요새 마음이 불안하고 못 견디겠어요. 내가 예수를 믿는다고 하는데도 도무지 마음이 평안하지를 않아요. 어떻게 하면 좋겠어요?" 제가 물었죠. "아니 그래 예수를 믿습니까 지금?" "아니요 나 예수 안 믿어요." 당연하죠. 예수 안 믿으니까 교회 다녀도 뭐 뻔하죠. 그래서 제가 전도할 때 쓰는 사영리를 내놓고 앉아서 "자 우리 같이 이야기합시다. 30분만 시간 주실래요?" "예 그러죠." 30분 동안 성령께서 어떻게 그렇게 강하게 역사를 합니까? 예수님이 나의 구주가 되고 나의 주님이 된다는 사실을 하나하나 이야기 할 때 "목사님 그런데 구주라는 말이 무슨 말이죠?" 아이구 내 속으로 30년 동안 교회 다녀도 구주가 뭔지도 모르고 살았으니...... 모든 사람이 죄를 범하였으매 하나님의 영광에 이르지 못하더니 그 성경 말씀을 읽어보고 또 읽어보고 나는 시간이 급해서 페이지를 넘어가야 될 텐데 페이지를 안 넘기고 자꾸 읽어보고 앉아있어요. 야! 그래서 참 하나님께서 이 형제를 오늘 붙드시는구나. 나중에 "예수님이 나의 구주, 나의 주님이라는 거 영접하시겠어요?" "예, 하지요." 그래서 영접했습니다. 그다음에 "이제 예수님이 당신 마음에 계시는데 당신이 모든 죄를 다 사함받은 거, 용서받은 거 확신합니까?" "아유, 목사님 그걸 어떻게 금방 그렇게 해결합니까?" 그래서 "참 아직도 안 믿는 겁니다. 아직도 안 믿는 겁니다. 믿으시면 하나님이 예수님 보시고 모든 죄 용서한다고 성경에 선언했어요." "아, 그럼 성경만 보면 성경만 믿으면 되네요. 예 그렇죠?" "성경만 믿으면 되죠." 아, 그 다음에 "제가 용서받은 줄 알고 있습니다." 아, 그 시간에 그 형제가 그렇게 멋있게 그 형제가 예수를 믿기로 완전히 마음을 돌렸어요. 그다음에 문간에 나오는데 "목사님 다음 주일 꼭 무슨 약속이 있는데 야단났습니다. 예배시간 때문에." "끊어버리고 나오시오." 툭 한마디 하고 나왔는데 오늘 안 왔어요. 그런데 하나님께서는 저렇게 실패를 통해서도 그에게 더 이제 적극적으로 나올 수 있는 어떤 역할을 합니다. 오늘 가서 예배 안 보고 마음대로 하다가 한번 이제 "아이구 나 다시는 이러지 말아야지 안 해야 되겠다" 하고 돌아오면 그다음부터 그런 일이 안 일어납니다. 그래서 하나님께서는 왼쪽으로 가든 오른쪽으로 가든 하나님께서 합동해서 유익하게 해주실 줄 알고 저는 가만히 앉아 기도만 해주고 기다리는 겁니다. 그러나 그 형제가 영접을 한 것은 사실이에요.

여러분 내가 발견하기 전에는 남에게 전하지 못합니다. 예수님이 나에게 생수가 되기 전에는 남에게 마시라고 말하지 못합니다. 우리 주변에 정말 너무 많아요 여러분, 너무너무 갈급해서 허덕이는 사람이 많아요. 서울의 어떤 집은 한강물이 오염됐다고 해서 강원도에서 물을 길어다가 사 먹는다고 그러더군요. 아마 그렇게 먹어도 목이 계속 마를 겁니다. 어떤 사람은 도무지 부동산 시세가 없으니까 낙관이 제대로 찍혔는지 안 찍혔는지 보지도 않고 옛날 고화를 막 사들여가지고 나중에 펑크 나가지고 지금 가슴을 치고 드러누운 사람이 몇 사람인지 몰라요. 전부 가슴에 말이죠 무언가 마시지를 못해가지고 갈증이 나서 견디지를 못해요. 돈을 모으면 그게 어느 정도 만족이 되면 좋겠는데 모으면 모을수록 한이 없어. 자꾸 마시고 싶어. 정말 불쌍한 존재들입니다. 일생을 그 모양으로 살다가 끝나는 겁니다. 그 사람들 가만히 두면. 얼마나 불쌍합니까 여러분? 예수님 아니면 그런 사람 살릴 수가 없어요. 우리도 예수님께서 그들을 살릴 수 있도록 하나님 앞에 기도하고 직장에서나 가정에서 바로 전할 수 있는 우리들 되기를 바랍니다.

1978년 10월 15일 주일 저녁 예배

시험받으신 예수님

(눅4:1-13)

영적으로 우리가 신앙이 자라고 영적으로 우리가 상당히 하나님 앞에 은혜를 받으면 받을수록 무엇에 분별력이 분명해야 되느냐 하면 말씀에 분별력이 분명해야 합니다. 그래서 이 말이 정말로 참 은혜에서 나온 말이냐 아니면 사탄의 시험에서 나오는 말이냐를 분별할 줄 알아야 돼요. 진짜 무서운 사탄의 시험은 사탄이 말씀을 들고 나왔을 때입니다.

1. 예수께서 성령의 충만함을 입어 요단 강에서 돌아오사 광야에서 사십 일 동안 성령에게 이끌리시며
2. 마귀에게 시험을 받으시더라 이 모든 날에 아무 것도 잡수시지 아니하시니 날 수가 다하매 주리신지라
3. 마귀가 이르되 네가 만일 하나님의 아들이어든 이 돌들에게 명하여 떡이 되게 하라
4. 예수께서 대답하시되 기록된 바 사람이 떡으로만 살 것이 아니라 하였느니라
5. 마귀가 또 예수를 이끌고 올라가서 순식간에 천하 만국을 보이며
6. 이르되 이 모든 권위와 그 영광을 내가 네게 주리라 이것은 내게 넘겨 준 것이므로 내가 원하는 자에게 주노라
7. 그러므로 네가 만일 내게 절하면 다 네 것이 되리라
8. 예수께서 대답하여 이르시되 기록된 바 주 너의 하나님께 경배하고 다만 그를 섬기라 하였느니라
9. 또 이끌고 예루살렘으로 가서 성전 꼭대기에 세우고 이르되 네가 만일 하나님의 아들이어든 여기서 뛰어내리라
10. 기록되었으되 하나님이 너를 위하여 그 사자들을 명하사 너를 지키게 하시리라 하였고
11. 또한 그들이 손으로 너를 받들어 네 발이 돌에 부딪치지 않게 하시리라 하였느니라
12. 예수께서 대답하여 이르시되 주 너의 하나님을 시험하지 말라 하였느니라
13. 마귀가 모든 시험을 다 한 후에 얼마 동안 떠나니라

이 본문 가지고 시험의 장소와 여건에 대해서 우리 조금 생각을 해 보십시다. 시험의 장소와 여건, 마귀가 우리를 시험하는 장소와 여건에 대해서 예수님의 이 광야 시험은 우리에게 상당히 많은 것을 암시해줍니다. 특별히 한 순간도 시험과 맞서지 않으면 발걸음을 옮겨놓을 수 없는 이 광야 같은 세상에서 주님이 친히 하나의 그 경험을 통해서 우리에게 많은 암시를 줍니다. 그래서 이 본문을 가지고 우리가 깊이 좀 생각을 하려면 여러 각도로 볼 수 있는데 이렇게 되면 너무 시간이 많이 가니까 오늘 저녁으로 이 시험에 대한 것은 끝내고 다음 시간에는 그다음 본문으로 넘어가겠는데요. 또 다음에 설교 시간에도 이 본문이 인용될 수도 있을 테니까요.

오늘 밤에는 시험의 장소와 여건. 첫째 광야입니다. 그다음 둘째는 어디입니까? 산꼭대기입니다. 여기 산꼭대기라고 그랬나요? 예, 마귀가 예수를 끌고 올라갔다고 그랬죠? 높은 산입니다. 그다음에 성전 꼭대기입니다. 이 세 가지가 시험의 장소로 지금 등장합니다.

첫째 광야입니다. 예수님이 지금 광야에서 시험을 당하시는데 이 광야에서 시험당한 내용은 이제 우리가 잘 아는 대로 돌을 떡덩이가 되도록 하는 시험이지요. 이 광야는 이스라엘이 백성들이 40년 동안 살면서 배고픔과 굶주림과 그다음에 불안에서 시달렸던 하나의 환경입니다. 40년이 넘도록 이스라엘 백성들이 특별히 배곯고 목마르고 또 불안해하고 그래서 많은 시험을 연속적으로 당하고 또 이스라엘 백성을 보면 그 40년의 역사가 거의 다 실패작이었어요. 하나의, 실패의 역사입니다. 그래서 이 광야가 우리에게 주는 영적인 의미는 대단히 폭이 넓고 깊습니다. 우리 성도가 살아가는 이 세상도 광야라고 그랬죠. 그래서 한마디로 광야는 시험의 장소입니다. 그리고 이 광야가 주는 여건은 독특한 데가 있습니다. 그것은 뭐냐면 사람에게 가장 위험적인 절박감을 주는 상황입니다. 먹을 것이 없다. 얼마나 절박한 상황입니까? 마실 물이 없어 목이 탄다. 얼마나 절박한 상황입니까? 또 불안이 온다. 얼마나 절박합니까? 길이 어디인지 모르겠다. 뭐, 이스라엘의 백성들 보면 별의별, 뭐 별의별 시험을 다 당했는데 얼마나 절박합니까? 하나 하나 내 앞에 다가오는 모든 것들이 모두 다 절박합니다. 절박한 문제를 놓고 우리를 시험하는 시간입니다. 자, 예수님에게 절박한 것은 뭡니까? 지금? 배고픔이죠. 배고픔이죠. 우리에게 이 절박한 문제가 시험이 된다는 것을 항상 명심해두시는 게 좋아요. 나에게 지금 제일 절박하게 필요한 것이 뭐냐? 이것을 항상 알고 있는 것이 중요합니다. 내가 제일 지금 필요로 하는 것이 뭐냐? 이거 반드시 알고 있는 것이 중요합니다. 왜냐하면 그것을 알고 분명히 확인해두지 아니하면 사탄이 그걸 이용할 수가 있습니다. 우리에게 광야 같은 세상을 살아갈 때 절박한 필요 조건들이 많아요. 각자가 틀려요. 뭐, 요사이 세상에서 누가 배가 고파가지고 빵을 그렇게 절실히 구할까요? 물론 빵을 구하는 문제가 절박한 사람도 있겠지만 그러나 우리 주변에는 그런 사람들이 그렇게 흔하지는 않아요. 또 어떤 사람에게는 직장 구하는 문제, 어떤 사람은 자녀 교육을 위해서. 하여튼 내가 제일 절박하게 지금 요구하는 것이 뭐냐? 이것을 항상 분명하게 확인을 해주세요. 왜냐하면 잘못하면 시험 당합니다. 사탄은 그런 것을 사용해요. 그러면 절박한 상황에서 사탄이 시험할 때 그 시험하는 그 의도가 어디 있느냐 하면요. 하나님의 약속에 의하면 내가 절박해서 가장 필요로 한 것을 하나님이 금방 주어야 됩니까? 안 주어야 됩니까? 주어야 돼요. 성경에 보면 '무엇을 먹을까 무엇을 마실까 무엇을 입을까 염려하지 말라. 다 내가 너희들에게 그거 있어야 될 줄 알고 주신다.' 그랬죠. 분명히 그랬죠. 그러니까 이런 광야와 같은 상황에서 절박하게 요구되는 것은 하나님이 주신다고 약속했기 때문에 그것은 금방 우리가 받아야 될 문제들이에요. 그렇죠? 그런데 그게 금방 손에 안 들어온다고요. 지금 당장 안 와요. 아시겠어요? 그러니까 사탄이 그 때 무엇으로 이용합니까? "너 하나님 말씀 믿고 너는 하나님이 주신다고 생각하지만 야, 하나님도 너에게 금방 주시지 않지 않냐? 그러니까 네가 할 수 있는 수단을 한번 강구해봐. 돌멩이로 떡 만들 수 있으면 한번 만들어봐! " 하나님의 약속에 대해서 의혹감을 일으켜주는 의도가 있습니다. 이런 시험에서는요. 아, 내가 하나님의 말씀대로 참 살고 싶고 교회 충성하고 참 하나님의 뜻대로 살려고 하는데 왜 나에게 이런 경제적인 어려움이 오느냐? 분명히 이거는 시험입니다. 그렇죠? 절박한 문제입니다. 분명히 하나님을 사랑하고 하나님의 뜻대로 사는 자에게는 하나님께서 경제적인 문제를 책임져주신다는데 왜 이런 문제가 생기나? 하나님이 내 기도를 안 들으시는 것인가? 아, 이럴 때 사탄이 벌써 이용한다고요. "봐! 하나님 말씀 너 그거 믿고 있지만 하나님이 그거 안 들어줄 때도 많아."

벌써 시험이 와요. 그래서 잘못하면 불신앙으로 떨어지고 잘못하면 현실과 타협하게 되고 잘못하면 비신앙적인 방법으로 해결해보려고 하는 그런 의도가 생깁니다. 요게 사탄이 우리를 시험하고 끌어가는 방법입니다. 예, 사탄의 방법입니다. 여러분 그렇잖아요? 돌을 가지고 떡을 만드는 게 뭐 잘못인가요? 세례 요한은 하나님이 돌멩이 가지고 아브라함 자손도 만든다고 했는데 그렇잖아요? "야, 너희들 아브라함 자손이라고 뽐내지 말고 하나님께서 돌멩이 가지고 아브라함 자손 얼마든지 만들어 낼 수 있다." 아, 그랬는데 떡 가지고 뭐 돌멩이 가지고 하나님의 아들이 떡 만드는 게 잘못인가요. 그게 잘못입니까? 잘못이 아니에요. 그게 잘못이 아니에요. 그럼 뭐가 문제지요? 만약에 사탄이 말하는 대로 하면 뭐가 잘못입니까? 예수님에게는? 그게 바로 빠져들어 가는 거죠. 사탄이 시키는 것이기 때문에 잘못이에요. 다른 말로 말하면 의도가 잘못됐어요. 제가 금방 이야기한 대로 사탄은 항상 신자로 하여금 하나님의 말씀에 대해서 불신앙을 갖도록 만드는 거예요. 그렇죠? 지난번에도 이야기했죠. 하나님의 약속에 대해서 자꾸 회의를 일으키게 하는 거예요. 그러니까 돌을 가지고 떡 만드는 그 자체는 나쁜 것이 아니에요. 그러나 그거 순종하면 무엇이 나쁘냐? 악한 의도로 명령한 내용이기 때문에 순종할 때 악한 의도에 동참하는 것이 되죠. 그렇죠? 사탄의 방법은 겉으로는 아무리 선하게 보여도 그 속은 악합니다. 그러므로 우리가 그걸 분별할 줄 아는 눈이 있어야 돼요.

조지 뮬러가 몇백 명 되는 고아를 먹여 살리면서 하나님은 성실하시다, 하나님은 한번 약속하신 것은 항상 실행하신다. 그거 믿고 기도로서 몇백 명의 고아를 일생 동안 먹여 살린 사람인데 그 사람이 바자회를 연 일도 없고, 무슨 뭐 자선 사업 파티를 연 일도 없고, 뭐 그 사람이 방법을 동원한 일이 없어요. 순전히 성경 들고 무릎 꿇고 하나님 앞에 응답 받아가지고 돈 들어오는 거 가지고 고아들을 먹여 살린 사람이에요. 한 번은 진짜 다 떨어졌어요. 다 떨어졌어요. 몇백 명이 당장 굶게 생겼어요. 그때 조지 뮬러가 한 건 이것이었어요. 성경의 시편에 있는 말씀을 펴놓고 '여호와는 선하시며 그 인자로우심이 한이 없으시도다.' 그 말씀을 펴놓고 읽고 그다음에 정원을 왔다 갔다 하면서 "하나님은 선하시며 그 인자로우심은 무한하시고. 하나님! 이 말씀은 거짓말이 아닙니다. 하나님은 지금까지 나에게 인자로우셨고 지금까지 선하셨고 지금까지 나에게 성실하셨는데 오늘도 하나님이 변함없이 성실하시고 나에게 인자로우심을 믿습니다 하나님 감사합니다." 그 기도를 하고 한낮이 되도록 정원을 왔다 갔다 하면서 기도했어요. 그 때 우체부가 등기 우편을 하나 가지고 왔습니다. 뜯어보니 고아들을 며칠 먹이고도 남는 돈이 들어왔어요. 예, 그런 식으로 그 사람은 고아들을 먹여 살렸어요. 평생 동안 그러니 그런 절박한 상황에서 사탄이 시험하려면 얼마나 좋게 시험하겠어요. 그렇잖아요. "아 너 기도를 가지고 고아들을 먹여 살린다고 했지만 하나님이 들어주실 때도 있지만 이럴 때는 하나님이 안 들어준다. 너 뭐 나가서 무슨 누구한테 좀 부탁을 하든지 말이야 구걸을 하든지 해라 말이야." 얼마든지 조지 뮬러에게 사탄의 시험이 들어올 수 있어요. 그러나 조지 뮬러가 구걸을 한다고 잘못된 것도 아니죠. 누구에게 사정을 한다고 해도 잘못된 게 아니죠. 그러나 그 마음에 원래 의도했던 신앙에서는 벌써 이탈되는 방법이라고요. 그렇죠? 그러기 때문에 그는 '노' 라고 한 겁니다.

허드슨 테일러도 마찬가지죠. 그가 중국 내륙 선교를 할 때 그 사람은 절대 누구한테 뭐 헛소리를 안 했어요. 돈 소리를 안 했다고요. 그 사람의 주장은 "나는 기도하고 하나님이 공급해주시는 거 가지고 하지 난 누구 앞에 가서 손 내밀지 않는다." 이게 그 사람 신조였어요 평생 동안 그러니까 선교비가 바닥이 나가지고 아우성치는데도 그냥 누구한테 애원하지 아니하고 며칠이고 그냥 앉아서 기도하면서 하나님이 주시기로 했으니 기다렸어요. 그 식으로 일생 동안 내륙 선교를 해가지고 처음에 자기 올 때는 돈 몇십 프랑 들고, 몇십 파운드를 들고 중국 내륙으로 들어갔지만 그가 나중에 세상 떠날 즈음에는 벌써 몇백 명의 선교사들이 그런 방식으로 선교비를 보충받아가면서 중국 내륙에서 선교하는 큰 선교 단체가 됐죠. 지금 '오엠에프OMF' 가 바로 그 후신이죠.

만약에 테일러나 뮬러가 그런 식으로 하나님이 주신다고 믿고 나갔을 때 어떤 긴박한 요구 조건이 왔다고 합시다. 그럴 때 만약에 지금까지 내가 확신했던 그 방법에서 이탈을 해가지고 다른 방법으로 나갔다면 방법 자체는 나쁘지 않지만 뭐예요? 사탄의 시험에 걸린 겁니다 벌써. 그렇죠? 걸린 겁니다. 우리에게 긴박한 요구 조건이 있을 때 그것이 금방 이루어져야 될 거 같은데 안 이루어질 때 잘못하면 사탄에 시험 당합니다. 그때 이겨야 됩니다. 아시겠죠? 그게 중요합니다. 광야는 우리에게 항상 이와 같은 어려움으로 다가옵니다.

가난은 대단히 우리가 견디기 어려운 시험입니다. 그래서 예수님께서 우리에게 가난하지 않도록 하시기 위해서 주기도문 안에 날마다 일용할 양식을 주옵시고 하는 가장 중요한 기도 제목을 삽입시켰습니다. 매튜 핸리같은 성경 주석가는 말하기를 "여러분 가난하지 않도록 기도 하십시오. 왜냐하면 그것은 가난이 주는 고통 때문이 아니고 가난이 주는 시험 때문입니다." 이 말을 했어요. 가난이 주는 시험은 참 견디기 어려운 겁니다. 우리 잘 아는 잠언서 30장 8절 한번 봅시다. 잠언 30장 8절. 7절과 8절 같이 보세요. '내가 두 가지 일을 주께 구하였사오니 나의 죽기 전에 주시옵소서. 곧 허탄한 거짓말을 내게서 멀리 하옵시며.' 그다음에 뭐예요? '나로 가난하게도 마옵시고.' 그래요. 가난하게도 말라고 그랬죠. 그러면 왜, 그 이유가 뭡니까? 9절에 가서. 내가 가난하여 뭡니까? '도적질하고.' 그다음에 '내 하나님의 이름을 욕되게 할까 두려워함이니라.' 시험당하는 거죠. 가난 때문에 시험이 오는 거죠. 이것은 참 견디기 어려운 여건입니다. 그러므로 가난하지 않도록 기도하십시오. 그것은 가난이 주는 고통 때문이 아닙니다. 가난이 주는 시험 때문입니다.

그러면 김ㅇㅇ 집사님 성경 읽으시면서 어떻게 생각하세요? 가난이 신자에게 어떻습니까? 당해봐야 되죠. 그런데 가난하게 하는 것이 하나님의 기뻐하시는 뜻인가요, 성서적으로 볼 때? 우리가 말하는 가난은 뭐 일용할 양식도 제대로 못 먹는 수준을 이야기하는 겁니다. 요사이 같이 은행에 몇천만 원 두고 못 두고 하는 그거 가지고 우리가 가난하다는 말을 우리가 하는데 그거 아니에요. 성서가 말하는 가난은 그야말로 끼니 걱정을 할 정도의 생활입니다. 어때요? 오 집사님 어떻습니까? 가난하게 하는 게 하나님의 자기 자녀에 대한 하나님의 뜻인가요? 아니라고 봅니까? 구약에서 보면 분명히 가난은 인간의 어떤 실책에서 오죠. '좀 더 자자 좀 더 자자' 하는 식으로 게으르다든지 그럼요. 게으르면 반드시 가난이 온다고 그랬어요. 또 어떤 경우는 하나님께서 징계를 주셔서 완전히 가지고 있던 걸 쫙 빼앗아가 버린 때라든지. 그런 거 비상 상황에서 오는 가난은 분명히 인간이 책임을 져야 될 문제인데, 물론 우리 이런 것을 말하는 거 아니에요. 금방 김ㅇㅇ 집사님 말씀하신 대로 갑자기 핍박이 왔다든지 해서 우리가 가난해졌다. 그렇죠? 또 참 어떤 이유가 분명히 있어서 가난해지는 그것은 우리가 흔히 말하는 가난이 아니에요. 그거는 하나의 시련이라고요. 그렇죠? 그러나 우리가 일상생활에서 볼 때 가난은 하나님께서 기뻐하시는 것은 아닌 것 같아요. 내가 성경을 볼 때요. 예. 분명히 '공중에 나는 새를 보라. 들의 백합화를 보라. 왜 너희가 먹고 입고 마시는 거 갖고 걱정하나? 내가 다 알아서 준다' 하는 것 보시면 분명히, 신자가 먹을 것 때문에 날마다 그저 절절매는 생활, 그것은 하나님께서 기뻐하시는 생활이 아닌 것 같아요. 제가 볼 때. 근데 모르겠어요. 이건 신비입니다. 우리가 확답을 못해요. 신비라고요. 제 친척 가운데서도 그렇게 신앙이 좋고, 그렇게 좋은데도 평생 지독하게 가난하게 살다 가신 분이 있어요. 그야말로 새벽 기도 한번 안 빠지고, 십일조 제대로 다 하고, 주일 철저하게 지키려고 애를 쓰고. 그런데도 보면 자녀들도 엉망진창이고 그저 20년 전의 가난 그게 지금도 하나 제대로 나아진 게 없어요. 그렇게 살다 가는 사람도 있다고요. 그러니 물론 못 배워서 도무지 사회 적응을 못해서 그런 것도 있어요. 그리고 또 어떤 면에는 못 배운 사람도 잘 사는 케이스도 많거든요. 그렇잖아요? 그러니 확실하게 이 세상에 하나님께서 가난한 자를 그렇게 남겨놓는 어떤 뜻이 있는 거 같아요. 그래서 구약에 뭐라고 그랬어요? '이 세상 끝까지 가난한 자가 없어지지 않는다' 고 그랬죠. 이스라엘 백성에게까지. 이 세상에는 가난한 자가 없어지지 아니하겠는 고로 너희들은 이웃을 사랑하고 없는 자를 도와주고. 예, 이렇게 했죠. 제가 믿는 바로는 성경적으로 볼 때 가난은 신자에게 하나님이 주시는 어떤 기뻐하시는 뜻은 아닌 것 같아요. 그러나 가난한 자가 있을 수는 있어요.

자, 우리가 광야와 같은 현실에서 당하는 시험을 이기려면 예수님이 적용한 말씀대로 신명기 8장 3절에 말씀대로. 신명기 8장 3절의 말씀대로 우리가 신념을 가져야 됩니다. 어떤 신념이요? '사람이 떡으로만 살 것이 아니요. 하나님의 입으로부터 나오는 모든 말씀으로 살 것이니라.' 그 말씀이 왜 나왔는지 한번 봅시다. 신명기 8장 3절. 하나님이 이스라엘 백성들을 만나로 먹이실 때 광야에서 농사도 못 짓기 때문에 하나님이 그들의 배를 불리기 위해서 일용할 양식으로 주신 것은 사실입니다. 그러나 그 배후에 의도가 뭡니까? 어디 한번 물어봅시다. 광야 40년 동안에 하나님께서 농사는 지을 수 있게 하겠어요 못 하겠어요? 있죠. 바위가 터져서 샘물이 흘러내리게 하고 온 사막 전체를 옥토를 만들 수 있게 하시는 능력이 여실히 그 광야 생활에서 증명이 됐는데 왜 이스라엘 백성들에게 농사짓게 안 만들고 하늘에서 만나가 떨어지도록 만들었어요? 의도가 있었다고요. 뭡니까? 너희들이 빵만 가지고 사는 거 아니다. 하나님으로부터 오는 말씀 가지고 너희들 사는 거야. 원칙은, 이걸 시청각 교육한 것입니다. 그래서 하늘에서 날마다 떨어졌어요. 먹을게. 그렇죠? 그런데 이스라엘 백성들이 이걸 모르고 살았어요. 그 큰 의도를 몰랐어요.

그러니까 우리가 특히 광야와 같은 생활에서 정확하게 먹을 것, 입을 것, 마실 것 하는 이런 일상생활 문제, 경제적인 문제가 닥칠 때마다 우리 마음속에서 살아있는 말씀이 있어야 돼요. 사람이 절대 이 물질 가지고 사는 거 아니다. 하나님의 입에서 나오는 말씀 가지고 사는 거다. 성서를 가지고 사는 거다. 이것을 분명히 붙들 때 하나님께서 그 시험을 이기게 해주시고 우리에게 필요한 모든 것을 허락하십니다. 이 말씀을 강하게 붙들지 않고 있으면은 안 돼요. 벌써 그 사람은 물질을 받을 자격도 없는 사람입니다. 다시 말씀드려요. 절박할 때 '사람이 떡으로만 사는 것이 아니고 하나님의 말씀으로 산다' 는 확신 안 가지면 절박할 때 하나님이 주시는 응답도 받을 자격이 없는 사람이에요. 그래서 우리가 가끔 가다가 광야와 같은 생활에서 오는 그런 절박한 문제들이 오면 “야, 하나님께서 나에게 믿음의 연단을 시키시는구나” 라고 생각하고 말씀을 더 강하게 붙들어야 됩니다. 이것이 그 시험을 이기는, 그 위기를 넘기는 유일한 방법입니다.

이 만나의 교훈은 여러 가지가 있는데 첫째 하나님의 말씀으로 산다라고 하는 것을 암시하는 교훈이 첫째였고 둘째로는 뭡니까? 많이 거두어도 남는 것이 없고 적게 거두어도 모자라는 것이 없다. 그게 만나의 교훈이죠. 어떤 사람은 한 번에 가서 내일 아침에 만약에 만나가 안 떨어지면 어떻게 하나 하고 막 그냥 더블로 그냥 막 넣어가지고 들고 왔더니 어때요. 그다음날 구더기가 나가지고 엉망진창이 되고요. 예, 뭡니까? 세상 물질이라는 거 많이 취해도 그게 남는 것이 아니고 그렇죠? 내가 많이 소유한다고 해서 그게 남는 것이 아니고. 내가 좀 적게 번다고 해서 그게 모자라는 거 아니에요. 참 제가 어제 신학교 가서 김의환 학장(1933~2010)하고 장시간 앉아서 서로 여러 가지 얘기를 했어요. 그분이 저하고는 그렇게 이야기를 많이 하세요. 이야기를 하다가, “지금 교회에서 생활비는 나옵니까?” 하고 그분이 저보고 물어요. 그래서 많이 준다고 그랬죠. 그러니까 제가 얼마 받느냐고 또 물어서, 얼마라고 그랬더니, “괜찮아요. 괜찮고말고 많이 받고 집안에서 자꾸 병나고 막 건강 안 좋고 해갖고 자꾸 쓰는 것보다 적게 받고 하나님이 다른 거 안 쓰도록 딱 막아주는 게 좋아요. 그게 좋은 겁니다.” 저보고 그러더군요. 그 말이 무슨 말이냐? 상당히 일리가 있는 말이에요.

무슨 말이냐? 많이 취해도 남는 게 없고 적게 취한다고 해서 모자라는 게 없다는 이야기에요. 우리 신자의 생활이 그런 매력이 있어요. 만나가 주는 교훈이 바로 그겁니다. 그러니 이게 근본적으로 뭡니까? 사람은 절대 물질 가지고 사는 게 아니다 이겁니다. 이 확신이 섰을 때 우리가 모든 경제적인 문제를 이겨 나갈 수 있는 확신이 섭니다. 모든 시험을 이길 수 있습니다. 이 말씀 가지고. 자 두 번째로 산꼭대기로 올라갑시다.

두 번째 장소는 산 꼭대기인데. 뭐 어때요? 한번 어떻게 성경을 이해하시는지 봅시다. 예수님이 실제로 산 꼭대기로 올라가셨을까? 아니면 사탄의 그 뭡니까? 그 능력으로 예수님 눈 앞에 그와 같은 상황이 영계로 보인 것인지. 어느 것 같아요 여러분? 지금 이 상황이 어느 것 같아요? 세상에 어디 올라가야 온 천하가 다 보일 수 있습니까? 그런 산이 없어요. 너무 높이 올라가면 구름이 가려 보이지도 않아요 또. 이건 하나의 영의 세계입니다. 그렇죠? 사탄이 예수님 눈 앞에 펼쳐보이는 영의 세계입니다. 그래서 예수님을 높은 산꼭대기에 세워놨습니다. 그리고 온 천하가 다 내려다보이도록 사탄이 역사를 했습니다. 예, 온 천하를 다 내려다볼 수 있는 위치, 이것은 분명히 시험당할 수 있는 위치입니다. 온 천하를 내려다볼 수 있는 위치. 한마디로 이것은 '성공'이라고도 할 수 있고 '출세한 자리'라고도 할 수 있고 혹은 '형통한 장소'라고도 할 수 있습니다. 그래서 감탄도 많고 기쁨도 많고 참 어떤 면에는 향락도 많은 그런 위치죠. 모든 걸 내려다보고, 그래서 모든 것이 내 손에 들어올 것 같이 보이고, 모든 것이 나에게 좋은 것 같이 보이고. 모든 것이 나에게 긍정적으로 보이는 하나의 위치입니다. 사탄은 이 기회를 사용 잘합니다. 누가 당했나요? 사울이 당했습니다. 임금 되기 전에는 너무너무 겸손해서 임금 시키려고 하니까 도망쳐가지고 저 짚더미 뒤에 숨어가지고 나오지도 않던 사람인데 왕이 되어가지고 온 천하를 내려다볼 수 있는 위치에 딱 올라가 놓으니까 그다음에는 그저 사탄이 꽉 무니까 꽉 물렸죠. 그래가지고 일생 동안 그 사람 그 시험에서 빠져나오지를 못했어요. 다윗도 물렸습니다 이 자리에서. 그가 그야말로 사울왕에게 쫓겨서 그저 이 골짝 저 골짝을 다닐 때는 시편을 보아도 얼마나 그 마음이 하나님을 향해서 끓고, 얼마나 그 마음이 기도로 가득 차고, 얼마나 그 마음이 하나님을 향해서 절실했는데 온 천하의 적들을 거의 다 하나님이 이기게 해주시고 평화가 온누리에 깃들어질 무렵 자기는 그저 좋은 재목으로 지은 궁전에서 이제는 정말로 살이 찔 정도의 생활이 되어서 온 천하를 내려다볼 수 있을 때 그도 그만 걸렸어요. 지붕 꼭대기에 올라가서 밤에 유유히 거닐면서 온 사방을 내려다보고 있을 때 천하에 있는 여자는 다 자기 여자같이 보였는지도 몰라요. 벌써 물린 겁니다. 그렇죠? 사탄이 얼마나 간교한지 몰라요. 기록에 있는 사람들, 기록에 없는 사람들, 많은 사람들이 실패를 통해서 오히려 자멸을 하는 예는 별로 없었는데 성공을 통해서 자멸을 한 사람들이 많아요. 이게 뭐냐? 높은 자리는 사탄이 시험할 수 있는 자리다. 이걸 우리가 꼭 기억을 해두어야 합니다. 그리고 여기서 우리가 또 하나 깨달을 것은 사탄의 시험은 절대 부정적이 아닙니다. 이런 높은 자리에 있을 때는 긍정적입니다. 뭐라고 그랬어요 사탄이? "이거 전부 다 네 것이 된다." 그렇죠? "온 천하 이거 전부 네 것이 다 된다." 예, 긍정적이에요. 모든 게 긍정적이에요. 전부 다 될 것 같이 보여요. 사탄이 그렇게 만들어요. 에덴동산에서도 하와보고 "너 이거 먹으면 하나님처럼 된다." 그렇죠? 모든 시험의 조건이 긍정적이에요. 부정적이 아니라고요. 그러므로 우리가 "내가 할 수 있다. 나는 문제없다" 하고 모든 것을 긍정적으로 자신감을 가질 때 어떤 면에선 위험의 요소를 내포하고 있다는 걸 우리가 알아야 됩니다. 그리고 이런 상황에서 사탄이 우리 마음에 자신감을 주는 것은요. 사탄의 사기성이 작용한 겁니다. 여기 보세요. 사탄이 뭐라고 그랬어요? "이 온 천하를" 하나님이 뭐라고요? "나에게 주셨다"고 그랬지요. 누가복음 4장에 뭐라 그랬지요? 예, "내가 받은 것"이라고 그랬죠. 보세요. "이 모든 권세와 영광을 내가 네게 주리라. 이것은 내게 넘겨준 것이므로 나의 원하는 자에게 주노라." 얼마나 그 사기성이 두드러집니까? 여기가 클라이막스예요. 사탄의 사기성이 여기서만큼 클라이막스가 없어요. 온 천하와 하늘의 권세를 하나님이 누구에게 줬습니까? 예수님에게 줬죠. 언제 사탄에게 주었나요? 그런데 진짜 그 권세를 갖고 있는 사람 앞에서 이렇게 거짓말을 할 정도니 말이죠. 그렇잖아요? 진짜 그 권세의 주인공 앞에서 이렇게 당당하게 얼굴 하나 붉히지 않고 거짓말을 할 정도니 이 세상에 있는 사람에게는 사탄이 얼마만큼 거짓말을 하겠느냐 그거예요. 많은 사람들이 생각할 때 "야, 이만큼 하면 내가 이 모든 거 다 할 수 있겠다." 이거 전부 사기성이에요. "하나님의 뜻대로 안 살아도 이 식으로 하면 다 된다." 이거 전부 사탄이 주는 사기성이라고. 예, "이 식으로 하면 된다 된다." 이거예요. 성경적으로 볼 때 분명히 잘못된 일이에요. 그렇죠? 그다음에 여기에서 우리가 또 신학적으로 하나 알아둘 것은 지금 사탄이 "너, 나에게 절하라." 예수님 보고 "너 나에게 절하라. 그리하면 온 천하의 영광을 너에게 주겠다" 하는 것은 십자가의 길을 피하고, 그 고난의 길을 피하고 쉬운 길을 택하라고 하는 암시가 있습니다 여기에는. 왜냐하면 예수님께서 천하의 모든 권세와 영광을 하나님이 주시는 것은 십자가의 승리를 조건으로 주시기로 되어있습니다. 그렇죠? 그래서 예수님께서 십자가에서 승리하시고 부활하신 다음에 제자들에게 오셔서....마태복음 28장. 누가 한번 읽어보세요. 뭐라고 그랬어요? 제가 갑자기 입에서 안 나오네요. 뭐라고 그랬어요? 예수님께서? '하늘과 땅의 모든 권세를 내게 주셨으니' 라고 그랬죠? '하늘과 땅의 모든 권세를 내게 주셨으니.' 이것은 조건부예요. 예수님이 십자가의 고난을 통해서만이 하나님에게서 받을 수 있는 조건부였어요. 그런데 사탄이 이제 십자가의 길을 앞에 놓고 출발하는 예수님 앞에 "야 너 그렇게 고난의 길을 갈 거 뭐 있냐? 내 앞에 절만 해라. 그러면 온 천하의 권세와 영광 다 내가 준다." 예, 상당히 위험한 시험이었죠. 이것은 우리가 신학적으로 좀 알아두고 넘어가는 게 좋아요. 이런 예수님의 메시아적인 문제의 측면에서 이 시험을 다루려면 또 다른 각도로 다룰 수 있습니다. 알겠죠? 그러나 지금 우리가 다루는 방법은 우리 현실 생활하고 적용해서 다루는 방법이에요. 그렇게 아시고 여러분이 들으세요.

자 그다음에 그러면 우리가 높은 자리에 있을 때 높은 산에 있을 때 사탄에게 지지 아니할 수 있는 방법은 뭡니까? 어떤 신념이 있어야 됩니까? 아무리 우리가 높은 자리에 올라가도 사탄에게 시험 당하지 않고 만약에 시험을 당하더라도 우리가 실패하지 아니할 수 있는 유일한 비결은 뭡니까? '말씀', 그것은 추상입니다. 구체적으로 무슨 신념? "하나님에게만이 영광 돌리고 경배해야 된다" 하는 신념입니다. 그렇죠? 예수님이 여기 인용하신 대로. 예. 뭐라고 그랬어요. 예수님께서? 대답이 뭡니까? 이것도 신명기서에서 인용했죠? 대답이 뭡니까? 예, '하나님께만 경배하고 다만 그를 섬기라.' 그렇죠? '다만 그를 섬기라.' 모든 영광을 하나님에게 모든 결과는 하나님에게, 나에게 아무리 아름다운 곳 있어도 성공 있어도 그 성공의 목적은 하나님 영광, 하나님 경배 여기에다가 전부 집중하는 사람. 이것만이 나에게 목적이요, 인생의 궁극적인 나의 갈 길이라고 생각하는 사람은 아무리 높은데 올라가도 그 사람 교만하든지 떨어지지 않습니다. 왜냐하면 하나님 중심으로 살기 때문에. 예, 이 신념이 있어야 돼요. "나의 성공도 나의 세상에서의 모든 형통한 것도 나를 위해서 하나님이 주신 것이 아니고, 하나님 경배하고 그에게 영광 돌리도록 하시기 위해 주신 것이다" 하고 항상 하나님 앞에 무릎을 꿇고 있으면 아무리 높은 자리에 올라가도 괜찮아요. 우리가 그거 안 믿고 신념이 안 되어있기 때문에 조금만 높아지면 그만 교만해지고 결국 떨어지고 그래요.

그다음에 세 번째 장소가 어디입니까? 세 번째 장소는 성전 꼭대기죠. 참 묘한 데입니다. 거룩한 장소에 사탄의 시험이 들어온다는 거 기억해야 됩니다. 성전과 같이 거룩한 곳에 사탄이 시험할 수 있다는 거 우리가 기억해야 돼요. 사탄이 예수님을 보고 뛰어내리라고 그랬어요. 역사적인 기록을 보면 이 성전 꼭대기는 너무 높아서 올라가서 내려다 보면 어질어질해지고 현기증을 일으킬 정도라고 그럽니다. 옛날에 시몬 마구스라고 하는 사람이 자기가 메시아라는 것을 증명하기 위해서 실제로 그 꼭대기에서 뛰어내리다가 중상을 입은 일이 있어요. 그러면 사탄이 예수님 보고 뛰어내리라고 한 근본 목적은 뭐예요? 네가 만일 하나님의 아들이거든 뭐예요? 메시아로서 한번 그 표적과 기사를 한 번 보여보라 그겁니다. 그렇죠? 당신이 뭐 그 나사렛에서 초라하게 말이지 나와가지고 내가 하나님의 아들이라고 말할 것 없이 성전 꼭대기에서 한번 뛰어내리면, 천사들이 와가지고 밑에서 수종 들고 하면, 사람들이 그거 보면 당신 뭐 하나님의 아들로 인정받는 데에 전혀 문제없다. 모든 사람이 당신을 메시아로 추앙한다. 굉장히 위험한 시험이었어요. 자 그러면 다시 물읍시다. 성전 꼭대기에서 뛰어내리는 것이 잘못입니까? 그게 나쁜 겁니까? 예, 아니죠. 뛰어내릴 수도 있죠 왜 못해요? 그 뭐가 잘못이에요? 사탄의 작용은요 언제나 하나님의 근본 뜻하고 완전히 반대입니다. 하나님의 근본 의도는 메시아에게 대해서 뭡니까? 종으로, 종의 모양으로 나타나는 거죠. 그렇죠? 이사야 53장에 말한 대로 종의 모양으로 종으로 나타나는 겁니다. 종으로 임하는 겁니다. 그런데 사탄이 지금 말하는 게 뭐예요? 영광스러운 하나님의 아들로 한번 내려오라는 거죠. 그렇죠? 그러니까 이건 완전히 하나님의 근본 뜻하고는 반대 방향으로 지금 움직이는 거죠. 그러니까 여기에 순종하면 이것은 완전히 하나님의 뜻을 어기는 겁니다. 그러니까 죄예요.

자 그러면 성전 꼭대기는 우리에게 무엇을 의미합니까? 영적인 높은 수준의 자리입니다. 영적으로 높은 수준에 오른 자리입니다. 우리는 그걸 볼 수 있어요. 그래서 성전 꼭대기에 서서 보면 성전에 있는 모든 것을 내려다볼 수 있듯이 모든 사람을 밑으로 내려다볼 수 있듯이 영적으로 높은 수준으로 발전한 사람이 서 있는 자리입니다. 여기에 사탄이 시험할 수 있습니까? 시험할 수 있죠. 어떤 사람은 진짜 뛰어내리려는 영웅주의가 있어요. 그렇죠? 자기가 좀 은혜받고 자기가 좀 신앙적으로 높게 성장하고 자기를 통해서 많은 사람들이 은혜를 받으면은 벌써 교만해져가지고 뛰어내릴 수 있는 그런 영웅주의가 있다고요. 영웅주의가 작용해요. 제가 전에도 이야기했죠. 뭐 이런 얘기 해도 괜찮아요. 오랄 로버츠Oral Roberts(1918~2009) 목사 같은 사람은 미국을 그렇게 휩쓸 정도로 큰 은사를 받은 사람이고, 지금까지 일 많이 했지만 지금 보세요. 완전히 영웅이에요. 제가 그 학교 들러가지고 아주 구역질이 나서 나왔다니까. 아주 그냥. 잡지고 뭐고 표지고 자기 부인 자랑, 자기 자랑, 자기 자식 자랑 심지어 손자들 자랑까지. 온통 그냥 문서가 다 그런 거예요. 일종의 영웅주의예요. 그리고 이 영적으로 상당한 수준에 오른 사람을 시험할 때는 처음에 두 번 시험하고 다릅니다. 여러분 성경을 통해서 봅니까? 뭐가 다른지. 말씀을 가지고 나왔어요. 시험할 때 사탄이 말씀을 들고 나왔다고요. 그래서 한 성경 학자가 한 말처럼 두 가지 시험에는 새까만 천사가 찾아왔는데 이 시험에는 하얀 천사가 찾아왔다고 그랬어요. 하얀 천사라는 말은 성경 들고 찾아왔다는 이야기예요. 그렇죠? 마귀가 성경 들고 찾아왔어요. 왜냐하면 영적으로 수준이 높은 자리에 있는 사람이니까 성경 가지고 상대해야지요. 그래서 예수님이 자꾸 시험을 방어하는 수단으로 '기록하였으되.' '기록하였으되' 하니까 사탄도 뭐라고 그래요? '기록하였으되.' 그리고 뭐 그 인용이 너무 적재적소죠. 그렇죠? '성전으로 뛰어내릴 때 천사가 와가지고 네 발이 되리라.' 기가 막힌 인용 아니에요? 네 발이 돌에 부딪히지 않게 하겠다. 그야말로 하얀 천사가 온 겁니다. 그러므로 영적으로 우리가 신앙이 자라고 영적으로 우리가 상당히 하나님 앞에 은혜를 받으면 받을수록 무엇에 분별력이 분명해야 되느냐 하면 말씀에 분별력이 분명해야 합니다. 그래서 이 말이 정말로 참 은혜에서 나온 말이냐 아니면 사탄의 시험에서 나오는 말이냐를 분별할 줄 알아야 돼요. 진짜 무서운 사탄의 시험은 사탄이 말씀을 들고 나왔을 때입니다. 이 점을 오늘 꼭 잊지 않고 잘 명심하시길 바랍니다.

2. πειραζόμενος : being tempted

이것은 유혹될 수 in order to be ~ 의 목적이 아니다. 오히려는 본다 ~ (Lenski)

★ 그러므로 성령의 인도함을 받은 후 계속 시험이 있었다

★ 그로 아니하고도 예수 자신에 성령에 의해 유혹된 것이다.

★ 성령에 의해 시험 받음으로 인도함을 ~ 사건이 ~ 예수의 사역 ~

★ 40일 동안 시험 받게 하시었다 ~ 그의 40일 동안 성령충만을 통한 아버지의 ~ 시험에 ~

★ 시험의 목적 : 의심의 유혹은 ~ "죄"는 ~ 하늘에서 들린 음성 "너는 내 사랑하는 아들" ~

★ The Son of God 라는 하나의 양으로 a Son of God 라는 ~

★ ~ 아들에게 ~ God의 ~

★ 예수는 자기의 아들인 ~ 하나님의 아들의 ~ 이 대답은 God에 대한 "Trust" ~

★ 아들로서의 확신, ~ 확신

★ 3:22. The Son, ~ a Son 예수의 대답은 a man.

The Son 이냐 ~ 본질의 ~ 보통 사람 (a man) 으로 ~ 하나님의 아들이 어찌 그 아들을 ~ 위해 ~ 주는 ?

★ ~ 에덴에서 ~ 유혹의 ~

~ Eden ~ 예수에게 ~

~ 예수에게 ~

★ X의 ~

주의 : ~

두 번째로 ~

★ 십자가의 길은 ~

~ 하는 ~

~ "G" ~

15 "until a suitable time" ~ (Lenski)

~

~ 성령충만 ~

★ ~

G는 ~ 사랑 ~

1978년 10월 22일 주일 낮 예배

풍성한 생명

(요 10 : 10)

분명히 본 예수 그리스도를 내가 너희에게 전한다. 생명 그래서 나는 생명을 보았다. 예수 그리스도께서 우리에게 주신 생명은 미래적인 것일 뿐만 아니라 현실적인 것입니다. 그러므로 이것은 분명히 우리에게 체험되는 생명이요. 우리 생활에서 드러나는 생명입니다.

10. 도둑이 오는 것은 도둑질하고 죽이고 멸망시키려는 것 뿐이요 내가 온 것은 양으로 생명을 얻게 하고 더 풍성히 얻게 하려는 것이라

'예수님이 온 것은 예수 믿는 사람들로 하여금 생명을 얻게 하고 더 풍성하게 얻게 하려는 것이다.' 분명히 요점을 파악하십시오. '예수님이 온 것은 예수 믿는 자로 하여금 생명을 얻게 하고 더 풍성하게 얻게 하려는 것이다.' 이 내용이 두 가지로 반드시 구별되어있습니다. 생명 얻는 단계가 있고, 그 다음에 무슨 단계가 있습니까? 더 풍성히 얻는 단계가 있고. 이것을 여러분들이 마음속에 초점으로 두십시오.

그래서 예수님은 이 일을 위하여 자기 생명을 우리 위해 주셨다고 그랬습니다. 11절에 보면 '나는 선한 목자라 선한 목자는 양들을 위하여 목숨을 버린다' 라고 그랬죠? '나는 선한 목자라. 선한 목자는 양들을 위해 목숨을 버린다.' 예수 그리스도께서 십자가상에서 우리를 위하여 목숨을 버림으로 그는 그의 생명을 우리에게 주셨습니다. 또 그 생명을 주시는데 있어서 빈약하게 주시는 것이 아니고 차고 넘치도록 충만하게 주신다. 이 목적을 위해서 예수님은 오셨다. 이것입니다. 그러므로 오늘 이 본문이 여러분에게 분명히 마음속에 자리를 잡아야 됩니다. 왜 예수님이 오셨느냐? 오신 목적은? 나에게 생명을 주기 위해서 오셨다. 그 정도냐? 아니요. 더 풍성하게 주시기 위해서 오셨다. 이 단계적인 말씀의 발전에 대해서 마음속에 깊이 확신을 갖기를 바랍니다.

목사가 되었지만은 성경 안에 있는 많은 내용 가운데서 아직도 목사가 눈을 뜨지 못한 것들이 많이 있습니다. 다시 말하면 목사로서도 아직 이 말씀이 무슨 말씀인지 잘 모르는 것이 많아요. 저는 이렇게 성경을 들고 다니고 많이 읽은 것같이 보이고 그다음에 공부도 많이 한 것같이 보이지만 너무너무 모르는 데가 많아요. 여러분들이 성경 읽으실 때 모르는 것 나온다고 해서 자꾸 실망을 하시는데 지금 실망하면 나중에 큰일 납니다. 점점 모르는 것이 더 많이 나와요. 왜냐하면 그만큼 하나님의 말씀은 깊어요 또 넓어요. 엄청나게 그 질적으로 너무 깊어서 우리가 아무리 퍼내고 퍼내도 알 수가 없어요. 제가 모르던 말씀 가운데 하나가 바로 이 말씀이었습니다.

예수 그리스도가 오신 것은 "나에게 생명을 주기 위해서 왔다." 오케이, 그거는 알아요. 내가 영생 얻었으니까. 예수 믿고, 내가 예수 믿고 마음을 열고 예수님을 내 마음에 영접하자마자 예수님의 생명이 내 안에 와서 자리를 잡으시고 그 생명이 내 안에서 오늘 살아서 역사한다는 거, 이거는 알죠. 이거는 알죠. 누가 나에게 물어도 "당신 예수 믿습니까?" "예, 믿습니다." "당신 예수 믿고 뭐가 어떻게 달라졌어?" "나 예수 믿고 영원히 사는 생명 얻었습니다." 분명히 말할 수 있어요. 그런데 '더 풍성하게 얻게 하신다' 는 말이 무슨 말인지 도무지 납득이 안 갔어요. 뭘까? 천당 가서 누리는 그런 생활을 이야기하는 것일까? 어떻습니까 여러분, 이 본문 보시고. 글쎄, 생명을 얻게 하고 더 풍성하게 얻게 한다는 게 뭘까? 더 풍성하게 얻게 한다는 게 도대체 뭘까? 이런 단계가 신자의 생활에 있는 것인가? 아니면 하나님 나라에 가서 누릴 것을 성경이 미리 말씀하신 것인가? 이거는 분명히 우리가 질문을 해

볼 만한 문제입니다. 그래서 제가 몇 사람의 주석을 찾아서 한번 살펴보고 그랬어요. 자, 박윤선 박사 주석에는 '더 풍성하게 얻는다' 는 말은 다른 말이 아니고 "주님은 신자에게 영적 생명을 주며 그 생명을 풍성케 하신다." 이랬습니다. 똑같은 말 아니에요? 주님은 신자에게 영적 생명을 주며 그 생명을 풍성케 하신다. 그 말이 그 말이지요. 아, 그래놓고 다른 설명이 전혀 없어요. 아이고, 답답해서 그냥 덮어버리고. 매튜 핸리를 한번 봅시다. 뭐라고 또 설명해놨느냐? "그리스도 안에서 평안히 또 넘치게 살면서 기뻐하는 것." 그리스도 안에서 평안히 살며 기뻐하는 거....이 말은 좀 그래도 뭔가 구체성이 있는 거 같죠? 또 칼빈은 뭐라고 했나 제가 뒤져봤어요. "생명에 지속적인 증가로서 점점 발전하는 것으로서 성령이 우리 안에 충만해지는 데서 오는 것이다." 성령이 우리 안에 충만해지는 데서 오는 것이다라고 했어요. 성경을 보는 것이나 주석을 보는 것이나 여러분 뭐 고개가 까닥까닥하는 것은 한가지예요. 그다음에 핸드릭슨을 한번 봅시다. "은혜와 기쁨과 평안의 충만을 말하는 거." 그게 그거고. 은혜와 기쁨과 평안의 충만을 말하는 것이다라는 말이 글쎄 뭔가 있는 것 같은데 그게 뭐라고 할까요? 팍 터지지를 않는다고. 지금 그렇잖아요? 뭐가 있는 것 같은데 팍 터지지를 않아요. 렌스키를 한번 봅시다. "참 영적 생명과 병행하는 모든 축복과 충만이다." 레인은 뭐라고 그러느냐? "그리스도가 누구며 그가 나에게 무엇을 의미하는가를 아는 거." 이건 너무너무 좀 그렇고요.

자 그래서 제가 주석을 이것저것 뒤지면서 대체 뭐냐? 하나님이 나에게 생명을 주신 거 분명한데 그 생명이 나 안에서 더 풍성하게 넘치는 것. "도대체 뭡니까? 주님 이것이." 이 본문을 우리가 엄격하게 보면은요. '에고 엘돈 히나 죠엔 에쿠 우신 카이.' 그다음에, '페리손 에쿠 우신.' 이것이 헬라어 본문입니다. 이거 보면은요. '에쿠 우신' 이라는 말, 즉 '가진다' 는 말이 두 번 반복이 되어 나와요. 자 생명을 갖고 그다음에 더 풍성한 생명을 갖는다. 우리가 영어 배우시면 잘 알겠지만 동사는 하나만 갖고 있으면 목적어는 두 개, 세 개, 네 개도 달 수 있어요. 그렇죠? '아이 해브 언 애플' 하고 나는 사과를 갖고 있다. 그다음에 또 '아이 해브 어 북' 하고 나는 책을 갖고 있다 할 때 '아이 해브 언 애플 앤드 해브 어 노트 앤드 해브' 하고 또 다른 목적어 나오고 그럽니까? 해브가 한 번만 나오면 되지 그다음에 자꾸 해브, 해브 나옵니까? 안 그래요. 안 나와요. 한번 '아이 해브 어 북' 하면 그다음에는 꼼마comma 찍고 '노트' 그리고 또 꼼마 찍고 '애플' 이렇게 점점 나와요. 그래서 영어는 동사 하나만 있으면 되는데 여기 보니까 '내가 너희로 하여금 영생을 갖게 하고.' 그다음에 '더 풍성히 갖게 한다' 하는 말에 동사 한 번 쓰면 되는데 원문상에는 동사가 두 번 반복해서 나와요. '에쿠 우신 카이 에쿠 우신.' 이 말은 헬라어에서 굉장한 강조를 의미합니다. 보통 강하게 강조하는 거 아닙니다. 그러므로 이 본문을 가만히 보면 뒤에 더 풍성하게 얻는다는 말이 본문상으로 굉장히 강조가 되어있어요. 그렇게 강조되어있으니까 중요하다는 의미가 아닙니까? 그러니 도대체 그렇게 중요한 건데 제가 잘 모르니 답답할 일이죠. 그다음에 '더 풍성' 이라는 말, 이 '페리손' 이라는 말은 우리 영어 아시는 분

슈퍼super라는 뜻입니다. '초, 슈퍼스타' 하면 우리 연세 많으신 분들도 이제 좀 아시겠죠? 하도 텔레비전 같은 데서 애들이 떠드니까. '슈퍼스타' 하면 슈퍼가 뭡니까? '초 스타' 란 말이죠. 일급 스타란 말이죠. 이 '초' 라는 말입니다. 막연히 충만하다는 말이 아니에요. 이거는 그냥 '초' 상태로 충만하다는 뜻입니다. 그래서 어떤 영어 성경에는 오버플로잉overflowing이라는 말을 씁니다. 아주 넘쳐서 철철 물이 넘치는 걸 의미하는 겁니다.

자 이렇게 강경한 단어를 썼고 이렇게 동사를 두 번 반복해가지고 특별히 중요한 것을 강조하고 있는 게 이 본문인데, 저 자신의 신앙 생활에서도 이것이 근본적으로 뭐냐하는데 대해서는 제가 모르겠어요. "하나님 이것 성령 충만 받은 겁니까? 그래서 막 방언하고 막 그저 좋아서 뛰는 겁니까?" 그렇다면 아직 난 요나죠. 아직 그렇게 안 됐으니까. 여러분 이런 것은 숙제로 한번 두고 생각을 해볼 만합니다. 오늘 이거 좀 같이 생각을 해봅시다. 이 충만은 천국 가서 누리는 거 아닙니다. 왜냐하면 요한복음에서 말하는 생명은 천국에서 누리는 것과 동시에 세상에서 누리는 현실적인 생명을 이야기합니다. 그래서 벌써 요한복음 5장 24절에 우리는 영생을 앞으로 얻을 겁니까? 아니면 이미 얻었습니까? 얻었다고 그랬죠. 요한1서 5장 13절에는 '믿는 자는 영생을 소유하고 있다' 고 그랬어요? 아니면 앞으로 소유할 거라고 그랬어요? 이미 소유하고 있다고 그랬어요. 그다음에 요한1서 서두에 보면 너희들이 생명을 얻었음을 확인시켜준다고 그랬어요. 그래서 뭐라고 그랬어요. '내가 보고 만지고 확인하고.' 분명히 본 예수 그리스도를 내가 너희에게 전한다. 생명 그래서 나는 생명을 보았다. 예수 그리스도께서 우리에게 주신 생명은 미래적인 것일 뿐만 아니라 현실적인 것입니다. 그러므로 이것은 분명히 우리에게 체험되는 생명이요. 우리 생활에서 드러나는 생명입니다. 자 그렇다면 여기에 더 풍성하게 주시는 것도, 미래적인 것도 들어가겠지만 현실적인 의미도 들어간다는 걸 우리가 알 수 있습니다.

목회 경험을 통해서나 또 제가 만나본 많은 신자들 가운데서 제가 애초에 가졌던 이런 의문을 여전히 갖고 계시는 분들이 많은 걸 보았습니다. 예수를 믿기는 믿는데 분명히 믿는 것은 사실인데 '예수 그리스도가 나에게 생명을 더 풍성하게 주시기 위해서 오셨다'에서 말하는 그 풍성이라는 게 뭔지를 실제 영적 생활에서 잘 모르고 있어요. 그래서 항상 그들의 마음은 가난하고 갈증이 심하고 불안이 심하고 그다음에 예수 믿으면서도 여전히 욕심은 그대로 남아있고 예수 믿으면서도 여전히 주님을 향한 뜨거운 사랑이 아직도 일어나지 않고 뭔가 착잡하게 남아있어요. 이것은 분명히 풍성이 뭔지를 잘 모르는 상태입니다. 이것은 분명히 고민거리가 아닐 수 없어요.

자 그러면 생명을 우리가 얻었으면, 얻었으면 됐지 그것이 더 풍성한 단계가 있을 수 있느냐? 그렇죠. 있을 수 있죠. 우리가 잘 아는 바와 같이 병자는 분명히 생명을 갖고 있지만 그 병이 중할 때는 그 병자의 생명은 풍전등화와 같습니다. 가물가물합니다. 같은 생명이라도 병자의 생명은 가물가물합니다. 생명의 약弱이 있어요. 생명의 도度가 있어요. 생명의 강도强度가 있어요. 같은 생명이라도 저 감옥에 갇혀있는 죄수들의 생명은 그야말로 활동을 못하는 답답하게 막혀있는 생명들입니다. 생명에 강도가 있어요. 같은 신자라도 어떤 신자의 영적 생명은 활발해서 활기를 띠고 그야말로 어떤 상황이 자기 앞에 와도 겁내지 아니하고 밀고 나갈 수 있는 박력이 있고, 아무리 세상에 냉랭하고 답답해도 마음에 평안을 잃어버리지 아니하는 바다와 같이 넓은 폭이 있는데 어떤 사람의 영적 생명은 아주 조그마한 것만 부닥쳐도 딱딱 그냥 받아내는 답답하고 냉랭한 상태가 있어요. 이 영적 생명에 차이가 있다고요. 그러니까 아마 제가 볼 때는 예수님이 온 것은 생명을 얻게 하고 더 풍성하게 얻도록 하기 위해서라면 분명히 예수님은 우리에게 더 풍성한 생명 주신 것이 분명합니다. 분명히 우리에게 더 풍성한 생명을 주셨고 또 주시고 계심이 분명한데 나에게 그것이 확인되지 않는 이유는 아마 병자가 되어있는지 모릅니다. 뭔가 병자가 되어있는지 모릅니다. 영적 병이 들어있는지 모릅니다. 또 아니면 감옥에 갇혀있는 죄수와 같이 어떤 죄악의 꽉 메어가지고 아직도 그 죄에서 발목을 빼지 못하고 한 발은 교회에 가 있고 또 한 발은 죄악에 가서 묶여있는 그런 상태인지도 몰라요. 그런 상태에서는 생명의 활기가 일어나지를 못합니다. 그렇죠?

그런데 제가 콜로라도 스프링스에 가서 얼마 있을 동안 참 이 문제도 저에게 하나의 큰 숙제였어요. "주님, 참 내가 목사인데 내가 모르는 설교를 할 때가 참 많습니다. 아마 요한복음 10장 10절도 꽤 설교를 몇 번 했을 걸로 제가 기억을 하는데 주님의 풍성한 생명이 뭔지 좀 나에게 알려주십시오. 내가 이론적으로는 전할 수 있습니다. 주님, 내가 성경 해석적으로는 말할 수 있습니다. 그러나 주님 나에게 이 사실이 뭔지 좀 확인시켜주십시오." 이렇게 기도를 하고 또 뭔가 또렷한 것을 발견하려고 애를 많이 썼습니다. 그러던 중 어떤 무명의 저자가 쓴 조그마한 책을 가지고 읽으면서 이틀 동안 제가 영적 생명이 풍성해지는 비결을 놓고 그 책이 가르쳐주는 대로 따라서, 제가 이틀 동안 성경을 뒤졌습니다. 앉아서 성경을 보면서 나에게 있는 문제가 뭐냐? 제가 발견을 했어요. 뭐냐? 영적 생명이 무엇이냐하고 찾을 필요가 전혀 없어요. 그 풍성한 것이 어떤 것이냐하고 찾을 필요가 없어요. 왜냐하면 우리가 꿀을 먹을 때 꿀이 달다는 건 알지만 꿀이 뭐냐고 정확하게 정의를 내리라고 하면 우리는 정의를, 말을 못 합니다. 마찬가지로 영적인 세계는 우리가 정의를 내려가지고 될 문제가 아니에요. 사실이에요. 아 그러면 내가 정의를 내릴 필요가 없고, 분명한 사실이다. 좋았어요. 그 다음에 또 제가 한가지 분명히 발견한 거는 뭐냐? 영적 생명의 이 풍성한 것은 주님께서 주셨다. 어, 그럼 내가 이미 받았느냐? 예. 받았죠. 나에게 확인해볼 때 받았느냐? 받았죠. 주님이 나에게 생명 주실 때 분명히 그 생명은 빈약한 생명을 주신 것이 아니고 아주 넘치는 생명을 주셨어요. 내가 받았어요.

자 그렇다면 내가 해결해야 될 문제는 뭐냐? 다이얼을 잘못 맞추고 있어요. 지금 내 생활에서 다이알이 틀렸어요. 제가 발견한 게 그겁니다. 여러분 라디오를 돌릴 때 전파가 많이 나옵니다. 그러나 아름다운 음악을 들으려면 다이얼을 바로 맞춰야 돼요. 그래야 아름다운 음악이 잘 들려요. 하나님이 새 생명을 우리에게 넘치게 주셨어요. 그야말로 에스겔이 말한 것처럼 '성전 밑에서 물이 솟아나는데 그 물이 흐르고 흐르더니 내가 가서 처음에 재어보니 발목이 차고 그다음에 재어보니 무릎까지 올라오고 그다음에 재어보니' 어디까지였죠? '허리까지.' 그다음에 재어보니 '너무 풍성해서 헤엄을 쳐야 건너갈 강이 되더라.' 하나님이 우리에게 주신 생명은 째째하게 준 생명이 아니고 넘치도록 주셨어요. 아! 주님. 그렇죠. 내가 받았죠. 그러면 내가 다이얼을 못 맞췄다. 무슨 이야기입니까? 이 새 생명의 풍성함을 맛볼 수 있도록 내가 내 생활을 맞추어야 합니다. 내 생활의 키를 거기에다가 맞추어야 됩니다. 내 생활의 다이얼을 거기에다가 맞추어야 됩니다. 왜? 성경에 보면 분명히 생명의 풍성함을 맛보려면 거기에 맞추는 생활이 있어요. 이게 나에게 안 되어있었다는 이야기입니다. 물론 다 안 되어있었다는 이야기 아니에요. 일부가 안 되어있었다는 이야기입니다. "아 그래서 주님 어떻게 할까요?" 제가 말씀을 이리저리 뒤져보는 사이에 찾았어요. 뭐가 잘못됐는지 찾았어요. 다섯 가지 비결이 있어요. 주님이 주신 이 풍성을 맛보는데 있어서 우리가 꼭 다이얼을 맞추어야 할 비결이 다섯 가지가 있어요.

제일 중요한 비결은 성장하는 겁니다. 자라는 것. 영적으로 자라는 겁니다. 이건 오늘 이제 제가 말씀을 드리겠어요. 영적으로 자라는 것. 그다음에 둘째 비결은 완전 복종입니다. 이것은 소위 현대 말로 완전 위탁이라고 그래요. 완전 복종. 이건 제가 다음 주일에 말씀드리죠. 그 다음에 봉사입니다. 그다음에 성결된 생활입니다. 생활에의 성결. 생활의 경건. 그다음에 성령 충만입니다. 이 다섯 가지 비결은 내가 해야 할 비결입니다. 내가 반드시 실천해야 될 비결입니다. 다시 말하면 방송국에서 방송을 합니다. 그러나 그 아름다운 음악을 내가 캐치하려면 내가 다이얼을 맞춰야 하는 것처럼 하나님께서 영원한 생명 우리에게 주셨고 그 생명을 풍성하게 주셨는데 그 풍성함을 내 것으로 받아들이려면 내 생활을 거기에 맞춰서 다이얼을 돌려야 돼요. 어떻게 해야 됩니까? 성장해야 돼요. 영적으로 자라야 돼요. 그래야 풍성해집니다. 어떻게 해야 됩니까? 완전 복종해야 돼요. 어떻게 해야 풍성해집니까? 성결된 생활해야 돼요. 어떻게 해야 풍성해집니까? 내 몸을 쳐서 봉사해야 돼요. 어떻게 해야 풍성해집니까? 성령 충만해야 돼요.

“하나님 저에게 지금 뭐가 하나가 안 되고 있어요 주여.”

“뭐가 안 되어있느냐? 너 유학한다고 돌아다니면서 원서는 많이 읽고 신학 서적은 많이 읽고 했지만은 너 하나님 말씀을 통해서 너 자신이 영적으로 좀 자라고 있느냐?”

“어어, 주님 어떤 때는 성경 하루 한 장도 못 봅니다. 주님 어떤 때는 기가 막히게 논문 쓰다가 보면 일주일 내내 가도 성경 한 번도 뒤지지 못합니다.”

아, 물론 논문 쓸 때 성경 뒤지죠. 그러나 논문 쓸 때 성경 뒤지는 거하고 내가 참 하나님의 말씀으로 내가 보는 바하고 다르다고요, 여러분들. 그렇잖아요? 손님이 오니까 대접하기 위해서 요리를 가득하게 차려가지고 내놓는 거하고 내가 앉아서 먹는 거하고 틀려요. 마찬가지 아닙니까? 내가 설교하기 위해서 많은 성도들에게 하나님의 말씀을 가르쳐주기 위해서 책을 많이 쌓아놓고는, 성경을 놓고 열심히 공부하고 열심히 원고를 준비하고, 좋아요. 그러나 그것은 남을 위해서 주는 거고. 내가 먹어야지. 그래야 내가 자랄 거 아니에요.

"하나님, 미국 생활 3년에 주님 내가 너무 곯았습니다. 내가 너무너무 곯았어요. 그래서 주님 내가 지금 자라지 못하고 있군요."

이러니 내 마음에 자꾸 갈증이 일어나죠. 주님이 풍성한 생명을 주시지 않아서 내가 갈증을 느끼는 거 아니에요. 나는 이때까지 생각하기를 하나님이 나에게는 풍성하게 안 해주시고 다른 사람에게는 풍성하게 해주시고 하나님이 차별 대우하신다고 생각할 때도 있었는데 그게 아니에요. 차별 대우가 아니에요. 하나님이 주시기는 다 주셨어요. 내가 안 된 거예요, 내가. 성경에 보면 영적 성장은 필수적인 것입니다. 자 우리 금방 요한복음 10장 거기 한 곳 보십시다. 요한복음 10장 9절 말씀. 이거는 비교입니다. '내가 문이니 누구든지 나로 말미암아 들어가면 구원을 얻고.' 첫 번 단계가 뭡니까? 구원 얻었죠. 구원 얻는 단계예요. 그다음에 구원 얻고 끝장납니까? 아니에요. 뭡니까? '들어가며 나오며' 뭘 합니까? '꼴을 얻으리라.' 이게 뭐에요? 성장하는 과정이에요. 들어가며 나오며 꼴을 얻는 성장 과정이 있을 때 내 안에 그리스도의 생명이 이제 풍성해지는 놀라운 체험이 나타나는 겁니다. 그런데 이게 안 되니까 자라지를 안잖아요. 안 자라니까 도무지 그 사람의 마음이 기쁠 게 뭡니까?

베드로후서 3장 18절 이 말씀 꼭 찾아보십시다. '오직 우리 주 곧 구주 예수 그리스도의 은혜와 저를 아는 지식에서 자라가라.' 다시 한번요. '은혜와 저를 아는 지식에서 자라가라.' 예수 믿는 사람은 자라야 합니다. 영적으로 자라야 합니다. 성경이 명령하는 것은 자라라는 겁니다. 성경이 명령하는 것은 당신 구원 받으시오가 아닙니다. 구원받는 것은 처음 예수 믿을 때 할 이야기고 이제 예수 믿고 나서 내가 마음에 하나님을 모시고, 예수 그리스도의 생명 얻으면 그 사람은 구원받은 사람이에요. 그런데 구원받은 사람에게 성경이 명령하는 게 뭐냐? 자라라! 자라라! 자라라고 하는 겁니다. 그런데 안 자라니 어떻게 생명이 풍성해지겠소? 자라기 위해서 꼴을 나가면서 얻어먹고 들어오면서 또 얻어먹어야 되겠는데 그게 안 되니 어떻게 자라겠소? 그러니 마음에 어떻게 생명이 넘치겠어요? 여러분의 문제입니까? 저의 문제였습니다. 미국에서 뭐 박사 학위만 따오면 전부 다 되는 줄 아세요? 여러분 뭐 화려한 이름만 가지고 목사가 되면 다 되는 줄 아세요? 안 자라면 똑같이 비참해집니다. 제가 미국 가기 전에 미국에서 공부 10년, 5년, 6년 하다가 잠깐 들어온 그 목사님들 강단에 서서 설교할 때 들으면서 그랬어요. "아이고 저 왜 저렇게 하품이 나오게 설교를 할까? 아 미국에서 그만큼 공부하고 그만큼 많이 연구했는데 아이고 왜 저렇게 설교를 하품 나게 하고 있어." 그런데 제가 가보니까 알겠어요. 왜 그렇게 되는지. 왜 그렇게 되는지 제가 가보니까 알아요. 성장 과정에는 네 가지가 있습니다.

우리가 잘 아는데로 첫째는 유아 단계가 있습니다. 어린아이 시절 있죠. 고린도전서 3장 1절부터 4절 보면 어린아이 때의 이야기입니다. 자 우리가 자녀를 다 키우고 옆에 동생들이 자라는 걸 보니까 한번 비유해 봅시다. 이거 재미있어요. 유아입니다. 어린아이 단계입니다. 어린아이는 어떤 자냐? 자기만 압니다. 어린아이는 어떤 자냐? 요구 조건이 거절되면 울기를 잘합니다. 어린아이는 어떤 자냐? 오로지 남의 도움으로 사는 자입니다. 남의 도움으로. 어머니나 형제들. 어린아이는 어떤 자냐? 우유만 먹지 굳은 음식 못 먹어요. 어린아이는 어떤 자냐? 울기는 우는데 노래를 못하는 애예요. 어린아이는 어떤 자냐? 말은 하는데 의미가 없어요. 이런 특징을 가진 영적 신자들이 있죠. 안 자라는 어린아이 신자가 어떤 사람이냐? 자기만 알아요. 안 자라는 영적 신자가 어떤 사람이냐? 교회 안에서 원하는 게 안 되면은 바로 울어버려요. 화내요. 영적으로 어린아이가 어떤 사람이냐? 날마다 목사한테 업혀서 살아요. 목사가 전화를 빙 돌려서, "오늘 교회 나오시겠습니까?" 해야 비로소 목사 등쌀에 못 이겨서 나옵니다. 전부 다 어린아이들이에요.

미국의 콜로라도 덴버에서 아주 기가 막힌 에피소드 하나 있죠. 제가 겪은 일이 아니고 어떤 목사님의 이야기인데. 그 목사님이 전화를 했습니다. 어떤 국제 결혼하신 아주머니에게 전화를 해서, "내일 교회 나오십시오."

"예 목사님. 아 그런데 제 요구 조건 하나 들어주실래요?"

"뭡니까?"

"내일 저를 라이드ride 좀 해주세요."

라이드 해달라는 건 차 좀 태워달라는 말입니다. 남편이 차를 몰고 어디를 가버리고 그 아주머니가 내일 낮에 차가 없데요. 아 목사님은 그 차를 태워주면 교회 나올 거 같이 생각되었습니다.

"그럼요. 차 태워주죠."

"아 그런데요. 목사님 차를 태워준다고 제가 교회 나가는 거 아니에요. 목사님 저를 세탁소까지 잠깐만 좀 실어다주고 가세요."

여러분, 이거는 뭐 사소한 이야기입니다. 별의별 이야기가 다 있어요. 남의 도움으로 사는 사람. 이것은 어린아이죠 영적으로. 날마다 교회에 오면 불평은 많고 울기는 잘하는데 예수에 감격해가지고 나오는 찬송은 없어요. 찬송합시다, 찬송합시다 하면 힘 있게 부르면 될 텐데 찬송이 안 나와요. 우물가의 여인처럼 하는 그런 찬송은 절대로 안 나와요. 안 나와가지고 절절매고. 교회 안에서 말은 많은데 의미가 없어요. 어린아이들이에요. 그래서 성경에는 이런 사람을 일컬어서 뭐라고 그랬냐면 육신에 속한 크리스천이라고 그럽니다. 예수 믿고 몇십 년 되었어도 잘못하면 이런 병에 걸리기 쉬어요. 안 자라면은요.

그다음에 두 번째 단계는 소년 시절이 있죠. 요한1서 2장 12절. 자녀들아 하는 데가 나옵니다. 자 소년의 특징 좀 봅시다. 이 소년 시절에는 자라다가 중간이 되면 자, 또 기가 막힌 비극이 많이 일어나는데 우선 소년의 특징이 뭡니까? 과장이 심해요. 거짓말이 좀 많이 섞입니다. 이 꼬마 애들 보면은 그렇죠. 질투가 많고 거칩니다. 들은 것은 무엇이나 지껄여댑니다. 감정적으로 쉽게 폭발합니다. 칭찬을 대단히 좋아합니다. 회초리가 아니면 가끔 바로 안 잡아집니다. 종아리를 때려야 돼요. 영적으로 이런 수준에 있는 사람들이 좀 있나요? 의식을 좀 합니다. 겉으로 번지르르하게 의식하기 쉬어요. 은근히 질투가 많습니다. 말을 못 참고 잘 지껄입니다. 감정적으로 쉽게 폭발합니다.

내 이야기 한번 할까요? 제 이야기. 군대 있을 때 어느 교회 갔는데 집사 투표를 했다고요. 그랬는데 나보다 훨씬 그 교회 늦게 들어온 사람이 당선되고 난 뚝 떨어졌네요. 그래서 전 도망가버렸어요. 화가 나가지고. 요사이 생각하면 얼마나 배꼽이 아픈지 몰라요. 우리 교회 다음에 만약 집사 안 시켜줘서 도망가는 사람이 있으면 저는 화를 안 낼 거예요. 왜냐하면 제가 경력이 있으니까. 군대 있으면서 뭡니까? 철도 없고. 그래도 제가 우리 여기 앉아계시는 우리 대학생들이나 대학교 이제 갓 졸업한 형제들 보면 참 부러운 게 있어요. 저 나이의 제가 지금 저 사람들 따라 갈 수가 없었어요. 왜? 예가 뭐냐? 집사 안 시켜준다고 도망가는 걸 보아도 알아요. 도망가가지고 집에 앉아서 화가 잔뜩 나 있으니까 좀 있다가 뒤에 목사님이 따라왔어요. "아이고 옥 선생님, 왜 그럽니까?" 그 목사님 지금도 살아계시는데 지금 나를 보고, 제가 여기서 일을 하고 있다는 걸 들으면 아마 속으로 많이 웃을 거예요. 그것이 다 소년 시절이라고요. 신앙적으로 자라지를 못해서. 소년 시절이라고요. 그래서 감정의 폭발을 잘해요. 감정 폭발을 잘하고 자기 마음대로 안 되면 폭발을 해요. 답답한 상황이죠. 또 칭찬은 어지간히 좋아하죠. 여러분 교회 안에서 만약에 칭찬 너무 좋아하시면요 내가 아직 많이 어리구나하고 생각하시면 돼요. 칭찬 좋아하시면. 그리고 한 번씩 회초리를 때려야 바로 돌아서지요. 한 번씩 하나님이 그저 몽둥이로 두들겨 패야 정신을 번쩍번쩍 차리고 옵니다. "아이고 목사님 주일 한 번 안 지켰더니 목돈이 날아갔습니다." "아이고 목사님 뭐뭐 안 했더니 하나님이 이렇게 칩니다. 저렇게 칩니다, 아이고." 이렇게 매를 맞아야 돌아오는 스타일은 아직 어려요. 어린 겁니다. 그래서 어떤 신자들 만나보면 두들겨 맞을까 싶어서 겁이 나가지고 교회 나오고 두들겨 맞을까 싶어서 그저 목사님 말씀 순종하고 아 그렇게 공포증이 심한 신앙 생활을 어떻게 합니까 일생 동안. 우리 집에 자녀를 키우지만 우리 집 꼬마가 날마다 집에 들어와가지고 아빠 엄마가 때릴까 싶어서 겁이 나가지고 항상 그러고 살면.... 이거는 참 정말 자녀를 안 키우는 게 낫지요. 그런 자녀를 집안에 놓고 어떻게 살아요. 예? 마찬가지 아니에요? 하나님이 우리 자녀들에게 놀라운 축복 주시고 놀라운 생명의 은혜를 풍성하게 주셨는데 아 이게 전혀 자라지를 못해, 조금 자라다가 딱 머물렀어요. 이래가지고 더 이상 안 자라니까 날마다 벌벌 떨면서 하는 것마다 벌 안 받을려고만 한다고. 이거 전부 다 소년 시절의 상태입니다. 이런 스타일의 신자가 교회 안에 많으면 그 교회 발전이 없습니다.

고린도전서 13장 폅시다. 고린도전서 13장. 페이지 279페이지. 11절. '내가 어렸을 때에는 말하는 것'이 뭐와 같았어요? '어린아이와 같고 깨닫는 것이 어린아이와 같고 생각하는 것이 어린아이와 같다가 장성한 사람이 되어서는.' 뭡니까? '어린아이의 일을 버렸노라.' 예. 이런 말을 할 사람이 우리 가운데 다 나와야 됩니다. 여러분의 신앙 생활에서 내가 어릴 때에는 어린아이와 같이 생각하고 어릴 때는 내가 신앙적으로 보아서 매우 유치하게 행동했지만은 그러나 내가 하나님의 말씀으로 자라고 하나님의 은혜로 성장한 지금은 옛날에 가졌던 어린아이의 일을 버렸다. 어린아이의 일을 버렸다. 나는 이제 성장했다 이런 말을 할 수 있는 신자들이 교회 안에 많아야 돼요. 그래야 교회가 부흥이 되고 그래야 교회가 살아 움직여요. 이 유아 시절의 단계, 이 소년 시절의 단계 이것 벗어버리지 못하면요. 여러분 한마디로 이야기해서 예수 믿는 맛이 무엇인지 전혀 모르는 신자들입니다. 영생은 얻었는지도 몰라요. 구원은 얻었는지 몰라요. 그러나 풍성하게 넘치는 영적 생명을 전혀 맛보지 못하는 기근을 당하는 상태입니다. 저는 알아요. 이런 신자들이 많은 교회가 얼마나 어렵다는 걸 제가 압니다. 말 많고 분쟁 심하고 질투 심하고 문젯거리가 그저 날마다 당회 안에서도 또 제직회 안에서도 끊임없이 나오고 말 같지도 않는 것이 말이 되고. 따지고 보면 하는 것도 별로 없는데 뭐 성경 전부를 다 아는 것 같이 생각하고 교만에 빠져가지고 참 한심한 상황입니다. 우리는 이런 짓 해서는 안 돼요. 이제 자라야 되겠어요.

자 세 번째는 청년시절이 있어요. 요한1서 2장 13절 같은데 보면 '청년들아' 하는 말이 나옵니다. 청년의 특징은 뭡니까? 강하고 판단이 빠릅니다. 적과 대결하는데 강합니다. 미래의 꿈을 가지고 있습니다. 신념과 용기가 있습니다. 장래에 대한 준비가 철저합니다. 이것이 청년의 특징이에요. 물론 약점도 좀 있지만 약점은 크게 문제가 안 돼요. 강하고 판단이 빠릅니다. 적과 대결할 수 있는데 강합니다. 미래의 꿈을 가진 자입니다. 신념과 용기가 있습니다. 장래에 대한 준비가 철저합니다. 청년입니다. 청년입니다. 신앙에도 이와 같은 수준이 있어요. 청년 수준이 있어요. 강합니다. 비전이 있어요. 어지간한 싸움에서 물러나지 않습니다. 죄와 싸우는 데 있어서, 사탄과 싸우는 데 있어서 안 물러나요. 신념이 있습니다. 용기가 있습니다. 집안에서 아내하고 조금 다투고 나왔다고 해서 하루 종일 부루퉁해가지고 앉아있지 않잖아요. 교회 안에서 조금 마음에 안 맞는 형제가 있다고 해가지고 그것 때문에 마음이 이렇게 들볶이는 그런 쩨쩨한 생활 안 해요. 대담해요. 장래에 대한 준비가 있어요. 성서에는 예수 잘 믿는 사람들을 일컬어서 청춘을 비교하는 데가 많습니다. 시편 103편에 보면 '내 청춘으로 독수리와 같이.' 그랬죠? 어디입니까? 한번 찾아보실래요? 시편 103편 5절 구약 876페이지. '좋은 것으로 내 소원을 만족케하사.' 내 청춘으로 뭡니까? '독수리같이 새롭게 하시는도다.' 청춘이 날마다 날마다 새로워져요. 날마다 날마다 새로워져요. 그래서 이사야서에 보면은 여호와를 앙망하는 자는 마치 독수리가 힘있게 하늘을 나르는 것 같이 청년의 힘을 과시한다고 그랬습니다. 또 이사야에 보면 하나님 나라에는 100세에 죽는 자도 어린아이였고 하나님의 나라의 백성들은 전부 청년이라고 묘사하고 있습니다. 사도행전 2장에 보면 요엘서 선지자 예언을 인용해가지고 뭐라고 그랬어요? 성령 충만을 받은 사람은 다 청년이 됩니다. 그래서 나이는 비록 노인일지라도 나이는 비록 많이 먹었을지라도 꿈을 꾼다고 그랬어요. 꿈을 꾼다고 그랬어요. 젊은이가 된다는 이야기입니다. 이렇게 청년이 되려면 어떻게 해야 되나요? 자라야 돼요. 성장해야 됩니다. 여러분에게 이와 같은 성장이 있습니까? 그러면 여러분의 영적 생명이 차고 넘칩니다. 패기가 있습니다. 그러나 이것도 제일 좋은 단계는 아닙니다. 제일 좋은 단계는 성년의 시대입니다. 장년 단계입니다. 성숙한 단계를 이야기합니다.

자 우리가 장년의 특징을 일일이 들 필요가 없어요. 그러나 영적으로 장년의 수준이 있습니다. 자 어떤 건지 한번 보실까요? 영적으로 장년의 수준이 있어요. 그래서 아마 성경에서 볼 때는 30세 이상을 장년으로 보는 것 같아요. 성숙 단계로 보는 것 같아요. 나이상으로 보아서. 그래서 예수님도 서른 살 때 공적 생활 시작했고. 또 다윗도 서른 살 때 전 이스라엘을 다스리는 임금이 되었고 또 세례 요한도 서른 살 때 또 자기 사업 시작했고 구약에 보면 서른 살 이전에는 제사장을, 제사장의 일을 시키지 않았습니다. 서른 살까지를 준비 기간. 그래서 30세 이상은 이제 우리가 육체적으로, 또 인격적으로 성숙 단계이기 때문에 그때부터 주님의 일을 하도록 했습니다. 이 성숙 단계가 있어요. 장년 단계가 있어요.

이 성년 단계의 특징이 뭡니까 영적으로? 하나님과 평화를 누리는 사람입니다. 영적 평화가 뭔지를 압니다. 빌립보서 4장 10절에 있는 영적 평화가 무엇인지 알아요? 이것은 굉장한 수준입니다 여러분. 여러분 마음에 평화가 있어요? 예수 믿고 나서. 여러분 마음에 평화가 있습니까? 내 환경이 어떻게 바뀌더라도 상관하지 않고 어떤 상황에서도 하나님이 주시는 깊은 평안을 내 마음에 갖고 사는 사람이면 그 사람은 영적으로 굉장한 수준에까지 올라간 사람입니다. 아직도 저는 이런 단계에 못 올라가고 있어요. 깊은 바다는 바람이 어지간히 불어도 소리를 내지 않습니다. 얕은 바다는 바람이 조금만 불어도 소리가 요란합니다. 영적으로 깊은 사람은, 깊이 성장한 사람은 성숙한 사람은 어떤 바람이 밖에서 불어와도 마음의 평안이 금방 사라지지 않습니다. 유지합니다. 이거는 굉장한 단계입니다. 그다음에 성장한 사람은 어떤 사람이냐? 모든 환경에 감사하는 자입니다. 바울이 말한 것처럼 내가 부할 때를 대처할 줄 알고 또 가난도 대처할 줄도 알고 어떤 상황에서든지 내가 하나님 앞에 감사하며 사는 비결을 배웠노라고 하는 것처럼 내 상황이 어떻게 변해도 내 마음이 요동하지 아니하고 감사하는 상태입니다. 이것은 굉장히 높은 수준입니다. 부자로 살던 사람이 갑자기 가난하게 되면 다 요동을 하게 됩니다. 이런 상황에서도 "하나님이요 지금 나에게 무슨 뜻을 갖고 계시나이까?" 하고는 하나님을 바라보고 깊이 생각하고 욥과 같이 어려운 상황을 하나님 앞에 놓고 감사할 수 있는 사람이면 그 사람은 신앙적으로 성장한 사람입니다. 사랑하는 자녀를 키우다가 하나님이 웬일인지 데리고 가버렸을 때 그 마음의 고통은 말로 다할 수가 없지만 그러나 그런 상황에서도 "하나님이요 당신의 뜻이 어디 있습니까?" 조용히 기도하면서 그 가운데서도 감사할 수 있는 사람이라면 그 사람의 수준은 말도 못하게 높은 수준입니다. 사업하다가 실패했을 때에 "주여 내가 사업에 실패한 이유가 어디 있습니까? 그러나 하나님은 모든 것이 협력하여 선을 이루게 해주시는데 주님 감사합니다. 아버지께서 이 일을 인도해주시옵소서" 하고는 마음의 감사가 떠나지 아니하고 평안을 유지할 수 있는 사람이라면 높은 수준의 신자입니다. 갑자기 내 사업이 잘되고 돈을 잘 벌게 되고 갑자기 내가 출세를 하게 되었을 때도 그와 같은 일시적인 바람에 날리지를 않고 조용히 하나님 앞에 앉아서 "하나님 나에게 갑자기 왜 이렇게 많은 은혜를 주십니까? 내가 잘 모르겠는데 주님 그러나 감사합니다. 그러나 하나님 이렇게 내가 많이 받은 거 감당하지 못할까 두렵습니다. 아버지여 어떻게 사용해야 할지 가르쳐 주십시오." 전혀 내가 부자가 됐다고, 내가 출세했다고 그 마음이 요동하지 않아요. 어떤 상황에서도 나 자신이 하나님 앞에 평안을 유지할 수 있고 감사할 수 있는 상태, 이것이 성장한 사람의 상태입니다.

영적으로 성장한 사람은 또 어떤 사람이냐? 과거를 보지 않습니다. 과거의 실패를 돌아보지 않습니다. 바울처럼 미래를 보는 사람입니다.

빌립보서 3장 13절에 '내가 뒤를 돌아보지 아니하고 앞의 것을 향해서 달음박질친다' 고 그랬죠. 이것이 성장한 상태예요. 빌립보서 3장13절 한번 펴 보세요. 자, 이 빌립보서요. 이 빌립보서는 잘 기억하세요. 바울이 세상 떠나기 직전에, 죽기 얼마 전에 기록한 성경입니다 감옥에서. 그러기 때문에 바울의 영적 상태가 굉장히 높은 수준에 있을 때입니다. 그래서 이 본문들이요 영적으로 상당히 차원이 깊어요. 금방 제가 이야기한 모든 내용들이 그렇습니다. '감옥에 앉았어도 내가 기뻐하고 기뻐하노라 내가 너희를 권하노니 기뻐하고 또 권하노니 또 기뻐하라.' 어떻게 감옥 안에서 기뻐할 수 있습니까? 이 기뻐하는 상태는 영적으로 어른이 된 상태입니다. 3장 보세요. 13절 형제들아 '나는 아직 내가 잡은 줄로 여기지 아니하고 오직 한 일 즉 뒤에 있는것' 을 어떻게 했습니까? '잊어버리고 앞에 있는 것을 잡으려고 푯대를 향하여 그리스도 예수 안에서 하나님이 위에서 부르신 부름의 상을 위하여 좇아가노라.' 영적으로 성장하면 과거에 뭐 어린아이 때 잘못한 거 가지고 자꾸 되씹고 자꾸 과거의 것을 가지고 자꾸 하나님 앞에 들고 나오고, 지금까지 잘못되었던 거 그저 털털 털어버리면 될 텐데 그거가지고 자꾸 생각하는 거 아직 영적으로 자라지 못해서 그래요. 자란 사람은 과거 잊어버려요. 어린아이 때 일을 다 잊어버렸다고 말한 바울 그대로입니다. 4장으로 넘어가 보세요. 얼마나 이 사람이 영적으로 차원이 높은지 한번 보세요. 4장 4절 보세요. '주안에서 항상 기뻐하라 내가 다시 말하노니 기뻐하라.' 5절 보세요 얼마나 차원이 높은지 보세요. '너희 관용을 모든 사람에게 알게 하라.' 조그만 일 가지고 화내지 말고 바다처럼

넓은 마음을 가지고 사람으로 하여금 너의 관용을 알게 하라. 왜 그래요? '주께서 가까우시니라.'

이런 수준이 바로 영적으로 성장한 사람입니다. 지금 나는 어디에 있습니까? 어린아이입니까? 소년입니까? 청년 아니면 장년입니까? 우리가 주님이 주시는 풍성한 생명을 누리려면 영적으로 성장해야 합니다. 어린아이, 소년의 단계에 머물러 있으면 안 돼요. 구원받은 것으로 만족해서 멍하니 앉아있으면 안 돼요. 예수님이 우리에게 원하시는 게 그냥 구원받고 천국 오는 게 아니라 이 땅에서 우리가 풍성한 생명을 누리는 것입니다. 그 풍성함은 우리가 성장할 때, 자랄 때만 누릴 수 있음을 기억해야 합니다. 그 풍성함을 말로 정의하지 못해도 상관없어요. 내가 영적으로 성장해서 누리면 되지 설명하는 게 중요하지 않습니다. 예수님이 약속한 이 풍성한 생명을 이 자리에 모인 여러분들 중 단 한 명도 예외 없이 다 누리기를 바랍니다. 기도하겠습니다.

Passage LK 2 Date Sep. 23 /78

Passage Description: 목자의 이야기는

A. 과학자적인 진리 연구 <칼을 부러 찾아>

1. 마리아의 소스에 만족할수 없었을 것이다
마리아는 안들의 베들레헴 탄생을 알았다
그러나 당시 보통 마리아로 나사렛에 거주했는
어떻게 베들레헴 탄생이 가능하였을까?
만일 증명이 안되면 메시야 탄생의 신빙성에
로 위험.

2. 역사적인 고찰을 분명히 한 (vv. 1—3)
아우구스도스의 호적 (인구조사).

3. 베들레헴 출생을 증명할수 있는 증인들을
수집 (vv 8f)
① 목자들의 증언. ② 시므온의 증언
③ 안나의 증언.

B. 자료소스의 신빙성을 증시
(문제의 발송이 그는 마리아로부터 들은 내용이다)
오랜의 Source는 마리아 자신이라고 추측하
있는 것은 <Dr. Sunday는 1-2장은 마리아의 진술이
① 20절 "마음에 지키고 생각"
51절 "마음에 두니라"
마리아가 항상 마음에 모든 기억하고 있었던
사실들을 증명이 없이 한다.
③ 40. 52절은 누구의 소산이었을까?
말씀을 인생한 어머니의 회상에 의한 것이
40절은 1세—12세까지의 성장
52절은 13—약30세 " "

1978년 10월 25일 수요일 저녁 예배

누가복음 강해 1

(눅 4 : 14 - 30)

그러니까 구약의 희년도 지키려면 믿음이 필요한 것처럼 오늘날 우리가 그리스도 안에서 주어진 영원한 이 희년의 축복을 우리가 누리려면 무엇이 필요합니까? 믿음이 필요한 겁니다. 절대적으로 믿음이 필요한 겁니다.

14. 예수께서 성령의 능력으로 갈릴리에 돌아가시니 그 소문이 사방에 퍼졌고
15. 친히 그 여러 회당에서 가르치시매 뭇 사람에게 칭송을 받으시더라
16. 예수께서 그 자라나신 곳 나사렛에 이르사 안식일에 늘 하시던 대로 회당에 들어
가사 성경을 읽으려고 서시매
17. 선지자 이사야의 글을 드리거늘 책을 펴서 이렇게 기록된 데를 찾으시니 곧
18. 주의 성령이 내게 임하셨으니 이는 가난한 자에게 복음을 전하게 하시려고 내게
기름을 부으시고 나를 보내사 포로 된 자에게 자유를, 눈 먼 자에게 다시 보게 함을 전
파하며 눌린 자를 자유롭게 하고
19. 주의 은혜의 해를 전파하게 하려 하심이라 하였더라
20. 책을 덮어 그 맡은 자에게 주시고 앉으시니 회당에 있는 자들이 다 주목하여 보더
라
21. 이에 예수께서 그들에게 말씀하시되 이 글이 오늘 너희 귀에 응하였느니라 하시니
22. 그들이 다 그를 증언하고 그 입으로 나오는 바 은혜로운 말을 놀랍게 여겨 이르되
이 사람이 요셉의 아들이 아니냐
23. 예수께서 그들에게 이르시되 너희가 반드시 의사야 너 자신을 고치라 하는 속담
을 인용하여 내게 말하기를 우리가 들은 바 가버나움에서 행한 일을 네 고향 여기서도
행하라 하리라
24. 또 이르시되 내가 진실로 너희에게 이르노니 선지자가 고향에서는 환영을 받는
자가 없느니라
25. 내가 참으로 너희에게 이르노니 엘리야 시대에 하늘이 삼 년 육 개월간 닫히어 온
땅에 큰 흉년이 들었을 때에 이스라엘에 많은 과부가 있었으되
26. 엘리야가 그 중 한 사람에게도 보내심을 받지 않고 오직 시돈 땅에 있는 사렙다의
한 과부에게 뿐이었으며
27. 또 선지자 엘리사 때에 이스라엘에 많은 나병환자가 있었으되 그 중의 한 사람도
깨끗함을 얻지 못하고 오직 수리아 사람 나아만뿐이었느니라
28. 회당에 있는 자들이 이것을 듣고 다 크게 화가 나서
29. 일어나 동네 밖으로 쫓아내어 그 동네가 건설된 산 낭떠러지까지 끌고 가서 밀쳐

떨어뜨리고자 하되

30. 예수께서 그들 가운데로 지나서 가시니라

수요일 저녁은 좀 평이하게 내가 마치 본문을 집에서 펴놓고 생각할 수 있는 스타일로 아주 평이하게 우리 생각하자고 미리부터 약속을 했으니까 어려운 이야기들은 다 빼고요. 여러분들이 가정에서 직접 말씀을 앞에 놓고 먹을 수 있고 말씀을 또 깊이 적용할 수 있는 훈련이 되면 그것으로 족해요. 그래서 제가 발견하지 못하는 부분도 여러분들이 가정에서 말씀을 놓고 읽을 때 또, 깊이 생각할 때 발견할 수 있었으면 좋겠어요. 그런 스페이스(여유)를 남겨놓자고요. 그렇죠? 예 그게 좋죠. 제가 전부 그냥 철저하게 이야기를 다해버리면 그것도 재미가 없으니까. 예, 예수님이 시험 받으시는 문제는 이미 제가 두 시간 연속으로 이야기를 했어요. 그러니까 남은 문제는 이제 여러분들이 하세요. 수요일 저녁에 나오시는 분들이 특히 적기 때문에 거의 대다수가 지금 이 시간 누가복음을 본문으로 하는 설교를 듣지 못하고 있잖아요? 그러니까 제가 이제 어떤 경우는 또 낮 시간에도 같은 본문을 들고 나올는지 몰라요. 그럴 때 여러분들이 다시 한번 리마인드remind할 수 있고 또 수요일 듣지 못했던, 깨닫지 못했던 문제를 여러분들이 그 시간에 또 깨달을 수 있도록 스페이스를 남겨놓자고요.

자 오늘은 어때요? 14절부터 30절 까지 중에서 어느 정도까지 말씀을 할 수 있을런지 모르지만은 우선 14절 15절이 한 페러그래프(단락)이죠. 그래서 '성령의 권능으로 갈릴리에 돌아가시니.' 어때요? 이런 본문 읽을 때 여러분 같으면 만약에 혼자 오붓한 경건의 시간을 한다면, 노트를 들고 앉아서 이 본문을 여러분들이 분석한다면 이 '성령의 권능' 으로 하는 말에 쇼크가 안 들어와요? 어떤 느낌이 확 안 들어와요? 여러분 그거 뭡니까? 마태가 이런 단어 잘 쓰나요? 마태는 이런 단어 잘 안 써요. 또 마가는 어때요? 마가 역시 잘 안 써요. 또 요한도 어때요? 요한 역시 잘 안 써요. 누구만 이 단어를 쓰죠? 오로지 누가만. 누가만 '성령의 권능으로, 성령이 충만하여, 성령의 능력으로' 이런 말 참 잘 쓰죠. 왜 잘 쓰느냐? 이유가 뭡니까? 왜 잘 써요? 누가가 이 말을? 누가가 바로 사도행전 저자니까 오죽이나 잘 알겠어요. 그렇죠? 예 오순절의 그 사건을 남겨놓은 유일한 저자 아니에요? 그런 의미에서 누가가 교회사적으로 또는 성경 역사상으로 차지하는 위치는 절대 우리가 무시 못해요. 그가 너무 성령에 대해서 잘 알아요. 그래서 어떤 것이 성령의 충만이냐, 또 어떤 것이 성령의 능력이냐 너무 분별을 잘해요. 그러기 때문에 그는 자신있게 이야기를 하는 겁니다. 그런데 우리 여기서 한 가지 알아야 될 것은 저는 누가가 이렇게 성령의 충만으로 하는 말을 잘 쓰는 데는 순전히 믿음의 표현이라고 봅니다. 그렇죠? 요한처럼 예수님의 머리 위에 비둘기가 있는 것을 보고 말한 거는 절대 아닐 거예요. 제 말에 긍정이 가요? 사도행전에 특별히 베드로가 산헤드린 앞에서 한 대화가 뭡니까? 재판에, 그 심문을 받을 때 대답할 때 누가가 보고, 누가가 뭐라고 그랬어요? '성령과 권능으로 충만하여' 하는 말을 했죠. 그것은 무엇만 가지고 하는 이야기입니까? '믿음' 가지고 하는 이야기예요. 반드시 그 시간에 베드로에게 성령께서 강하게 역사하신다는 걸 누가가 확인하는 겁니다. 믿음으로 확인하는 거예요. 그걸 무슨 증거로 보고 하는 이야기가 아니에요. 그러면 증거는 언제 나타났어요? 말을 한 다음에 결과 보고 증거를 잡았죠. 그게 성령의 역사라는 것은 분명하다는 거. 그렇죠? 왜? 산헤드린의 회원들이 대답을 못 했잖아요. 그 말의 능력 앞에 그냥 굴복을 당했잖아요 그렇죠? 그러니까 우리도 이 스타일로 따르는 것이 좋아요. 흔히 잘못하면 어떤 증거를 보고 나서 믿으려고 들고 어떤 증거를 보고 나서 확인하려고 드는데 이것은 좋은 점도 있어요. 어떤 면에서는 좋은 점도 있지만은 어떤 면에서는 대단히 위험합니다. 그렇죠? 모든 기독교에 있어서 성령의 역사는 믿음으로 출발합니다. 내가 분명히 성령께서 나와 함께 하신다는 것을 믿고 들어갈 때 성령이 강하게 역사하는 것이 정상이에요. 성령이 강하게 역사하기 때문에 내가 성령의 인도를 받는다고 하는 것은 옳을 때도 있어요. 그러나 잘못될 위험이 대단히 많아요. 제가 누가복음이나 사도행전을 쭉 읽으면서 자, 오순절 성령이 임한 것은 분명히 역사가 있었죠. 그래요. 그거는 틀림없는 역사에요. 그 뒤부터 누가가 '성령의 권능으로, 성령이 충만하여' 하는 말을 쓸 때에는 믿음으로 쓴 거지 그때 그때마다 역사가 있었기 때문에 증거 보고 쓴 거 아니에요. 분명히 해요. 그렇죠? 그점을 우리가 좀 알고 넘어갑시다.

그 소문이 사방에 퍼졌다고 그랬는데 예수님이 시험 당한 다음에 갈릴리로 돌아가기 전에 유대 나라에서 한 일이 몇 가지 있죠? 성전 청소하신 거. 그다음에 니고데모와의 대화 같은 거. 그렇죠. 그거는 다 갈릴리 돌아가시기 전에 하신 거예요. 유대 나라에서. 그러니까 그다음에 또 요한복음 2장 12절 이하에 보면 많은 표적들이 유대 지방에서 있었어요. 그래서 그 소문이 예수님보다도 먼저 간거죠. 그렇죠? 소문이 먼저 어디로 올라간 거예요? 갈릴리로 올라간 거예요. 그래서 많은 사람에게 예수님의 소문이 퍼졌어요. 제가 그 뭡니까? 주석 몇 가지를 제가 참고하는 가운데 역시 자유주의 계통에 학자이기는 합니다만 참 깊이 있는 관찰을 잘하죠. 윌리암 바클리William Barclay(1907~1978) 같은 학자 말입니다. 바클리 같은 사람은 "왜 예수님께서 선교의 출발을 갈릴리에서부터 시작했느냐? 왜 예루살렘에서부터 시작 안 하고 갈릴리에서부터 시작했느냐?" 하는 문제에 하나의 퀘스천마크를 두고 두 가지 이유를 들었더군요. 갈릴리는 유대 나라 지도 펴면 북쪽이에요 남쪽이에요? 어디예요? 자, 원 투 쓰리 어디예요? 북쪽이죠? 북쪽이고. 그다음에 유다는 남쪽이고. 음, 무엇보다 갈릴리는 그 당시 유대 나라에서 제일 인구 밀도가 높은 지역이었어요. 그게 좋은 이유 중에 하나였고 또 하나는 갈릴리 지역은 변경에 많은 이방 나라와 국경을 하고 있는 지역이에요. 여러 나라와 국경을 하고 있는 지역이었기에 가장 진보적이었다고 그래요. 또 성격도 상당히 어떤 면에서는 적극적이었고 또 모험을 좋아하고 또 상당히 그 투쟁력이, 투지력이 많았다고 그럽니다 갈릴리 사람들. 그래서 요사이 말로 하면, 저 유럽으로 말하면 흥분하기 좋아하는 민족이 그 어느 민족이요? 아마 그럴 거예요. 저도 그 정도로 알고 있어요. 아마 그런 약간의 기질들이 있었던 거 같아요. 그래서 그런 점들이 예수님의 복음을 받아들이는데 상당한 도움이 되는 요소로 등장한 것 같다고 그렇게 이야기하는 학자도 있었어요. 그래서 예수님이 선교의 본거지를 예루살렘에서부터 잡지 않고 갈릴리에서부터 잡았다. 뭐 믿어도 좋고 안 믿어도 좋아요. 왜냐하면 성경이 거기에 대해서 분명히 말씀 안 하는 이상 모든 것이 해석적이고 추론적이니까. 여러분들이 받아들이셔도 좋고 안 받아들이셔도 좋아요. 저는 그저 상당히, 반 정도의 진리는 있다고 생각을 합니다. 그래서 갈릴리로 돌아가셨어요.

아, 그다음에 그 15절에 가서 친히 그 여러 회당에서 가르쳤다 그랬는데요. 예수님의 선교 전략 중에 제일 중요한 전략이 뭐죠? 예수님의 선교 전략 중에 제일 중요한 전략이 뭐예요? 회당에서 가르친 거, 회당을 사용한 거 이것이 선교 전략 중 아주 중요한 전략이죠. 그렇죠. 바울도 이것을 본받았어요 안 받았어요? 바울도 이방 나라에 가서 선교할 때 처음 본받은 것 중에 하나가 그거죠. 회당을 중심으로 한 거. 왜냐하면 거기에 사람들이 모이니까. 그리고 거기에는 메시지를 이해할 수 있는 그러니까 개념상으로 서로 칸택트(접촉)가 될 수 있는 사람들이 우선 모이니까. 그렇죠? 그러니까 우리가 캠퍼스에서나 또는 비즈니스 미니스트리를 할 때나 또는 뭐 밖에 나가서 이야기를 할 때 우리가 전도를 무작정 하는 것도 좋겠지만은 그러나 어떤 시츄에이션을 즉, 환경을 선택하는 것도 중요한 거죠. 잘 분별해서 어떤 환경이 말씀을 전하기에 더 좋은 것이냐 이것을 선택하는 것은 지혜에 속하는 겁니다. 그다음에 또 하나 선교 전략 중에 하나가 여기에서 보면 뭐죠? 갈릴리에 돌아가면은 예수님의 어떤 사람이 많아요? 측근들이 많죠? 그렇죠?

고향 사람들이라든지 또는 여러 가지 그 뭡니까? 이해가 통할 수 있는 그런 사람들이 많죠? 그러니까 가까운 사람들로부터 시작됐던 거 이것도 선교 전략 중에 하나입니다. 뭐 14절과 15절에서 우리가 발견할 수 있는 거 여러 가지가 있겠지만은 그 몇 가지만 제가 선택을 해서 포인트로 여러분들에게 지적을 합니다. 그렇게 아시고 집에 가셔서 한번 더 검토를 해보세요.

자 그다음에 16절 이하에 보면 무엇입니까? 여러분들 16절에서 시작해가지고 어디까지 갈까요? 그 22절까지. 22절까지 놓고 제일 키key가 되는 말이 무슨 말일 것 같아요? 어디? 그렇죠. 예 분명하죠. 몇 절입니까? 21절 끝에. '저희에게 말씀하시되 이 글이 오늘날 너희 귀에 응하였느니라.' 이 말이 여기에서는 가장 중요한 키key죠. 이 말이 오늘날 너희 귀에 응하였느니라. 자 그러면 무엇이 응하여졌습니까? 이사야의 예언이 응해졌죠. '주의 성령이 내게 임하셨으니.' 18절. '이는 가난한 자에게 복음을 전하게 하시려고 내게 기름을 부으시고 나를 보내사 포로된 자에게 자유를 눈먼 자에게 다시 보게 함을 전파하며 눌린 자를 자유케 하고 주의 은혜의 해를 전파하게 하려 하심이라.' 조금 이사야서 본문하고 약간 틀리는 한 부분이 있었다는 점을 문제 삼을 수 없습니다. 왜냐하면 이건 셉투아진트septuagint(역주: 칠십인역 성경, 히브리어로 된 구약 성경을 헬라어로 번역한 것) 헬라판에서 인용될 걸로 보통 학자들이 이야기를 하고 있으니까 헬라판 구약에는 조금 표현상의 차이가 있습니다. 어때요? 이 이사야의 그 예언의 메시지의 포인트가 뭡니까? 이거를 한마디로 요약하면? 복음. 좋았어요. 복음의 내용은, 지금 복음의 내용이 몇 가지 나와있죠? 어떻게 누가 이거 한번 구별을 해보세요. 이거 어떻게 구별하겠어요? 가난한 자에게 그다음에 포로된 자에게 눈먼 자에게 눌린 자에게 여러분은 이것을 문자적으로 받아들입니까? 아니면 영적으로 받아들입니까? 어때요? 영적으로. 또 김 집사님은 어떻습니까? 문자적으로 받아들이세요? 영적으로 받아들이세요? 어, 그렇지 않으면 두 가지 다 받아들이세요? 그 점에다 아마 집사님 동의할걸요. 그렇죠? 저도 그 점에 동의해요. 두 가지가 다 적용이 돼요. 가난한 자. 영적으로 가난한 자만 아니죠? 그렇죠? 지금까지 보아서 실제적으로 돈이 없어 가난하고 세상에서 버림받은 많은 사람들이 오히려 그리스도를 더 따랐죠. 예, 지금도 그렇죠. 부자보다도 가난한 사람이 더 예수 잘 믿어요. 그건 분명해요. 그러니까 오히려 하나님께서 가난한 자들을 더 관심을 두신 것도 사실이에요. 예수님 복음 보면 그렇죠? 그다음에 어떻습니까? 또 문자적으로 볼 때 여기 어때요? 포로된 자는 두 가지 다 볼 수 있죠? 그런데 이거는 어떻습니까? 포로된 자에게 자유를. 이거는 정말 영적인 의미가 상당히 더 강합니다. 그렇죠? 무엇에 포로가 되어있나요? 사탄에게. 사탄의 권세. 포로되어 있는 자. 자유 선언하고 그다음에 눈먼 자는 이거는 어떻습니까? 영적인 의미가 강하죠. 왜냐하면 눈먼 자가 그렇게 많지 않아요. 뭐가 눈이 어두워졌어요? 진리에 대해서 눈이 어두워진 자. 다시 보게 한다. 이것을 예수님이 가르쳐주기 위해서 자 포로된 자에게 자유를 주시는 분이라는 것을 특별히 강조하기 위해서 이적을 행할 때 어떤 스타일의 사람을 고쳤습니까? 귀신 들린 사람을 특별히 고치는 일이 많이 나오죠 성서에. 그러면 뭐 유대 나라에 거기 귀신 들린 사람만 수두룩 하나? 그럴 수도 있겠죠. 당시 많았던 것 같아요. 한국도 많을 거예요 아마도. 어느 주간 잡지 보니까 그랬더구먼요. 우리 한국의 귀신 수가 뭐 얼마요? 누구 읽어 보신 분 없어요? 뭐 몇억? 그래서 어떤 목사님이 귀신 쫓아내는 것만 전문적으로 하신다고 그러더군요. 그래서 제가 그걸 읽으면서 "아 이 사람이 진짜냐 아니면 가짜냐?" 그랬는데 그분 메시지만은 정확해요 내가 보니까. 예수 믿어야 귀신에게서 해방된다. 이것만은 포인트가 분명해요. 그런데 귀신 들린 사람 그렇게 많다는 얘기가 아찔하다고. 그런데 예수님께서 특별히 귀신 들린 사람 해방시키는 거, 이것은 모든 인간의 신념을 사로잡고 있는 죄악의 세계예요. 공중의 권세 잡은 자의 세계에서 모든 사람을 해방시키는 분이다. 그래서 자유를 선언한다. 이것을 특별히 암시하는 하나의 사건들이었죠. 또 눈먼 자들에 대해서 예수님께서 영적으로 어두워진 눈을 열어주셔서 하나님을 발견하게 하고 자기를 발견하게 하는 위대한 구원자라는 것을 가르쳐주기 위해서 예수님은 특별히 가끔가다가 어떤 사건이 있어요? 봉사(장님)를 눈 띄워주는 거. 그렇죠? 물론 요즘도 신유의 은사를 받으면 눈을 뜨게 해주는 일이 있습니다. 그러나 참 희소합니다. 예, 아주 희소합니다. 제가 미국에서 보았지만 텔레비전 같은 데서 그거 그 단체 이름이 뭡니까? 저기 신유 은사만 특별히 텔레비전에서 보여주면서 전도하는 그 단체가 있죠. 유명한 단체입니다. 거기 보면 눈이 진짜 뜨여요. 실명했던 사람이 시력을 다시 찾는 일이 일어나요. 일어나기는 하는데 얼마 안 있어서 다시 되돌아가는 사람들에 많은가 봐요. 완전하지를 못 하고. 미시간 대학교가 있는 앤 아버Ann Arbor에 거기 저는 누군지 잘 모릅니다만 조용기 목사님 그 분 장모 되시는 분이 한번 오셔서 부흥회를 했는데 거기서 그 뭡니까? 환자가, 눈먼 환자가 눈을 떴어요. 제가 살던 동네하고 앤 아버하고 거리가 얼마 안 되어요. 그래서 항상 전화로도 연락이 잘 되고 또 그 교회하고 저하고도 관계가 있었고 했기 때문에 제가 좀 아는데요. 그런데 그 눈뜬 사람이 뭐 부흥 집회 끝나고 나서 일주일인지 지나서 또 다시 그냥 악화되어버렸어요. 그러니까 예수님이 고치는 거하고 차이가 좀 있는 그런 일들이 지금도 아무튼 일어나기는 하는 거 같아요. 지금 우리에게 증거가 많이 일어나는 게 예수님 때와는 좀 다르기는 하지만 그렇다고 제가 신유의 은사를 부정하는 건 아니에요. 하나님이 왜 못 고치겠어요? 그렇죠? 하나님께서 왜 못 고치겠어. 또 하나님이 어떻게 또 사도행전 때만 고치고 지금은 못 고친다고 어떻게 말씀하시겠어요? 고칠 수 있죠. 그러나 예수님께서 눈먼 자를 눈뜨게 해주신다는 것은 육체적으로만 봉사된 자를 고쳐주신다는 의미가 절대 아니죠? 뭘 고쳐준다는 의미입니까? 영적으로 어두워진 자의 눈을 열어주신다. 여기에다가 더 강한 강조를 하시기 위해서 어떤 면에는 육신의 병을 고치는 데에는 능력이 잘 안 나타나는 지도 몰라요. 그렇죠? 육신의 눈, 봉사만 자꾸 눈 뜨이는 일만 일어나면 영적인 면에 대한 강조가 약해지죠. 아 이 말씀은 실제 봉사들에게만 적용되는 것이다. 너무 그렇게 강조하기 때문에 오히려 예수를 믿어도 눈이 안 뜨이는 사람이 많고 문제가 생기죠. 아 우리 주변에 신앙 좋은 맹인들이 얼마나 많은데요. 왜 하나님이 그렇게 하실까? 왜 하나님이 가만히 두실까? 예, 영적인 면을 더 강조하는 겁니다. 그러나 두 가지를 우리가 다 받을 수 있죠. 여러분 눈 떴어요? ㅇㅇ씨, 다 죽어가는 대답을 하고 있어. 당신 눈 떴어요? 떴어요. 예, 참 그 질문도 그렇고 또 대답도 그렇고 밖에 사람이 들으면 이해할 수 없는 대답이고 질문이에요. 그러나 우린 떴죠. 분명히, 예수 믿고 떴기 때문에 누구를 믿음으로 봅니까? 예수님을 봅니다. 예, 떴기 때문에 우리의 구원을 봅니다. 떴기 때문에 우리 안의 하나님이 주신 영생한 영원한 생명을 봅니다. 그렇죠? 눈을 떴기 때문에 오늘 보이지 않게 역사하시는 성령의 능력을 압니다. 그것이 뭔지? 그렇죠? 떴기 때문에. 그리고 또 눈을 떴기 때문에 그리스도 안에서 하나님이 주신 엄청난 미래의 축복을 내다봅니다. 그렇죠? 그러나 또 한 가지 여러분 분명히 아세요. 예수 믿고 눈 떴다고 해서 그걸로 끝입니까? 아니죠. 그렇기 때문에 바울이 에베소 있는 교인들을 위해서 기도할 때 뭐라고 그랬어요? 에베소서 1장. 눈을 더 밝게 떠달라고 그랬죠. 그러니까 내가 지금 아무리 예수 잘 믿는다고 여러분들이 장담하더라도 내가 눈 완전히 떴다고 생각하면 그건 교만이에요. 그렇죠? 아직도 영적 세계의 진리에 대해서 모르는 게 너무 많아요. 그러니까 바울도 그 믿음 좋은 에베소 교인들을 위해서 기도하기를 주여 에베소 교회 교인들의 영의 눈을 띄어 주셔서 세 가지를 보게 해주십시오. 그랬죠? 세 가지를 보게 해주십시오. 우리 한국말 번역에는 좀 그 오락가락하는 게 많지만 리빙 바이블 보시면 여러분 세 가지가 뭡니까? 분명하게 구별을 해놨죠? 제가 전에도 한번 이야기를 한 일이 있을 거예요.

자 첫째 누구를 보게 해달라고? 예수 그리스도가 누구시며 그가 하신 일이 무엇인지를 더 분명히 보게 해주십시오. 첫째 기도. 그 다음에 둘째 기도가 뭡니까? 그리스도 안에서 하나님이 주신 축복들이 얼마나 엄청난가를 보게 해주십시오 두 번째 기도에요. 세 번째는요. 예수를 죽은 자 가운데서 살리신 성령의 능력의 강건함이 얼마나 큰가를 보게 해주십시오. 그러니 에베소 교인들이 그걸 못 봤습니까? 보았죠. 벌써 믿고 얼마나 장성한 사람들이 되었습니까? 사실 바울이 쓴 서신서 가운데서 가장 심오한 서신 중에 하나를 택하라면 학자들의 아마 반 이상은 에베소서를 택할 거예요. 로마서 보다도 오히려 에베소서를 택할 거예요. 그만큼 깊어요. 깊다고. 로마서는 교리적으로는 참 체계적이고 깊지만 그 영적인 면을 깊이 터치touch하는 면에서는 에베소서를 따라가지 못해요. 그러니까 그 어려운 본문을 받는 독자의 입장에서는 얼마나 수준이 높았겠어요? 에베소 교회. 물론 이것이 학자들 간에는 꼭 에베소 교회에만 보낸 편지가 아니고 소위 회람 서신이라고 해서 각 교회가 돌려가면서 보게 한 서신이라고 주장하는 사람도 있어요. 그러나 아무튼 에베소 교회에게 보낸 것은 사실이에요. 그러니 수준이 얼마나 높아요? 그 정도 됐으면 영적으로 교만할 수도 있겠는데 바울이 오히려 그들을 위해서 기도한 것이 뭡니까? 눈 뜨게 해주십시오. 그렇죠? 우리도 시편 119편에 있는 말씀대로 '내 눈을 열어 주의 법의 기이한 것을 보게 하소서.' 그 기도는 우리가 끝내서는 안 돼요. 그렇죠? 항상 그 기도는 하나님 앞에 해야 돼요. 그리고 우리가 보는 것은 또 우리가 아는 것은 온전한 겁니까? 부분적인 겁니까? 어디 있습니까? 성경에 그 말이? 고린도전서 13장에, 우리가 아는 것도 부분적이고 우리가 보는 것도 부분적이고 그러므로 어느 누구도 교만할 수가 없어요. 하나님 나라 들어가면 온전한 것을 볼 때가 와요. 그다음에 여기 눌린 자가 뭡니까? 눌린 자. 영어 성경 가진 분. 하트브로큰 맞죠? Heartbroken 맞죠? 눌린 자, 마음이 부서진 자. 요즘 번역은 마음이 부서진 자, 마음이 그냥 상처 투성이인 사람. 예, 눌린 자. 이 눌린 자를 어떻게 합니까? 릴리스release 한다고 그랬어요 릴리스. 릴리스는 저 그 뭡니까? 셋 프리set free 하는 거하고 틀리죠. 갇힌 사람을 이렇게 놓아주는 의미하고 어떤 그 고통 속에 있는 누군가를 릴리스 한다는 말하고 좀 틀리죠. 우리말에는 자유를, 자유를 이랬는데 조금 다른 겁니다. 왜 마음이 부서지겠어요? 왜 마음이 깨어지겠어요? 이거는 현실적인 의미도 있고 영적인 의미도 있죠. 그렇죠? 현실적인 의미들이 참 강하죠 이 말씀에서는. 나사로나 마리아와 같이 죄인 취급받던 집안의 사람들 얼마나 마음이 멍이 들고 깨어져있었겠어요? 예수님 당시에. 그렇죠? 또 예수님을 따라다니면서 수종하던 여인들이나 혹은 세리들 보면 얼마나 마음이 멍들고 깨어진 사람들이겠어. 그 사람들에게 마음의 평안을 주는 복음이죠. 실제적으로 그렇죠? 그다음에 영적으로 우리가 적용할 때 죄로 인해서 마음이 멍들고 깨진 사람이 얼마나 많겠소. 이사야가 말한 것처럼 너희 머리로부터 발끝까지 뭐하였다고요? 터지고 상한 것 뿐이거늘. 그랬죠? 예 머리부터 발끝까지 만신창이가 되어 터지고 상한 것 뿐이야. 모든 인간이 그렇게 깨져 있어요. 이런 사람에게 그리스도께서 그 고통에서 풀려날 수 있는 놀라운 해방을 주는 것이 복음이다. 그렇죠? 자 그러면 다시 본문 주의해서 보세요. 가난하게 되는 것, 영적으로 포로가 되는 것, 영적으로 눈먼 자가 되는 것, 영적으로 눌려서 마음이 깨어진 자가 되는 것. 이 원인은 한마디로 뭡니까? 죄. 그렇죠. 죄가 인간으로 하여금 이렇게 만들었습니다. 그러므로 자 다시 본문 보세요. 복음이 전파되고 자유가 주어지고 눈을 다시 보게 되고....무슨 문제만 해결되면 되는 겁니까? 죄 문제만 해결되면 되는 거죠. 그러니까 복음의 핵심은 뭡니까? 죄 문제 해결해주는 겁니다. 예, 죄 문제 해결해주는 겁니다. 예수님에게 성령이 그에게 임하였다고 18절에 그랬는데 성령이 임한 목적이 지금 복음을 증거하고 복음을 통해서 많은 영혼을 구원하기 위한 것이라면 오늘날 오순절을 통해서 우리들에게 성령 주신 목적이 뭡니까? 우리에게 있어서의 자유죠. 그렇죠? 해방이죠. 그리고 다른 사람에게 이 해방을 전해주는 거죠. 성령의 목적은 분명해요. 어떤 은사 강조하는 게 성령의 목적 아니에요 여러분. 꼭 기억하세요. 은사 강조하는 것이 성령의 목적이 아니에요. 은사는 필요하면 따라오는 거죠. 중요한 것은 뭡니까? 해방. 해방이에요. 이게 복음의 핵심입니다. 죄로부터 해방입니다. 자 여러분 우리는 해방받은 사람입니까? 우리는 해방 받았어요. oo양! 해방 받았어요? 받았어? 아직 안 받았어? 어떻게 그걸 알아요? 안 받은지를? 느낌이 드는 거지. 저런 형제에게 우리 대답을 어떻게 해주면 좋겠어요? 그것도 무슨 말인지 잘 안 들어오죠? 그렇게 어려운 말을 쓰면 신앙이 약한 형제들이 금방 못 받아들인다고. 그것도 어렵다고. 그건 너무 추상적이야. 자 oo형제하고 oo자매하고 차이가 있어요. 이 형제는 예수 믿는 거는 분명하니까 둘 다 분명하죠. 믿죠. 예, 오케이. 이거는 공통분모야. 믿는데 예수 믿고 성경을 보니까 믿는 자에게 하나님이 아, 모든 죄에서 해방되었다고 분명히 이야기 했어요 요한복음 5장 24절 같은 데에. 그렇죠? 그래서 저 형제는 성경의 그 약속을 그대로 믿는 거예요. 근데 필링feeling을 믿고 있는 거야 지금. 금방 대답을 그렇게 했죠. 내가 그렇게 느껴진다고 그러죠. 거기에 지금 차이점이 생겼어요. 필링이야. 필링을 믿어서는 안 돼요. 성경의 약속을 믿어요. 하나님께서 성경을 통해서 말씀해 놓은 약속을 믿어야 돼요. 필링하고 관계없어요. 그럼 약속을 믿고 "아 하나님이 내가 예수 믿고 나면 나는 이제 죄에서 해방된 사람이 되었다. 분명히 성서에서 하나님이 그렇게 말씀하셨구나. 나는 이제 이거 믿어도 좋다" 할 때 무엇이 와요? 그다음에 비로소 필링이 옵니다. 그렇죠? 근데 이거는 바탕이 결여되어 있는데 필링을 찾으니까 자신이 없죠. 나중에 마치고 나서 저 형제하고 한번 이야기 좀 해봐요. 예 좀 더, 오케이. 그리고 형제를 위해서 기도 좀 해줘요. 우리는 해방된 사람이에요. 무엇보면 알 수 있어요? 내가 예수 믿는 것 보면 알아요. 그렇죠. 예수 믿고 나서 성경을 보니까 엄청난 축복들이 하나님으로부터 와서있어요. 죄에서 해방, 사망에서 해방, 율법에서 해방, 양심의 고통에서 해방. 그렇죠? 예수님이 우리에게 그와 같은 복음을 선포해주셨어요. 얼마나 기가 막힌 축복이에요? 이런 큰 축복을 받고도 모든 면을 좀 밝게 보지를 못하고 날마다 울고 짜는 것이 은혜인지 알고 있어요. 물론 울 때도 있죠 왜 없어요. 죄를 질 때는 울어야죠. 십자가의 은혜가 참 감격스러울 때는 울어야죠. 그러나 한국 신자들은 너무 지나치게 눈물이 많아요. 그 대신 찬송이 적다고. 좀 웃어야 돼요. 좀 감사해야 돼요. 찬송해야 돼요. 눈물이 많아요 주님 앞에 너무 눈물만 많아요. 이 본문이 지금 뭐라고 그랬어요? 21절에 오늘날 뭡니까? '너희 귀에 응하여졌느니라.' 이미 우리에게 실현이 된 겁니다 이것은. 이미 실현이 됐어요. 왜? 예수님이 오셨기 때문에 이미 실현이 됐어요. 이거는 예언이 아니에요. 이미 실현된 사건이에요. 조건은 하나. 예수 믿기만 하면.

그런데 그 재미있는 단어가 하나 있어요 19절에. 뭡니까? 은혜의 해. 자 이건 무엇을 의미할까요? 누가 카멘터리commentary(성경주석) 같은 거 조금 보신 분 있어요? 그다음에 또 다른 분 있어요? 여러분 쥬빌리jubilee가 뭔지 알아요? 쥬빌리? 영어로 jubilee? 희년, 우리말로. 희년, 그렇지요. 칠칠은 사십구 이렇게 해서 해가 50년째. 레위기 25장에 보면은요. 우리 같이 펴봅시다. 레위기 25장 1절부터 보면요. 중요한 데만 묶어봅시다. 3절 한번 보세요. 누가 읽어주세요. '너는 6년 동안 그 밭에 파종하며 6년 동안 그 포도원을 다스려 그 열매를 거둘 것이나. 제7년에는 땅으로.' 뭐하게 했어요? 쉬어... '안식하게 할지니 여호와께 대한 안식이라 너는 그 밭에 파종하거나 포도원을 다스리지 말며.' 그랬죠? 이것이 7년마다 와요. 7년마다 마치 우리 7일 안식일이 오듯이. 7일마다. 7년째는 농사를 짓지 않아요. 밭을 그대로 놀려두어요. 그래서 자연적으로 자라가지고 포도가 맺히고 무화과가 열리고 그다음에 곡식이 열리면 그것을 누구에게? 가난한 자들이 와서 거두어가도록 하고 짐승들이 와서 먹도록 했어요. 땅을 온전히 그냥 놀렸어요. 안식. 그다음에 그러다가 50년째가 되는 8절 한번 보세요. '너희는 너는 일곱 안식년을 계수할지니.' 그러니까 일곱 번씩 일곱 번씩 시작해가지고 일곱 번 계속하면은 얼마 되나요? 49년이 되고 그다음에 50년째가 뭡니까? 9절 보세요. '7월 10일은 속죄일이니 너는 나팔 소리를 내되 전국에서 나팔을 크게 불지며.' 50년째 되는 희년 전날은 뭡니까? 속죄일입니다. 죄를 속하는 날입니다. 그다음에 희년이 시작되어요. 제50년을 거룩하게 하여 10절에 전국 건민에게 무엇을 선포합니까? 자유를 선포합니다. 이 해는 너희에게 희년이니 쥬빌리. 쥬빌리라는 말은 호른horn이라는 말에서 왔습니다. 호른. 저 나팔. 이날은 나팔을 불어요. 자유의 나팔을 불어요. 그래서 쥬빌리라고 그래요. '너희는 각각 그 기업으로 돌아가며 각각 그 가족에게로 돌아갈 지며 그 50년은 너희의 희년이니 너희는 파종하지 말며 스스로 난 것을 거두지 말며 다스리지 아니한 포도를 거두지 말라. 이는 희년이니 너희에게 거룩함이니라. 너희가 밭에 소산을 먹으리라.' 거기에 비유한 희년에 대한 성경 구절을 다 찾을 수가 없어요. 제가 몇 가지만 설명해주죠. 여러분이 이걸 보고 그다음에 한번 그 결론을 지어보세요. 6년 동안 파종을 합니다. 곡식을 길러요. 농사를 지어요. 그러다가 7년째 그만 놀립니다. 무엇이 필요합니까? 그래서 하려면 무엇이 필요해요? 하나님께서는 제6년째는 3년 먹을 것을 주신다고 그랬어요. 7년 한 해를 놀리기 때문에. 자 그러면 무엇이 필요합니까? 믿음이 필요하죠. 여러분 믿음이 필요해요. 이게 희년의 역사요. 안식년 이거는 이스라엘의 믿음의 테스트예요. 믿음의 테스트라고. 물론 땅이 쉬는 것도 중요하고 창조 질서에 의해서 안식일을 안식을 하는 것도 중요하지만 근본적으로는 이거는 뭡니까? 믿음이 필요한 거예요. 광야에서 이스라엘 백성이 여기에 걸렸어요 안 걸렸어요? 6일 동안 하늘에서 만나가 내려와가지고 너희들이 양식을 하나님이 매일 아침마다 주신다. 그런데 7일에는 안 내려온다. 이틀분 거두어라. 그랬는데 7일 날 또 나갔잖아 사람들이. 안식일 날 또 양식 얻으러 나갔다가 못 찾고 돌아왔죠. 그러니까 하나님께서 분노하셨다고. 무엇이 없어요? 말씀을 믿는 믿음이 없다고. 그러니까 여러분 내가 농사를 짓는 사람이라면 6년에 하나님이 3년 먹을 것을 주실 정도로 풍성하게 풍작을 주어도 7년에 또 농사짓고 싶겠소 안 싶겠소? 짓고 싶지요. 전년에 너무 풍년이 왔으니까 이거 또 한번 짓고 싶은 거 인간의 심리죠. 그렇죠? 굉장히 믿음이 필요한 제도입니다. 이거 희년이라는 것이. 믿음이 없으면 하나님께서 쉬라고 했으니까 무조건 하나님 명령에 복종하고 또 내가 쉼으로써 하나님이 나에게 축복하신다. 이것을 믿지 아니하면 희년을 지킬 수가 없어요 이스라엘의 백성이. 그러니 이 희년 지킨 역사가 이스라엘 나라에는 얼마 오래지 않아요. 조금 지나가다 전부 흐지부지 되어버렸다고. 그래가지고 나중에 하나님한테 책망을 들었죠. 거기에 대한 걸 여러분들이 알아보시려면 안식년을 지키지 못한 결과를 예레미아 34장 14절 이하 다음에 가서 읽어 보시고 또 레위기 26장 34절 이하도 미리 예언을 했어요. 이스라엘 백성이 이거 지키지 못한다는 거. 재미있잖아요? 이스라엘 백성의 그 민족성의 기질 중의 하나가 뭡니까? 무엇에 눈이 밝은 겁니까? 돈에 눈이 밝은 민족이죠. 예 이스라엘 백성만큼 돈에 눈이 밝고 눈치 보고 그야말로 그 돈 버는 일에 철저한 사람이 또 없죠. 그러니 7년째마다 그걸, 그 땅을 놀려주겠어요? 또 이런 수도 있잖아요? 7년에 전혀 손 대지 아니하고 포도원이나 그다음에 과수원을 그대로 놀려놨더니 막 포도가 이렇게 막 좋은 것들이 열렸어요. 그거 달구지 끌고 가서 수확 안 하겠어요? 그 가난한 사람이 많이 들고 가도록 내버려두겠어요? 믿음이 보통 필요한 거 아닙니다 이거는. 그리고 이 7년이 일곱 번 계속되고 나서 49년 지나서 50년째 안식년 소위 희년이 오면 나팔을 불고 전 민족에게 땅만 쉬게 하는 것이 아니고 지금까지 이스라엘 민족 가운데서 빚 때문에 남의 집에 가서 종살이하던 사람 전부 어떻게 해요? 다 석방시켜요. 전부 돌려보내요. 돌려보내고 그다음에 빚진 거 다 그냥 무無로 돌리고 그다음에 땅도 어떻게 합니까? 땅도 만일 예를 들어서 유다 지파의 땅을 빚 때문에 베냐민 지파의 사람이 샀다고 합시다. 그러면은 희년까지 그 땅을 자기가 사가지고 경작하다가 희년에는 다시 유대 지파에게 돌려주어야 돼요. 그래서 여호수아를 통해서 지파마다 하나님께서 땅을 구분해 준 것이 연구적으로 지계표가 옮겨지지 않도록 하셨다고. 경계선이 옮겨지지 않도록. 자 이거 쉽습니까? 자기 집에 빚 때문에 종살이 하던 사람이 희년이 됐다고 돌려보내는 게 쉬워요? 예레미야서에 보세요. 돌려보냈다가는 또 와서 희년이 지나고 나니까 또 끌고 와서 또 종살이 시켰다고. 얼마나 힘들어요? 자 그러나 우리가 거기에 대한 내용은 더 자세히 말할 거 없고.

자 은혜의 해라는 말은 바로 희년을 의미합니다. 희년, 해방의 해입니다. 그렇죠? 안식의 해입니다. 복음의 포인트가 뭡니까? 해방과 안식이죠. 예 해방과 안식이죠. 바로 희년의 해입니다. 그러니까 앞에 있는 가난한 자에게 복음이 전파되고 또 포로된 자에게, 자유를 속박하고 눈먼 자에게 다시 보게 하는 것, 이걸 영적으로 깊이 의미를 따져보면요. 희년에 일어날 사건들을 다시 이야기한 것입니다. 희년에 일어난 사건을 영적으로 적용한 것이라고 볼 수 있어요 이사야가. 그러니까 구약의 희년은 무엇을 내다보고 시행한 하나의 제도입니까? 예수 그리스도가 오시면 복음으로 우리에게 주어질 영원한 희년. 이것을 미리 내다보고 그림자를 준 하나의 제도지요. 그러니까 구약의 희년도 지키려면 믿음이 필요한 것처럼 오늘날 우리가 그리스도 안에서 주어진 영원한 이 희년의 축복을 우리가 누리려면 무엇이 필요합니까? 믿음이 필요한 겁니다. 절대적으로 믿음이 필요한 겁니다.

오늘 거기까지 합시다 거기까지 하고 또 나머지 것은 다음에 우리 계속해서 하도록 하십시다. 이 누가복음 4장 14절 이하에 이런 본문이랑 또 이사야 예언 같은 그런 본문은 좀 외워두세요. 참 좋아요. 내가 바로 그런 축복을 받았기 때문에 외워놓으면 그 말씀이 나에게 이미 응해졌어요. 그러므로 내가 그 기쁨을 느낄 수 있어요. 희년의 기쁨을 느낄 수 있어요. 마치 빚 때문에 남의 집에 가서 종살이 하다가 노임 받아서 아 고향을 찾아서, 부모를 찾아서, 형제들과 처자들을 찾아서 돌아가는 그 바로, 그 사람의 심정을 우리가 가질 수가 있어요. 왜냐하면 그리스도 안에서 우리가 그러한 해방을 받았어요. 그런 축복을 받았어요. 여러분 그거 믿습니까? 우리에게 주어진 희년의 축복을 믿어요? 예 믿어요. 저는 믿어요 그걸. 우리 이제 한 목소리로 감사 하나 하십시다. 감사는 무엇을 해야되는지 알죠? 오늘 메시지를 통해서 우리가 주님 앞에 감사할 것이 뭔지 알지요? ㅇㅇ양, 하나님이 ㅇㅇ양에게 놀라운 축복을 주셨어요. 해방, 마음의 평안과 안식. 왜? 예수님이 그걸 주시기 위해서 오셨어요. 우리는 믿기만 하면 그분을 통해서 그와 같은 축복을 이미 받은 것으로 되어있어요. 이제 믿음만 있으면 그것이 나의 축복이 된 것을 어떻게 해요? 체험하게 돼요. 그렇죠? 믿음이 약해요? 아직까지. 그래서 지금까지 문제가 있었죠? 주님이 나에게 오셔서 나에게 희년을 선언하셨다. 쥬빌리를 선언하셨다. 나에게는 이제 안식이 주어지고 그다음에 뭐요? 해방이 주어졌다. 이걸 믿고 감사하면 그다음부터 하나님께서 그 사실이 얼마나 분명한가를 내 마음을 통해서, 또 생활을 통해서 체험하게 해줘요. 예, 그거 감사해요. 예, 우리 다 같이 한 목소리로 하나님 앞에 우리가 받은 은혜에 대한 축복, 참 그리스도를 통해서 그 축복 주신 거 우리 다 같이 기도하면서 감사합시다.

6. 예수는 메시아 오시었다.
사가랴 = 주께서 기억하신다 는 의미
엘리사벳은 하나님의 약속의 맹세.
요한은 하나님의 은혜.
8 "제사장 직무". 당시 제사장 수는 약 20000 으로서 분향의 직책은 제비를 뽑아 결정하는데 이런 성소 안 분향의 기회 얻기란 평생을 하루 뿐임 (출30:7,8) 분향시간에 백성은 밖에서 기다리고 분향연기가 오르면 하나님께 경배하는 사람들이 기도함.

11. "주의 사자". 유대인들 사회에서는 천사는 이상(V.22) 같은 초자연적인 현상을 가리키는데 수반. 기록상(성서적인) 침묵의 400년 후 최초의 천사 등장.
14 요한은 [illegible] 가르쳐 준 [illegible] 였다. 그는 [illegible] 이어서 그를 [illegible] 그의 사명을 [illegible] 수 있었다.

유대의 미래이 유대인 가정에서 원하는 것은?
(1) 후손이 있다는 것
(2) 메시아 [illegible] 그가 [illegible] 어린 아들 [illegible].
즉 모든 가정은 그들 후손 어느 하나가 메시아로 [illegible] 특히 다윗 자손이면 그 [illegible] 은 더 것을 [illegible].

12 말라기 3장의 예언 성취.
요한은 왕의 강림을 맞을 준비케 함.
말라기 이후 6장의 [illegible] 즉 700년 [illegible] 성취됨.

"엘리야의 심령, 능력"
(1) 사람을 주께 [illegible]
(2) 그는 능력의 [illegible]
(3) 그는 [illegible] 수 없는 사람만큼 [illegible] 성서의 [illegible]

"아비의 마음" [illegible] "자식" [illegible]

요한의 역할은 회개를 외치므로 깨어진 관계를 다시 묶어 [illegible]

1978년 11월 1일 수요일 저녁 예배

누가복음 강해 2

(눅 4 : 31 - 44)

알곡과 가라지가 같은 모판에서 자라잖아요? 마찬가지에요. 뭐 못할 게 뭐 있어요? 그렇지 않아요? 염소와 양이 같이 앉는 판인데. 조심해야 돼요 교회 안에서도. 성령의 역사가 강하게 일어나는 곳에 사탄이 같이 동석할 수도 있다는 거 우리가 똑똑히 알아야 돼요. 은혜가 풍성한 곳에 마귀의 시험이 동석할 수 있다는 거 알아야 돼요.

31. 갈릴리의 가버나움 동네에 내려오사 안식일에 가르치시매
32. 그들이 그 가르치심에 놀라니 이는 그 말씀이 권위가 있음이러라
33. 회당에 더러운 귀신 들린 사람이 있어 크게 소리 질러 이르되
34. 아 나사렛 예수여 우리가 당신과 무슨 상관이 있나이까 우리를 멸하러 왔나이까
나는 당신이 누구인 줄 아노니 하나님의 거룩한 자니이다
35. 예수께서 꾸짖어 이르시되 잠잠하고 그 사람에게서 나오라 하시니 귀신이 그 사
람을 무리 중에 넘어뜨리고 나오되 그 사람은 상하지 아니한지라
36. 다 놀라 서로 말하여 이르되 이 어떠한 말씀인고 권위와 능력으로 더러운 귀신을
명하매 나가는도다 하더라
37. 이에 예수의 소문이 그 근처 사방에 퍼지니라
38. 예수께서 일어나 회당에서 나가사 시몬의 집에 들어가시니 시몬의 장모가 중한
열병을 앓고 있는지라 사람들이 그를 위하여 예수께 구하니
39. 예수께서 가까이 서서 열병을 꾸짖으신대 병이 떠나고 여자가 곧 일어나 그들에
게 수종드니라
40. 해 질 무렵에 사람들이 온갖 병자들을 데리고 나아오매 예수께서 일일이 그 위에
손을 얹으사 고치시니
41. 여러 사람에게서 귀신들이 나가며 소리 질러 이르되 당신은 하나님의 아들이니이
다 예수께서 꾸짖으사 그들이 말함을 허락하지 아니하시니 이는 자기를 그리스도인
줄 앎이러라
42. 날이 밝으매 예수께서 나오사 한적한 곳에 가시니 무리가 찾다가 만나서 자기들
에게서 떠나시지 못하게 만류하려 하매
43. 예수께서 이르시되 내가 다른 동네들에서도 하나님의 나라 복음을 전하여야 하리
니 나는 이 일을 위해 보내심을 받았노라 하시고
44. 갈릴리 여러 회당에서 전도하시더라

예수님께서 갈릴리에 있는 가버나움에 들어가셔서 이제 복음 사업을 시작하는 장면이 처음에 나오고요. 그 회당에서 가르치시고 가르치시는 그 장소에서 귀신 들린 자를 만나가지고 치유하시고 그다음에 회당에서 나오셔서 베드로 시몬의 집에 들어가서 장모가, 베드로의 장모가 열병에 아파 누워있는 거 고치신 사건을 또 기록하고 있습니다. 그 다음에는 많은 사람들 특히 병자들이 찾아왔을 때 그들을 고쳐주신 사실을 집중적으로 말씀을 하고 그다음에 마지막으로는 예수님의 콰이어트 타임quiet time 장면이 나옵니다. 한적한 곳에 가서 혼자 조용히 기도하신다. 예, 오늘 이 본문을 볼 때 우리가 평범한 것 같이 느껴지지만 참 하나 하나 가만히 생각하면 우리에게 평범한 가운데서 가르쳐주는 중요한 진리들이 몇 가지 있습니다. 물론 제가 깨닫지 못한 진리들을 또 여러분들이 직접 많이 발견하실 겁니다.

오늘 저녁에는 제가 발견하면서 또 생각한 몇 가지 사실들만 우리 형제들과 나누면서 여러분들에게 조금이나마 이 본문을 이해하는데 도움이 되었으면 합니다. 제일 처음에 이 가버나움이라는 동네에 대해서 우리가 좀 생각을 합시다. 특히 갈릴리에 있어서 제일 번영한 중심지가 가버나움이었고 또 이 가버나움에는 큰 국제 하이웨이가, 뭐 요사이 말로 하이웨이죠. 국제 하이웨이가 세 개나 통하고 있어서 한 마디로 말해서 인터내셔널한, 코즈모폴리튼cosmopolitan(대도시)한 그런 도시의 성격을 띠고 있습니다. 그래서 어떤 면에는 이스라엘 사람들의 눈에 볼 때 순수하지 못한 그런 요소들이 많아요. 좀 타락한 면도 있고 도덕적으로 부패한 면도 있고요. 특히 제조업이 성하던 도시니까 여러 가지 그 상인들이 많이 몰려 사는 데서 오는 어떤 그 부작용 같은 것도 상당히 많이 깔려있는 곳이죠. 그래서 한마디로 하면 마치 고린도 도시와 같이 좀 번잡한 그런 도시입니다. 갈릴리에서 그래도 제일 중심 도시이기 때문에 예수님께서 그의 첫 사업을 시작하실 때 갈릴리에 전도 본부를, 그러니까 그의 사역의 기지를 어디다 세웠느냐 하면은 가버나움에다가 세웠습니다. 가버나움이란 뜻은 '나움의 마을' 이라는 뜻이죠. 구약의 선지자 이름인 나움, 그분의 이름을 땄는지 안 땄는지 모르지만 '나움이라는 사람의 마을' 이다. 그래서 마을 이름을 가버나움이라고 했어요. 가버나움. 근데 참 이 가버나움에 있어서 우리가 배울 점이 여러 가지가 있는데요. 특별히 재미있는 것은요. 이 가버나움을 예수님이 성경에 나타난 바에 의하면 몇 번을 드나드셨는가 하면 9번을 드나드셨습니다. 내가 세어본 경우에 그래요. 예수님 사역의 중심이에요. 요렇게 가버나움을 들어가셨다가 또 가버나움에서 또 돌아서 한 바퀴 전도 여행하시면 또 가버나움에서 나오시고 그리고 또 들어가시고 또 나오시고. 이렇게 했어요. 아주 이게 출발점이고 또 귀착점, 종착역입니다. 가버나움이 역할을 그렇게 했어요. 제가 세어본 견해로도 9번 그러니까 실제로는 아마 그 이상일 겁니다. 그 이상을 가버나움을 중심으로 해서 예수님이 전도 여행을 하셨어요. 하여튼 출발하면은 한 바퀴 도시고 가버나움으로 오세요. 마치 바울이 어디를 중심해가지고 한 바퀴 돌고 오시고, 또 오시고 그랬죠? 예 안디옥을 중심해가지고 제1차 여행, 제2차 여행, 3차 여행 하신 것처럼 이 예수님도 그렇게 돌았어요.

그래서 그 예수님이 그 일생 동안 걸어다니신 갈릴리의 여러 가지 지역을 이렇게 다이어그램diagram으로 예수님의 발자취를 이렇게 그려 놓은 지도를 보면은 하여튼 가버나움이 까매요. 워낙 들어갔다 나오시고 들어갔다 나오시고 들어갔다 나오시고 이러셨기 때문에. 그러니까 상당히 중요한 그런 도시입니다.

이렇게 예수님이 제일 많이 드나드셨고 또 제일 자기 전도 사업의 중심지였던 곳이 그런데 제일 회개하지 아니한 도시가 됐죠. 참 그 점에서 우리에게 교훈을 주는 것이 많습니다. 마태복음 11장 20절, 23절 우리 한번 볼까요? 20절, 11장 20절. 예 한번 읽어주세요. 11장 20절. 감사합니다. 그랬죠. 예, 가장 권능을 많이 베푸신 고을들이 회개를 안 했다. 그래서 '화 있을진저' 하고 나오다가 어디 있습니까? 23절. 뭐라고 나왔어요. '가버나움아 가버나움아 네가 하늘에까지 높아지겠느냐 음부에까지 낮아지리라 네게서 행한 모든 권능을 소돔에서 행하였다면 그 성이 오늘날까지 있었으리라. 내가 너희에게 이르노니 심판 날에 소돔 땅이 너보다 견디기 쉬우리라.' 어때요? 상당히 오늘 우리에게 암시적인 그런 내용이 아닙니까? 예수님이 제일 전도 기지로서 삼았던 곳이고 예수님이 제일 이적 기사를 많이 행했던 곳이고 예수님이 제일 자주 드나들던 곳이고 많은 사람과 접촉하던 곳이며 어떤 면에는 제자들의 고향이고 특히 베드로 같은 사람. 그렇죠? 예 그런데도 제일 회개하지 아니한 도시였다. 그래서 예수님께서 아예 저주를 할 정도로 완악한 도시였다. 여러분, 이런 걸 읽으면 어떻게 생각이 되세요? 어떤 점이 여러분께 좀 생각이 되세요? 32절 보면요, 누가복음 4장 32절에 보면요. '저희가 그 가르치심에' 뭐 했다고 그랬습니까? '놀랬다' 고 그랬죠. 놀랬다고 그랬죠. 놀랬어요. 그런데 기이하게 생각하고 놀라는 거 가지고는 절대로 영혼이 변화받지 못합니다. 우리가 그걸 알아야 됩니다. 아시겠어요? 희한한 이적이라든지 뭐 특별히 어떤 그 놀라운 일을 보고서 영혼이 변화되느냐? 노! 변화 절대 안 일어납니다. 가버나움 사람들이 예수님이 하시는 말씀과 그 지혜와 그 이적과 그 기사를 보고 놀라기는 많이 놀랐어요. 아마 깜짝깜짝 잘 놀란 모양이지요. 놀라기는 많이 놀랐는데 마음은 열리지 않았어요. 그러니까 진리가 아니에요.

지옥에 간 부자가 나사로를 보고 아브라함에게 부탁을 하지요. 아브라함한테 "나사로를 우리 고향에 좀 보내주십시오. 죽었다가 살아난 사람이 가서 복음을 증거하면 우리 형제들이 다 들을 것입니다." 그랬을 때 아브라함이 보냈어요 안 보냈어요? 안 보냈어요. 왜 안 보냈습니까? 땅에서 선지자들이 또 땅에서 전파하는 자들이 전하는 복음 듣지 아니하는 사람은 죽었다가 살아난 사람이 와가지고 전해도 안 듣는다고 그랬어요. 놀래는 거 가지고 절대 안 듣습니다. 저도 그런 거 같아요. 제 주변에서 보니까. 뭐 사람들 마음이 얼마나 완악한지요. 그래서 지금 보세요. 또 43절 보세요. 42절. 무리들이 예수님을 찾아다녔다고 그랬죠? 극성이 좀 있어요. 가버나움 사람들이 좀 극성맞은 데가 있다고. 그렇죠? 근데 왜 극성맞게 찾아다녔을까? 제가 볼 때는 43절에 예수님의 반응을 보았으면 좀 알 수 있을 거 같아요. 왜냐? 예수님이 그 요구를 거절했다고요. 그 이유가 뭘까요? 찾아다니는 동기가 엉뚱한 데에 있었던 거 같아요. 이적 기사 많이 행하고 아 모든 면이 신기하니까 좀 더 붙들어두려는 그런 욕구가 충분히 다분히 있었어요. 그러기 때문에 예수님께서 "내가 다른 동네에도 가야 되겠다." 자 이거하고 한 번 비교해보세요. 사마리아 동네로 지나가다가 사마리아 여자가 예수님 때문에 회개한 다음에 그가 사마리아 동네 사람들에게 가 전도하여 많은 사람들이 예수님에게 돌아왔습니다. 그 사람들이 예수님을 붙들고 간하기를 "며칠만 더 계시다가 가십시오" 할 때 예수님이 "내가 유대 나라의 다른 동네에도 가서 전파해야 된다" 하고는 떠났습니까? 안 떠났죠. 며칠 더 있었어요? 이틀을 그들과 더 유했다 그랬어요. 그렇죠? 그것과 비교해 볼 때 분명히 분명히 예수님께서 거절하시고 응하시고 하는 데에는 상대방의 요구에 대한 그 어떤 깊은 곳을 관찰하신 것 같아요. 동기가 어디 있느냐? 왜 가버나움 사람들이 끝까지 예수를 참 많이 접촉했지만 회개하지 아니한 것을 보아서 그 사람들이 예수님을 만류하고 떠나지 말라고 한 것도 동기가 엉뚱한 데에 있었던 거 같아요. 우리가 잘 알아야 합니다. 예수님을 내 가정에 모셔야지요. 예수님을 내 마음속에 모셔야지요. 그렇죠? 예수님을 내 생활에 모셔야지요. 그런데 모시는 동기가 예수님이 원하는 뜻에 맞지 아니하면 안 됩니다. 그 원하는 뜻이 뭡니까? 마음을 열고 예수님 앞에 전적으로 순종하는 자세입니다. 이것이·주님이 원하는 거예요. 단순히 내가 좀 복을 받기 위해서 내가 좀 불안하니까 또 내 마음에 평안을 위해서 이런 식으로 순전히 나의 어떤 유익을 위해서 예수님을 우리 가정에 붙들려고 하고 내 마음에 붙들려고 할 때에는 그 때는 우리가 은혜받지 못합니다. 아까 마태복음 11장하고 비교해볼 때 어떻습니까? 확실히 그 마지막 심판 때는 심판의 강도가 있어요. 있죠? 그렇죠? 하나님의 심판이 아주 엄한 데가 있고 좀 덜한 데가 있는 거는 사실인 거 같죠. 그렇죠? 어떤 데가 제일 엄합니까? 사람 중에는 어떤 사람에게 제일 엄합니까? 바리새인 같은 사람들. 알고도 고의적으로 믿지 아니하는 사람. 전해 듣고도 고의적으로 배척하는 사람들. 이 사람들이 제일 무섭게 심판 받는다고 성경에도 나와있죠. 또 동네로 봐서는 어떤 동네가 제일 견디기 어려울 것 같아요? 성경이 말씀한대로. 예수님이 제일 접촉하고 제일 이적 많이 행한 그런 곳. 요사이 말로 하면 제일 복음이 많이 전파되고 제일 교회가 많이 서고 제일 하나님의 일이 많이 일어났던 곳. 그곳에서 회개치 아니하는 사람들. 아예 복음이 잘 전달되지 아니한 그런 외지에, 오지에 있는 사람들보다도 심판이 더 무섭다는 거는 사실이에요. 그렇죠? 그런 점에서 우리 주변에 가는 곳곳마다 교회고, 보는 것마다 신자고 또 그저 사방이 종소리고 이와 같은 그 하나님이 완전히 문 열어놓고 오라고 하는 이런 환경 속에서 예수 믿지 아니하고 사는 사람에게 하나님께서 내리실 심판은 저 아프리카 구석에서 제대로 예수라는 말도 듣지 못하고 구원받지 못한 사람보다도 확실히 엄하다는 거는 사실이에요. 그렇죠? 특별히 우리 집안에 예수 믿는 식구들이 있는데 그 예수 믿는 식구들을 보고도 끝까지 예수 안 믿고 고집 피우던 사람은 예수 믿지 아니하는 가정에서 끝까지 산 사람보다는 확실히 책임 추궁해서 당할 거예요. 분명히 그래요. 오히려 가버나움은 엉뚱한 일이 잘 일어납니다. 왜냐하면 유대 사람들은 예수님에 대해서 이렇게 배척적인 생활을, 배척하는 마음을 가지고 끝까지 회개를 잘 안 했는데 엉뚱하게도 누가복음 7장 2절에 보면 이방 나라 로마 사람인 백 부장이 오히려 믿음이 최고로 좋았다고 그랬어요. 희한한 곳이죠. 기대를 할 수 없는 백 부장은 오히려 유대 사람들이 따라오지 못할 정도로 믿음을 갖고 있고. 예수님이 다니면서 "아직 내가 이런 믿음을 천하에 보지 못했다"고 할 정도로 감탄할 정도의 희한한 믿음을 가진 사람이 가버나움에 있었다고요. 그 사람이 바로 백 부장이에요. 로마 사람이에요. 우리가 사는 서울이 가버나움이 되지 않도록 우리가 기도 많이 해야합니다. 또 특별히 하나님이 축복하셔서 참 다른 면에는 세계의 여러 나라에 뒤질는지 모르지만 이 하나님을 믿는 일에 대해서만 다른 어떤 나라가 따라오지 못할 만큼 참 여러 가지 면에서 은혜를 많이 받은 우리 남한이 오히려 엉뚱하게도 하나님의 심판을 더 많이 받는 곳이 되지 않도록 우리가 기도 많이 해야합니다. 여기에 대해서 뭐 물어보실 거 있어요? 가버나움에 대해서 제가 지금 몇 가지 생각했는데. 뭐 좀 이해가 안 된다든지 좀 그런 점이 있으면 질문을 하세요.

그다음에 지금 두 번째로 우리가 생각할 문제는 여기 예수님의 권세에 대해서 몇 번 말이 나왔죠. 32절에 있는 그 말씀이 뭡니까? '권세가 있음이라' 이랬죠. 또 36절에 중간에 가서 '권세와 능력으로' 이런 말이 나왔죠? 지금 우리가 본 이 본문에서 세 가지 예수님이 가진 권세에 대해서 특별히 말씀을 하죠. 첫 번은 뭡니까? 가르치는 권세. 그렇죠? 회당에서 말씀을 가르칠 때 보여준 권세. 그다음에 둘째는 귀신을 정복하는 권세. 다시 말하면 사탄의 세계를 정복하는 권세. 그다음에 세 번째로는 병을 고치는 권세. 우리가 이 권세를 인정해야 합니다. 하나님의 진리를 배울 때에 최고의 권위는 어디 있습니까? 예수님 입에서 나오는 말씀이에요. 또 하나님 앞에서 최고의 권세가 어디 있습니까? 사탄을 정복하는 권세예요. 또 병을 고치는 권세입니다. 자 이 권세를 하나님께서 교회에 일임을 하셨어요? 위임을 하셨어요 안 하셨어요? 교회에다 위임을 하셨어요. 우리는 시시한 사람들이 아니에요. 예수 믿고 하나님의 자녀가 되면 하나님의 말씀에 권위를 가질 수 있는 사역자가 됩니다. 그렇죠? 권세 있는 말씀을 우리가 대신 증거할 사역자가 됩니다. 또 예수 믿고 구원받으면 귀신을 쫓아내며 사탄의 권세를 지배하는 놀라운 영적인 파워를 우리가 갖게 됩니다. 또 예수 믿으면 병든 자를 고칠 수 있는, 영적인 병과 육적인 병도 고칠 수 있는 하나님의 은사와 능력을 받게 됩니다. 그런데 더 재미있는 것은요. 예수님이 하나님의 진리를 가르칠 때에는 절대로 꾸짖는다는 말을 안 씁니다. 그러나 귀신을 쫓을 때는 뭐합니까? 어디 있어요? 꾸짖어요. 35절 보세요. 꾸짖어요. 그다음에 병을 고칠 때도 꾸짖었어요 안 꾸짖었어요? 39절. 꾸짖었어요 안 꾸짖었어요? 꾸짖었어요. 또 41절에도 꾸짖었죠. 예 이때는 사탄의 문제. 하나님의 진리를 회당에서 가르칠 때는 사람들이 알아듣지 못한다고 꾸짖지 않았어요. 그렇죠? '이 못된 것들 왜 못 알아들어' 하고 꾸짖지 않았다고요. 왜요? 우리 인간의 연약함을 주님이 너무 잘 아세요. 우리가 얼마나 멍충이고 우리가 얼마나 어둡고 아는 것 같아도 얼마나 진리에 우리가 눈이 멀다는 것 주님이 너무 잘 아세요. 그래서 기억나요? 어디 있는 말씀인지. 히브리서에 있는 말씀. '그가 친히 우리가 육신을 지고 우리 인간의 연약함을 체험했기 때문에.' 그렇죠? 예, 우리를 탓하지 아니하시고 우리 연약함을 그가 동정해주시고 도와주신다 그랬어요. 요절을 제가 외우지는 못하지만. 비슷한 내용이죠. 예 회당에서 가르치실 때는 앉아있는 사람이 아무리 멍청하게 앉아있고 심지어 마음을 열고 받아들이지도 못하고 있지만 마음을 닫고 있을 정도지만 주님이 꾸짖지 않았어요. 그러나 누구에게는 꾸짖었어요? 사탄에게는 꾸짖었어요. 꾸짖는다는 말은 상대방의 사정을 봐주지 않는다는 이야기죠. 그다음에 병에 대해서도 꾸짖었어요. 왜요? 왜 병을 꾸짖을까요? 이유를 대 보십시오. 왜 병을 꾸짖어요? 김ㅇㅇ 집사님, 왜 예수님이 병 고칠 때 병을 꾸짖어요? '이 열병아 물러가라' 하고 꾸짖었다고 그랬는데. 네, 사탄이 병을 파송했다. 김ㅇㅇ 집사님, 그렇죠? 죄로 인해서 병이 들어왔죠. 그런데 그 죄로 인해서 들어온 병을 누가 이용합니까? 사탄이, 악의 세력이 이용하죠. 그러니까 꾸짖는거죠. 그럼요. 제가 볼 때는 분명히 사탄이 병을 주고, 병을 일으키는 권한을 가진 건 사실이에요 성경을 엄밀히 보면. 세상에 죄의 결과로 오는 모든 비극들을 사탄이 주무를 수 있다는 것을 제가 압니다. 욥에 사건에 대해서도 욥에게 병이 일어난 것은 누가 주었어요? 사탄이 주었죠. 하나님께서 생명은 다치지 마라. 그렇죠? 욥의 생명은 다치지 말라. 그러나 나머지는 내가 너희에게 허락한다 할 때 제일 악질적인 독종이 그냥 몸에서 나도록 사탄이 역사를 했죠. 그거 보면은 병을 사탄이 이용합니다. 죄로 인해 들어온 병을 사탄이 이용합니다. 그러므로 병이 걸린 자는 어떤 면에서는 사탄에게 속박을 당했다고도 볼 수가 있죠. 이러니까 꾸짖는 겁니다. 자 그런데 우리 또 재미있는 것은 사복음서에 보면 꾸짖어서 고치는 병이 있고 꾸짖지 않고 고치는 병이 있죠. 아직 그거에 대해서는 제가 연구를 못 해봤습니다. 그게 구별이 과연 될 수 있을까? 꾸짖고 고치는 병과 꾸짖지 않고 고치는 병. 뭐 전문적인 의사 이야기를 들으니까 정신병이 있고 또 별도로 귀신 들린 병이 있데요. 분명히 구별이 된데요 병원에서도. 벌써 보면 안데요. 우린 아직 전문가가 아니니까. 근데 뭐 목사님들도 어떤 목사님들은 구별을 한다고 그러더군요. 근데 영의 세계를 꿰뚫어 보시는 예수님의 입장에서 그렇게 무턱대고 함부로 했겠어요? 그렇지 않아요? 아 꾸짖을 것도 없는데 미신적으로 이거 귀신이 보낸 거다 하고 꾸짖었겠어요? 천만에. 예수님의 입장에서 볼 때 얼마나 환하게 보시겠어요. 그러니까 꾸짖었다고 할 때는 벌써 뭐가 있는 거예요. 그렇죠? 뭐가 있는 거예요. 근데 여기서 특별히 베드로의 장모가 열병에 지금 앓아 누워 있는데 열병을 꾸짖었다고 그랬죠. 열병이면 요사이 말하면 감기인데요. 감기 몸살로 오는 막 두통 같은 거 열병인데 그걸 예수님이 꾸짖었다고 그래요. 우리 이해가 안 가요. 왜 열병을 꾸짖었을까? 그러나 예수님께서 하실 때에는 분명히 이유가 있었을 거예요. 예, 이유가 있었을 거예요. 예수님이 귀신을 쫓아내고 병을 고치는데 있어서 권능을 행하시는데 특별히 꾸짖고 권능을 행하셨다. 그런데 또 하나 34절에 "아 나사렛 예수여" 하고 더러운 귀신이 지금 소리지르죠. 여기에 "아"하는 말은 헬라어로 보면 아주 절망적인 탄식을 이야기 하는 겁니다. 감탄하는 게 아니고 절망적인 탄식에서 나오는 비명입니다. 왜 비명이 나옵니까? 예수님이 어떤 분인 것을 사탄이 너무 잘 알기 때문에 비명이 나오는 겁니다. 그리고는 자기 입으로 벌써 소리를 칩니다. 예수님 앞에서는 결코 자기 존재를 숨길 수 없다는 걸 너무나 잘 알고 있기 때문에 자기 스스로 소리를 칩니다. "나사렛 예수여! 우리가 당신과 무슨 상관이 있습니까? 우리를 멸하러 왔습니까?" 자, "멸하러 왔습니까?" 하는 말은 무엇을 인정하는 겁니까? 예수 그리스도가 음부의 권세까지 쥐고 계시는 분이라는 것을 사탄이 너무 잘 알고 있는 거죠. 그러니까 예수님이 허용한 범위 안에서, 예수님의 존재가 보이지 않는 범위 안에서만 사탄이 역사를 하는거지 예수님이 인지하는 자리에서 역사를 못 해요. 비명을 지르다가 만다고요. 그렇죠? "나는 당신이 누구인 줄 아는데 당신은 하나님의 거룩한 자녀이다." 자, 예수님이 꾸짖어 가라사대 했는데, 예수님이 여기서 꾸짖은 이유는 뭡니까? 무엇을 꾸짖은 겁니까? 회당에 들어와 있다고 꾸짖은 겁니까? 아니면 비명을 지른다고 꾸짖은 겁니까? 아니면 예수님이 메시아라는 것을 드러내기 때문에 꾸짖는 겁니까? 어느 것이에요? 예, 메시아라는 것을 드러내기 때문에 꾸짖은 겁니다. 자 그러면 왜 예수님이 꾸짖었을까? 자기가 메시아라는 거를 증거하는데 뭐가 어떻다고 꾸짖었을까? 한번 생각해보셨어요? 귀신을 만날 때마다 이런 사건이 벌어지죠. 귀신을 만나면 귀신은 그냥 입이 열려요. "당신이 누군지 나는 압니다" 하고 벌벌 떤다고.

소리를 친다고. 그러니까 예수님이 "입 다물어" 라고 꾸짖습니다. 그다음에 "나오라" 이러는데 왜 예수님께서 자기, 예수님 자신이 메시아라는 걸 사탄이 분명히 증명을 하는데, 귀신이 증명을 하는데 왜 "입을 다물어" 라고 꾸짖죠? 그것도 이유가 있겠죠? 이유 중에 하나가 되겠죠. 바로 그 점입니다. 예수님이 하나님의 아들됨은 사탄의 증거를 필요로 하지 안잖아요. 그거는 어떤 면에는 모욕입니다. 좋은 예가 있죠. 바울이 빌립보서에 가서 전도를 하는데 뒤에 귀신 들린 여자가 따라오면서 뭐라고 그랬어요? 예, 하나님의 구원의 도를 전한다고 계속 따라 다니면서 며칠을 못 살게 굴었다고 그랬죠? 그러면 그 따라다니면서 좋은 말하는데, 바울이 전도하러 왔고 구원의 도리를 전하러 왔다고 떠드는데 아, 그거야 좋은 일 아니에요? 그런데도 바울이 어떻게 했어요? 나오라고 했죠. 왜요? 하나님의 거룩한 도는 더러운 귀신의 입을 통해서 증명을 받을 필요가 전혀 없어요. 나사렛 예수의 권위는 더러운 귀신의 어떤 그 입을 통해서 증거를 받을, 도움을 받을 필요가 없어요. 그렇죠? 하나님의 권위는 사탄이 증명하는 거 아니에요. 예수 그리스도의 메시아의 권위는 사탄이 증명하는 거 아니에요. 성령이 증거하시고 예수님 자신이 증거하시고 그가 하신 일을 통해서 증거되는 것이고 또 예수를 영접한 사람들의 입을 통해서 또 어린아이의 입을 통해서 증거되는 것이지 사탄의 입을 통해서 증거되는 것이 아니에요. 하나님이 그 사탄의 증거를 절대 필요로 하시지 않아요. 이런 점에서 예수님이 "잠잠하라"고 꾸짖었죠. 또 한 가지 여기서 우리가 생각할 것은 귀신 들린 사람이 회당 안에 있었다는 것. 귀신이 회당 안에 와서 동석하고 있었다는 점을 기억할 필요가 있습니다. 그다음에 귀신이 예수님이 말씀을 다 가르치고 마칠 때까지 잠잠하고 있었다는 거. 재미있죠? 말씀 끝나자마자 소리쳤다고. 그렇죠? 그렇게 나왔나요. 예, 분명히 32절에 그 말씀이 권세가 있어서 많은 사람들이 그 가르침에 놀랬어요. 그런데 회당에 더러운 귀신 들린 사람이 소리를 갑자기 친 거죠. 어떻습니까? 예수 믿는 사람이 모인 자리에 사탄이 동석할 수 있습니까? 없습니까? 저는 있다고 봅니다. 알곡과 가라지가 같은 모판에서 자라잖아요? 마찬가지에요. 뭐 못할 게 뭐 있어요? 그렇지 않아요? 염소와 양이 같이 앉는 판인데. 조심해야 돼요 교회 안에서도. 성령의 역사가 강하게 일어나는 곳에 사탄이 같이 동석할 수도 있다는 거 우리가 똑똑히 알아야 돼요. 은혜가 풍성한 곳에 마귀의 시험이 동석할 수 있다는 거 알아야 돼요.

그다음에 예수님의 일과가 지금 여기 나와있는데요. 32절부터 44절까지. 자 오전에는 어디 계셨나요? 오전에는 회당에서 가르쳤습니다. 예수님의 습관 중에 하나가 안식일을 지키는 것이었고 회당에 반드시 가서 예배에 참석하시는 것이었어요. 안식일에 가르쳤죠. 오전에는 가르치고 그다음에 오후에는 뭐 하셨어요? 안식일에 자 시간적으로 보면 오전은 회당에서 가르치고 오후에는 베드로의 집에서, 베드로의 장모 집에서 병을 고치고 그다음에 해 질 녘 저녁에는 길거리에 나와서 각색 병든 자들을 만나서 병들을 고치시고 저녁에 한가할 때 밤 되어서는 어디로 갔어요? 밤을 지내고 어디 갔어요. 아침 일찍 한적한 곳에 가셨다. 빈들에 가셨다. 여기는 아침에 가셨지만 다른 또 성경에 보면 밤 늦게 빈들에 혼자 가시는 때도 있죠. 자 그러니까 예수님의 하루 일과가 아마 거의 주일날은 이런 식이었던 것 같아요. 오전에는 회당에서 가르치고 오후에는 또 병자를 다루시고 밤 늦게까지 그리고는 콰이어트 타임 가지시고, 네 이것이 예수님 그 생활의 그 일부분이었던 것 같습니다. 회당과 가정과 거리와 빈들. 이것이 예수님께서 잘 다니시던 장소였죠. 회당 그다음에 가정, 거리, 빈들. 그 때 빈들은 콰이어트 타임 하시는 시간 장소였고. 이렇게 대충 훑으니까 이 본문 좀 마음에 들어옵니까? 대충 좀 들어옵니까? 이 본문이 우리에게 지금 무엇을 가르쳐주고 계시는지. 저는 이 본문을 보면서 뭐 여러 가지 생각을 했지만 참 그 예수님이 그렇게 많이 접촉하고 이적 기사를 많이 행한 동네가 끝까지 회개하지 않았다 하는 거는 참 쇼킹한 뉴스입니다. 모르겠어요. 오순절 이후에 이 가버나움이 어느 정도로 변화가 되어있는지 모르지만 정말 쇼킹한 뉴스입니다.

그러니까 어떤 면에서는 우리가 전도를 하든지 주님의 사업을 할 때 안 된다고 낙망할 필요는 없어요. 하나님의 아들도 못한 일이 많아요. 하하하.... 세상이 얼마나 악한지, 얼마나 악한지 이 세상이 얼마나 어두운지요. 빛이 비치는 줄도 모르고 앉아있다고. 그만큼 어둡고 사람들의 마음이 닫혀있고 그러니 하나님의 아들도 그 말씀의 권능을 가지고 도전하고 그 귀신을 정복하는 그 참 능력을 가지고 도전하는데도 안 들어 먹는 인간들이 수두룩했고 또 수두룩했으니, 우리 같은 졸부 중의 졸부가.... 미안합니다. 저 같은 졸부 중의 졸부가 뭐 주님의 일을 하다가 안 된다고 고개를 쏙 뽑아가지고 돌아오는데 그거 어떻게 보면 뭡니까? 불신앙이라고요. 그렇죠 불신앙이라고. 그게 불신앙이에요. 여러분들 가정에서 뭐 자녀들이나 남편이나 참 전도를 지금까지 하는데도 잘 안 들을 때는 낙망을 하지 마세요. 아, 예수님이 오셔도 안 듣는 존재들인데 내가 뭐 그저 그러나 끝까지 어디 한번 하나님이 은혜 주시기를 기다리고 버티어보고 싸워보는 거죠. 그러나 낙망은 하지 마세요. 안 된다고 또 푸념도 하지 말고. 예수님도 뭐 사실 자기 형제들 뭐 예수님 부활하실 때까지는 끌어내지도 못하고 뭐 그대로 거의 방치하다시피 했는데. 그렇죠? 나중에 예수님 부활하신 다음에야 겨우 형제들이 돌아왔죠. 그러나 그전에는 돌아왔나요? 오히려 예수님이 미쳤다고 잡으러 다녔지. 그러니 참 사람들의 마음이라는 게 고약하기로 끝이 없나 봐요. 예 그러니, 그렇게 고약한 우리가 참 성령의 은혜로 말씀의 능력으로 이렇게 마음이 열리고 변화 받고 하나님의 말씀을 들을 줄 알고 참 하나님 앞에 순종할 줄 아는 사람으로 변했다는 거, 이거는 기적 중의 기적이요. 참 은혜 중의 은혜죠. 얼마나 감사할 일입니까? 여러분 이 본문에서 뭐 질문하실 거 없나요? 몇 가지 정리를 합시다.

예수님의 일과를 우리가 좀 배웁시다. 정말 틈이 없이 돌면서도 콰이어트 타임 계속하신 예수님의 일과에서 우리가 좀 배웁시다. 콰이어트 타임이라는 것은 경건의 시간. 가정에서 한가하게 혼자 있을 때 말씀과 나누는 시간 또 기도하는 시간 이거 우리가 제대로 배워야 돼요.

또 두 번째로 배울 것은 예수님께서 안식일이면 꼭 회당에 가서 예배하시고 말씀을 가르치신 습관을 갖고 있습니다. 우리가 주일 지킬 줄 알아야 돼요. 그다음에 세 번째로 우리가 또 배워야 할 것은 사탄의 세력과 병의 세력을 누가 정복했습니까? 누가 정복했어요? 예수님이 이미 정복했어요. 십자가를 정복하고 부활로 이겼어요. 그러므로 우리는 사탄의 세력이나 귀신의 세력 또 병에 대해서 두려워해서는 안 돼요. 두려워하지 말고 만병의 의사 되신 주님 앞에 언제나 모든 병을 놓고 기도하고 응답 받을 줄 알아야 되고 받을 만큼 믿음이 있어야 됩니다. 그리고 또 귀신의 세력이라든지 사탄의 세력이라든지 악의 세력에 대해서 두려움 없이 공공연히 도전하고 이길 수 있는 믿음과 담력이 있어야 돼요. 주님이 이미 다 정복하셨어요. 그다음에 우리가 또 하나 배워야 할 것은 가장 이적을 많이 행한 가버나움이 회개하지 아니할 수 있었던 것처럼 오늘 이 세상도 교회가 제일 많이 들어서고 제일 신자들이 많이 끓는 도성이 끝까지 회개 안 하는 수도 있어요. 또 신자가 제일 참 믿음이 좋은 사람이 사는 가정이 회개하지 아니할 수도 있어요. 그렇다고 해서 낙심하지 말고요. 예 낙심하지 말아야 합니다. 그럴 수도 있어요. 그다음에 마지막으로 우리가 배울 것은 예수님은 이 세상에 사실 때 권능을 가지고 사셨어요. 말씀의 권능, 능력을 가지고 사셨어요. 우리도 예수님의 사업을 이어받은 하나님의 자녀들입니다. 주님이 하시던 일을 우리에게 위임하고 가셨어요. 그래서 성령을 보내서 우리에게 권능을 주셨어요. 그러므로 우리가 말씀을 전하되 다른 사람의 비웃음을 받을 정도로 무력하게 전해선 안 됩니다. 권능이 있어야 돼요. 권능이 있으려면 그만큼 기도하고 준비가 되어있으면 돼요. 성령에게 사로잡혀있으면 돼요. 그런데 우리가 준비 없이 함부로 입을 열든지 함부로 사람들에게 그저 만만치 않게 도전하면요. 어떻게 됩니까? 잘못하면 오히려 당해요. 항상 우리의 생활에는 성령의 능력이 같이 동행할 수 있도록 기도하고 그 능력을 의지하고 행동을 해야 합니다. 왜요? 주님도 그렇게 하셨어요. 우리도 그렇게 해야만이 열매가 나타납니다. 그렇지 아니하면 우리가 오히려 악의 세력에 붙들릴 가능성이 크죠.

우리 이제 이 본문 생각하고 같이 좀 통성으로 기도하겠는데요. 여러분 각자가 마음대로 생각하세요. 어떤 점이 특별히 오늘 말씀을 통해서 나에게 감사할 조건이 되겠는가? 오늘 이 본문을 통해서, 내가 특별히 듣고 배운 말씀 가운데서 내가 특별히 하나님 앞에 감사할 것이 뭐냐? 어떤 점이 감사할 것인가? 또 두 번째로는 어떤 점을 내가 특별히 구해야 될 것인가, 간구해야 될 것인가? 여러분 두 가지를 생각하시고 기도하시기를 바랍니다. 예 말씀을 다시 한번 가만히 마음에 두고 깊이 새김질하면서 기도하십시오. 대단히 중요한 것입니다. 그렇지 않고 여러분들이 막연히 듣고 앉았다 나가면 사탄이 교회당 문 열고 나가기 전에 벌써 여러분 마음에서 전부 뽑아 먹어버려요. 남아있지 않아요. 자 다 같이 머리 숙이고 기도하십시다.

Passage 누가 1:1—4 Date Sep. 19. 1978

Passage Description:

A. 본서의 목적 : 배운 예수에 대한 확신 V.4
이것을 위해
1. 손수 목격자와 말씀의 종된 사람들의 증거 V.2
2. 정확한 과학적인 연구와 이해. V.3
3. 차례대로 배열한 예수님의 우리들에 일어난 사실

B. 저자는 의사 누가로서
1. 행16:8과 16:10의 전후를 통해 주어 "그들"이 "우리"를 통해 바울과 동행한 여정을 보여준다.
2. Robertson (Luke the Historian in the light of research)은 누가는 그레, 수리아 안디옥 출신 그리스도인이 되고 주님이 누가에게 [illegible] 바울과 같이 교육을 받았으며 The anti-Marcionite Prologue to the third Gospel은 가정이 없었고, 84에 Boeotia에서 사망하였다고 말했다.
3. 당대의 지식인 과학자 의사로서 본 예수상이 그래서 어느 복음서 보다 분명하였고 직업적 관찰자로서 정확한 연구와 이해가 있었다. 손수 목격자인 자 Autoptia 의 영어는 Autopsy 말씀의 종, underrower의 의미. 주님의 아래서 노를 보조하다.

C. 우리 테오빌로.
진리를 배운 그에게 분명한 확신이, 지식이 필요했고

1978년 11월 5일 주일 낮 예배

세례의 의의

(행2 : 38) (마 28:19-20)

세례 받은 형제나 세례 받을 형제는 세상을 통해서 여러분이 어떤 만족 찾겠다고 나서지 마세요. 여러분 꼭 실망합니다. 우리는 다른 사람이에요. 하나님이 볼 때 우리는 이마에 도장을 찍은 사람들입니다. 다른 사람이에요. 그러므로 세상식으로 살면 안 되어요. 세상식으로 좋아하면 안 되어요.

38. 베드로가 이르되 너희가 회개하여 각각 예수 그리스도의 이름으로 세례를 받고
죄 사함을 받으라 그리하면 성령의 선물을 받으리니

19. 그러므로 너희는 가서 모든 민족을 제자로 삼아 아버지와 아들과 성령의 이름으로
세례를 베풀고
20. 내가 너희에게 분부한 모든 것을 가르쳐 지키게 하라 볼지어다 내가 세상 끝날까
지 너희와 항상 함께 있으리라 하시니라

오늘 이 시간 이 본문을 가지고는요, 특별히 포인트가 어디 있느냐 하면 누구든지 회개한 다음에 예수 그리스도의 이름으로 세례를 받아라. 세례를 받아라. 그리해서 죄 사함을 확정하라고 베드로가 명령했습니다. 하루에 3,000명씩 회개하고 돌아왔는데 3,000명 회개한 사람들 보고 회개하여 각각 예수 그리스도 이름으로 세례를 받아라. 그래서 그 하루에 세례받은 사람이 3,000명이었다고 그랬습니다. 세례라는 면에 있어서 여러분들이 특별히 마음에 기억을 해두셔야 됩니다. 마태복음 28장 18절, 19절, 20절을 우리 같이 보십시다. 52페이지 신약. '예수께서 나아와 일러 가라사대 하늘과 땅의 모든 권세를 내게 주셨으니 그러므로 너희는 가서 모든 족속으로 제자를 삼아 아버지와 아들과 성령의 이름으로 세례를 주고 내가 너희에게 분부한 모든 것을 가르쳐 지키게 하라. 볼지어다. 내가 세상 끝날까지 너희와 항상 함께 있으리라 하시니라.' 이 본문은 제가 얼마 전에 한번 취급한 본문입니다. 오늘은 이 본문 가운데서 우리가 특별히 관심을 갖는 문제는 세례입니다. 예수님께서 제자들에게 땅끝까지 가서 모든 족속으로 예수 믿게 하는데 반드시 예수 믿게 한 다음에는 세례를 주라고 그랬습니다. 아버지와 아들과 성령 삼위일체의 이름으로 세례를 준 다음에 그들에게 가르치고 교육시켜서 하나님의 나라 위해서 일할 수 있는 제자 되게 하라고 했습니다. 이것이 본문의 골자입니다.

교회가 지켜야 될 의식은 두 가지가 있습니다. 하나는 세례요 또 하나는 성만찬입니다. 가톨릭에서는 이 두 가지 외에 교회가 만든 한 여섯 일곱 가지가 더 있는 걸로 알고 있지만 전부 성경적 근거가 없는 자작한 것입니다. 그러므로 우리 프로테스탄트 교회에서는 사람이 만든 어떤 의식은 전부 다 철폐하고 교회의 의식을 정할 때 성서가 명령한 것 두 가지만 지금까지 지켜 내려오고 있습니다. 그래서 세례와 성찬인데요. 이 두 가지는 특별히 예수님께서 명령하신 것이라는데 의의가 큽니다.

오늘은 세례만 다루겠는데요. 세례는 교회가 정해서 하는 일이 아니고 또 어떤 사람이 하고 싶어서 하는 것도 아니고 전통적으로 하는 것도 아니고 예수님이 명령을 하셨기 때문에 우리 교회에서 지키는 것입니다. 그러므로 만약에 여러분들이 세례를 고의적으로 받지 않고 피할 때는 어떤 결과를 초래하느냐 하면은 명령에 불복종 한다는 결과를 초래하게 됩니다. 성찬도 마찬가지입니다. 예수님께서 내가 십자가에서 죽은 것을 이 세상 끝까지 기념하라고 하시면서 제자들에게 명령을 하셨는데 이 명령에도 불구하고 고의적으로 성찬에 참여를 계속 부인하는 사람은 결국은 명령에 불복종 한다는 결과를 초래합니다. 이런 의미에서 오늘 우리에게 이 두 가지 의식은 대단히 중요합니다. 교회가 신자들에게 하는 책벌 가운데서 가장 중벌이라고 할 수 있는, 제일 죄가 중한 사람에게 내리는 벌이 두 가지가 있는데요. 하나는 수찬 정지입니다. 성찬에 참여하지 못하게 아예 그냥 막아버리는 겁니다. 이것은 신자로서는 가장 치명적인 하나의 책벌입니다. 그다음에 교회에서 출교를 시키는 것도 있었는데 아무튼 왜 성찬 참여를 막을 때에 그 사람에게 무서운 징계가 되느냐? 그만큼 성찬이 중요하다는 이야기죠. 또 세례도 마찬가지입니다.이미 여러분들이 잘 아시는 바와 같이 세례는 양식이 두 가지가 있습니다. 뭐 크게 나누면 세 가지도 되겠군요. 그럼 오늘은 세 가지를 가지고 이야기할까요?

첫째는 우리 장로교에서 사용하는 방식으로 스프링클springkle 하는 거죠. 물 뿌리는 거. 물을 가지고 와서 머리에다 성부와 성자와 성령의 이름으로 세례를 주노라 해서 세 번 이렇게 상징적으로 뿌리는 방식이 있고 또 하나는 강 같은데 혹은 물이 좀 있는데 가서 그대로 세워놓고 소위 폴링falling 하는 거죠. 그릇 같은 데에 물을 떠 가지고 아예 머리로부터 이렇게 붓는 방법이 있습니다. 이런 세례 방법이 있고. 그 다음에 소위 이멀전immersion이라는 방법이 있는데 그것은 침례 교회에서 요즘 하고 있는 방법이죠. 완전히 사람을 물속에 담궜다가 다시 일어나게 하는 방법입니다. 이렇게 세 가지 방법이 전부 현재 유행되는데요. 장로교로서는 교회에서 법적으로 통일을 했어요. 세례는 하나의 상징이니까 물을 가지고 머리에 뿌리는 것으로 족하다. 또 그렇게 해도 되는 이유는 예루살렘에서 3,000명이 세례받을 때 절대 물속에 들어갔다 나올 때가 없었다는 겁니다. 성경적으로 볼 때 그래요. 예루살렘의 여건으로 봐서요. 뭐 3,000명이 물속에 들어가서 나오고 할 만한 물이 예루살렘에 없어요. 이거는 사실이에요. 그러니까 베드로가 3,000명을 어떻게 세례를 주었겠느냐? 전부 이렇게 상징적으로 뿌려서 주었다. 이렇게 장로교에서는 해석을 합니다. 그런데 이제 침례교

같은 데에서는 절대 아니라고 그러죠. 그래서 장로교에서 이렇게 머리로 상징적으로 뿌려서 주는 세례를 아니라고 그럽니다. 그래서 만약에 침례교로 들어가려고 하면 세례를 다시 받아야 돼요. 물속에 들어갔다 나와야 돼요. 고집이 아주 대단한 사람들입니다. 그러나 뭐 우리가 그렇게 나무랄 필요는 없고요. 칼빈도 자기가 쓴 책에서 "뿌리든지 또 물속에 들어가는 침례를 하든지 교회가 마음대로 선택을 할 수가 있다. 교회 형편에 따라서 선택을 할 수 있는데 원래 방법은 침례가 아녔겠느냐" 하는 식의 애매한 말을 칼빈도 했습니다. 그러나 지금까지 우리 교회에서 뭐 침례를 안 했다고 해서 세례를 잘못 받았다고 한 사람도 없고.

재미있는 예가 하나 있죠. 두 가지 예를 들지요. 제가 공부하던 미시간의 그랜드레피즈에 그 이화여고 영어 교사를 하던 전덕애 선생님이 그 옆의 성경 학교에 와서 1년 동안 공부를 하고 있었습니다. 아주 신앙이 좋습니다. 그 형제 이야기가 이거예요. "아 나는 부모님이 예수를 믿기 때문에 어릴 때, 아주 어릴 때 세례를 받았어요. 중학교 때인지 세례를 받았는데. 아이고 목사님 나중에 알고 보니 도무지 세례를 받은 거 같지가 않아요. 도무지 세례를 받은 실감이 안나요." 그래서 이 분이 나중에 이화여고 영어 교사하던 때에 어느 목사님하고 의논을 했데요. "내가 도무지 세례를 받은 것 같지를 않은데 이래가지고 어떻게 합니까? 세례를 다시 주십시오." 그러니까 그 목사님도 또 걸작이죠. "그래요, 그럼 한강으로 언제 오십시오." 그러더래요. 아 그래서 저 한강에 가서는 그 목사님이 물속에다 푹 집어넣어 가지고 그다음에 "성부 성자 성령의 이름으로 세례를 주노라." 이러더래요. 그래서 자기는 세례를 두 번 받았데요. 그런데 그 한강 물에 쑥 들어갔다 나오는 그 기분이 보통이 아니더래요. 그래서 아이고, 제가 하도 어처구니가 없어서 말이에요. 원칙은 세례는 두 번 받지 못합니다. 그래서 가톨릭에서도 영세를 받았으면 가톨릭에 있는 신자가 우리 기독교로 들어올 때는 영세받은 사람은 문답만 하고 그대로 받아줍니다. 두 번 받는 법이 아닌데 이 친구 두 번이나 받았단 말이요. 하지만 이미 받은 걸 어떻게 하겠어요.

자 또 재미있는 예가 있습니다. 여러분 소위 빌리 그래함 목사님 하면 세계적으로 유명한 목사 아닙니까? 그 사람이 원래는 장로교 출신입니다. 그래서 소위 스프링클 벱티즘springkle baptism을 받았어요. 부모님이 아주 신실한 장로교 신자예요. 그리고 그 아내인 루스Ruth도 굉장히 신실한 장로교 신자고 또 아버지는 중국에서 선교사 하던 분이고요. 두 분 다 이렇게 세례를 스프링클로 받았다고요. '성부와 성자와 성령의 이름으로 세례를 주노라' 하는 뿌리는 세례를 받았는데 나중에 이 빌리 그래함 목사님이 은혜를 받고 난 다음에는 침례교 계통과 연결이 되니까 침례교에서 "너 세례 다시 받아야지 안 된다"고 그러더래요. 아 이렇게 해서 할 수 없이 물속에 들어갔다 나왔데요. 그런데 이 분 또 하는 이야기가 물에 들어갔다 나오니까 참 기가 막히게 좋더래요. 그래서 자기 부인보고 당신도 침례를 한번 받으라고 권했다네요. 이거는 다 빌리 그래함 목사님이 유명하게 되기 전 이야기입니다. 그러니까 나무라지 마세요. 부인보고 침례를 한번 다시 받으라고 그러니까 부인은 절대 고집하고 안 받는다고 했데요. 지금까지도 부인은 침례 안 받고 있어요. 그래서 부부간에도 세례와 관련해서 그렇게 차이가 있을 수 있어요.

그러나 중요한 건 우리가 어느 쪽도 괜찮아요. 그러나 한가지 우리가 주의할 것은 너무 내가 느끼는 어떤 감정이나 어떤 경험에다가 세례의 중점을 두면 안 됩니다. 물속에 들어갔다 나오면 기분이야 좋죠. 세례 안 받을 때도 물속에 들어갔다 나오면 기분이 좋은데 세례받을 때 물속에 들어갔다 나오면 얼마나 좋겠어요? 아 그거야 사실이죠. 그러나 그 너무 그렇게 경험에다가요, 그 어떤 느껴지는 거기에다가만 중점을 두면 그것은 성경으로부터 탈선합니다. 세례를 받는 경우는 유아세례 때 받을 수도 있지만 어른이 되어서 받는 것을 저는 권합니다. 세례를 받으시는 분들은 가능하면 "내가 예수 믿고 죄 사함 받았다" 하는 확신이 있을 때 받으세요. 그리고 내가 예수 믿고 하나님의 자녀가 되어서 이제는 나는 죽고 내 안에서 예수 그리스도가 살아서 역사하는 하나님의 사람이 되었다. 또 하나님이 주시는 모든 축복을 내가 이제 받을 자격자가 되었다고. 다른 말로 말하면 중생받았다는 것을 확신할 때 세례 받으세요. 그럴 때 세례를 받아야 그 세례가 진짜 자기에게 영적 유익을 줍니다. 뭣도 모르고 세례받으라니까 가서 받으면 옥 목사처럼 돼요 옥 목사처럼. 제 이야기 하나 할까요?

저는 중학교 2학년 때 세례받았습니다. 뭐 당시 교회에서 다.... 그때는 교회가 참 은혜가 많았을 때인데 다들 세례를 받으니까 저도 이거 빨리 세례를 받아야 성찬식도 참석하고, 세례를 받아야 또 교회 안에서 좀 교인 노릇을 하는 것 같은데 세례 안 받으니까 항상 뒤로 밀린다고요. 성찬식 할 때도 저 뒤에 가 앉아있으라고 그러고 말이죠. 그러니까 화가 나지 않아요? 그래서 세례는 받아야되겠다 했는데 아 목사님이 중학교 2학년이면 받을 수 있데요. 그래서 질문이야 뭐 하면 다 대답하죠. 받았습니다. 세례를 받을 때 보니까 옆에 어른들이 쭈욱 앉아있어요. 저녁에, 우리는 세례를 저녁에 받았는데 예배당에는 이런 의자가 없었고 그냥 마루바닥입니다. 세례를 주려고 이제 목사님이 옵니다. 저기서부터 하나하나 세례를 주고 오는데 아 옆에 있는 어른들이 막 울고 그래요. 그 세례받을 때 감격해서. 근데 나는 눈물이 나야지 도무지. 아! 세례받을 때는 울어야 되나보다 생각하는데 이 눈물이 나야 말이지. 그래가지고 막 끙끙거리고 하는데 다행히 나중에 눈물이 났어요. 그런데 목사님이, 목사님이 오셔가지고 머리에다 이렇게 얹고 하는데 아 그 때 어떻게 가슴이 뜨거워지는지. 아 이게 세례인가보다 하고는 일단 세례를 받았어요. 근데 지금 가만히 생각하면 아주 후회 막심해요. 너무 철없을 때 세례를 받았다고. 그러니 도대체 그게 뭔지를, 내가 아무 것도 모르고 뭣도 없이 받아놓으니까 다른 사람이 세례받은 다음에 그들이 받은 은혜를 간증할 때 들으면 그냥 남의 이야기처럼 들린다고요. 그렇다고 이제 다시 받을 수도 없고요. 그래서 저는 우리 집에 꼬마애 둘 중에서 한 놈은 유아 세례를 주었고 한 놈은 일부러 안 주었습니다. 가만히 내버려두었어요. 그래서 어느 것이 더 나을까? 어느 것이 더 나을까? 가만히 두었다가 다음에 정말 자기가 예수님을 믿고 참 마음에 그리스도를 모신 거 확신이 있을 때 받을 그 애가 나을까? 아니면 유아 세례받아가지고 올라와서 나중에 입교 문답하고 그렇게 진행하는 애가 나을까? 전 모르겠어요. 그래서 우리 집 두 애를 한번 테스트 케이스를 그렇게 두었어요.

여러분 내가 세례를 받았다고 말할 때는 무엇을 의미하는지 아셔야 됩니다. 세례는 교인이 되는 수속이 아닙니다. 세례는 예수 믿기 위한 과정이 아닙니다. 예수 믿기 위한 준비 과정이 아닙니다. 세례는 천국 가는 것을 보장하는 어떤 의식도 아닙니다. 가톨릭에서는 세례받아야만 구원받는다고 그래요. 그래서 누가 다 죽어 갑니다 하면 신부가 밤중이고 새벽이고 정신없이 뛰어갑니다. 뭐 하러 가나요? 세례 주려고. 만약에 조금이라도 늦게 가서 세례를 안 주면 그 사람 지옥 가게 되니까. 그런데 이건 정말 성경하고 거리가 먼 이야기입니다. 여러분 예수님 오른편에 있던 강도가 "주여 당신이 낙원에 있을 때 나도 있게 해주십시오" 할 때, 예수님이 "오냐 내가 너에게 세례부터 주마" 했습니까 예수님이? 안 했어요. 세례 안 줬어요. 그냥, 예수 믿고 그냥 갔어요. 세례는 천국 가는 보장. 천국 가는 의식도 아니고요. 더욱이 세례는 내가 중생받을 수 있는 지름길도 아닙니다. 세례는요. 나에게 죄를 용서받았다는 확신을 주는 어떤 보장도 아닙니다. 세례 때문에 내가 죄 용서받았다는 확신 갖는 거 전혀 아니에요.

그러면 세례받았다는 것이 뭐냐? 세례받았다는 것은 이미 내가 중생을 통해서 받은 은혜를 확인하는 도장입니다. 아시겠어요? 쉽게 말하는 겁니다. 이미 내가 예수 믿고 중생받았을 때에 세 가지 축복을 받아요 크게 말해서. 하나는 죄 씻음 받았다. "죄 씻음 받을 것이다"가 아니고 "죄 씻음 받았다." 그다음에 예수님과 함께 죽고 예수님과 함께 살아서 이제는 예수님과 새 생명에 결합을 했다 하는 것입니다. "할 것이다"가 아니요. "했다"예요. 예수님과 하나가 되었다 하는 의미입니다. 이제는 예수님의 생명이 내 생명이 되었다 하는 것입니다. 그다음에 세 번째로는 하나님께서 그리스도 안에서 주시기로 약속한 모든 축복을 나는 이제 받는 자로 참여했다는 겁니다. "참여할 것이다"가 아니고요. 중생받을 때, 내가 예수님 믿기로 시작해서 중생받을 때 하나님께서 큰 세 가지 축복을 우리에게 주셨는데 이 세 가지 주신 축복이 마지막으로 우리 눈에 또렷하게 보이게 시청각으로 확인하는 것이 뭐냐? 그게 세례라고요. 이게 세례예요. 여기에 직장에서 회장이나 사장님 되시는 분들이 계시겠지만 여러분 서류 점검할 때, 서류 날인할 때 가운데 뭐가 쓰여있는지 전혀 보지 않고 그저 직원이 가지고 왔다고 무조건 턱턱 도장 찍어주고 날인하는 법이 있나요? 없죠? 일종에 세례는 날인이에요. 날인이기 때문에 내가 하나님 앞에 어떤 축복을 받았느냐 하는 사실에 대해서 정확하게 나 자신이 고백할 줄 알고, 정확하게 내 마음으로 확신하고, 정확하게 나 자신이 체험한 사람이 아니면 날인을 할 수가 없어요. 무슨 말씀인지 아시겠어요? 아마 여기 세례받으신 분들 중에 저처럼 뜨끔뜨끔 하는 사람 있는지도 몰라요. 저처럼 멋없이 받은 사람들이 있을 테니까. 아무튼 세례는 중생받을 때 하나님이 나에게 주신 은혜에 대한 확인이에요. 하나님의 날인이에요. 우리는 세례받기 이전에 이미 중생의 씻음으로 하나님 앞에 깨끗함을 받은 사람입니다. 디도서 3장 5절에 보면 우리의 구원이 우리의 의로운 행위로 된 것이 아니고 중생의 씻음과 중생받을 때 성령을 통해서 이미 우리가 하나님 앞에 깨끗하다고 하나님 앞에 선언된 사람들입니다. 이것을 확인하는 것이 세례예요. 고린도전서 12장 13절에 우리가 다 유대인이나 헬라인이나 종이나 자유자나 다 한 성령으로 세례를 받아 한 몸이 되었고, 한 성령으로 세례를 받아 한 몸이 되었고 성령으로 우리가 마셨다라고 그랬어요. 중생받은 자에게는 성령을 통해서 예수 그리스도의 십자가의 공로가 적용이 되기 때문에 중생받을 때에 우리의 모든 죄 문제가 해결되는 것입니다. 여러분 이것을 믿으시나요? 내 죄 문제가 해결됐다는 거 믿으시나요?

이번 주에 제가 한 두서너 분에게 사역 일을 같이 나누면서 이야기를 했는데 전부 어디 걸리느냐하면은 "당신 지금 예수 믿었습니까?" "예 믿었습니다." "당신 죄가 지금 용서받았습니다. 믿습니까?" 할 때 전부 다 거기서 걸려요. 거기에 대답이 금방 안 나와요. "아이고 어떻게 그런 일이..." 할 정도예요. 그런데 우리가 중생받고 하나님 앞에서 예수 그리스도를 영접한 순간에 이미 우리 죄 문제는 성령을 통해서 깨끗함을 받는 역사가 일어납니다. 나를 보고 그 역사가 일어나는 것이 아니고 무엇을 보고? 예수 그리스도의 무엇을 보고요? 십자가를 보고 하나님이 인정하시는 사실이에요. 그다음에 세례받기 전에 이미 우리는 예수 그리스도와 함께 죽고 예수 그리스도와 함께 산 사람들입니다. 갈라디아서 3장 27절에 '누구든지 그리스도와 합하여 세례를 받은 자는 그리스도를 옷 입었느니라.' 한 번 더 읽을 테니까 들어보십시오. '누구든지 그리스도와 합하여 세례를 받은 자는' 그다음에 '그리스도로 옷 입었느니라.' 그리스도의 사람이 되었다는 뜻입니다. 로마서 6장 4절에 '그러므로 그의 죽으심과 합하여 세례를 받음으로 그와 함께 장사 되었나니 이는 아버지의 영광으로 말미암아 그리스도를 죽은 자 가운데서 살리심과 같이 우리로 또한 새 생명 가운데서 행하게 하려하심이니라.' 새 생명 가운데서 행하게 된 것을 확인하는 것이 세례입니다. 마치 나무를 큰 가지에 접 부칠 때 접 부침을 받은 그 가지는 접 부침을 받는 순간부터 나무로부터 새 생명을 공급받는 것처럼 오늘 우리가 예수 그리스도를 믿음으로 예수님과 함께 십자가에 죽었어요. 그다음에 예수와 함께 살았어요. 그러므로 예수와 함께 살았기 때문에 예수님을 통해서 우리는 새 생명을 공급받아요. 왜 한 몸이 되었기 때문에. 이것을 확인하는 것이 세례예요. 중생받은 자는 '자기 아들을 아끼지 아니하시고 우리 모든 사람을 위하여 내어주신 이가 어찌 그 아들과 함께 모든 것을 우리에게 은사로 주시지 않겠느냐' 하신 하나님의 약속에 이미 참여한 사람이에요. "야! 너를 위해서 내가 아들까지 주었다. 그런데 나머지 아까울 것이 있겠니? 내가 너를 위해서 내 하나밖에 없는 독생자를 내어주었어. 그런데 아까울 것이 있겠니?" 하나님이 그다음부터는 모든 것을 하나하나 주시는데 그 축복에 중생받은 사람은 참여를 했어요. 이 참여했다는 사실을 확인하는 것이 세례입니다.

이렇게 세 가지의 축복을 확인해서 날인하는 것이 세례라면 이 세 가지 축복을 받고 세례를 받는다는 의미는 뭐냐? 한마디로 말하면 세상하고의 이별을 의미합니다. 세상하고의 이별을 의미합니다. "나는 이제 세상의 편이 아니다" 하는 것을 공적으로 선언하는 겁니다. 그래서 중공 공산당에 의해 몇 년 전 감옥에서 순교한 와치만 니Watchman Nee(1903~1972) 같은 사람은 세례받을 때 뭐라고 소리쳤느냐 하면은요. "주여 나는 이제 내가 지금까지 좋아하던 세상을 이제 내 등 뒤에 던졌습니다. 주님 이제는 당신의 세계로 들어갑니다" 하고 소리쳤어요. 세례받는다는 것은 이처럼 세상에 대한 이별을 선언하는 겁니다. 고린도전서 10장 1절에 우리 조상들이 다 구름 아래 있고 바다 가운데로 지나며 모세에게 속하여 구름과 바다에서 세례를 받고 다 같은 신령한 식물을 먹으며 다 같은 신령한 음료를 마셨으니. 유대 나라 백성들이 애굽에서 해방되어가지고 홍해를 건너오는 것을 무엇으로 비유했느냐 하면 세례로 비유했다고요. 그럼 보십시오. 애굽쪽에서는 어디로 들어갑니까? 어디로 들어가요? 물밑으로 들어가고. 가나안 쪽에서는 어디에서 나옵니까? 물밑에서 나오고. 하나는 죽고 하나는 살아나오는 겁니다. 그렇죠? 물론 여러분 이거는 알아두세요. 세례가 과연 예수님의 죽음과 예수님의 부활에 연합하는 것과 어떤 관계가 있느냐 하는 문제에 대해서는 신학적으로 갈려있어요. 장로교에서는 오히려 세례는 예수님과 함께 죽고 살았다는 문제하고는 관계가 없다고 해석하는 편이 더 강합니다. 그러나 저는 그렇게 보지 않습니다. 세례가 뭐냐? 내가 예수님과 함께 죽고 예수님과 함께 살았다는 것을 증거하는 겁니다. 그래서 이스라엘 백성이 애굽에서 나와가지고 전 민족이 지금 홍해 바다 앞에 섰습니다. 뒤에는 원수들이 따라옵니다. 모세가 "하나님이여 어떻게 하겠습니까?" 할 때 "너 지팡이를 홍해를 보고 내밀어라." 지팡이를 내밀었더니 홍해가 갈라집니다. 모든 이스라엘 백성들이 찬양하면서 그 홍해의 가운데로 갈라진 마른 땅을 밟으면서 지나옵니다. 그것을 신학적으로 해석해서 세례라고 그럽니다. 뭡니까? 애굽 생활에 지금까지 속했던 나 자신은 이제 홍해 바다에 장사 지냅니다. "애굽에서 우상 숭배하고 애굽에서 종살이하고 애굽에서 죄와 짝하던 생활 이제 청산합니다" 하고 선언하는 것이 홍해 바다속으로 걸어 들어가는 거예요. 그다음에 홍해 바다를 지나서 저 가나안 편에 있는 사우디 아라비아 쪽으로 나올 때에는 "이제는 다 장사되었다" 하고는 새 생활로 물밑에서 나오는 겁니다. 그래서 침례교에서는 사람을 물속에 잡아넣었다가 일으키는 일을 잘해요. "너 말이야. 들어갈 때는 예수와 함께 죽는 거야. 죽었다는 걸 이야기하는 거야. 일으킬 때는 너는 예수와 함께 살아난 거야." 이걸 이야기합니다.

참 제가 세례받는 장면을 참 인상 깊게 본 케이스가 두 케이스가 있는데요. 척 스미스Chuck Smith 목사님(1927~2013) 같은 분은 세례를 줄 때는 세례받을 대상을 전부 데리고 어디를 가느냐면 로스앤젤레스니까 태평양으로 간다고 합니다. 타임지를 보시는 분들은 아마 지난

12월인가 타임지에 나왔어요. 타임지 종교란에 그 사진이 나왔어요. 그래서 그 태평양 연안으로 전부 세례받는 사람을 데리고 가요. 데리고 가서 태평양 물에다 그냥 한 사람씩 그냥. 참 기분 나는 거 아니에요? 홍해 바다에서 이스라엘 백성이 바다 밑에 들어가서 애굽을 청산하고 새사람으로 가나안 땅으로 들어왔던 것처럼 너도 예수와 함께 죽었다 풍덩! 그 다음에 "야 일어나라, 이제 살았다." 그러니까그 뭐 세례받는 사람들이 진짜 그 은혜를 체험하는 거 같아요. 그런데 다 태평양으로 데리고 갈 수는 없잖아요? 그러니까 저 시카고 옆에 있는 동네 해먼드Hammond에 있는 퍼스트 뱁티스트 쳐치First Baptist Church는 말이에요. 제가 일부러 그 침례교회를 가봤어요. 그 전에 제가 말씀드린 것 기억나세요? 세계에서 제일 큰 주일학교가 있는 교회라고 그랬죠. 14,000명의 주일 학생들이 있는 곳인데 큰 생츄어리santuary 그러니까 큰 예배당이 있는데요. 예배 중간에 세례받는 의식이 있어요. 거기는 매 주 있나봐요. 그 뭐 특별히 우리처럼 세례받는 주일이 따로 정해져 있는 것이 아니고 세례받고 싶으면 어느 주일이던지 가서 문답하고 세례받나 봐요. 목사님 설교가 끝났어요. 그다음에 "자 지금은 세례받는 의식을 합니다" 하더니 교회당 불이 싹 꺼져요. 그리고 몇 개만 남아있어서 침침한데 여기가 강단이죠? 그러니까 강단이 그렇게 높지 않아요. 강단 있는 데에, 강단 위에 이렇게 쭉 올라가서 벽이 되어있어요 강단 위쪽에. 그런데 거기에 커튼이 쳐져있었어요. 그래서 "저게 뭔가?" 하고 속으로 그랬는데 세례받는다고 할 때 강단 위쪽으로 불이 확 들어오면서 커튼이 짝 열리는데 보니까 커텐 안에 물이 담긴 큰 욕조가 있어요. 그 안에 유리창으로 딱 되어가지고 있는데, 그 안에 물이 담긴 욕조에 목욕탕처럼, 그 속에 물이 찰랑찰랑 하고 있었어요. 욕조 위로 불이 환하게 들어와있고요. 아 그랬는데 이쪽에서 교회 부목사님들인지 장로님들인지 모르지만 두 분이 딱 와서 서고, 또 이쪽에서는 그 뭡니까? 하얀 가운을 입고 세례받을 사람이 이렇게 들어와서 물 안에 서요. 물 안에 서니까 그 사람을 이렇게 붙들고 이야기를 하는데 그 이야기는 뭐 틀림없는 이야기죠. "당신은 예수 그리스도와 함께 이 시간 죽었습니다. 그리고 당신은 예수 그리스도와 함께 살았습니다. 그것을 이 시간 당신이 지금 세례를 통해서 표하는 겁니다. 알겠습니까?" "예 알겠습니다." 그러더니 아 한 사람이 딱 붙들고 코를 딱 쥐고는 물속에 푹 넣어가지고 이렇게. 그러니까 밑에 있는 사람들은 전부 그걸 쳐다보면서 기도하고 앉아있는 거예요. 그래서 제가 "야 그거 참 신나는 장면이다." 속으로요. 참 신나는 장면이다. 그 확실히 이렇게 물 조금 뿌려서 성부와 성자와 성령의 이름으로 세례를 주노라 하는 거하고 좀 무언가 다른 아주 익사이팅한 그 뭐가 있어요. 그래서 그 방법도 참 좋은 방법이다. 예 제가 그렇게 느꼈는데 그러나 방법이 중요한 것이 아니고 어떻게 믿느냐가 중요한 것입니다. 내가 세례받을 때 과연 예수와 함께 죽고 예수와 함께 살므로 나는 새생명에 들어간 사람이다 하는 것을 확실히 믿는 것이 가장 중요한 겁니다.

자 우리 찬송 하나 좀 들읍시다. 우리 임ㅇㅇ 자매님이 나와서 469장 불러드릴 테니까, 1절하고 또 2절 불러드릴 테니까 우리 좀 들으면서 마음도 좀 가다듬고 은혜받고 조금 더 들으십시다.

아멘, 참 고맙습니다!

자, 우리는 예수와 함께 죽고 예수와 함께 살았습니다. 이것이 세례입니다. 우리는 이미 홍해를 건넜습니다. 그러므로 세상에 대해서는 이별입니다. 또 세례받은 사람은 왜 세례받을 때 성부 성자 성령의 이름으로 세례받느냐? 왜 성부 성자 성령의 이름으로 세례받느냐? 왜 '에이스 토 오노마' (역주: '이름으로' 또는 '이름 안에서' 의 의미)이냐? 그것은 세례받음으로 인해서 믿고 순종하는 예수의 제자가 된다는 서약이기 때문에 그렇습니다. 세상에 대한 이별이에요. 그러므로 여러분 세례받으면 유대교에서는 출교를 당했습니다. 세례받으면 힌두교에서는 추방을 당했습니다. 세례받으면 회교에서는 사형을 받았습니다. 회교 안에 있는 어떤 사람이 예수 믿으면, 예수 믿고 세례받으면 그것은 회교에 대한 이별을 의미하고 도전을 의미하는 것이기 때문에 사형을 시켰어요. 이렇게 강한 의미가 세례 안에 포함되어있습니다. 사랑하는 여러분들, 우리는 이미 세례를 통해서 하나님 앞에서 또 세상 앞에서 우리가 하나님의 것이 되었다는 선언을 한 사람들입니다. 또 앞으로 선언을 할 사람들입니다. 우리는 이미 우리의 죄가 용서받음을 확신합니다. 우리는 이미 그리스도와 합하여, 연합해서 그리스도에 새생명에 참여한 자가 되었기 때문에 내가 지금 산 것이 아니고 내 안에 그리스도가 살아계심을 확신하고 있습니다. 우리는 이미 하나님이 주신 모든 축복에 이미 첫 발을 들여놓은 하나님의 백성이요 하늘의 시민권자임을 우리는 이미 알고 있습니다. 그래서 그것을 세례를 통해서 온 세상에 공포를 한 것입니다. 그것으로 세례를 통해서 그것을 모든 하나님과 영들 앞에서 확인한 것입니다. 이것이 세례입니다.

그러므로 우리는 사고방식도 다릅니다. 우리는 소속도 다릅니다. 우리는 세상식으로 살지 못합니다. 애굽으로 다시 돌아갈 수도 없습니다. 사랑하는 여러분들, 우리는 세례를 받은 사람이고 또 받을 사람이기 때문에 죄 되는 생활을 계속할 수가 없습니다. 왜요? 죄 용서받은 것을 확신하는 사람이기 때문에. 죄 가운데서 오래 머물 수도 없고 죄를 반복할 수도 없고 양심을 속이면서 죄 되는 생활 계속할 수 없는 것이 우리 예수 믿는 사람입니다. 만약에 내 마음에 어떤 고통이 될 만큼 양심에 거리끼는 생활에 그대로 내 발을 디디고 살고 있다면 우리 마음에는 평안이 사라져요. 왜? 세례받은 사람이기 때문에. 왜? 세례받을 사람이기 때문에. 죄 용서함을 확인하고 세례받은 사람이요, 세례받을 사람이기 때문에 한마디로 중생한 사람이기 때문에 죄 속에서 발을 담그고 살면 내 마음에 평안이 날아갑니다. 내 마음에 항상 분쟁이 일어납니다. 세상 사람은 그런 거 없어요. 예수와 함께 죽고 예수와 함께 살아서 예수님의 생명 가지고 사는 사람이기 때문에 세례받은 사람은, 세례받을 사람은 육신적인 생명에 대해서 크게 애착을 갖지 않습니다. "세상에서 내가 5,60년 어떻게 잘 살까?" 하는 그 문제가 내 생활 전부를 지배하지 않습니다. 나는 세상 이거 가지고 살지 않아요. 내 육신 속

허파가 작용하고 심장이 뛰는 이 육신의 생명 가지고 내가 사는 사람들 아니에요. 예수님의 새로운 생명 가지고 사는 사람들입니다. 그래서 하나님의 축복에 참여한 사람이에요. 그러므로 내가 세상의 것 아무리 많이 손에 쥐고 있어도 세례받은 사람, 세례받을 사람은 한마디로 중생을 받은 사람은 마음속에 만족이 없습니다. 이 가운데 처음 나오시 분 계시나요? 여러분 세상에서 내가 아무리 많은 것을 쥐고 소유하고 있다 할지라도 내 마음에 만족이 없습니다. 왜요? 그렇게 되어있어요. 내 마음에 평안이 없어요. 그렇게 되어있어요. 그러므로 세례받은 형제나 세례받을 형제는 세상을 통해서 여러분이 어떤 만족 찾겠다고 나서지 마세요. 여러분 꼭 실망합니다. 우리는 다른 사람이에요. 하나님이 볼 때 우리는 이마에 도장을 찍은 사람들입니다. 다른 사람이에요. 그러므로 세상식으로 살면 안 되어요. 세상식으로 좋아하면 안 되어요. 미국에 가서 보면, 교포 교회 같은데 보면 목사님들이 교회에 자기 교인들 늘리기 위해서 무조건 전화에다 대고 이래요. "아 오늘 교회 세례받는 날인데 당신 나와서 세례 좀 안 받아 보실래요?" 그러니까 듣는 사람은 목사보다 한 수가 더 높다고요. "교회가 무슨 세례를 가지고 장사를 하나?" 이런다고요. 제가 그 이야기를 직접 들었어요. 그 이야기를 직접 들었어요. 그렇게 썩어빠진 망령된 인간들이 목사를 하고 있다고요. 얼마나 세례가 중요한 의의를 가지는데. 만약에 여러분 가운데서 세례받을 때 그저 저처럼 희미하게 받은 사람 있으면 오늘 이 시간부터 세례는 이미 받았을 지라도 받은 세례에 대해서 확인을 다시 한번 하세요. 그래서 나는 죄 용서받은 사람. 그러므로 나는 죄 가운데 살 수 없소. 나는 이미 예수 그리스도의 생명으로 사는 사람. 그러므로 나는 세상의 생명 가지고 만족할 수 없소. 나는 하나님의 축복을 가지고 사는 사람. 그러므로 세상에서 아무리 좋은 것 가져도, 아무리 훌륭하게 내가 성공해도 그거 가지고 내가 만족할 사람 아니야. 나는 세상 사람이 아니야. 내 시민권은 하나님 나라에 있어. 그것을 여러분들이 분명하게 이 시간 확인하십시오. 그러면 비록 세례받을 때 내가 희미하게 받았다고 할지라도 세례받은 자로서의 하나님이 주시는 분명한 축복이 있습니다. 이 축복을 우리가 받아야 됩니다. 이 축복을 받아야 됩니다. 이것이 세례입니다.

다 같이 기도하십시다. 여러분들 머리 숙이고 조용히 한번 반성을 해보세요. 세례받으셨습니까? 또 앞으로 세례받으실 것입니까? 세례받은 사람으로서 확신 있나요? 용서의 확신, 예수 그리스도와 연합된 새생활의 확신, 또 축복의 확신 가지고 있습니까? 그리고 여러분 생활이 세상과 구별된 생활합니까? 그렇다면 여러분은 세례받고 하나님 앞에 거듭난 사람입니다. 세례받고도 그렇게 잘 안 되고 있으면 오늘 이 시간부터 고쳐야 됩니다. 여러분 기도할 제목 있죠. 소리내서 기도하세요. 각자 어떤 기도 제목이라도 좋아요. 여러분 각자가 마음속에서 말씀에 비추어서 꼭 해야될 기도를 소리내서 하십시다. 다 같이 기도하십시다.

* 사탄의 시험이 부정적이 아니라 긍적적임을 주의할것.
빼앗겠다는 것이 아니라
다 소유할수 있다는 희망을 들고 나온다.
이것은 인간본성의 악함을 그대로 이용하는 수단이다.

* 가끔 할수 있다. 가질수 있다는 식의 자신감이 대단히 위험한 이유는 동기가 하나님편보다 사탄의 편에 더 기울어져 있을수 있으니..

* 사탄의 사기성은 여기서 클라이 막스를 이룬다.
만물의 권세는 사탄에게 위임 되어 있지 않다.
누구에게?

* 예수에게는 간교한 꼬임일수 있었다. 십자가의 길을 피하고 쉬운 길을 권유하는 의도가 있었다.

* 하나님께만 경배하라는 것은 모든 권세 영광 축복은 다 하나님께 속하였다는 고백을 의미한다.
이 고백이 생활에서 살아 있으면 절대로 패하지 않는다.
아무리 높은 산으로 올라가 내려다 보아도.

성전꼭대기: 시몬 마구스는 한번 시도하여 그가 메시야라는 것을 증명하려다 중상을 입었다.

* 메시야의 신분을 증명하는 방법으로 제시함.
* 하나님의 방법은 사람의 기대와 완전히 반대였음.
* 성전꼭대기는 영적 교만을 의미할수 있다.
영적 영웅주의등등

* 이 시험은 가장 고급의 것이다. 영적으로 상당히 높은 경지에 오른 영적 자녀에게 가능한 것이므로..
* 그래서 루터가 표현한 것 같이
앞서 두 시험에는 검은 천사가 시험하였으나 여기서는 흰천사가 찾아 왔다고.
왜? 하나님의 말씀을 들고 나왔으므로.
사탄 역시 기록하였으되 의 권위를 내세웠다. 그리고 가장 적절한 성서의 선택이었다.
* 고로 이 시험에는 아름다운 꽃나무 아래 숨어 있는 독사를 볼수 있는 눈이 있어야.

시험의 목적
말씀의 불신 조작
하나님의 아들 됨을 의심하게 하는데 있다.
이스라엘에게 그러하였고
예수에게 그러하였고
우리에게 역시 그렇다.

1978년 11월 12일 주일 낮 예배

받아 먹으라

(마 26 : 26 – 30)

산 음식을 먹는 법이 없어요. 나의 양식이 되고 내 생명이 되기 위해서는 어떤 음식이든지 죽여서 먹어야 돼요. 예수 그리스도가 나에게 음료가 되고 내 양식이 될 수있느냐?되어야지요. 왜요? 그분의 생명이 내 생명이 되어야 하니까. 그분의 생명이 내 생명이 되기 위해서는 예수님이 살아계셔 가지고는 내 것이 되지를 않아요. 그래서 십자가에서 죽으신 겁니다.

26. 그들이 먹을 때에 예수께서 떡을 가지사 축복하시고 떼어 제자들에게 주시며 이
르시되 받아서 먹으라 이것은 내 몸이니라 하시고
27. 또 잔을 가지사 감사 기도 하시고 그들에게 주시며 이르시되 너희가 다 이것을 마
시라
28. 이것은 죄 사함을 얻게 하려고 많은 사람을 위하여 흘리는 바 나의 피 곧 언약의 피
니라
29. 그러나 너희에게 이르노니 내가 포도나무에서 난 것을 이제부터 내 아버지의 나
라에서 새것으로 너희와 함께 마시는 날까지 마시지 아니하리라 하시니라
30. 이에 그들이 찬미하고 감람산으로 나아가니라

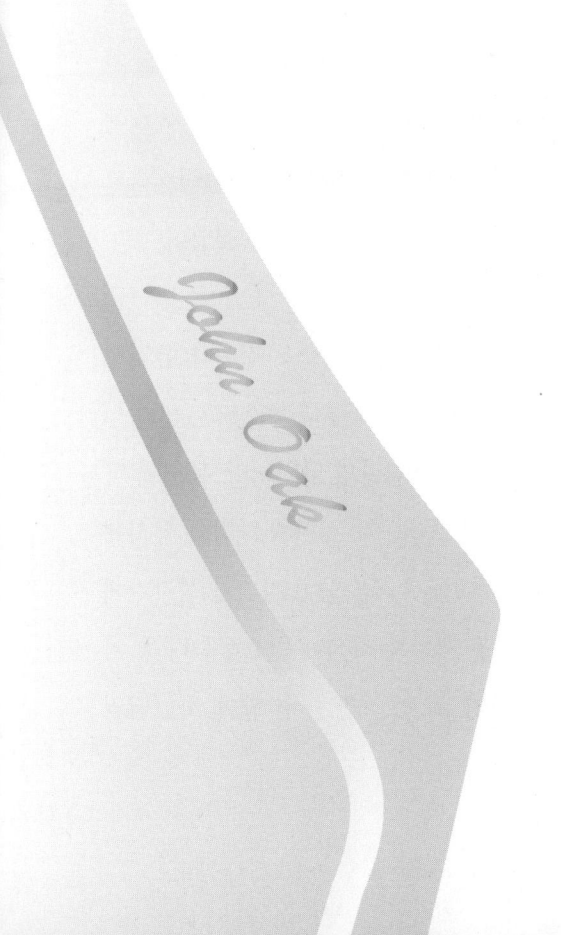

유대 나라에서 유월절이라고 하면은 제일 큰 명절입니다. 유월절이라고도 하고 무교절이라고도 합니다. 무교절이라고 하는 이유를 아세요? 왜 유월절을 무교절이라고 하나요? 누룩 없는 떡을 먹기 때문에 효소가 들어가지 아니했다 해서 무교절이라고 그럽니다. 그건 성경 상식으로 알아두십시오. 유월절이나 무교절이나 같은 말입니다.

이 유월절은 이스라엘 백성이 450년 동안 혹은 430년 동안 애굽에서 종노릇하다가 모세를 통해서 애굽에서 빠져나오던, 해방되던 때를 기념하는 날입니다. 그러므로 유대 나라 백성들은 일주일 전부터 누룩 없는 떡을 준비하고, 양이나 혹은 염소 고기를 준비하고, 그다음에 포도주를 준비하고, 이렇게 철저하게 준비해서 일주일 동안 이 예식을 지킵니다. 만약에 이 예식을 지키지 아니하는 사람은, 고의로 이 예식에서 빠지는 사람은 하나님께서 백성 중에서 그 사람을 끊어버리겠다고까지 말씀을 했습니다. 우리나라로 말하면 광복절과 같은 것입니다.

그런데 이 유월절은 신자들에게 대단히 큰 의미를 가집니다. 유월절의 근본 뜻은 뭐냐? 심판입니다. 하나님께서 애굽 나라의 모든 신을 심판하셨다. 애굽의 모든 죄를 심판하셨다. 심판의 날입니다. 동시에 하나님의 자녀에게는 해방의 날입니다. 그러므로 심판과 해방을 동시에 기념하는 날입니다. 이 유월절을 맞이해서 예수님이 자기가 십자가에 못 박히기 약 18시간 전에 유월절을 지키는 좌석에 앉으셨습니다. 이제는 온 인류를 위해서 한 어린 양이, 죄 없는 한 어린 양이, 하나님의 아들로서 세상에 오셔서 33년 동안 고생하시면서 인간이 구원받을 길을 닦아놓으셨던 한 어린 양이, 마지막 십자가에서 번제로 자기를 바칠 때가 이제는 무르익었습니다. 주님이 그것을 아셨어요. 약 18시간 남았습니다. 그때 유월절을 지키게 되었습니다. 제자들이 둘러앉았습니다. 양고기가 있고 포도주가 4컵이 있다고 그럽니다. 보통 유대 나라 사람들이 유월절 지킬 때 포도주를 4컵 마신다고 그래요. 왜냐하면 그것은 출애굽기 6장 6절과 7절에 있는 옛 하나님의 네 가지 약속을 상징한다고 그럽니다. 애굽에서의 해방, 노예에서의 해방, 완전한 영적 구원, 그리고 하나님의 자녀가 되는 것. 이 네 가지 약속을 상징하느라 잔 4컵을, 4컵에다가 포도주를 가득 담아가지고 상에다 얹고 빙 둘러앉아서 이 유월절을 지킵니다. 잘 모르겠어요. 우리가 그림에서 보는 것처럼 라운드 테이블을 놓고 그다음에 제자들이 둘러앉아서 유월절을 지켰는지 아니면 유대 나라 사람들의 의식대로 베개와 같은 것을 팔 밑에다 베고 비스듬히 드러누워서 둘러앉았는지. 어느 쪽이지 정확히는 모르겠지만 그 당시의 상황으로는 베개를 놓고 둘러앉았지 않았겠느냐....저는 그렇게 봅니다. 그러니까 분위기가 얼마나 더 따뜻합니까? 그렇죠? 미국에 가서 테이블을 놓고 둘러앉는 것보다 한국에서 온돌방에 밥상 놓고 둘러앉아서 밥 먹는 것이 더 다정스럽게 보이는 것과 같이. 정말 12명이 예수님을 중심으로 하고 둘러앉아 있는 모습입니다. 자 그러나 이시간이 대단히 예수님께는 괴로운 시간 중의 하나였습니다. 발을 씻겼습니다. 제자들의 발을 다 씻겨주시면서 서로 사랑하고 섬기라고 교훈하셨습니다. 그다음에는 너무나 마음이 타서 너희 중에서 한 사람이 나를 팔겠다. 마음에 가득하게 담아두었던 괴로운 것 하나를 제자들에게 털어놓았습니다. 너무나 그 분위기가 우울하고 침울했습니다. 그때 가룟 유다가 예수님 앞에 "주여 내가 죄인입니다" 하고 회개하고 무릎을 꿇었으면 얼마나 좋았겠어요? 그러나 가룟 유다는 자기가 '파는 자' 라는 것을 직접으로 지명을 받았는데도 불구하고 예수님 앞에 뻔뻔스럽게 회개하지 않고 결국은 성만찬석 끝나고 나서는 문을 열고 나갔습니다. 나가니까 밤이더라. 식사를 하시다가 중간에 예수님께서 떡을 가지고 하나님 앞에 축사하시고 떼어가지고 제자들에게 나누어주면서 이것은 내가 너희를 위해서 주는 내 몸이다. 받아 먹어라. 그다음에 잔을 가지고 또 나누어줍니다. 모르겠어요. 지금 우리와 같이 컵에다가 한 잔씩 이렇게 부어주셨는지 아니면 유대 나라 전통식으로 큰 잔에다가 포도주를 담아가지고 이렇게 한 사람이 마시면 옆에 사람 전해주고 옆에 사람 전해주는 그런 의식인지. 저는 후자로 봅니다. 유대 나라 사람 이렇게 마시고 그다음에 또 전해주고. 그래서 어떤 그룹이나 교단에서는 그것이 더 그리스도 안에서 한 피로 형제되었다는 것을 체험할 수 있는 좋은 방법이라고 일부러 이렇게 잔을 쓰지 않고 큰 컵에다가 포도주를 담아서 이렇게 한 사람이 마시고 그다음에 수건을 싹 닦고는 옆에 사람에게 전해주고 수건을 싹 닦고. 수건 닦는 것은 왜 닦는지 몰라요. 그러나 이거는 상대방을 위한 예의죠. 그렇게 해서 전해주고 전해주고 이렇게 마시는 단체들도 있습니다. 그리고 그 자리에서 바로 형제들 발 씻겨주는 것까지 하는 단체도 있습니다. 그런데 뭐 우리는 아직까지 그런 것까지는 잘 모르고 아무튼 예수님께서 이렇게 잔을 가지고 주시면서 이것은 너희를 위해서 흘리는 바 나의 피 곧 언약의 피다. 받아 마셔라. 이 유월절 석상에서 두 개의 명령이 나와 있습니다. 하나는 "받아 먹어라, 마시라." 또 하나는 누가복음 22장 19절에 보면 "나를 기념하라." 그렇죠. 두 가지 명령이 나와있습니다. 우리가 이 시간 두 가지 명령을 다 생각할 수가 없어요. 간단하게 받아 먹어라, 받아 마시라. 왜 예수님께서 먹고 마시라고 했을까? 왜 예수님께서 자기의 살을 먹으라고 했을까? 왜 예수님께서 자기의 피를 마시라고 했을까? 정말 이해하기 어려운 이야기입니다. 어떻게 살을 먹고 어떻게 피를 마십니까? 이해할 수가 없어요.

다 같이 요한복음 6장 펴세요. 요한복음 6장 51절부터 읽어내려가면서 제가 간단 간단하게 요점을 가르쳐드립니다. 여러분들이 결론을 맺으세요. 154페이지. '나는 하늘로서 내려온 산 떡이니.' 사람이 이 떡을 먹으면 뭡니까? '영생하리라. 나의 줄 떡은 곧 세상의 생명을 위한 내 살이로라 하시니라. 이러므로 유대인들이 서로 다투어 가로되 이 사람이 어찌 능히 제 살을 우리에게 주어 먹게 하겠느냐.' 당연한 거 아니에요 여러분? 예 누구든지 그렇게 생각할 수 있죠. 떡을 주면서 "야 이거는 너희를 위해서 찢는 내 살이다. 먹어라." 포도주를 주면서 "이것은 너희를 위해서 흘리는 내 피다. 마셔라." 어떻게 인간이 이것을 이해할 수 있습니까? 그러니까 듣는 사람들이 혼돈을 일으켰어요. 어떻게 우리가 자기 살을 먹느냐? 53절 보세요. 예수께서 이르시되 '내가 진실로 진실로 너희에게 이르노니 인자의 살을 예수님의 살을 먹지 아니하고 예수님의 피를 마시지 아니하면 너희 속에.' 무엇이 없습니까? '생명이 없다. 내 살을 먹고 내 피를 마시는 자는 영생을 가졌고 마지막 날에 내가 그를 다시 살리니리 내 살은 참된 양식이요 내 피는 참된 음료로다.' 자 이렇게까지 예수님이 말씀하셨어요.

60절에 가서 봅시다. 얼마나 어렵습니까? 제자 중 여럿이 듣고 말하되 "이 말씀은 뭐요? 어렵도다. 어떻게 우리가 이것을 이해할 수 있느냐?" 그 다음에 66절에 너무 어려우니까 이해 못한 사람들이 이러므로 제자 중에 뭡니까? '많이 물러가고 다시 그와 함께 다니지 아니하더라.' 예, 어려워요. 예수님의 살을 먹고 예수의 피를 마신다는 말이 무슨 말인지 어려워요. 그런데 마지막 성만찬 석상에서 예수님이 진짜 떡을 가지고 말씀하시기를 '내 살이다 먹어라.' 진짜 포도주를 가지고 말씀하시면서 '내 피다 마셔라.' 그럼 먹고 마신다는 뜻이 뭘까요? 6장 54절 한번 다시 보세요. 6장 54절. '내 살을 먹고 내 피를 마시는 자는.' 뭡니까? '영생을 가졌고.' 오케이. 그다음에 5장 24절 넘어가세요. 요한복음 5장 바로 앞절이에요. 54절. 5장 24절. 페이지 150. '내가 진실로 진실로 너희에게 이르노니 내 말을 듣고 또 나 보내신 이를 믿는 자는.' 뭡니까? '영생을 얻었거나.' 가졌거나와 같은 말이죠. 그렇다면 내 살을 먹고 내 피를 마신다는 말은 다른 말로 표현하면 무엇입니까? '믿는 자.' 그렇죠? 믿는 것을 의미합니다. 여러분 분명히 깨달으셨어요? 믿는 것을 의미합니다. 그러면 이제 문제가 생깁니다. 어떻게 해서 믿음이라는 것이 마치 예수님의 살을 먹고 피를 마시는 것과 일치할 수가 있느냐? 이것이 오늘 설교의 포인트입니다.

여러분 이거 하나만 꼭 기억하고 돌아가세요. 인자의 살을 먹지 아니하고 인자의 피를 마시지 아니하면 너희 속에 생명이 없느니라. 이건 죽는다는 이야기입니다. 죽는다는 이야기입니다. 그러므로 예수 믿는다는 것은 뭐냐? 내가 다시 산다는 이야기입니다. 살기 위해서는 먹어야 합니다. 우리가 육신이 살기 위해서도 먹어야 합니다. 영혼이 살기 위해서도 먹어야 합니다. 육신이 살기 위해서는 음식을 먹습니다. 음식을 먹는데 산 음식을 먹나요 아니면 죽여서 먹나요? 산 음식을 먹는 법도 있나요? 없어요. 산 음식을 먹는 법이 없어요. 나의 양식이 되고 내 생명이 되기 위해서는 어떤 음식이든지 죽여서 먹어야 돼요. 예수 그리스도가 나에게 음료가 되고 내 양식이 될 수 있느냐? 되어야지요. 왜요? 그분의 생명이 내 생명이 되어야 하니까. 그분의 생명이 내 생명이 되기 위해서는 예수님이 살아계셔가지고는 내 것이 되지를 않아요. 그래서 십자가에서 죽으신 겁니다. 죽으시면서 "자 내가 너희를 위해서 먹을 것 준다." 그러므로 예수 믿는 사람은 예수를 믿는다는 말은 예수님의 생명을 그대로 내 것으로 섭취했다는 뜻입니다. 그래서 예수 그리스도의 생명이 내 안에서 살아 역사한다는 말이 됩니다. 그러므로 음식을 먹지 아니하면 죽어요. 마찬가지로 예수를 믿지 아니하면 죽어요. 음식을 먹으면 살아요. 예수를 믿으면 살아요. 이 공식이 그대로 적용되는 것입니다. 저는 어렸을 때 잘 몰랐어요. 예수 믿는다는 것이 그렇게 생명과 직결되는 긴박한 관계를 가졌는지 잘 몰랐어요. 그러나 점점 성경을 좀 보면서 조금씩 조금씩 눈을 뜨기 시작하니까 "야 예수 믿는다는 것이 굉장한 것이구나. 바로 예수님을 먹고 마시는 것과 같구나. 다른 말로 말하면 예수의 생명을 내가 취하는 것이나 같구나. 그래서 그분의 생명이 내 것이 된다는 말이구나. 그래서 나는 영원히 산다는 말이구나." 저는 이제야 깨닫고 이제야 믿고 있습니다. 옛날에는 잘 몰랐어요. 여러분 가운데서 아직도 예수 믿는다는 것이 머리로만 생각하는 것인 줄 아는 분이 있으면 이 시간 취소하세요. 예수를 먹고 마시는 것입니다. 한 마디로 말해서 그분을 완전히 내 것으로 소유하는 것입니다. 그래서 그분이 내 안에서 사는 것입니다. 유대인들이 유월절을 지키는 유월절 식탁은 우리처럼 이렇게 조그마한 잔을 가지고 마시고 그다음에 상징적으로 떡 이만한 거 먹으면서 예수님의 떡이다 하는 그런 식이 아니고 완전히 저녁 식사예요. 디너라고요. 완전히 저녁 식사로 차려놓고는 와서 그냥 마시면서 누구 기념합니까? 예수 그리스도를 내가 먹고 마셨다. 아 그분이 나의 생명 되셨다. 떡을 떼어 먹으면서 예수 그리스도 나의 생명이 되셨다. 감사합니다. 내가 주님 믿습니다 하는 고백을 먹으면서 한 시간이고 두 시간이고 하는 겁니다. 그러니까 성찬식은 다시 말하면 우리가 예수님의 살을 먹고 피를 마시고 예수님 앞에 내 믿음을 고백하는 의식은 성찬식 때만 있는 거 아닙니다. 집에서 여러분 밥상 차려놓고 먹을 때마다 그것을 기억해야 됩니다. 먹을 때마다 "어유 주님 내가 내 육신을 위해서 이 음식 취하는 것처럼 내가 예수님을 믿음으로 취해서 나의 영원한 생명 되신 거 내가 기념합니다. 감사합니다" 라고 고백할 수 있어야 돼요. 불행하게도 많은 신자들 가운데서 예수님의 생명과 직결되는 믿음을 가지지 못한 사람들이 많이 있어요.

작년 9월에 미시간에서 제가 텔레비전 채널 12번, 종교 방송이 많이 나오는 텔레비전인데요. 그 방송을 틀어서 제가 보는데 빌리 그래함 목사님 설교가 나왔습니다. '누가 크리스천이냐? Who is christian?' 누가 크리스천이냐? 하는 제목을 가지고 이야기 하는데 자기가 지금 세계에서 제일 큰 교단 중에 하나라고 할 수 있는 Southern Baptist Church(남침례교) 대표자에게 물었다고 해요. "당신 교단 신자가 백이십만 명이 넘는 것으로 알고 있는데 그 가운데서 당신 생각에 정말 중생받고 예수님의 생명이 그의 마음속에서 살아 움직인다고 믿는 신자가 목사로서 당신 눈에 몇 퍼센트 정도 될 것 같습니까?" 하고 물었더니 그 사람이 대답하기를 "한 40% 정도 될까요?" 하더랍니다. 남침례교라면 신앙이 굉장히 강한 교단입니다. 그런데도 "한 40% 정도 될까요?" 라는 대답이었어요. 오늘 이런 비극이 한국에서 없어야 되겠습니다. 특별히 우리 교회 안에서는 없어야 되겠습니다. 모든 사람이 예수를 믿되 그야말로 그의 생명을 완전히 내가 취하는 믿음으로, 그래서 내 안의 생명을 주신 분으로 완전히 믿고 확인할 때 비로소 내가 주님을 통해서 사는 것입니다.

성찬식을 허락하신 주님께 우리 고백할 수 있어야 하겠습니다. 주님이여 당신의 생명 나에게 주셨으니 감사합니다. 내가 주님의 살을 믿음으로 먹습니다. 주님의 피를 믿음으로 마십니다. 나는 이 말이 어렵다고 해서 예배 보다가 중간에 나가지 않겠습니다. 저는 이제 압니다. 무슨 의미인지. 주여 내가 당신을 믿을 때에 나는 주님의 살을 먹는 것이고 주님의 피를 마시는 것으로 나는 해석합니다. 당신을 내가 믿을 때, 당신을 나의 구주 나의 주님으로 내 마음에 영접하고 내 마음이 그분과 더불어 살 때에 주님은 나의 생명이 되셨습니다. 나는 영생을 소유했습니다. 감사합니다. 오늘 먹고 마시는 이 떡과 잔은 내가 하나님 앞에 생명 소유하고 영원히 사는 영생 소유하고 그리스도 안에서 살아서 움직이는 하나님의 자녀 되었다는 거 고백하는 것입니다. "감사합니다" 하는 뜨거운 마음 가지고 우리가 이 잔을 들고 이 떡을 먹어야 됩니다.

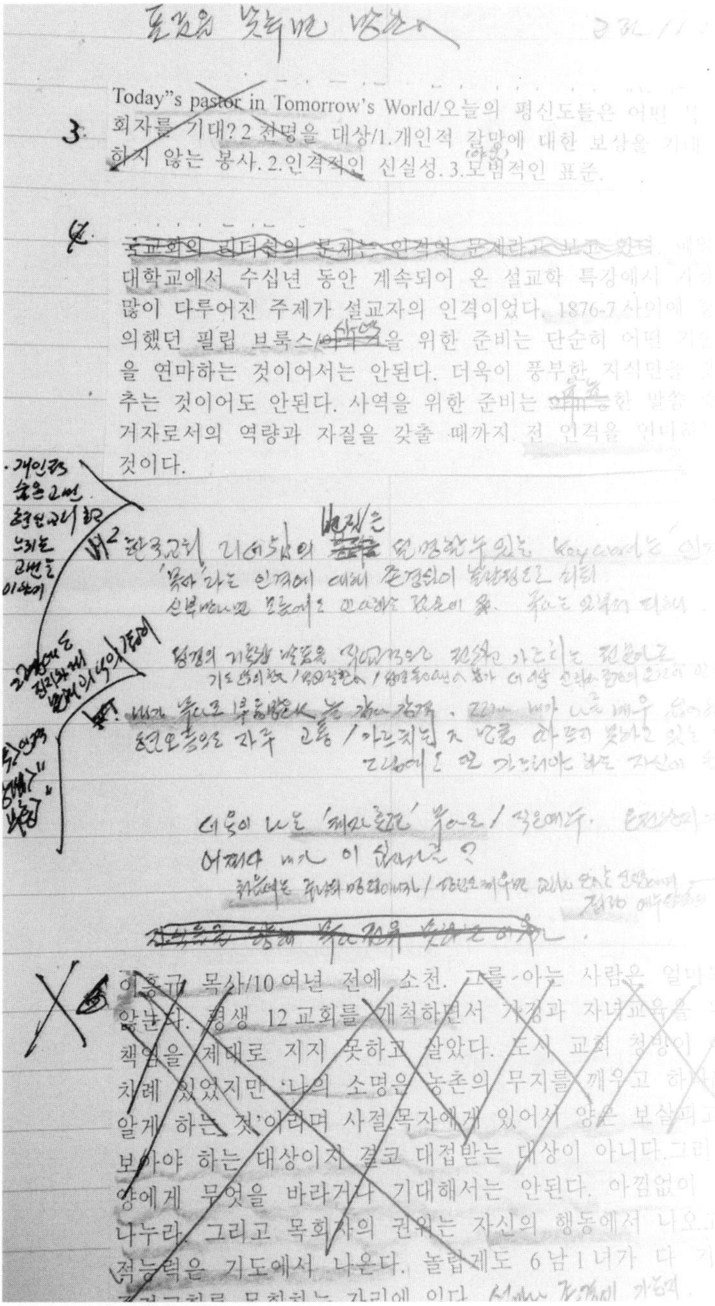

Today"s pastor in Tomorrow's World/오늘의 평신도들은 어떤 목
회자를 기대? 2 천명을 대상/1.개인적 갈망에 대한 보상을 기
하지 않는 봉사. 2.인격적인 신실성. 3.모범적인 표준.

국교회의 리더십의 문제는 인격의 문제라고 보고 했다. 예일
대학교에서 수십년 동안 계속되어 온 설교학 특강에서 가장
많이 다루어진 주제가 설교자의 인격이었다. 1876-7 사이에 강
의했던 필립 브룩스/을 위한 준비는 단순히 어떤 기술
을 연마하는 것이어서는 안된다. 더욱이 풍부한 지식만을 갖
추는 것이어도 안된다. 사역을 위한 준비는 한 발음 증
거자로서의 역량과 자질을 갖출 때까지 전 인격을 연마할
것이다.

이홍규 목사/10여년 전에 소천. 그를 아는 사람은 얼마되
않는다. 평생 12교회를 개척하면서 가정과 자녀교육을
책임을 제대로 지지 못하고 살았다. 도시 교회 청빙이 여
차례 있었지만 '나의 소명은 농촌의 무지를 깨우고 하나님
알게 하는 것'이라며 사절. 목자에게 있어서 양은 보살피고
보아야 하는 대상이지 결코 대접받는 대상이 아니다. 그러므
양에게 무엇을 바라거나 기대해서는 안된다. 아낌없이
나누라. 그리고 목회자의 권위는 자신의 행동에서 나오고
적능력은 기도에서 나온다. 놀랍게도 6남1녀가 다

1978년 11월 19일 주일 낮 예배

감사의 노래

(시116 : 1-14)

이 시편 저자는 이와 같이 사람에게 고통 당하고 자기의 무력 때문에 실망하고 고통 당한 이런 여러 가지 역경의 연속 속에서 결국 나타난 것이 뭐냐? 감사였습니다. '여호와께서 내게 주신 모든 은혜를 무엇으로 보답할까?' 여러분 눈이 있으면 똑똑히 보시라고요 이 시를. 12절에 있는 여호와여 내게 주신 모든 은혜를 내가 무엇으로 보답하겠습니까 하는 사람치고 그 앞에 나오는 이야기를 한번 보세요. 도대체 어울리나요?

1. 여호와께서 내 음성과 내 간구를 들으시므로 내가 그를 사랑하는도다
2. 그의 귀를 내게 기울이셨으므로 내가 평생에 기도하리로다
3. 사망의 줄이 나를 두르고 스올의 고통이 내게 이르므로 내가 환난과 슬픔을 만났을 때에
4. 내가 여호와의 이름으로 기도하기를 여호와여 주께 구하오니 내 영혼을 건지소서 하였도다
5. 여호와는 은혜로우시며 의로우시며 우리 하나님은 긍휼이 많으시도다
6. 여호와께서는 순진한 자를 지키시나니 내가 어려울 때에 나를 구원하셨도다
7. 내 영혼아 네 평안함으로 돌아갈지어다 여호와께서 너를 후대하심이로다
8. 주께서 내 영혼을 사망에서, 내 눈을 눈물에서, 내 발을 넘어짐에서 건지셨나이다
9. 내가 생명이 있는 땅에서 여호와 앞에 행하리로다
10. 내가 크게 고통을 당하였다고 말할 때에도 나는 믿었도다
11. 내가 놀라서 이르기를 모든 사람이 거짓말쟁이라 하였도다
12. 내게 주신 모든 은혜를 내가 여호와께 무엇으로 보답할까
13. 내가 구원의 잔을 들고 여호와의 이름을 부르며
14. 여호와의 모든 백성 앞에서 나는 나의 서원을 여호와께 갚으리로다

기록에 의하면 추수감사절의 유례는 청교도들이 미국에 들어와서 첫 번 추수를 끝냈던 1621년 가을에 시작이 되었습니다. 그 때 브래드포드William Bradford 총독이 그 이민 온 사람들에게 축제일로 선포하고 인디언 추장 마사소이트Massasoit와 그의 부하 90명을 같이 초대해 가지고 3일 동안 계속 축제를 벌인 것이 추수감사절의 유례라고 보통 백과사전에 기록이 되어있습니다. 그러나 원래 추수감사절의 유례는 미국에서 나온 것이 아닙니다. 어디서 나왔느냐? 구약에서 나왔어요. 구약 유대 민족으로부터 나왔습니다. 하나님이 그 제도를 가르쳐주셨어요. 우리 잘 알잖아요. 인간은요, 비 안 오면 비 달라고 기도하고 곡식이 안 되면 곡식 잘 되게 하려고 기원을 하고 자기들에게 손해가 날 때 손해되지 않게 해달라고 하늘을 향해서 빌 수는 있을는지 모르지만 많이 주신 축복들을 놓고 "하나님 감사합니다" 하기는 대단히 어려운 존재들이에요. 그만큼 캄캄하고 그만큼 어려워요. 그러므로 진정한 감사절은 인간에게서 나올 수가 없습니다. 동의합니까 여러분? 하나님을 향한 진정한 감사절은 인간이 스스로 만들어내지 못해요. 인간이 그렇게 선한 존재가 아닙니다. 그러니까 구약에 보면 하나님이 자기 백성을 향해서 감사절을 지켜라. 그렇게 가르쳤어요. 출애굽기 23장 16절 보면 '맥추절을 지키라. 이는 네가 수고하여 밭에 뿌린 것의 첫 열매를 거둠이니라. 수장절을 지키라. 이는 네가 수고하여 이룬 것을 연종에 밭에서부터 거두어 저장함이니라.' 하나님이 직접 가르쳤습니다. 그래서 추수감사절의 유래는 인간에게서 나오지 않았어요. 하나님이 가르쳐서 유대 민족들이 지키기 시작하고, 오늘 우리 믿는 사람들에게 이 아름다운 절기가 주어진 것입니다.

오늘 본문에서 몇 가지 검토를 해볼 것이 있습니다. 우선 제가 오늘 읽은 본문의 포인트를 제가 지적해드릴 테니까 기억을 하세요. 1절부터 11절까지는 감사의 배경, 그다음에 12절은 감사의 신념, 그다음에 13절 14절은 감사의 방법. 저는 이 성경을 읽으면서 그렇게 분류를 해보았습니다. 다시요. 1절부터 11절까지는 감사의 배경입니다. 그다음에 12절은 감사의 신념 혹은 확신입니다. 그다음에 13절 14절은 감사의 방법입니다.

감사의 배경이 뭡니까? 우리 잘 알아요. 간단하게 말해 이 저자가 하나님 앞에 감사하게 된 동기와 배경은 역경과 고통입니다. 3절 우리 함께 보십시다. '사망의 줄이 나를 두르고 음부의 고통이 내게 미치므로 내가 환난과 슬픔을 당하였을 때에.' 이것이 구체적으로 무엇인지는 잘 모르지만 지독한 고통과 괴로움 그리고 역경이 있었다는 것은 분명합니다. 5절 보십시다. '여호와는 은혜로우시며 의로우시며 우리 하나님은 자비하시도다.' 6절, '여호와께서는 어리석은 자를 보존하시나니 내가 낮게 될 때에 천하게 될 때에 나를 구원하셨도다.' 천하게 될 때가 있었어요. 그다음에 8절 보십시다. '주께서 내 영혼을 사망에서.' 글쎄, 이 사망이 어떤 사망일까요? 죽음의 공포입니다. '내 눈을 눈물에서, 내 발을 넘어짐에서 건지셨나이다.' 여러분 이 가운데서 행여나 남이 모르는 눈물이 있는 분 계시나요? 이 가운데서 여러분, 남이 모르는 고통 있나요? 이 가운데서 여러분들이 남이 모르는 어떤 실수 때문에 쓰러져서 일어나지 못하고 허둥되는 일이 있나요? 이런 고백하세요. 바로 8절의 고백. '주께서 내 영혼을 사망에서, 내 눈을 눈물에서, 내 발을 넘어짐에서 건지셨습니다.' 주여 "건져 주시옵소서"가 아닌 "주여 건지셨습니다." 눈물을 흘리면서도 "주여 당신이 나를 건지셨습니다." 그러면 하나님이 못 견뎌서 건져주어요. 고통을 당하면서도 "하나님이, 이 고통을 하나님이 지셨어요. 이제 나는 풀었어요. 이제 나는 해방되었어요" 하면은 하나님이 그 고통을 풀어줘요. 달라 달라 하지 말고 하나님이 하셨어요. 10절 보세요. '내가 믿는고로 말하리라 내가 큰 곤란을 당하였도다. 내가 큰 곤란을 당하였도다.' 뭔지 모르지만 이 사람 곤란을 많이 당한 사람이에요. 한 마디로 말해서 이 사람의 감사는 어디에서 나왔느냐? 역경과 고통을 통해서 나왔다. 그러면 가만히 이 본문 검토해보면요. 왜 역경과 고통을 당했을까? 제가 볼 때는 사람 때문에 당했어요. 사람을 잘못 만났어요. 11절. '내가 경겁 중에 이르기를 모든 사람은' 뭐요? 거짓말쟁이다. 오죽 답답해서 이런 탄식이 나왔겠어요? 인간은 다 거짓말쟁이야. 믿을 수가 없어. 우리도 잘하죠 그런 소리. 아주 인간에게 상처 입은 사람입니다. 인간에게 상처 입어서 그것 때문에 고통하고 괴로워하고 그것 때문에 죽을 고비를 겪으면서 고통을 당하였던 저자입니다. 거기에서 감사가 나왔어요. 예, 제가 볼 때도 아마 이 시편 저자는 다윗이었을텐데 다윗의 생애를 가만히 볼 때 참 그야말로 사람 잘못 만난 인생이었습니다 어떤 면에서는. 누구에게 제일 어려움과 고통을 당했느냐? 제일 믿었던 사람에게 제일 고통을 당한 사람입니다. 누구입니까? 자기 상관인 사울왕. 그야말로 몇 년을 쫓겨다니는 피난 생활을 해야 될 만큼 그 사람에게 고통당했습니다. 그다음에 누구에게 고통당했습니까? 자기 아들 압살롬에게 쫓겨가지고 고통당했습니다. 제일 믿었던 사람에게 고통당한 사람이 있다면 다윗이라고 할 수 있어요. 아마 이 저자가 다윗일 거예요. 다윗이 만약에 이 저자라고 한다면 충분히 이해가 가요. "모든 인간은 다 거짓말쟁이야. 믿을 수가 없어." 저도 이제 한 40년 인생을 살면서 보니까 다른 것은 다 참을 수 있는데 사람에게 상처 입는 것은 참 참기가 어려워요. 그것도 내가 믿지 아니한 사람에게 상처 입을 때는 그래도 견디기 쉬운데 내가 믿었던 사람에게 상처를 입고 배신을 당할 때 만큼 고통스러울 때가 없어요.

한국으로 귀국하기 얼마 전 LA에서 제 친구하고 한 번은 저녁에 앉아 장탄식을 한 일이 있습니다. 보험 회사 매니저로 있는 제 친구가 자기가 나가는 교회가 아니고 나성에서 제일 큰 다른 교회에 나가는 분을 상담을 해줬습니다. 그 친구가 보험 회사를 다니기 때문에 그 분이 당한 사건을 뒤에 가서 수습을 좀 해주었더랍니다. 그리고 와서 저하고 저녁에 이야기를 하는 시간입니다. 저보고 그래요. "옥 목사, 나는 도대체 이해가 안 가. 내가 신앙이 없어서 그런지 모르지만 하나님이 왜 그렇게 하시는지 도무지 내 이해가 안 가. 너 오늘 내가 처리하고 온 사건이 어떤 사건인지 아니?" 얘기를 하는데요. 이민 와서 한 6,7년 되는데 굉장히 성공한 가정이라고 합니다. 부부가 그야말로 피땀나게 노력을 했는데 의복을 그러니까 뭡니까? 옷제품 공장을 만들어가지고 지금까지 상당히 성공을 해서 그래서 LA에서도 그래도 돈을 잘 번다는 가정으로 알아주는 가정인데 그 부부가 그렇게 신앙이 좋을 수가 없데요. 십일조는 물론이거니와 주일에 하나님 앞에 나와서 봉사하는 거, 또 남 모르게 뒤에서 가난한 사람들을 혹은 하나님의 종들 하나님의 사업에 대해서 봉사하는 것 등등 일일이 셀 수가 없데요. 그렇게 잘 해주고 그렇게 성실하게 사업을 하신 분인데 많은 멕시칸들이 그 분 옷 공장에서 일을 합니다. 그런데 주로 멕시칸, LA에 사는 대부분의 멕시칸들은 비자 없이 국경을 넘어와가지고 밀입국한 사람들입니다. 그래서 불법자들이에요. 그래서 이름있는 회사에는 들어가서 일은 못하고 그저 값싼 그런 데를 들어가가지고 노동을 해서 사는 사람들입니다. 한번은 그 분 옷 공장에 한 청년 멕시칸 청년이 고용이 되었습니다. 너무 성실합니다. 한 1년 동안 그 사람을 써보니까 너무 좋았어요. 그래서 주인이 아주 그 사람을 믿었어요. 한번은 일이 늦게 끝났습니다. 밤 11시인지 뭐 이렇게 그 날 일이 끝났는데, 오버타임을 해가지고 끝났는데 그 청년은 밀입국자이기 때문에 자동차를 가지지 못합니다. 그래서 그 날 저녁 너무 늦게 일이 끝나서 너무 피곤하니까 주인이 그 멕시칸 청년한테 "너 내 자동차를 몰고 가라"고 그랬습니다. 집이 너무 머니까요. 아주 고급차였다고 합니다. "내 자동차 내줄 테니까 그거 타고 집에 가고 다음 날 가지고 와라" 라고 그랬습니다. 이 청년이 그 차를 몰고 갔습니다. 가다가 자기 애인을 태웠습니다. 차도 깨끗하고 고급이고 하니까 아주 신이 났던 모양이죠. 애인을 태워가지고 막 프리웨이를 들어가서 달리다가 사고를 크게 저질렀습니다. 제가 알기로 애인은 죽었다고 합니다. 그 남자는 그렇게 다치지 않았어요. 이렇게 해서 경찰 수사를 받는데 이 주인이 이제 법망에 걸려들었습니다. 왜 밀입국자를 취업시켰느냐? 딱 걸렸습니다. 또 왜 면허증도 없는 사람에게 운전을 허용했느냐? 그냥 걸렸습니다. 이거는 여차 없습니다 미국에서는. 그다음에 이거 보세요 이 청년하는 꼴을 보라고. 소송을 했어요 소송을. 주인을 걸어가지고. 왜 소송을 했느냐? "나에게 지금까지 임금을 제대로 잘 주지를 않았다. 그리고 내가 면허증 없는 줄 알면서 자기가 나에게 차를 맡겼다. 그래서 내 애인까지 희생당했다. 내가 도저히 참을 수 없다." 세상에, 이런 세상이 어디 있어요? 그러니 그 부부가 내 친구 앞에서 얼마나 통곡을 하고 울고. 그래 그 친구가 법을 잘 압니다. 아마 상당히 사업상의 타격이 올 거라고. 이건 빠져나갈 수가 없어요 지금 현재 그 주인으로서.

제가 그 이야기를 들으면서 마음으로 그 시간 기도를 했습니다. "주님 저도 이해 못 하겠습니다. 왜 하나님의 뜻대로 살려고 하는 자에게 인간을 통해서, 그것도 믿었던 사람을 통해서 선을 베푸는 사람에게 어떻게 이렇게 악으로 돌아옵니까? 왜 이런 일이 있을 수 있습니까?" 그래서 제가 기도하기를 "주님 그 부부를 낙망하게 하지 말게 하시고 이런 고통과 역경이 나중에 지금은 이해를 못 하지만 때가 지나면 하나님이 왜 그렇게 하셨는가를 알게 될 텐데 그때 되면 감사할 수 있도록 주여 그 부부를 붙들어주십시오." 저는 마음으로 그렇게 기도하고 결국 출국을 했습니다만 그 뒤 제가 소식 아직 못 들었어요.

사람을 통해서 상처 입는 고통. 이것을 통해서 우리가 감사할 수 있습니까? 감사할 수 있다고 성경은 말합니다. 이 사람이 또 고통하는 배경은 뭐냐하면, 이 사람이 고통하는 이유는 뭐냐? 자기의 무력 때문에 고통하고 있습니다. 6절에 보면 '내가 낮아졌을 때에, 내가 낮아졌을 때에' 하는 말은 내가 비천하게 되었을 때, 내가 무력했을 때 하는 의미입니다. 이 사람은 자기의 무력 때문에 고통을 많이 당했습니다. 그렇잖아요? 우리가 세상에 나가보면은 너무나 나는 아무 것도 아니고 나는 미약하고 나는 너무나 존재가 없다는 것을 많이 느낍니다. 비굴감을 갖게 됩니다. 절망을 합니다. 나의 무력을 탄식합니다. 이것이 우리에게 고통이 될 때가 많죠. 이 시편 저자는 이와 같이 사람에게 고통당하고 자기의 무력 때문에 실망하고 고통당한 이런 여러 가지 역경의 연속 속에서 결국 나타난 것이 뭐냐? 감사였습니다. '여호와께서 내게 주신 모든 은혜를 무엇으로 보답할까?' 여러분 눈이 있으면 똑똑히 보시라고요 이 시를, 12절에 있는 여호와여 내게 주신 모든 은혜를 내가 무엇으로 보답하겠습니까 하는 사람치고 그 앞에 나오는 이야기를 한번 보세요. 도대체 어울리나요? 여러분 태평성대를 누리는 환경에서는 감사가 나오지 아니한 때가 많습니다. 부유한 환경에서 자란 부족함이 없이 잘 자란 자녀들이 나중에 보면 부모가 고마운 줄 모르는 걸 우리가 많이 봅니다. 너무 부유하게 자라기 때문에 부모의 은덕을 모릅니다. 당연한 줄 압니다. 그래서 부모가 아주 실망해요. 그래서 저는 인생은 공평하다고 생각합니다. 가난하게 키운 부모는 자녀들에게 사랑이 있고 자식도 부모에 대한 애틋한 사랑이 있습니다. 못 먹고 자라고 헐벗고 자라지만 부모가 자기를 위해 고생하는 줄을 압니다. 나중에 자라고 나면 부모에게 그래도 그 은혜를 보답하고 감사하려고 하는 자녀들이 그 가운데서는 많이 나옵니다. 그러나 부유한 집안에서 그냥 키운 자녀들은 감사 잘 몰라요. 마찬가지로 인간이 부유하고 인간이 성공하는 환경에서 감사가 나오느냐? 감사가 잘 안 나와요. 진짜 성경을 통해서 보면 정말로 성도들의 역사를 통해서 우리가 보면은 고난당하고 고통당하고 괴로워하고 사막의 길을 걸으면서 탄식하던 사람들의 입에서 감사가 나오는 것을 자주 봅니다. 여러분 어떤 과거의 고통이 있는지 몰라요. 금년 한 해 동안 여러분이 당한 어떤 어려운 시련이 있었는지 모르겠습니다만 그것을 한 마디로 말합니다. 감사의 배경입니다. 그거 없으면 여러분 감사가 안 나오게 되어있어요.

이제 두 번째 이 사람의 배경을 보면은 기도 응답의 체험에서 오는 감사였습니다. 그렇죠? 1절과 2절이 대표적이죠. '여호와께서 내 음성과 내 간구를 들으시므로 내가 저를 사랑하는도다.' 그 귀를 내게 기울이셨으므로....주여 내가 이제 평생토록 기도하겠습니다. 기도의 응답에서, 기도의 응답에서 감사가 왔어요. 자 우리 한번 대답합시다. 기도의 응답은 내가 고통당하고 어려움에 처할 때 더 많이 체험합니까? 아니면 평안하고 고통 없을 때 더 체험합니까? 어느 쪽입니까? 저는 우리 신자들이 하는 사업마다 모든 것이 성공하고 집안이 너무 바람이 없고 무풍지대고 너무 행복하고 너무 할 일이 없고 쓰고 싶어도 쓸 데가 없을 정도로 복을 내려주시기를 원치 않습니다. 제발 그런 복은 받지 마세요. 왜? 여러분 생활에 기도가 깨끗이 사라져버립니다. 구할 게 없으니까. 기도가 사라져요, 기도가 사라져요. 신자에게 있어서 기도를 하지 못하게 하는 환경만큼 비극이 없습니다. 그 조건이 무엇이었든 간에 내가 성공해서 팔자가 좋아졌든 간에 내가 물질을 많이 벌어서 내가 풍성해졌든 간에 어떤 여하를 막론하고 나로 하여금 기도하지 못하게 하고 기도할 제목이 없어지도록 만들어버린 환경이면 여러분 저주받은 환경인지 아시라고요. 신자에게는 그거만큼 위험한 환경이 없어요. 기도는 언제 오느냐? 고통이 올 때 옵니다. 왜 하나님이 고통 주시느냐? 기도하라고요 기도하라고. 왜 기도하라고 합니까? 하나님이 좀 만나자는 거예요. 만나자는 거예요. 여러분에게 고통이 있어요. 여러분에게 생각 밖에 어떤 불우한 환경이 왔어요. 여러분에게 생각지 아니한 엑시던트accident가 생겼어요. 뭡니까? 하나님이 만나자는 겁니다. 여러분 만나자는 거예요. 어떻게 해요? 기도하고 만나자는 거예요. 이런 고통에서 기도의 응답은 너무나 철저합니다. 너무나 철저합니다. 저도 그렇습니다. 내가 화평스럽고 내가 평탄하고 오만 가지가 잘 될 때는 기도를 해도 하나님이 응답하시는 데에 대해서 민감하지를 못했는데 내 환경이 시급하고 내가 고통을 당하고 괴로워할 때 기도는 절실하고 그야말로 마음을 쏟아놓는 기도이기 때문에 하나님도 그의 절실한 기도를 보시고 응답도 제깍제깍 합니다. 체험이 있어요. 그래서 감사가 나오는 겁니다.

12절은 감사의 신념을 이야기 한다고 그랬죠. 세 가지 신념. 이 12절 가지고 세 가지 찾아낼 자신 있습니까? 여러분 성경을 읽으시면서. 저도 이번에 참 보면서 제가 많이 느낀건데 여호와께서 내게 주신 모든 은혜를 무엇으로 보답할고. 무슨 신념이에요? 첫째 모든 것이 하나님에게서 왔다. 그렇죠? 모든 것은 하나님에게서부터 왔다. 모든 것은 하나님이 주셨다. 당대 갑부 욥도 고백하기를 욥기 1장 21절에 '주신 자도 여호와여 취하신 자도 여호와이시니. 여호와의 이름이 찬송을 받으실지로다.' 모든 것이 하나님에게서 왔다. 내 생명도 내 건강도 내 자녀도 내 가정도 내 성공도 내 수명도 여호와께서 주신 것이다. 이것이 감사를 하게 하는 신념입니다. 전도서 5장 19절 '어떤 사람에게든지 하나님이 재물과 부유를 주사 하나님이 재물과 부유를 주사 능히 누리게 하시며 분복을 받아 수고하므로 즐거워하게 하신 것은.' 다 같이 따라 하세요. '하나님의 선물이라.' 예, 하나님이 주셨어요. 하나님이 주셨어요. 하나님이 모든 것 주셨다는 신념은 내가 가지고 있는 것 그 어느 것도 내 것이 아니라는 신념과 같습니다. 그러므로 이 신념 가진 사람은 감사하는 데에 실수하지 않습니다.

두 번째 신념은 무엇입니까? 다시 12절 보세요. 여호와께서 내게 주신 모든 뭡니까? 은혜. 하나님이 주신 것은 전부 다 은혜요. 전부 다 선이다. 어떤 번역은 선이라고 나와있어요. 여호와께서 내게 주신 모든 선. 저는 압니다. 우리 하나님은 주실 때 절대 나쁜 것 주시지 않으십니다. 어떤 번역은 하사품이라고도 번역하고 어떤 번역은 베네피트

benefit라고 번역하고 어떤 번역은 굿good이라고 번역하고 하여튼 가만히 단어들을 조사해보면은 그 단어가 나쁜 단어가 아니에요. 다 좋은 단어예요. 하나님이 내게 주신 모든 좋은 거, 예 그래요. 두 번째 신념은 하나님은 우리에게 기도 응답해주실 때 나쁜 것 주시는 법이 없어요. 절대로 악한 거 주지 않습니다. 마태복음 7장 11절. '너희가 악한 자라도 좋은 것으로 자녀에게 줄줄 알거든 하물며 하늘에 계신 너희 아버지께서 구하는 자에게.' 대답하십시오. '하늘에 계신 너의 아버지께서 구하는 자에게.' 크게 뭡니까? '하늘에 계신 너희 아버지께서 구하는 자에게 좋은 것으로 주시지 않겠느냐?' 좋은 것으로 주시지 않겠느냐? 로마서 8장 28절 '우리가 알거니와 하나님을 사랑하는 자 곧 그 뜻대로 부르심을 받은 자들에게는 모든 것이 합력하여.' 뭡니까? '선을 이루느니라.' 선? 좋은 것을 이룬다는 뜻입니다. 내가 고난을 당할 때 지금 보면은 괴롭고 견디기 힘들고 악한 것 같고 불행한 것 같고 실패한 것 같지만은 처음에 나에게 악하게 보인다고 해서 그게 끝까지 악하다고 생각하면 그건 잘못이에요. 나에게 주어진 모든 것들이 하나님으로부터 왔다면은 지금 당장 내가 볼 때 악하고 더럽지만은, 내가 견디기 어렵지만은 결국은 무엇으로 갚아줍니까? 나에게 선이 되게 해주신다는 뜻입니다. 다 유익하게 해주신다는 겁니다. 이 가운데서 남이 모르는 역경을 가지신 분 있으면 "이 역경은 나에게 악이 아니야. 하나님이 나에게 유익을 주시는 과정이야" 하고 고백하세요. "이 역경은, 이 고통은, 이 실패는 하나님이 나에게 나쁜 것 주시는 과정이 아니고 하나님이 나에게 좋은 것 주시려고 하시는거야." 성도의 가슴에서만이 이 고백이 나올 수 있습니다. 세상에 가서 다 물어보세요. 누구보고 다 물어보시라고. 지금 눈 앞에 보이는 고통스러운 것 가지고 "하나님이 주신 거 좋은 것입니다. 이거 나에게 분명히 하나님이 유익되게 해주십니다" 하고 고백하는 사람이 있나 나가서 보시라고. 예수 믿는 사람 아니면 그런 사람 없어요. 왜 가능합니까? 만군의 여호와 하나님 내 아버지 되시고 그 아버지는 너무나 선하셔서 나에게 나쁜 거 절대 주시지 아니하는 분. 그거 믿기 때문에 내 손에 무엇이 들렸든간에 하나님 앞에 주여 감사합니다. 하나님은 나에게 반드시 선한 거 주신다. 우리는 고백합니다.

얼마 전에 우리 교회 지금 나와 계시는 어떤 형제 한 분하고 앉았습니다. 그 형제 이번에 좀 하던 일이 잘 안 되고 실패했는데 제가 기도하면서 그랬어요. "하나님 이 형제가 참 이런 과정을 통해서 어떻게 하나님 앞에 신앙적으로 훈련을 받고 감사를 할지 잘 모르겠는데 하나님 은혜 주십시오." 이렇게 기도했는데 마침 그 형제를 만났습니다. 만나서 제가 지금 상황을 어떻게 생각하느냐고. 그 친구 입에서 나오는 말이 "하나님을 사랑하는 자 그 뜻대로 부르심을 받는 자에게는 모든 것이 합력하여 선을 이룬다고 하나님이 말씀했습니다. 하나님이 반드시 나의 실패를 통해서 하나님이 은혜주시는 거 내가 믿습니다." 내가 얼굴이 빨개져요. 내 마음이 너무 부끄러워요. 나 이 형제만큼 참 신앙 고백을 어려운 실패 속에서 할 수 있을까? 예 그래요. 여러분 주변에 지금 앉아계시는 분들 예사로 보시지 마세요. 너무나 놀라운 사람들이 여러분 사이에 끼여서 앉아있습니다. 어떤 사람입니까? 다른 사람 보면 불평하고 고통하고 괴로워하고 탄식할 것을 놓고 "하나님 감사합니다. 하나님 반드시 이것이 나에게 유익되게 해주실 것입니다" 라고 고백하는 사람들이 여러분 사이사이에 앉아계세요. 이것이 진정한 우리의 확신입니다.

세번 째는 어떤 신념입니까? 또 한 번 12절 읽어봅시다. '여호와께서 내게 주신 모든 은혜를 무엇으로 보답할고.' 반드시 받은 은혜에 대해서는 보답해야 한다는 신념입니다. 반드시 하나님 앞에 받은 은혜는 내가 무엇으로 보답하든지 보답해야 한다는 신념입니다. 감사해야 한다는 신념입니다. 이것이 하나님이 주신 거예요. 그래서 출애굽기 23장 15절, 34장 20절, 신명기 16장 10절 보면, 16절에 보면 하나님께서 이스라엘 백성들이 감사하러 나올 때에 절대 빈손으로 내 앞에 나타나지 말라고 경고했습니다. 빈손 들고 나와서 감사한다고 하지 말라고 그랬어요. 왜 그럴까? 제가 생각해 보았어요. "하나님 우리 마음만 가지고도 하나님 얼마든지 감사할 수 있고 하나님을 찬송할 수 있는데 왜 하나님 꼭 손에 뭐 들고 나오라고 그럽니까?" 어디서 대답을 찾을까요? 마태복음 어디예요? 7장에. 네 보물이 있는 곳에 무엇이 있어요? 마음이 있어요. 여러분 하나님이 달라고 하실 때 이렇게 생각하세요. 하나님이 얻기를 좋아해서 달라고 한다고 생각지 마시고 내 생겨먹은 꼴이 들고 나가지 아니하면 감사가 안 되게 생겨 먹었습니다. 여러분 꼴이. 제 꼴이요. 그러니까 하나님이 우리를 만드셨으니까 얼마나 잘 아세요? 입을 가지고 아무리 감사 감사해도 그게 진실이 안 된다는 걸 너무나 잘 알고 있어요. 그러니까 들고 나오라 그거예요. 그렇지 않아요? 그러니까 하나님이 달라고 하실 때 하나님에게 내가 바쳐야 된다고 생각할 때 그것은 성령이 내 마음에서 주시는 은혜입니다. 왜 하나님이 그렇게 하실까? 예 나는 그렇게 안 하면 감사가 안 되는 짐승 같은 존재예요. 들고 나오라 그거예요. 그러니까 따지고 보면 하나님께서 보답하게 하시는 이유는 나에게 감사를 통해서 더 큰 축복을 주시기 위한 하나의 명령입니다. 저는 이것을 믿습니다. 세 가지 신념을 저는 믿습니다. 모든 것은 하나님이 주셨다. 하나님이 주시는 것은 선하다. 내가 받은 은혜는 반드시 보답해야 한다. 저의 신념입니다.

우리 찬송 하나 들어보실까요. 임ㅇㅇ 자매님 나오셔서 391장 1절하고 3절하고 한번 불러주겠어요? 391장 우리 같이 한번 펴놓고 한번 들어보십시다. 건강이 안 좋은데도 나와서 불러주셔서 참 고맙습니다.

여러분 13절에 뭐라고 그랬어요? 내가 구원의 잔을 들고 여호와의 이름을 부르며 그랬죠? 구원의 잔이라는 것은 하나님이 주신 은혜를 하나님 앞에 높이 쳐드는 건데 이것은 마음을 열고 하나님 앞에 예배하는 걸 말합니다. 찬송으로 예배하는 거. '구원의 잔을 높이 들고 하나님의 이름을 부르며 여호와의 모든 백성 앞에서 나의 소원을 여호와께 갚으리로다.' 구원의 잔을 들고 구원의 잔을 들고. 그 다음에 17절. '내가 주께 감사제를 드리고 여호와의 이름을 부르리이다.' 아 하나님 앞에 감사해야 된다는 신념을 알고있는 사람은 하나님 앞에 구원의 잔을 들고 찬송합니다. 서운한 것을 갚습니다. 이것이 감사의 방법이에요. 다 같이 기도하겠습니다.

6. P는 [illegible] 많은 교인에 비치는 때가 [illegible]

어떻게 [illegible] ? / P 자신에게 [illegible]

고후 11:1 이 해와 / 그의 눈은 예수에게 고정

그는 [illegible] [illegible]

○ 그러나 나가 [illegible] X가 [illegible]

이것이 얼마나 어려운 일은 질문 ? ~~[illegible]~~

'자기부인'을 주로하지 않으시고...

본받음
이것은 ?
[illegible]

7. P은 생명 '예수 본받음'에 [illegible] 했습니다.

무엇을 보는 ?

자기를 성도들이 본 받을 따를수 있는 '인격'으로 내놓았을 [illegible]

'너희도 나를 본 받으라 [illegible] ...' 'X의 [illegible]

나는 [illegible] 어떤 소리 [illegible] 있음

8. 고전 4:16 '너희는 나를 본 받는 자 되라' / [illegible]

누구에게 배웠 ? [illegible]

고전 11:1 [illegible] 위해 [illegible] / [illegible]

살전 1:6. '우리와 주를 본 받은 자 되었으니'

(우리는 너희 중에 어떠한 사람이 [illegible]

요한 3:7 [illegible]

3:8 [illegible]

빌 3:17 나를 본받으라 / [illegible]

9. [illegible] 예수는 본받으면서 예수를 보여주어야 하는

최상의 [illegible] / [illegible] 그 [illegible]

나타내고 [illegible].

'예수님은 어떻게 ?' '예수님이라면 ?'

10. 놀랍게도 성경은 자세히 연구하면 '예수님과 같은 표준

성직자만의 trade Mark가 아니니

구원 받은 모든 사람들에게 요구하고 있음을 ...

벧전 4:8 우리가 가장 어려워하는 사랑의 계명을 [illegible]

하늘에 계신 ....

1978년 11월 26일 주일 낮 예배

충성된 종

(마 25 : 14 - 30)

많은 사람들이 생각할 때 예수 믿는 것은 꼭 구속을 받는 것처럼 생각을 하고 예수를 믿는다는 것은 하나님이 주시는 어떤 속박에 들어가는 것처럼 생각을 하는데 이것은 근본적으로 잘못된 겁니다. 만약에 그 이 사람이 예수 믿음으로 속박을 받기 싫어서 그대로 예수 안 믿고 산다면 그 사람은 결국 누구의 속박을 받고 사는 겁니까? 사탄의 속박을 받고 사는 겁니다.

14. 또 어떤 사람이 타국에 갈 때 그 종들을 불러 자기 소유를 맡김과 같으니
15. 각각 그 재능대로 한 사람에게는 금 다섯 달란트를, 한 사람에게는 두 달란트를, 한
사람에게는 한 달란트를 주고 떠났더니
16. 다섯 달란트 받은 자는 바로 가서 그것으로 장사하여 또 다섯 달란트를 남기고
17. 두 달란트 받은 자도 그같이 하여 또 두 달란트를 남겼으되
18. 한 달란트 받은 자는 가서 땅을 파고 그 주인의 돈을 감추어 두었더니
19. 오랜 후에 그 종들의 주인이 돌아와 그들과 결산할새
20. 다섯 달란트 받았던 자는 다섯 달란트를 더 가지고 와서 이르되 주인이여 내게 다
섯 달란트를 주셨는데 보소서 내가 또 다섯 달란트를 남겼나이다
21. 그 주인이 이르되 잘하였도다 착하고 충성된 종아 네가 적은 일에 충성하였으매
내가 많은 것을 네게 맡기리니 네 주인의 즐거움에 참여할지어다 하고
22. 두 달란트 받았던 자도 와서 이르되 주인이여 내게 두 달란트를 주셨는데 보소서
내가 또 두 달란트를 남겼나이다
23. 그 주인이 이르되 잘하였도다 착하고 충성된 종아 네가 적은 일에 충성하였으매
내가 많은 것을 네게 맡기리니 네 주인의 즐거움에 참여할지어다 하고
24. 한 달란트 받았던 자는 와서 이르되 주인이여 당신은 굳은 사람이라 심지 않은 데
서 거두고 헤치지 않은 데서 모으는 줄을 내가 알았으므로
25. 두려워하여 나가서 당신의 달란트를 땅에 감추어 두었었나이다 보소서 당신의 것
을 가지셨나이다
26. 그 주인이 대답하여 이르되 악하고 게으른 종아 나는 심지 않은 데서 거두고 헤치
지 않은 데서 모으는 줄로 네가 알았느냐
27. 그러면 네가 마땅히 내 돈을 취리하는 자들에게나 맡겼다가 내가 돌아와서 내 원
금과 이자를 받게 하였을 것이니라 하고
28. 그에게서 그 한 달란트를 빼앗아 열 달란트 가진 자에게 주라
29. 무릇 있는 자는 받아 풍족하게 되고 없는 자는 그 있는 것까지 빼앗기리라
30. 이 무익한 종을 바깥 어두운 데로 내쫓으라 거기서 슬피 울며 이를 갈리라 하니라

처음 나오신 분들을 위해서는 제가 이 본문을 좀 더 알기 쉽게 다시 설명을 해드려야 되겠는데 오늘 그렇게 하기에는 조금 시간이 급하고요. 간단하게 이야기를 드리면 이것은 한 비유입니다. 예수님께서 자기를 주인으로 비유하고 예수 믿는 사람을 종으로 비유해가지고 설명하는 하나의 진리입니다. 예수님이 이 세상에 오셨다가 세상을 떠나셔서 하나님 나라로 가셨어요. 가면서 예수 믿는 사람들을 불러서 각각 책임을 맡겼다. 또 은사를 맡겼다. 그것이 달란트입니다. 하나는 다섯 달란트 맡겼고 현재 미국 돈으로 하면 만 달러요. 만 달러 정도를 주었고 한 사람에게는 육천 달러 주었고 한 사람에게는 이천 달러 주었고 이렇게 해서 다섯 달란트, 두 달란트, 한 달란트 각각 사람에 따라서 주었다가 그다음에 예수님이 다시 재림하는 날 이 세상에 오셔서 이 종들하고 같이 계산을 하신다. 그래서 그 받은 돈을 가지고 장사를 잘 하는 제자는 또는 종들은 예수님의 칭찬을 받고 영원한 하나님의 축복에 참여하고 더 큰 일을 맡지만 그것을 가지고 장사를 잘 하지 못한 자는 바깥 어두운 곳에 내쫓김을 받는다. 이것이 이 말씀의 요점입니다.

성경을 좀 깊이 보는 분들을 위해서 말씀드립니다. 이 말씀은, 이 비유는 바로 앞에 나오는 13절의 해석이라고 여러분들이 생각하시면 좋습니다. 13절이 뭐죠? '그런즉 깨어있으라 너희는 그 날과 그 시를 알지 못하느니라.' '왜냐하면 또 어떤 사람이.' 자, 보세요. 원문상으로 보면 '가르' 라고 하는 헬라어, 우리 말의 '왜냐하면' 에 해당하는 말이 14절 초에 나옵니다. 따라서 14절 이하는 깨어있으라는 13절의 명령에 대한 답입니다. 즉, 어떻게 하면 말세에 깨어있을 수 있느냐? 어떻게 말세에 깨어있을 수 있느냐? 깨어있을 수 있는 방법 중에 하나가 바로 자기가 받은 은사를 가지고 하나님의 일에 충실하는 것이 말세에 깨어있는 방법이다. 바로 이것을 설명하는 것입니다. 그래서 여러분 중 헬라어를 볼 줄 아는 분들은 14절 들어가면서 '왜냐하면'에 해당하는 '가르'라고 하는 접속사가 들어가 있다는 것에 유의를 하시면 도움이 많이 되실 겁니다.

예수님은 우리의 주인입니다. 그분은 세상에 오셔서 무슨 일을 하셨느냐 하면은 인간을 구원하기 위해 자기를 바쳐서 대속물로 주는 일을 했습니다. '인자의 온 것은 섬김을 받으려 함이 아니라 도리어 섬기려 하고 자기 목숨을 많은 사람의 대속물로 주려 함이니라.' 마가복음 10장 45절. 그래서 이 일을 하시다가 예수님이 세상을 떠나셨는데 떠나면서 자기의 일을 위임하고 떠났습니다. 누구에게 위임했느냐? 예수 믿는 모든 제자들에게 위임했습니다. 그래서 요한복음 14장 12절에 뭐라고 말씀하셨는가 하면 '내가 진실로 진실로 너희에게 이르노니 나를 믿는 자는 나의 하는 일을 저도 할 것이요.' 그렇죠? 내가 하던 일을 저도 할 것이요. 또한 이보다 무엇을 더 하리니? 큰 것도 하리니. 예수님이 한 일보다 더 큰 일을 하리니. '이는 내가 아버지께로 감이니라.' 예수님이 자기가 하시던 일을 우리에게 맡겨놓고 갔습니다. 그러므로 우리는 예수님이 하시는 일을 할 뿐만 아니라 예수님보다 어떤 면에는 더 큰 일을 합니다. 빌리 그래함 목사님이 세계적으로 그 동안 30년 동안 몇 명에게 전도를 했는지 아직 제가 정확한 통계를 모르고 그를 통해서 얼마나 많은 사람이 회개하고 돌아왔는지 모르지만 예수님이 3년 동안 하신 것보다는 몇십 곱절 몇백 곱절이 더 커요 열매로 볼 때는. 바로 이 말씀입니다. 예수님이 하시던 일을 우리가 할 뿐 아니라 주님보다도 더 큰 일을 할 수 있다고 예수님이 가면서 우리에게 그렇게 말씀하고 가셨어요. 그래서 세상에 남아있는 모든 크리스천들은 예수님의 일을 계승하는 종들입니다.

그러므로 우리가 해야 할 일이 있어요. 어떻게 하면은 말세에 충성할 수 있습니까? 몇 가지를 오늘 이 본문을 통해 찾아봅시다. 첫째로 나에게 주인이 있다는 것. 그리고 그 주인이 예수라는 것. 이것을 바로 믿어야 충성이 바로 됩니다. 다시 말씀드려요. 어떻게 하면 충성할 수 있느냐? 나에게 주인이 있다는 것입니다. 이것을 믿어야 해요. 그리고 그 주인이 하나님의 아들 예수님이라는 거 믿어야 됩니다. 사람은 누구나 자기 주인이 될 수 없어요. 꼭 기억하세요. 사람은 누구나 절대 자기 주인이 될 수 없습니다. 아무리 내가 애를 써도 내가 나의 주인이 될 수가 없어요. 왜냐하면 이게 성경적입니다. 성경에 뭐라고 말씀했느냐 하면 너희가 죄의 종이 되든지 의의 종이 되든지, 예수의 종이 되든지 사탄의 종이 되든지, 하나님 나라의 종이 되든지 아니면 세상의 종이 되든지 둘 중에 하나이지 그 중간이 없어요. 그러므로 많은 사람들이 생각할 때 예수 믿는 것은 꼭 구속을 받는 것처럼 생각을 하고 예수를 믿는다는 것은 하나님이 주시는 어떤 속박에 들어가는 것처럼 생각을 하는데 이것은 근본적으로 잘못된 겁니다. 만약에 그 이 사람이 예수 믿음으로 속박을 받기 싫어서 그대로 예수 안 믿고 산다면 그 사람은 결국 누구의 속박을 받고 사는 겁니까? 사탄의 속박을 받고 사는 겁니다. 똑같은 겁니다. 그런데 왜 사탄의 속박은 더 자연스럽게 보이느냐? 우리가 이런 예를 많이 듭니다. 어릴 때 집을 나가서 소매치기 대장 밑에서 한 10여 년을 자란 아이는 소매치기 대장이 시키는 대로 하는 것이 자기의 자연입니다. 자기 본성에 맞아요. 부모가 찾아가서 10년 만에 "얘야 내가 너 부모고 우리가 너를 키워야 되니까 우리 집으로 가자." 만약에 그 애가 집으로 들어왔다고 합시다. 집의 살림만큼, 집의 생활만큼 그 애에게는 부자연스러운 것이 없습니다. 왜냐하면 부모는 잘못된 것을 고치려고 합니다. 그러나 소매치기 대장은 "너 하루에 얼마 씩만 가지고 오면, 조금만 더 있으면 억만 부자가 돼." 언제든지 그것만 가르칩니다. 좋은 말만 가르칩니다. 그러니까 자연스럽습니다 그 생활하기가. 그러나 소매치기 대장은 법망이 얼마나 무섭다는 거, 그 아이의 결말이 얼마나 무섭다는 것을 말하지 않습니다. 그러나 부모는 집안에 들어오면 "너 이거 잘못하면 안 돼, 고쳐." 그래서 그 아이가 집에 들어오면 속박을 느낍니다. 마찬가지예요 여러분. 예수 안 믿고 바깥에서 살아요. 예 살아도 괜찮아요. 그러나 사탄은 항상 소매치기 대장처럼 우리의 본성이 좋아하는 대로 아부를 합니다. "너 마음대로 해. 마음대로 살아. 세상은 이것 뿐이야. 죽으면 다 끝나." 젊은 사람들이 하는 말처럼. "세상은 다 끝나. 그 괜히 종교라는 것은 사회 요소 중에 하나야. 사람이 살아가는데 있어서 종교라는 것이 불가피하니까 이런 종교 저런 종교가 생기는 거야. 똑같아. 그러니까 속지 말고 너 주관대로 세상을 살아." 사탄은 항상 뒤에서 이럽니다. 왜요? 왜요? 그게 사탄의 방법이에요. 사탄은 절대 지옥이 있다는 이야기 하지 않습니다. 사탄은 절대 죄의 값이 있다는 거 말하지 않습니다. 사탄은 절대 악을 행할 때 하나님의 심판이 따라온다는 거 말하지 않습니다. 그러나 여러분 예수 믿고 들어와보세요. 당신 회개해야 합니다. 당신의 마음 고쳐야 됩니다. 오늘까지 당신은 죄를 지었습니다. 예수 믿고 바로 생활하십시다. 전부 뜯어고치는 거예요. 그러니까 부자유를 느낍니다. 그러나 어느 것이 자유입니까? 진정한 자유가, 어느 것이 자유입니까? 예수님 안으로 돌아오는 것이 자유입니다. 그러므로 우리에게는 예수라는 철저한 주인이 존재합니다. 우리의 생을 이 예수님 떠나서는 살 수 없어요. 내가 크리스천이라고 하면 내 주인이 그리스도라는 것을 한시도 잊어서는 안 됩니다. 만약에 그거 잊으면 내 마음대로 살아요. 예수 믿어도 이런 사람 많아요. 교회 오면 예수가 내 주인인지 알지만 사회 밖에 나가면은 내가 주인인 것처럼 생각하고 마음대로 해요. 그 사람은 하나님 나라 위해서 일하지 못해요. 우리의 생활에 모든 분야에 주인이 누구냐? 예수 그리스도입니다.

두 번째로 우리가 충성하려면 분명히 알아두어야 할 것이 뭐냐? 내가 가진 것은 무엇이든지 내 것이 아니고 맡은 것이라는 거. 이것을 기억해두어야 합니다. 주인이 달란트를 맡겼죠? 달란트가 뭡니까? 달란트는 각자가 받은 영적 은혜입니다. 은사. 고린도전서 12장에 보면 아홉 가지 은사가 나옵니다. 또 각자가 맡은 책임입니다. 성경에는 많은 책임이 주어져 있어요. 모든 신자에게 공통적인 책임 하나 있습니다. 그것은 하나님 나라를 위해서 복음 증거하는 겁니다. 그리고 형제를 돌봐주는 것입니다. 이것이 모든 신자가 공통적으로 가진 책임인데 이 모든 것들이 달란트입니다. 그다음에 달란트가 또 뭡니까? 육신적으로 내가 하나님 앞에 받은 모든 것들입니다. 여러분 건강합니까? 그 건강 하나님이 주신 거예요. 여러분 재정이 넉넉하고 생활이 부유합니까? 그 물질 하나님이 주신 거예요. 여러분 머리가 엑설런트 합니까? 머리가 좋아요? 그래서 모든 사람들보다 뛰어납니까? 그 두뇌 하나님이 주신 겁니다. 이게 달란트입니다. 우리에게 좋은 환경 주셨어요. 부모가 좋고 형제도 좋고 환경이 좋아요. 그 환경 하나님이 주신 거에요. 그 모든 환경 이것은 내 것이 아니에요. 주님이, 주인 되신 분이 나에게 맡긴 거예요. 내 거 아니에요. 여러분 손에 쥐고 있지만 내 것 아니에요. 왜 재산을 주고 시간을 주고 머리를 주고 건강을 주고 젊음을 주고 환경을 주었느냐? 하나님의 나라 위해서 바로 장사하고 바로 쓰라고 준 겁니다. 왜 나에게 영적으로 은혜 주어서 다른 형제들을 돌봐주게 하고 사랑하게 하고 그다음에 구제하게 하느냐? 하나님께서 주신 은사입니다. 하나님 나라 위해서 일하라고 주신 것입니다. 참 이런 말이 잘 안 들어오죠? 여러분 가운데서 이런 말이 들어올 사람이 얼마나 되는지 모르겠어요. 제가 이렇게 이야기를 하지만 여러분 마음에 이것이 긍정적으로 받아들여지나요? 만약에 이 가운데 앉으신 분들이 백프로 다 이 말이 긍정적으로 받아진다면 이 교회는 무서운 교회가 됩니다. 못할 일이 없어요. 어떤 교회가 제일 무섭지 않으냐? 가진 것 전부는 내 것이라고 생각하는 사람들이 앉아있는 교회입니다. 그 교회는 십만 명이 앉아도 무력한 하나의 단체에 불과합니다. 어떤 교회가 무서운 교회냐? 단 몇 사람이 앉아있어도 내가 가진 것은 내 것이 아니고 주인이 나에게 일시적으로 맡긴 것이다. 그러므로 내가 이것을 주인을 위해 바로 써야 된다. 이런 분명한 확신 갖고있는 사람이 있는 교회가 무섭습니다. 여러분 현대 아파트 한번 가보세요. 현대 아파트 들어가는 골목에 교회가, 조그마한 교회 하나가 지금 올라가고 있습니다. "이게 무슨 교회냐?" 저는 생각을 했어요. 그런데 우리 진영의, 우리 교단의 교회예요. 강현교회. 제가 아는 분의 어머니를 통해서 들었습니다. 그 교회가 어떻게 해서 지금 만들어지고 있는지. 뭐 목사님도 그렇게 신통하지 않아요. 뭐 보통 평범한 목사입니다. 뭐 특별히 학력 있는 것도 아니고 두드러진 거 없어요. 그러나 한 가지 있어요. 기도하는 목사예요. 처음에 교인들 데리고 개척을 좀 하다가 나중에 곽선희 목사님이 하시는 그 유명한 목사님이 하시는 소망교회라는 교회가 생기니까 반주자로부터 위시해서 교인들이 거의 다 그 교회로 가버렸어요. 얼마나 기가 막혀요? 그래도 그 사람 하나님 앞에 몸부림치면서 매달렸는데 이제 교회가 올라간다고요. 아마 일억 이상 든 거 같아요 지금 현재 보니까. 땅값까지. 왜 그렇게 기적이 일어날 수 있느냐? 어디에서 포목상을 하시는 집사님 가정이 한 분 있고 또 무슨 가정이 있는데 다 1,2년 밖에 안 됐데요 믿은지가. 그런데 그 몇 가정이 그렇게 헌신적으로 일을 한대요 지금. 그 교회에서. 그러니 그 근방에 뭐 몇백 명 모인다 하는 교회가 하지 못하는 일을 몇 사람이 앉아서 한다고요. 예 그래요. 내가 포목상을 하면서 돈을 벌었으면 하나님이 왜 나에게 이와 같은 물질을 주셨을까? 바로 쓰라고 주는 거죠. 내 것이 아니에요.

그런데 주님께서 달란트를 맡기실 때 함부로 맡기지 않아요. 보니까 두 달란트 준 자가 있고 다섯 달란트 준 자가 있어요. 그렇게 달란트를 차이 있게 준 이유가 뭡니까 15절에? 무엇대로 주었다고 했어요? 그 재능대로 주님이 주셨다고 했어요. 얼마나 이 말씀이 감사한지 모르겠어요 저는. 왜요? 만약에 제가 감당할 수 없는 것들을 주어가지고 주님께서 무엇을 요구하신다면 저는 미쳐버릴 겁니다. 이것은 사랑의 표현이에요. 이것은 주님이 지혜롭다는 표현입니다. 하나님은 함부로 주시지 않아요. 옥 목사한테는 하나님이 돈을 안 주세요. 여러분 저 꼴을 잘 보시면 아시겠지만. 전 돈이 없는 사람이에요. 왜 하나님이 제게 돈을 안 줍니까? 아 옥 목사에게 돈을 좀 많이 주면 쓸 일이 수두룩한데 사방에 전부 다 돈 쓸 곳 뿐인데. 선한 일할 것도 많고 구제할 것도 많고 선교 사업할 것도 많고 제가 세계를 좀 돌아봐서 그런지 정말 쓸 일이 많아요. 제가 한번 이 이야기했죠? 라디오 한번 틀어 보세요. 미국에서 차를 타고 가다가. "75센트만 주십시오. 50센트만 내십시오. 그러면 당신의 그 50센트가 아프리카에 있는 아이 하나를 살립니다." 정말로 50센트가 아이 하나를 살립니다. 얼마나 쓸 일이 많아요? 나에게 하나님이 돈을 주신다면 그렇게 쓰겠는데 왜 안 주시는지 몰라. 안 주시는 이유가 있어요. 대답하십시오. 여러분들이 한번 대답을 하세요. 대답을 하시라고요. 왜 안 줍니까? 저에게 돈을? 맞습니다. 그릇이 안 되먹은 겁니다. 예 맞아요. 그릇이 안 되먹은 겁니다. 만약에 옥 목사에게 미리부터 돈을 많이 주었더라면 옥 목사는 벌써 어디로 갔는지 없을 거예요. 무슨 짓을 했는지 아무도 모를 거예요. 감당을 못하는 존재에게는 하나님께서 주지를 않아요. 자 여러분 한번 생각을 해보세요. 하나님이 나에게 어떤 달란트를 주셨느냐? 우수한 두뇌냐? 아니면 재물이냐? 아니면 너그러운 마음, 인덕이냐? 아니면은 하나님의 말씀을 잘 깨닫고 남을 가르치는 은사냐? 하나님이 나에게 주신 것이 뭐냐? 그걸 여러분이 깨달을 때 "아 이것은 주인을 위해서 일하라고 주신 하나님이 나에게 주신 다섯 달란트구나." 그다음에 "나는 왜 저런 게 없을까? 저 형제는 저렇게 좋은 것 가졌는데 왜 나는 이것이 없을까?" 그럴 때는 뭐라고 여러분 판단하세요? 그렇죠. 내가 감당 못하니까 하나님이 안 주시는 거지. 좀 미안한 이야기 좀 할까요? 여러분 결혼 생활하다가 실패한 분들 있어요. 이런 생각을 하세요. 왜 결혼 생활을 가지고 하나님이 이렇게 나를 비참하게 만드실까? 그렇지. 결혼 생활에 쏙 빠져버리면 내가 주님 앞에 엉망이 될 가능성이 있으니까, 감당하지 못할까 싶어서 안 주신 것이다. 얼마나 기분 좋은 해석입니까 여러분? 사실이에요 그거는. 사실이라고요. 하나님이 각자의 재능대로 은혜를 주셨어요.

오늘날 교회 안의 비극이 어디에서 일어나느냐 하면 자기가 받을만한 그릇이 안 되는데, 자기가 어떤 그릇인지를 잘 모르고 덤비는 사람들 때문에 교회 안에 풍파가 일어나요. 제가 아는 사람 가운데서 장로할 자격이 없어요. 분명히 자격 없어요. 장로를 여러분 신앙만 좋다고 장로가 되나요? 인품이 되어먹어야 돼요. 남의 지도자가 되려면. 그 사람은 분명히 좋지를 않아. 그런데 장로가 되고 싶어서 굉장히 애를 썼어요. 선거하는 날 교인들을 많이 불러 갈비찜을 쪄놓고는 대접했어요. 장로가 됐어요. 여러분 그 사람 장로 된 다음에 교회가 10년 동안 얼마나 아수라장이 됐는지 아세요? 자기 분수를 알아야 돼요. 그리고 하나님이 나에게 주신 분수대로 감사할 줄 알아야 돼요. 세상에서 가장 큰 비극은 한 달란트를 받아야 될 사람이 다섯 달란트 일을 하려고 할 때 세상에 비극이 옵니다. 구약에 르호보암왕 같은 사람이 그런 존재죠. 그러므로 여러분 꼭 기억합시다. 내가 갖고 있는 것은 몇 달란트였든간에 주님이 주신 것이지 내 것이 아니다. 시편 24편 1절. '땅과 거기 충만한 것과 세계와 그중에 거하는 자가 다.' 누구의 것입니까? '여호와의 것이로다.' 그다음에 로마서 14장 8절과 9절 '우리가 살아도 주를 위하여 살고 죽어도 주를 위하여 죽나니 그러므로 사나 죽으나 우리는.' 누구의 것? '주의 것' 이로라. 어디 내 것이 있습니까? 여러분. 어디 내 것이 있습니까? 여러분 일평생 손에 쥐고 놓지 아니할 만한 게 있나 한번 보세요. 당신의 생명? 아니에요. 하나님이 빼앗아갈 때는 당신 놓아야 돼요. 사랑하는 아내? 사랑하는 자식? 아무리 손에 쥐고 끝까지 내 것이라고 해보세요. 하나님이 빼앗아갈 때는 갑니다. 내 것이 없어요. 전부 다 주님의 것이에요. 그러므로 내가 받은 거 가지고 하나님의 영광을 위해서 바로 써야 되겠다. 주인을 위해서 내가 바로 써야 되겠다. 이것이 신자가 가져야 될 올바른 자세입니다.

세 번째로 어떤 확신을 가져야 충성할 수 있느냐? 내가 받은 것을 잘 활용해서 써야 된다는 확신입니다. 묻어두면 안 되어요. 써야 돼요. 써야 돼요. 하나님 나라를 위해서 써야 됩니다. 다섯 달란트와 두 달란트 받았던 사람은 몇 배를 남겼습니까? 두 배를 남겼습니다. 백 퍼센트를 더 남겼어요. 써야 돼요. 장사해야 돼요. 하나님이 우리에게 재능을 주셨을 때 그 재능을 묻어두면 안 됩니다. 하나님이 우리에게 물질 주셨을 때 그 물질을 묻어두면 안 됩니다. 하나님이 우리에게 아름다운 환경 주시고 자유 주시고 평화 주셨을 때 이 평화와 자유를 내 어떤 정욕적인 것을 위해서 쓰는 사람이 되면은 안 됩니다. 활용해야 돼요. 요즈음 돈을 좀 번 분들이 개척 교회를 하는 붐이 각 지역에서 일어나는 거 같아요. 뭐 사업을 해서 벌었다든지, 뭘 해서 벌었다는 분들이 시골에 개척 교회를 세우고 또 도시 주변에 개척 교회를 세워서 개인적으로 도우는 분들이 많이 생겨요. 참 좋은 이야기라고 봅니다. 저는 한 사람이 그렇게 처음부터 끝까지 다 하는 거 좋아하지는 않지만은 아무튼 그 정신이 되어먹었어요. 얼마든지 쓸 데가 많을 텐데 하필이면 교회 세우는 데다가 투자하겠다니까 얼마나 좋은 일입니까? 지난 번에 순천향병원에 가서 제가 어느 분하고 인사를 했는데 그분도 지금 어느 교회 권사인데 어디에다 지금 개척 교회를 하고 전적으로 자기 혼자 교회를 후원하고 있습니다. 바로 쓰려고 하는 자세입니다. 바로 쓰려고 하는 자세입니다. 한 달란트 받은 사람 보세요. 참 재미 있잖아요? 다섯 달란트 두 달란트 한 달란트인데 어떤 사람이 불충하기가 더 쉽나요? 많이 받은 사람이 실수하기가 쉽나요? 적게 받은 사람이 실수하기 쉽나요? 우리의 자연적인 원칙으로. 많이 받은 사람이 불충하기 쉽죠. 그런데 이거 보세요. 한 달란트 받은 자가 불충을 했다고. 무엇을 의미합니까? 이런 경우가 많아요. 차라리 많이 받아가지고 실수했으면 "내가 너무 벅차서 실수를 했습니다" 하고 변명이나 하겠는데 한 달란트 받아가지고 실수를 해놓으니 변명할 여지도 없어요. 교회 안에서 자기를 과소평가하는 사람들은 조심해야 합니다. "아이고 내가 뭐 할 줄 압니까? 아이고, 나야 아무 것도 없어요. 나는 아무 것도 아니에요. 그냥 뒤에 가서 앉아있어도 돼요." 해보시라고요 한번. 그렇게 마음대로 해보세요. 이게 무슨 말이냐 하면 지금 각자에게, 그 사람에게 하나님께 주신 은사가 있는데 그게 시시하다 그거에요. 왜 하나님이 나에게 한 달란트 주었느냐 그 말이에요. 안 해도 괜찮아요. 나 아무것도 아니에요 뭐 그냥. 한번 계속 해보시라고 그렇게. 적게 받은 것 같이 생각하는 사람이 실수하기 쉽다는 것을 예수님이 교훈하는 겁니다. 평범한 것 가지고 잘못하면 크게 실수하기 쉽다는 것을 교훈하는 거예요. 그리스도 안에서는 평범한 거 없습니다. 적게 받았든 많이 받았든 똑같아요. 사실 한 달란트 받은 자는 큰 실수를 안 했어요 제가 볼 때는. 한 달란트를 갖다가 써버린 거 아니에요. 없애 버린 거 아니에요. 본전은 갖고 있어요. 땅에 묻어두었어요. 땅에 묻어두었다는 뜻은 활용을 하지 않고 그대로 꼭 쥐고 있었다는 이야기입니다. 그러니까 쓴 것보다는 낫지요. 그런데도 예수님이 그 사람을 뭐라고 평가했어요? 악하고 어떤 종아? 게으른 종아. 지옥 갔어요 안 갔어요? 지옥 갔어요? 안 갔어요? 저는 이 본문 볼 때마다 도대체 이해가 되지를 않았어요. 분명히 이 사람도 예수를 믿은 사람일 텐데 어떻게 결과가 지옥을 가느냐? 30절에 '이 무익한 종을 바깥 어두운 데로 내어 쫓으라.' 이게 어디입니까? 바로 지옥이잖아요 여러분. '바깥 어두운 데로 내어쫓으라 거기서 슬피 울며 이를 갊이 있으리라 하니라.' 거짓 선지자들에게 예수님께서 심판하신 결론이나 이 무익한 종에게 주신 결론이나 똑같다고요. "이상하다." 저는 처음에 이해가 잘 되지 않았어요. 교회 안에서 예수 믿으면서 내가 하나님 앞에 적게 받았든 많이 받았든, 받은 거 가지고 성실하게 충성하려고 하지 아니하고 세상에서 내 향락 위해서 여러분들이 살겠다고 생각하면 결국 이와 같은 사람이 되기 십중팔구입니다. 적게 받은 자는 적게 받은 대로 일해야 돼요. 많이 받은 자는 많이 받은 대로 일해야 돼요.

전에 제가 그런 이야기했나요? 미국 웨스턴 신학교에 가면은 그 신학교 옆에 교회가 있습니다. 교회가 있는데 거기에 장년 공부 시간이 있어요. 아침에 장년 공부 반사(교사)가 누구냐 하면은 신학교에서 청소하는 청소부가 장년 공부 반사입니다. 그리고 그 반 회원 중에 한 사람이 누구냐 하면 그 신학교 교장입니다. 주일날 되면은 교장은 아침 일찍 딱 밥 먹고 주일학교 참석하기 위해서 차를 몰고 옵니다. 그러면 청소하는 청소부 아저씨가 앉아가지고 저 뭡니까? 온 사람들 전부 출석 체크하고 그다음에 성경을 들고 가르칩니다. 그 교장은 학생으로서 열심히 듣습니다. 난센스 아닙니까 여러분? 그러나 여러분 생각해보세요. 얼마나 기가 막힌 장면이에요? 교장은 신학교에서 가르치는 자로서 달란트 받은 교장이고, 교회 와서 주일학교 교사는 소재(청소)하는 사람도 할 수 있다 그거예요. 그 사람한테 가서 배우는 겁니다. 달란트대로 하시라고요. 제가 있던 신학교도 그래요. 뭐 도서관에 가면 무거운 책을 안고 막 땀을 흘리면서 이렇게 가는 노인들을 붙들고 "전에 뭘 하셨습니까?" 하면 나는 리타이어드 패스터retired pastor라고 그럽니다. 은퇴한 목사라는 이야기입니다. "은퇴하기 전에는 하나님이 많이 은사 주셔서 교회에서 가르치고 설교하고 많은 양 떼들을 지도했지만 이제는 하나님께서 내 건강도 다 앗아가고, 이제는 사회에서 내가 물러섰을 때는 은사가 줄어들어서 이제 조금 밖에 안 남았어요. 요거 가지고 최선을 다하는 겁니다. 도서관에 와서 책을 들고 다니면서 학생들 공부하는데 뒷바라지 해줍니다." 저를 자동차에 태우고 처음으로 그 신학교에 데리고 갔던 한 은퇴 목사님이 저보고 그래요. "내가 이렇게 늙어 보여도 내가 화란어를 하고 독일어를 하고 영어를 하고 그다음에 헬라어와 히브리어를 해요. 그래서 지금도 내가 신학생 데리고 화란어를 가르치고 있어요" 하면서 은근히 속으로 "너도 나한테 와서 배우려면 배워라" 하는 식으로 저한테 그래요. 그래서 제가 볼 때 "야, 이 양반들 보통 사람들이 아니구나." 도서관에서 책 나르고 다니면서 "나는 이런 사람이다" 이런다고요. 얼마나 그 사람들이 자부심이 강해요? 하나님이 주신 달란트는 한 달란트이든지 두 달란트이든지 늙어서는 나중에 반 달란트만 남는 한이 있더라도 끝까지 장사한다 그거 아니에요? 하나님 나라를 위해서 끝까지 한다 그거에요. 그랜드캐년에 큰 츄레일러trailer 몰고 부부가 미국 일주를 돌아다니면서 그 안에서 먹고 자고 할 일이 없으니까 날마다 관광지만 찾아다니면서 하품을 하는 그런 존재들이 아니에요. 미국에 그런 존재들 따로 있어요. 죽으면 그만이라는 그런 존재들입니다. 그러나 예수 똑바로 믿는 사람들은 나이가 많으면 많은대로 나름 자기가 받은 달란트 가지고 주의 나라 위해서 일한다고 열심입니다. 놀러 갈 시간도 없어요. 관광할 시간도 없어요. 정신이 똑바로 되어 먹어야지요.

제가 마지막으로 한 가지 결론을 짓기 전에 우리 임ㅇㅇ씨 나오셔서 특송 좀 들읍시다. 이 목소리가 째지는 옥 목사 설교 듣다가 아주 아름다운 음성이 나오면 여러분 얼마나 마음이 푸근해집니까? 그래서 한 번씩 제가 지금 여러분 마음에다가 좀 푸근한 향기를 맡도록 하는 겁니다. 그렇게 아시고 좀 마음을 푹 쉬고. 우리 피스(역주: 찬송가 모음집 파일)에 있나요? 십자가를 질 수 있나가 있나요? 그 뒤에, 찬송가 가스펠송 뒤에 프린트의 4장인가요? 예 1절과 4절 하고만 불러 주겠어요?

아멘, 고맙습니다.

자, 마지막으로 우리 한 가지만 더 생각합시다. 어떻게 하면 충성할 수 있느냐? 반드시 마지막에는 하나님과 결산할 때가 온다는 확신 가지고 있어야 충성할 수 있습니다. 다섯 달란트 받은 자는 돈을 가지고 가서 주여 당신이 나에게 다섯 달란트를 주었는데 지금 열 달란트를 가져왔습니다. 이때 원문상으로 보면 '내가' 라는 말을 절대 강조하지 않습니다. "내가 뭐 했습니다" 하는 강조가 없습니다. 겸손한 하인입니다. 주님이 뭐라고 그랬어요? '착하고 충성된 종아.' 이 말은 원문상으로 볼 때 감탄사입니다. 영어로 말하면 파인fine이라는 말입니다. 엑설란트excellent라는 말입니다. "야! 장하다 장해." 세상의 아첨스러운 칭찬에 비하면 주님의 칭찬이 얼마나 가치 있고 아름다운 건지 모릅니다. 여러분 대답해보십시오. 달란트의 차이에 따라서 칭찬도 다른가요 아니면 같은가요? 네, 같아요. 목사가 하나님 앞에 가서 받는 칭찬하고 집사가 하나님 앞에 가서 받는 칭찬하고 똑같습니다. 주일 학교 학생이 바로 살았을 때 하나님 앞에 가서 받는 칭찬하고 80년 예수 믿은 사람이 하나님 앞에 가서 받는 칭찬하고 같아요. 같아요. 한 달란트 받은 사람은 마지막 결산을 피할 수도 있었다고 생각할는지 모르지만 안 돼요. 본문 보세요. 한 달란트 받은 자도 또한 결산을 합니다. 피할 수가 없어요. 그 사람도 결국은 가야 돼요. 예수님 앞에 서야 돼요. 한 사람도 피할 수가 없어요. 그 앞에 가서 있는 대로 내놓아야 돼요. 보고해야 돼요. 피할 수가 없어요. 일한 사람만 가서 서는 거 아니에요. 이 사람은 주인에게 뭐라고 불평했습니까? 여러분도 아마 이해를 잘 못하고 있는 본문일 겁니다. 한번 봅시다. 24절을 여러분들은 어떻게 해석하고 있습니까? 이 본문을요? 한 달란트 받았던자도 와서 가로되 '주여 당신은 굳은 사람이라. 굳은 사람이라. 심지 않은 데서 거두고 헤치지 않은 데서 모으는 줄을 내가 알았으므로.' 이 한 달란트 받은 하인이 볼 때 자기 주인은 건들건들 놀면서 종들만 시켜가지고 씨 뿌려서 곡식 나면 자기가 거두어가고 또 종들 시켜서 타작마당에서 헤친다. 스캐터scatter한다는 말입니다 영어로. 이게 뭐라고요? 키를 가지고 곡식을 갖다가 이렇게 까부는 걸 의미합니다. 여기서 헤친다는 말은 영어로 스캐터라는 말입니다. 하인들 시켜가지고, 종들 시켜가지고 전부 곡식 까불어 놓으면 주인이 와가지고 일도 안 하면서 알곡만 싹 받아서 가지고 간다. "내가 보니 당신이야말로 악한 사람이고 아주 굳은 사람이야. 손끝 하나 까딱 하지 않고 종들이 다 해놓은 거 당신이 다 가지고 가는구먼요. 그래서 나도 당신 꺼 꼭 쥐고는 나도 한번 그대로 있어보자 했어요." 지금 이 사람이 이 얘기를 하고 있는 거에요.

교회 안에 오면 어떤 사람들은 "아 예수님은 우리에게 강요를 많이 한다. 교회가 우리에게 강요를 너무 많이 한다. 교회에 가니까 강요가 너무 심해." 한마디로 왜 이런 말이 나오는지 아세요? 왜 예수님이 그렇게 악하고 굳은 사람처럼 보이고 강요하는 사람같이 보이는지 아세요? 한마디로 대답할까요? 이 사람은 중생받지 못한 사람이에요. 왜냐하면 자기 주인이 자기를 위해서 얼마나 큰 은혜를 주셨다는 걸 지금 모르고 있는 겁니다. 한마디로 말해서 십자가의 사랑에 전혀 터치touch가 안 된 사람이에요. 예수님이 자기를 위해서 생명 뿌려주시고, 자기의 생명을 우리에게 온통 주었다는 거에 대해서 눈이 캄캄한 존재예요. 심지어 준 한 달란트, 자기가 갖고 있는 것 전부가 주인에게서 온 건지를 몰라. 마음이 굳은 사람이야 진짜. 예수 믿고 중생받고, 예수 믿고 죄 사함받고, 예수 믿고 영원한 생명 얻는 사람 치고 "예수님이 너무

한다. 너무 심하다. 너무 강요한다"고 말하지 않습니다. 왜냐하면 중생받은 사람은 그 눈이 열려서 그 분이 나를 위해서 생명 주신 거 알기 때문입니다. 그러므로 주님이 나에게 무엇을 요구하든지 "그것이 너무하다, 너무 심하다, 강요한다"고 말하지 않아요. 진짜 예수 믿는 사람 같으면 그런 말 안 나옵니다. 이 사람은 교회 안에 있었던 사람인지 모릅니다. 한 달란트 받은 사람 교회 안에 있었던 사람인지 모릅니다. 그러나 십자가에 눈이 안 열린 사람이에요. 한마디로 말해 중생받지 못한 사람이고 한마디로 말하면 형식적인 크리스천이고 한마디로 말하면 교회에 출석만 한 사람이에요. 이런 사람은 아무것도 못합니다.

여러분 주님 앞에 충성하고 싶습니까? 십자가의 사랑에 눈을 뜨세요. 그분이 나를 위해서 무엇을 해주셨는가를 보세요. 그럴 때는 아까운 것이 없어요. 아까운 것이 없어요. 주님이 나를 위해서 해주신 거 생각하면 아까운 것이 없어요. 그것 모르면 전부 아까워요. 연보까지도 아까울 거예요. 정리를 해드릴게요. 우리가 세상에 살 때 바로 충성하려면 첫째로 어떤 신념을 가져야 되느냐? 나에게 주인이 있다는 것을 꼭 확신해야 됩니다. 누가 주인입니까? 예수님이 주인입니다. 두 번째로 어떤 확신을 가져야 되느냐? 내가 가진 것은 내 것이 아니라는 확신입니다. 나는 일시적으로 맡아있는 종입니다. 세 번째로 어떤 사람이 충성할 수 있느냐? 내가 주님에게서 받은 좋은 것들을 잘 활용할 줄 알아야 된다는 것입니다. 활용해야 된다. 장사해야 된다고 믿는 사람, 다시 말하면 바로 써야 된다고 믿는 사람이 충성할 수 있습니다. 네 번째로, 마지막으로 어떤 사람이 충성할 수 있습니까? 마지막에는 반드시 주인과 결산할 때가 온다는 것을 믿는 사람이 충성할 수 있습니다. 이와 같은 확신을 가진 자만이 교회 안에서 진짜 일꾼이 됩니다. 이 확신 없으면 여러분 전부 다 아까울 거예요. 주님이 실망할 거예요. 주님이 굳은 사람처럼 보일 거예요. 제발 여러분 그와 같은 부끄러운 신자 되지 마십시오. 정말입니다 여러분. 예수 믿으려면 바로 믿자고요. 은평교회가 될라면 바로 되자고요. 안 될라면 그만 두자고요. 여러분 저 큰 교회에 가서 뒷자리에 앉아있다 와도 돼요. 뭣 때문에 여기 와서 고생하나요. 바로 믿자고요. 바로 일하자고요. 다 같이 기도하십시다.

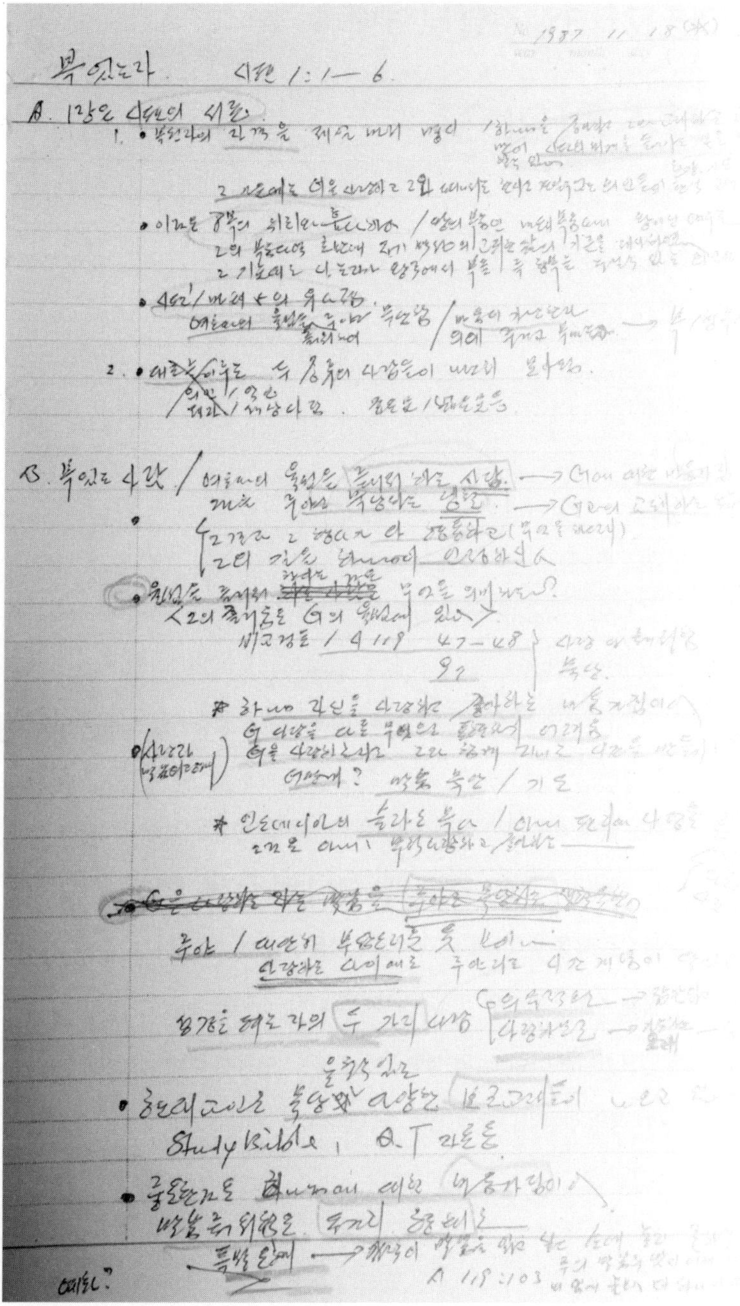
1987. 11. 18 (水)
복있는자. 시편 1:1—6.
Study Bible, Q.T 자료들

1978년 12월 3일 주일 낮 예배

크리스찬의 꿈

(행 2 : 17)

예수는 꿈의 사람 그는 십자가를 가지고 세계를 정복한 사람입니다. 그러니까 그에게 충만하시던 성령이 임하는 개인 개인마다 똑같은 꿈을 생각하게 되고 똑같은 꿈을 안고 살게 되고 똑같은 꿈을 가지고 인생을 걸어가기 마련입니다. 여러분 누구의 성령 받으셨나요? 예수님의 성령 받았습니다. 예수의 성령이 뭡니까? 꿈의 성령입니다. 비전의 성령입니다.

17. 하나님이 말씀하시기를 말세에 내가 내 영을 모든 육체에 부어 주리니 너희의 자녀들은 예언할 것이요 너희의 젊은이들은 환상을 보고 너희의 늙은이들은 꿈을 꾸리라

하나님께서 이 시간 성령을 통하여 이 말씀이 우리들에게 분명하게 이해될 수 있도록 은혜 주시기를 바랍니다. 마음으로 기도하시고 이 말씀이 무엇을 의미하느냐 하는 것을 깊이 좀 생각하시기 바랍니다. 본문의 배경은 무엇입니까? 오순절에 성령이 임하셨습니다. 그리고 모든 제자들이 성령의 충만함을 받았습니다. 많은 사람들이 성령이 강림할 때 일어나는 소리를 듣고 몰려들었습니다. 그리고 많은 사람들이 주변에 모여서 "무슨 일이 일어났느냐?" 하고 의아심을 가질 때에 베드로가 앞에 나가서 처음으로, 이제 그의 생애 처음으로 설교를 하는 겁니다. 설교를 시작하는데 그 첫 메시지에서 구약의 요엘 선지자의그 말씀을 인용해가지고 지금 여기에 기록한 것입니다. '하나님이 가라사대 말세에 내가 내 영으로 모든 육체에게 부어주리니 너희의 자녀들은 예언할 것이요 너희의 젊은이들은 환상을 보고 너희의 늙은이들은 꿈을 꾸리라.' 제가 참 좋아하는 성경 구절입니다. 잘 몰라요 저도. 저도 이 성경 구절의 의미가 정말 무엇인지 깊이는 잘 몰라요. 그런데도 좋아해요. 그래서 오늘 12월 첫째 주일이고 또 금년이 가고 새해가 또 돌아오는 마당이고 또 우리 교회가 교회 이전을 앞두고 이제 또 새로운 한 단계 출발을 해야 될 입장에 있고 하기 때문에 제가 좋아하는 성경 구절 하나를 택한 겁니다. 여러분도 그렇지요? 잘 모르시죠? 이 말씀이 무엇을 뜻하는지.

자 그런데 꿈이나 환상이나 예언은 공통점이 있습니다. 그것은 미래에 대해서 이야기한다는 것입니다. 미래를 이야기한다는 것입니다. 이것이 공통점입니다. 꿈 환상 또 예언. 이 본문을 해석할 때 두 가지로 이야기할 수 있어요. 하나는 여차적으로 글자 그대로 해석하는 방법이 있고 하나는 영적으로 해석하는 방법이 있습니다. 글자 그대로 해석한다면 예언이 뭡니까? 분명하게 하나님이 가르쳐주시는 것을 가지고 장래에 일어날 것을 실제로 말하는 것입니다. 예루살렘에서 안디옥 교회로 내려온 선지자들이 몇 명 있었는데 그 가운데 '아가보' 라는 선지자가 있었습니다. 그 선지자가 갑자기 예배 보는 중에 그 군중 속에서 일어나 성령으로 감동하여 예언하기를 "천하가 흉년 들겠다. 온 천하의 흉년이 들겠다" 하고는 예언을 했습니다. 그랬더니 '로마 황제 글라우디오 때에 천하에 흉년이 들었다' 하고 사도행전 11장 27절에 기록이 되어있어요. 그게 바로 예언입니다. 앞으로 되어질 일을 성령의 감동으로 미리 말하는 것이 예언입니다.

제가 외국인들 참석하는 세미나에 좀 가서 보니까 특별히 가끔 그런 사람이 보여요. 그 예언한다는 사람들이 가끔 있어요. 그런데 그 예언하는 내용들이 사실상 시시한 것들이지만 그래도 자기는 예언의 은사를 받았다고 하는 분들이 있어요. 아마 지금도 있을 수 있을 거예요. 그러나 저는 신용을 잘 안 합니다. 왜냐하면 하나님의 말씀이 기록되기 전에는 예언이 필요했지만 하나님의 말씀이 기록된 다음에는 뭣 때문에 예언이 필요합니까? 성경에 다 나와 있는데. 그래서 요즘 예언한다고 하는 사람들은 저는 그저 한 20점 밖에는 안 줍니다. 그래서 반신반의하고 듣지요. 그러나 있을 수는 있어요. 그다음에 환상도 글자 그대로 해석하면 마게도니아 그 사람이 환상 중에 나타나서 바울에게 말하기를 "우리에게 와서 도와달라." 바울이 지금 어디에 가서 선교를 해야 할지 몰라가지고 몸부림을 치고 있을 때 자는 것도 아니고 깨는 것도 아닌 그 어떤 상황 속에서 하나님이 환상을 보여 주시고 그 환상 속에서 어떤 사람이 나타났는데 유럽에서 온 사람입니다. 그 사람이 "우리를 좀 도와달라" 그러니까 그 환상에서. 그 음성을 듣고는 바울이 "아 하나님께서 우리를 유럽이라는 땅으로 선교하러 보내는구나" 하고 생각하고는 들어간 것이 유럽 선교의 제일 첫 번째였습니다. 이게 환상입니다. 꿈도 아니에요. 요즘도 환상이 있을 수가 있죠. 예 어떤 사람은 환상 본다고 하는 사람이 있지요. 또 요즘에 갑자기 환상 봤다는 사람들도 많이 늘지요. 제가 그 그랜드레피즈에 가서 있을 때 정말 환상을 보고 완전히 예수 믿고 깨어진 사람이 있었어요. 태권도 6단인지 하는 사람인데 동남아에서 온 그 월남 피난민들 중에서 특히 고아들만 위해서 3년 일하다가 미국에 유학 온 청년입니다. 그런데 그 청년은 아주 불량배예요. 어떻게 예수 믿었느냐? 환상에서 예수 그리스도를 보고 예수 믿고 깨어졌어요. 그 이야기를 들으니까 아주 참 재미있는 이야기가 많아요. 아마 환상이 개인적으로 있을 수도 있을 거예요. 하나님이 살아 계신다면 뭐 없을 수가 없죠. 있을 수도 있죠. 저는 없어요. 한 번도 못 봤어요. 그러니까 제가 이 본문을 알면서도 모른다고 한 이유가 바로 그겁니다. 그러나 저는 환상 보여달라고 아직까지 기도한 역사가 한 번도 없어요. 사실 볼 필요도 없고요.

그다음에 꿈은 어떤 겁니까? 우리가 잘 알죠. 요셉 보면은. 예 요셉 보면 꿈을 꿨어요. 꾸니까 하늘에 별이 하나 있는데 그 별을 보고 해와 달과 열왕 별들이 자기 별을 둘러서서 자기에게 절을 하더라. 아 꿈을 꿨죠. 꿈이 있을 수 있습니다. 요사이도 꿈을, 이상한 꿈을 꾸어가지고 이상한 소리하는 사람도 있지요. 그러나 저는 이 말씀을 글자 그대로 해석하는 면에 그렇게 치중을 안 합니다. 왜냐하면 성령 받으면 하나님의 모든 자녀들이 꿈을 꾸고 환상을 보고 예언을 한다고 하는데 만약에 이것을 글자 그대로 해석하는 데서 끝난다면 이 가운데서 환상 보고 꿈꾸고 예언하는 사람 몇이나 됩니까? 손 한번 들어 보세요. 없지요. 그럼 여러분 성령 안 받았다는 이야기입니다. 맞죠? 글자 그대로 해석한다면. 그래서 절대 여차적으로 우리가 이것을 완전히 신용할 수가 없습니다.

그러면 이 말씀이 말씀하는 근본 의미는 뭐냐? 우리 현대 말로 비전을 가진다는 뜻입니다. 예수 믿고 성령의 은혜를 받고 하나님의 나라를 위해서 새사람이 된 사람들은 꿈을 가진다. 비전을 가진다. 미래를 향한 비전을 가진다. 다시 말하면 하나님 나라를 내다보는 비전을 가진다는 것입니다. 이 비전이 오순절을 통해서 예수 믿는 모든 사람들에게 주어졌습니다. 예수 믿고 성령이 함께 하는 사람치고 꿈을 가지지 아니하는 사람 못 봤어요. 예수 믿고 성령이 함께 하는 사람치고 비전을 가지지 아니한 사람이 없었습니다. 지금은 말세입니다. 본문에 말세라고 그랬죠? 지금은 말세입니다. 성령이 임하시면 이 비전 갖는다고 그랬죠? 성령이 임하셨습니다. 모든 예수 믿는 사람들에게 하나님의 영이 임하셨습니다. 그러니까 우리가 예수 믿었죠. 그리고 젊은이, 자녀들, 늙은이 다 들어갑니다. 한마디로 남종과 여종입니다. 또 한마디로 모든 육체입니다. 여기에 예외 되는 사람이 없어요. 어린아이로부터 어른까지. 모든 사람이 예수 믿고 성령 안에 살면 꿈을 가진다. 하나님 나라를 향한 비전을 가진다고 말했습니다. 저는 이 본문을 그대로 믿고 있습니다. 그래서 저는 나 자신도 꿈의 사람이라고 자처하고 있습니다. 비전을 가진 사람이라고 자처하고 있습니다. 무엇보다도 재미있는 것은 늙은이가 꿈을 꾼다. 그랬나요? 늙은이가 꿈을 꾼다. 항상 제가 이야기 하지만 이 본문 볼 때마다 저는 웃어요. 늙은이가 꿈을 꾼다? 어떻게 늙은이가 꿈을 꿔? 여기 연세 많으신 분들 좀 미안합니다. 늙은이가 꿈을 꾸어요. 꿈은 젊은이가 꾸는 거지 늙은이가 꾸는 건가요? 예 젊은 사람이 꿈이 많고 젊은 사람이 미래가 많죠. 나이 많은 분들은 과거를 먹고 사는 사람들이고 과거를 되새기며 사는 사람들이죠. 예 그런데 이 본문 가만히 보면 늙은이가 꿈을 꾼다. 그 뭔가 좀 맞지 않다. 주어하고 술어하고 맞지를 않아. 예 그러면 성경이 틀렸을 리가 없죠. 제가 이해를 못하는 거죠. 그렇다면 늙은이가 꿈을 꾼다 이게 무슨 말일까? 성령 받고 성령 안에 사는 사람에게는 늙은이가 없다는 이야기입니다. 전부 꿈을 꾸는 청년이 된다는 이야기입니다. 이해가 갑니까? 성령 받고 성령 안에서 사는 사람은 나이에 관계없이 늙은이가 없어요. 누구든지 그리스도 안에 있으면 새로운 피조물이라고 했고 우리가 겉 사람은 부패하지만 속 사람은 날로, 대답하세요. 뭐라고요? 새로워요. 한번 더요.

새로워요. 우리가 겉 사람은 부패하지만 겉 사람은 나이가 먹어서 늙어 갈 수가 있을는지 모르지만 속 사람은 날로 새로워진다. 젊어진다. 항상 젊은이예요. 그다음에 젊은이라도 평범한 젊은이가 아닙니다. 이사야서에 보면은 소년이라도 피곤하며 곤비하며 장정이라도 넘어지며 자빠지지만 여호와를 앙망하는 자는 뭡니까? 새 힘을 얻으리니. 성령 안에서 여호와를 앙망하고 성령 안에서 여호와가 주시는 새로운 힘을 가지고 사는 사람은 벌써 그에게 새로운 세계가 전개되기 때문에 날마다 날마다 젊어지고 날마다 날마다 새 힘을 가지고 살고 독수리의 날개 치며 올라감같이 매일 젊음의 생활을 한다고 했습니다. 시편110편 3절. 이 본문 어제 우리 토요일 공부할 때에 나왔죠? 예수를 왕으로 모신 성령의 사람들은 다 청년으로 묘사합니다. '주의 권능의 날에 주의 백성이 거룩한 옷을 입고 즐거이 헌신하니 새벽이슬 같은 주의 청년들이 새벽이슬 같은 주의 청년들이 주께 나오는도다.' 예수 믿고 거룩한 백성이 된 사람을 하나님이 일컬어서 새벽이슬같이 깨끗하고 아름다운 청년들이라고 표현했습니다. 그러니까 늙은이가 없어요. 저는 아름다운 꿈을 가진 나이 많은 분들을 많이 봅니다. 나이는 늙어서 제1선에서 제2선으로 후퇴를 했고 이제는 생산적인 사람이라기보다 소비적인 사람이 됐다고 말할 수 있고 그런데도 그 사람들 마음에서 우러나오는 이야기를 들으면 새파란 젊은이라는 걸 우리는 발견합니다.

앤 아버의 미시간 대학에서 노인학을 전공하고 있는 한성수 박사(1933~) 하고 한 3일 있으면서 들으니까 미국에서 60세 이상되는 노인 이천만 명을 먹여 살리는 예산이 한국 예산의 30배가 더 된다고 그러더군요. 점점 노인이 많아져요. 그리고 점점 그 수명이 길어져요. 그래서 이제 노인을 어떻게 처리할 것이냐? 미안합니다. 처리가 아니고 예 노인 문제를 어떻게 다룰 것이냐? 노인 문제를 어떻게 다룰 것이냐? 그러니 저 미국의 계산 빠른 젊은이들은 저 늙은이들 빨리 죽지 않고 살아있으니까 우리가 돈 벌어 세금 바쳐 전부 다 노인들 밑에 다 들어간다 불평합니다. 타락한 징조죠. 그러나 숫자가 자꾸 늘어나니까 이천만 명....이거 보통 문제가 아니죠. 그러니까 어떻게 하면 이 노인들, 은퇴한 노인들을 경제적으로 좀 더 활용할 수 있느냐? 어떻게 하면 이 노인들이 가진 저력을 발굴해가지고 좀 더 생산성 있게 보탤 수 있느냐? 이런 문제를 연구하는 것이 소위 노인학이라는 겁니다. 그래서 그 한성수 박사는 그것으로 권위자입니다.

그러나 예수 믿는 사람에게 걱정할 거 없는 것은 예수 믿으면 겉은 늙어도 속은 날마다 청년이에요. 꿈을 꾸는 사람들이에요. 하나님의 나라를 내다보고 날마다 날마다 새 생활을 하는 사람들입니다. 그러므로 하나님 나라를 위해서 젊은이만 충성할 것이 아니라 늙은이도 충성할 수 있고 어린 아동들만 충성할 것이 아니고 나이 먹은 분들도 충성할 수 있는 그와 같은 특권이 주어졌어요. 어디에서? 성령 받은 사람들 세계에서. 그래서 늙은이가 꿈꾼다고 그랬어요. 그러면 왜 성령 받은 사람들이 하나님 나라에 꿈을 안고 사는 사람이 되느냐? 왜 비전을 안고 있는 사람이 되느냐? 대답은 간단해요. 성령은 누구의 영입니까?

예수님의 영이라고 그랬습니다. 바로 대답은 이것입니다. 왜 성령 받은 사람이 비전의 사람이 되느냐? 그 성령이 누구의 성령이냐? 예수의 성령이야. 그러면 예수는 어떤 사람이냐? 이 지구상에서 태어난 사람 가운데서 예수님만큼 꿈이 컸고 예수님만큼 비전을 가진 사람이 없었죠. 비전을 가졌던 사람의 영이니까 그 영을 받는 사람은 비전의 사람이 돼요. 그분이야말로 지구상의 태어날 때부터 이 세계를 죄에서 구원해서 영원한 하나님 나라로 만들기 위한 꿈을 안고 나타났던 분이고 그 꿈을 위해서 자기 몸을 버렸던 사람이고 그 꿈을 위해서 다시 살아났던 사람이고 그 꿈을 위해서 오늘도 하나님 나라에서 이 세계 끝까지 모든 인간들이 예수 믿고 돌아올 것을 기다리고 기도하는 분입니다. 예수만큼 꿈을 가진 사람이 없습니다. 나폴레옹은 칼을 들고 전 세계를 정복하려고 하다가 죽기 이전에 말하기를 "오 나사렛 예수여 당신이야말로 세계를 정복한 승리자입니다." 손에 칼을 들지 않았지만 예수는 꿈의 사람 그는 십자가를 가지고 세계를 정복한 사람입니다. 그러니까 그에게 충만하시던 성령이 임하는 개인 개인마다 똑같은 꿈을 생각하게 되고 똑같은 꿈을 안고 살게 되고 똑같은 꿈을 가지고 인생을 걸어가기 마련입니다. 여러분 누구의 성령 받으셨나요? 예수님의 성령 받았습니다. 예수의 성령이 뭡니까? 꿈의 성령입니다. 비전의 성령입니다. 빌라도 앞에서 지금 예수님 재판을 받습니다. 빌라도가 물었어요. "네가 왕이냐? 네가 왕이 아니냐?" 예수님이 대답하시기를 "네 말과 같이 내가 왕이니라." 비전의 사람. 그는 비록 죄수의 옷을 입고 나타났지만 그는 왕입니다. 비전의 사람입니다. 꿈의 사람입니다. 그다음에 예수님 하시는 말씀 들어보세요. '내 나라는 이 세상에 속한 것이 아니다 만일 내 나라가 이 세상에 속한 것이었다면 내 종들이 와서 싸워가지고 나로 유대인들에게 넘겨우지 않게 하였으리라. 이제 내 나라는 여기에 속하지 아니하였느니라.' 요한복음 18장 36절. '이제 내 나라는 여기에 속하지 아니하였느니라.' 그에게는 꿈의 나라가 있었습니다. 영원한 나라가 있었습니다. 그가 왕이 되고 의로운 백성들이 백성이 되는 아름다운 세계가 그 앞에 있었습니다. 그러므로 내 나라는 이 세상에 속한 것이 아니라고 했습니다. 부활하신 다음에 40일 동안 예수님께서 제자들과 자주 만나셨지만 대화의 주제는 뭐냐? 하나님의 나라였습니다. 하나님의 나라. 그런데 제자들은 너무 못 알아들었어요. 답답하게도 너무 못 알아들었어요. 제자들의 비전이라는 것은 무엇이었습니까? 제자들의 비전이라는 것은 무엇이었어요? 어떻게 하면 이스라엘이 독립할까? 어떻게 하면 이스라엘이 다윗왕 때와 같이 황금시대를 다시 누릴까? 이것이 제자들의 꿈이었습니다. 그러나 예수님께서는 이스라엘의 독립을 원한 일도 없고 이스라엘이라는 나라가 다윗 왕조 때처럼 황금시대를 다시 재현하는 데에 대해서 관심을 가진 일도 없고 예수님의 주제는 오로지 하나님 나라, 꿈의 나라였습니다. 세상에 대해서 무슨 꿈을 가졌다고 그것이 비전입니까? 저는 그렇게 보지 않습니다. 얼마 전에 법 쪽에서 일하는 어떤 형제 하나를 만나가지고 물었습니다. "당신 대한민국을 위해서 지금 그렇게 반나절 뜁니까?" 했더니 대답이 "아니요." 그래요. "그럼 당신 자신을 위해서 그렇게 뜁니까?" "아니요." 그것도 아니에요. "그럼 무엇을 위해서 그렇게 아침부터 저녁까지 뛰지요?" 그랬더니 "글쎄요...." 나온 대답이 글쎄요에요. 그게 문제예요, 여러분, 여러분은 왜 뛰어요? 왜 뛰느냐고요? 이 세상 아무리 여러분 잘해봐야 얼마나 여러분에게 대우를 하며 이 세상이 얼마나 오래 갑니까? 망하는 세상을 위해서 결국은 없어지는 세상을 위해서 아무리 아름다운 비전을 가져도 그것은 진짜 비전이 아닙니다. 왜냐하면 진짜 비전이라는 것은 없어질 것을 바라보는 것이 진짜 비전이 아니기 때문이죠, 그렇죠? 영원한 것을 바라보는 것이 진짜 비전이지 현실적이 거 없어질 거 바라보는 것은 비전이 아니에요. '보이는 것을 누가 바라리오.' 그래요 안 그래요? '보이는 것을 누가 바라리오. 보지 못하는 것을 바라면 끝까지 참고 기다릴지니라.' 이게 비전의 사람이에요. 이스라엘 나라가 뭐 독립하기를 기다리고 제자들은 자기들이 독립하면은 놀라운 영광을 누릴 걸로 생각하고 그것을 비전으로 알았지만 예수님 볼 때는 그것은 전부 다 캐캐묵은 거. 주님의 눈에는 영원한 나라, 의에 왕이 통치하는 나라, 질병과 죽음이 없는 나라, 의인들이 해와 같이 빛나는 나라, 최상의 행복을 선물로 누리는 나라 그 나라에 예수님은 비전을 두고 살았고 자신을 받쳤고 오늘도 기다리고 그 나라의 완성을 수행하고 계십니다. 예수님 이와같이 꿈의 사람이었기 때문에 우리는 자동적으로 그의 성령을 받았기 때문에 꿈의 사람이 됩니다.

그러면 꿈을 가진 사람에게, 예수 그리스도의 영을 받고 예수님과 같은 꿈을 가진 사람에게 나타나는 세 가지 특징이 있는데요. 첫째는 철저한 나그네입니다. 철저한 나그네. 나그네는 잠깐 머무는 곳에서 마음을 주지 않는 것이 특징입니다. 지나가는 사람입니다. 항상 전진하는 사람입니다. 제가 언제 이런 이야기했나요. 나성에서 이제 한국으로 돌아오는 비행기를 타려고 기다리고 있는데 타이찌마라는 친구가 우연히 지나가다가 나를 보고는 "하이 한흠" 하고 불렀어요. 나를 보고 그 친구가 무엇을 물었으냐 하면....참, 그 친구 걸작이에요. "너 지금 기분이 어때? 미국 떠나는 기분이 어때? 한국 돌아가는 기분이 어때?" 이렇게 물었습니다. 저는 대단히 해피하다고 그랬어요. 그랬더니 그 친구 말이, "너 거짓말한다"고요. 제가 그 때 가슴이 찔렸어요. 사실 제가 거짓말했어요. 그래서 제가 "너는 어떻게 내가 거짓말하는 줄 아니?" 하니까 그 친구 말이 자기는 해외 여행을 많이 했기 때문에 어디 가서 좀 오래 있다가 미국으로 돌아올 때는 항상 마음이 뒤범벅이래요. 집으로 돌아가니까 해피하기도 하지만 그 다음에는 꼭 새드sad하데요. 슬프데요. 그러면서 너도 아마 그럴 거라고요. 제가 그 말을 듣고 생각한 게 뭐냐하면 사실 저도 그런 마음이 있었는데...."나도 모르게 내가 한 3년 살았던 곳에 정을 두었구나. 나도 모르게 마음을 두고 있었구나. 그러니까 떠날 때 마음에 무언가 쓰라린 것이 있었구나." 그래서 내가 미국에서 살 때 나그네로서 바로 살지 못했다는 이야기죠. 한국에 돌아갈 사람이면 정을 주지 않아야죠. 한국을 향해서 갈 사람은 아무리 아름다운 거 있어도 거기에 마음을 두지 않아야죠. 그게 진짜 나그네고 그것이 진짜 바로 걸어가는 거죠. 여러분 이 세상은 나그네 생활인데 나그네의 특징이 뭐냐? 땅에다가 정을 주지 아니하는 것이 나그네의 특징입니다. 만약에 정을 조금이라도 두던지 마음을 주고 살면 떠날 때 괴롭고 아픕니다. 꿈을 가진 사람은, 하나님 나라에 꿈을 가진 사람은 절대 세상에 정을 두지 않습니다. 꿈이 없는 사람은 세상에 빠집니다. 꿈이 있는 사람은 빠지지 않습니다. 골로새서 3장 우리 폅시다. 신약의 골로새서 3장 1절부터 4절까지 우리 같이 좀 봅시다. 우리가 이 세상에 살면서 하나님 나라에 꿈을 안고 살 때에 우리가 나그네 생활에 얼마나 철저히 해야 되는지를, 이 마음을 한 번 보세요. 페이지 326페이지 신약. '그러므로 너희가 그리스도와 함께 다시 살리심을 받았으면.' 다 같이요. '위에 것을 찾으라.' 그다음에. '거기는 그리스도께서 하나님 우편에 앉아계시느니라.' 그다음에. '위에 것을 생각하고 땅에 것을 생각지 말라. 이는 너희가 죽었고 너희 생명이 그리스도와 함께 하나님 안에 감추었음이니라 우리 생명이신 그리스도께서 나타나실 그 때에 너희도 그와 함께 영광 중에 나타나리라.' 나그네 생활. 마음을 땅에 주지 아니하는 나그네 생활. 어떤 사람만이 할 수 있느냐? 꿈을 가진 사람만이 할 수 있습니다. 무슨 꿈? 하나님 나라에 대한 꿈.

특송 하나 부를까요? 아름다운 찬송 하나 들으십시다. 참 제가 오랫동안 안 불렀던 찬송인데 하늘 가는 밝은 길이 아마 640장인데 1절 하고 3절 우리 임ㅇㅇ씨 좀 부를 때 한번 들어보십시다. 꿈을 가진 나그네의 생활. 그 찬송 가운데 참 잘 묘사가 되어있죠.

예, 임ㅇㅇ씨 고맙습니다.

둘째는 철저한 신념의 사람입니다. 비전을 가진 사람의 특징 둘째는 철저한 신념의 사람이 됩니다. 현실이 아무리 절망적이라고 해도 절망하지 아니합니다. 예수는 절망하는 표현을 한 번도 그의 성서에서 쓰신 일이 없어요. 탄식을 하신 일이 있지만 절망은 없습니다. 그런 의미에서 비전을 가진 사람은 현실적으로 긍정적인 사람입니다. 왜 절망이 없느냐? 보는 눈이 따로 있어요. 보는 데가 따로 있어요. 현실의 비극, 현실적인 고통, 현실적인 모순의 수평선을 넘어서 멀리 보는 눈이 있습니다. 저는 요즘 신문을 읽을 때마다 너무 괴로워요. 여러분도 아시겠죠. 며칠 전 신문에 고등학교 학생 두 사람이 길을 가다가 칼에 맞아 죽었고 특별히 가슴 아팠던 거, 6세 어린아이가 아파트 베란다 밑에서 밤새 동사해버렸다는 기사입니다. 중앙일보 칼럼리스트가 쓴 '어린이의 동사凍死' 라는 글을 읽으면서 제가 한참 울었습니다. 이런 글을 한번 들어보세요. '그는 보통 아이들만큼 몸이 튼튼하지도 못했다. 말도 잘하지 못했다고 한다. 잘 울지도 못했을 것이다. 그래도 바람막이를 찾아 그는 베란다 밑으로 기어 들었다. 하늘의 별도 보이지 않은 어두움 속에서 얼마나 그는 외로움 공포에 눈물을 흘렸겠는지. 아파트의 주민들은 모두 포근히 잠자리에 들어있을 때였다. 그래도 어린아이의 흐느끼는 소리를 들은 사람들은 있었다. 그러나 아무도 그 소리를 찾아 나선 사람은 없었다. 죽은 어린이는 어른들을 원망할 만큼 영악스럽지도 못했다. 그는 그저 자기를 포근히 감싸줄 따스한 손길만을 그리다가 잠자듯 숨져갔을 것이다.' 현실을 보면 너무 괴롭고 절망하지 아니할 수 없고 모순을 안 느낄 수 없고 고통하지 아니할 수 없는 것이 이 현실입니다. 그러나 비전을 가진 사람은 절망하지 않습니다. 왜냐하면 예수님은 모든 고통의 해답입니다. 예수님은 모든 모순의 해답입니다. 예수님은 모든 인간의 부조리에 대한 해답입니다.

왜 사람들이 눈을 뜨지 못할까? 왜 이 하나님 나라가 다가오는데도 눈을 뜨지 못할까? 왜 예수를 믿는다고 오래오래 믿는다고 했지만 왜 그렇게 지나치게 현실적이며 왜 지나치게 세속주의일까? 왜 현실이 악하면 같이 악해지고 현실이 탄식하면 같이 탄식하고 현실이 더러워지면 같이 더러워지고 왜 현실이 체념하면 같이 체념하고 대중이 절망하면 같이 절망할까? 왜 예수를 오래 믿는다면서도 그럴까? 눈이 열리지 않았어요. 현실 너머로 보이는 저 영원한 나라에 대한 비전이 없으니 눈이 열리지 않아서. 오래 전 오하이오주 클리블랜드에 맹인 협회 초청으로 헬런 캘러Helne Keller(1880~1968) 여사가 그곳에 왔습니다. 많은 사람들이 모였습니다. 그의 스승인 설리반 메시Anne Sullivan Macy(1866~1936) 여사가 그 헬런 캘러하고 같이 등장을 했습니다. 그 메시 여사가 그 협회의 베이커 회장 보고 당신 한번 테스트 해보라고 그랬어요. 헬런 캘러 여사가 일어났습니다. 베이커 회장은 남자입니다. 앞에 서니까 헬런 캘러 여사가 손가락을 베이커 회장 입술과 목젖 있는 데를 이렇게 딱 댔습니다. 그다음에 이제 베이커 회장이 말을 합니다. 뭐라고 말을 했느냐 하면, "헬런, 봉사가 된다는 것은 참 인간 비극 중에 참 괴로운 비극이죠. 그렇지 않아요?" 그렇게 말을 하니까 지체하지 아니하고 헬런의 입에서 나오는 말이 이거에요. "아니요, 아니요. 오히려 더 비참한 것은 눈을 뜨고도 보지 못하는 사람들이죠. 눈을 가졌으면서도 볼 것을 진짜 보지 못하는 사람이 더 비참하고 봉사보다 더 괴로운 사람입니다." 그렇습니다. 정말 이 육신의 눈 가지고 보지 못하는 영원한 세계에 대해서 그의 마음의 눈이 열려있다면 이 사람은 현실 가지고 아웅다웅하지 않습니다. 절망하지 않습니다. 어떤 상황 속에서도 긍정적인 사람입니다. 어떤 상황에서도 디디고 일어날 수 있는 사람입니다. 어떤 상황들에서도 불평하지 않습니다. 디디고 일어납니다. 왜? 예수야말로 해답이기 때문에. 긍정적인 사람이에요.

고린도후서 4장 펴세요. 4장 7절부터 10절까지. 참 아름다운 고백입니다. 한번 우리 같이 읽어 봅시다. 제가 읽을까요? 한번 보시면서 들으세요. 얼마나 바울이 긍정적인 사람인지 보세요. 얼마나 바울은 현실을 이긴 사람인지 보세요. 왜? 그는 꿈을 가진 사람이에요. 현실하고 타협하지 않고 현실에 굴복하지도 않아요. 페이지 289페이지. 고린도후서 4장 7절 '우리가 이 보배를 질그릇에 가졌으니 이는 능력에 심히 큰 것이 하나님께 있고 우리에게 있지 아니함을 알게 하려 함이라. 우리가 사방으로 우겨쌈을 당하여도.' 뭡니까? '싸이지 아니하며 답답한 일을 당하여도.' 뭡니까? '낙심하지 아니하며 핍박을 받아도 버린 바 되지 아니하며 거꾸러뜨림을 당하여도 망하지 아니하고 우리가 항상 예수 죽인 것을 몸에 짊어짐은 예수의 생명도 우리 몸에 나타나게 하려 함이라.' 긍정적인 사람, 긍정적인 사람.

마지막으로 예수님의 비전을 가진 사람의 특징의 마지막은 뭐냐 세 번째로? 철저한 개척자입니다. 개척자라는 것은 모든 것을 투자하는 자입니다. 털어놓는 사람입니다. 지금을 위해서라기보다도 내일을 위해서 투자하는 사람이 개척자입니다. 비전이 없는 세계에는 개척자가 탄생하지 않습니다. 비전이 있는 곳에 개척자가 탄생합니다. 예수님은 개척자였습니다. 그러므로 성령을 받은 모든 위대한 성도들은 다 개척자였습니다. 그는 하나님 나라를 위해서 아까워하는 것이 없었습니다. 작년에 CCC, 그러니까 Campus Crusade for Christ의 25주년 기념행사가 있었는데 저는 참석을 못했습니다. 그러나 거기서 나오는 '챌린지'라고 하는 잡지를 통해서 빌 브라이트William R. Bright(1921~2003) 박사와 기자하고 인터뷰 한 기사를 제가 읽었습니다. 기자가 빌 브라이트 박사 보고 물었어요. "당신은 어떻게 25년 동안 그렇게 미국과 82 개국에 있는 나라에서 스태프 숫자만 해도 5,000명이 넘고 수백만 명의 사람들이 당신의 그 운동 때문에 예수 믿고 돌아오게 되었는데 당신 처음에 어떻게 그 일을 꿈을 꾸게 되었습니까? 어떻게 해서 그 일을 시작하게 되었습니까?" 하고 질문을 했습니다. 그랬더니 본래 평신도 사업가였던 빌 브라이트 박사가 대답하기를 "나는 당시에 사업하던 사람이었습니다. 그리고 신학에 좀 흥미가 있어서 풀러 신학교에 가서 공부를 좀 하고 있었던 때입니다. 그런데 한 번은 시험 때가 되어 방에서 헬라어 시험 공부를 하고 있는데 갑자기 하나님께서 나에게 환상을 주셨습니다." 여기에 환상 이야기가 나옵니다. 무슨 환상입니까? 갑자기 하나님께서 내 앞에 미술 그릴 때 앞에 펼치는 게 뭐요? 캔버스. 캔

버스를 자기 앞에 쫙 하나님께서 펼치더니 그다음에는 세계 지도를 그 위에 그리시는데 세계 모든 나라들을 하나 하나 돌아가면서 아주 세밀하게 세계 지도를 그리더래요. 그러면서 자기에게 분명히 보여주기를 "너는 이 세계를 복음으로 정복한다." 너무 좋아가지고 소리를 꽥꽥 내지를 정도로 좋았다고 그래요. 너무 좋았데요. 그게 그가 그 일을 시작한 동기였다고 그럽니다. 개척자. 그래서 그는 자기가 하던 사업 전부를 복음 사업에다 투자했습니다. 자기가 가지고 있는 재산 전부를 복음 사업에다 투자했습니다. 그랬더니 오늘날 82개국 스태프만 해도 5,000명이 더 되고. 저도 그 본부에 가봤어요. 정말로 어마어마해요. 제가 그 기사를, 어제 저녁에 설교 준비하면서 한번 다시 그 챌린저 잡지를 내놓고 한번 더 읽고 나서는 가만히 생각하는데 이 사람은 이렇게 하나님께서 환상을 주시고 꿈을 주셔가지고 그야말로 세계를 그의 손에 들려 주셨는데 그래서 그 사람은 개척자가 되었고 자기의 모든 것을 다 내놓아도 아깝지 않고 여태까지 살았는데, 그 사람 때문에 얼마나 많은 젊은이들이 그리스도 앞으로 돌아왔어요? 그런 생각을 하니까 "하나님 참 그런 사람은 복도 많네요" 하고는 잠을 잤는데 나도 무슨 꿈이나 환상인가 있지 않을까 했는데요. 저도 기어코 어제 저녁에 꿈을 꿨다는 게 교회 이전을 했는데 큼직한 강단에 교인들이 가득하게 모여있는 꿈만 꿨어요. 아이고, 아침에 일어나가지고 하도 답답해서 말이에요....그 사람은 세계 지도를 그려가지고 세계를 전부 커버하는 꿈을 주었는데 나는 조그마한 강단에 사람 하나 그득하게 찬 거. "아이고 하나님도 참." 제가 그러면서도 "아이고 하나님, 그래도 감사합니다. 내 그릇이 그것밖에 안 되면 할 수 없는 거지요." 그렇지 않아요? 그러나 꿈을 가진 사람은 하나님께서 비전을 주세요. 그리고 비전을 주신 사람은 하나님께서 개척할 수 있는 은혜를 주세요. 그리고 자기 것을 투자합니다. 헌신합니다.

여러분 다음에 나이가 많아져서 이런 후회하지 마세요. 제가 성도교회에 있을 때 어떤 환갑 지난 사람 만나서 예배를 보는데 "아 목사님 내가 예수를 좀 젊었을 때 왜 믿지 못했을까요? 내가 젊었을 때 믿었더라면 내가 사업할 때 그때 믿었더라면 내가 교회를 세워도 몇 개를 세웠을 텐데 환갑이 지나서 예수 믿고 보니까 마음은 있어도 하지를 못합니다." 내가 그 말을 듣고 "불쌍한 사람이여." 그러나 그런 마음만 있다고 해도 얼마나 다행입니까? 우리는 개척자입니다 여러분. 우리 교회도 이제는 개척입니다. 이제 교회 이전을 하면 한 단계 올라서는 겁니다. 개척자는 투자하지 아니하면 안 됩니다. 내가 가진 거, 내가 좋아하던 거, 심지어 내가 하고 싶었던 것도 포기하고 투자해야 합니다. 투자 없는 곳에 개척이 없습니다. 개척 없는 곳에 꿈이 이루어지지 아니합니다. 여러분 여러분이 과연 성령 받은 사람입니까? 그렇다면 개척자가 되세요. 그리고 투자하세요. 나중에 주님 앞에 가서 섰을 때 '착하고 충성된 종아 네가 좋은 일에 충성하였으니 내 즐거움에 참여하라' 는 축복 주십니다. 우리는 이 축복 내다보고, 그 하나님 나라 내다보고 지금 개척하고 투자하는 사람들입니다. 여러분 강남은평교회가 앞으로 이름은 갈겠습니다만 강남은평교회가 지금 투자해가지고 바로 하나님의 나라 일을 할 수가 있다면 여러분이 투자한 이 교회를 통해서 얼마나 많은 사람들이 예수 믿고 돌아오며 얼마나 많은 병자들이 고침 받으며 얼마나 많은 영혼들이 하나님 앞에 새로워질지 여러분 아무도 모릅니다. 그러나 하나님은 알아요. 하나님은 알아요. 비전의 사람 되시기를 바랍니다. 다 같이 기도하십시다.

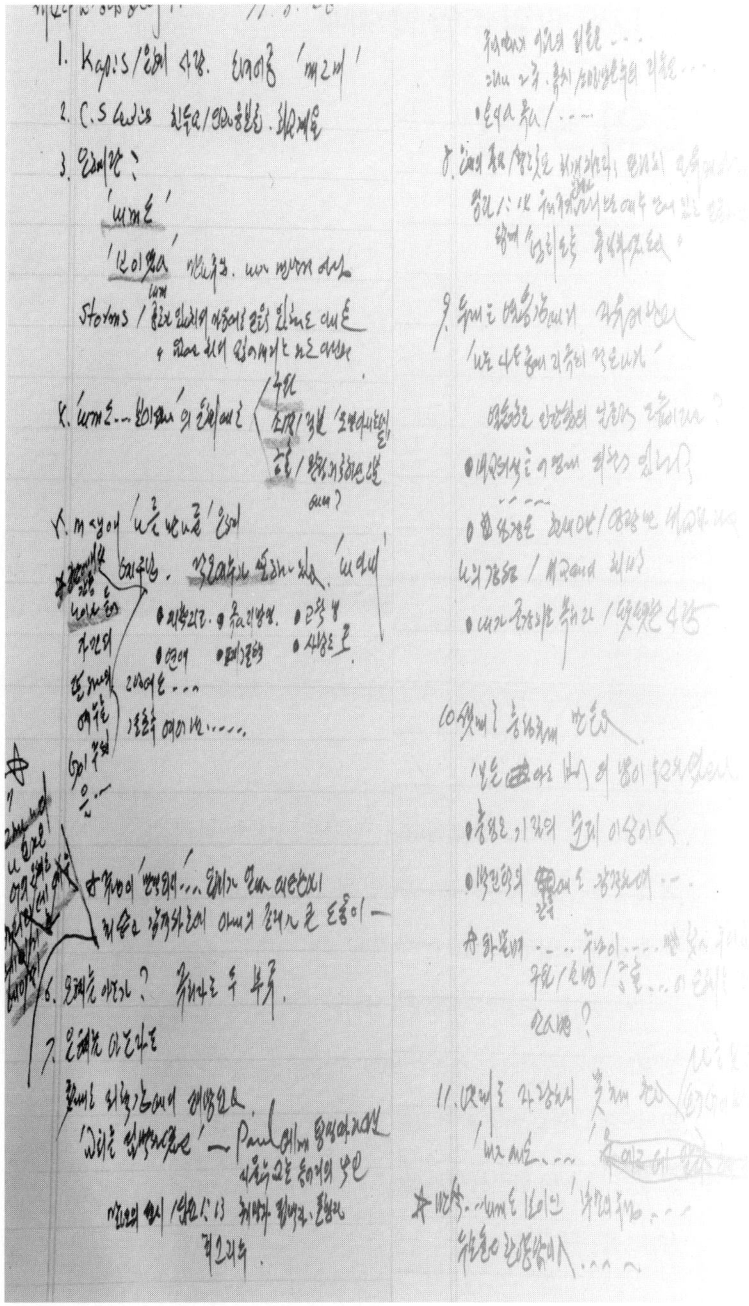

1978년 12월 17일 주일 낮 예배

성도의 모임

(히 10 : 19 – 25)

성도는 이중적인 생활을 합니다. 하나는 시공 속에서 사는 세상 생활입니다. 다른 하나는 영적인 하나님 나라의 생활입니다. 이 둘을 같이 살아요. 성도는 이 둘을 같이 살아요. 세상 사람은 하나만 살아요. 시공의 세계에만 삽니다. 그러나 하나님 앞에 구원받는 성도는 시공의 세계와 영적 세계를 둘 다 같이 삽니다. 그러므로 그만큼 어려운 거예요. 쉬운 것이 아니에요. 여러분 하고 싶은 대로 다 하면서 예수 믿겠다고 생각하면 당장 포기하세요. 안 됩니다 그건 절대.

19. 그러므로 형제들아 우리가 예수의 피를 힘입어 성소에 들어갈 담력을 얻었나니
20. 그 길은 우리를 위하여 휘장 가운데로 열어 놓으신 새로운 살 길이요 휘장은 곧 그
의 육체니라
21. 또 하나님의 집 다스리는 큰 제사장이 계시매
22. 우리가 마음에 뿌림을 받아 악한 양심으로부터 벗어나고 몸은 맑은 물로 씻음을
받았으니 참 마음과 온전한 믿음으로 하나님께 나아가자
23. 또 약속하신 이는 미쁘시니 우리가 믿는 도리의 소망을 움직이지 말며 굳게 잡고
24. 서로 돌아보아 사랑과 선행을 격려하며
25. 모이기를 폐하는 어떤 사람들의 습관과 같이 하지 말고 오직 권하여 그 날이 가까
움을 볼수록 더욱 그리하자

여러분들 오늘 제가 여기서 여러분 얼굴들을 보니까 굉장히 피곤해 하시는 분들이 많은 것 같아요. 피곤한 것이 정상입니다. 세상을 사는 데 있어서. 누구나 다 피곤한 것이 정상이니까요. 피곤을 조금 이기시고 또 사실 얼마 안 남았죠. 멕시멈으로 그저 한 50년 더 사시면 돼요. 그렇게 오래 안 남았으니까. 우리가 이 세상이 피곤하던 그저 걱정거리가 있던 없던 "그저 세상은 원래 그러니까" 하고 담담하게 받아들이시고 이런 상황 속에서 우리가 하나님 앞에 더 감사할 수 있어야 되겠습니다. 그러나 우리가 자유를 잃어버리고 지하교회에서 고통하는 많은 우리 형제들을 생각하면 우리는 너무 팔자가 늘어진 사람들 아닙니까? 그러니까 어떤 상황에서든지 우리가 감사할 수 있도록 마음을 여세요. 피곤을 이유로 해서 사탄이 여러분 마음을 사로잡지 않도록 마음을 여세요. 그리고 감사하세요.

오늘 본문은 좀 어려운 본문입니다. 그러나 이 우리가 읽은 이 본문의 골자는요. '신자들이 모인다는 것, 신자의 집회가 가진 의의가 무엇이냐' 하는 것을 가르쳐주는 것입니다. 또 모이는 문제에 있어서 성서가 가장 강경하게 우리에게 충고하고 있는 본문이라면 바로 이 본문입니다. 과거에 볼테르Voltaire라고 하는 사람, 지난 주일에도 제가 인용을 했지만 그분이 한 때는 국왕에게 "기독교를, 일요일을 없애시오. 일요일을 없애면 기독교가 없어집니다" 하고 권유한 일이 있었습니다. 그 말은 상당히 일리가 있습니다. "일요일 날을 없애라." 그 말은 성도가 모이지 못 하도록 하라. 모이지 못 하면 성도는 자연히 다 없어지고 교회도 없어지고 기독교도 사라진다. 만약에 어떤 국가가 권력 가지고 성도가 모이는 일을 금할 수만 있다면, 만약에 어떤 정치가가 성도의 모임을 금할 수가 있다면, 만약에 어떤 상황이 성도의 모이는 것을 금할 수만 있다면 그것은 세상에서 가장 강한 권력입니다. 그러나 오늘까지 역사적으로 볼 때 성도가 모이는 것을 금할 수 있었던 권력이 없었고 성도가 모이는 집회를 끝까지 완전히 없애버린 어떤 권력가도 없었습니다. 왜냐하면 성도에게 있어서 모인다는 것은 그만큼 생명이기 때문입니다. 오늘 이 본문을 통해서 우리가 좀 몇 가지를 깊이 생각해보셔야 됩니다. 구약에는 유대인들이 몇 차례씩 예루살렘 성전에 모여서 하나님 앞에 나왔다고 했습니다. 하나님께서 나오라고 그랬어요. 그러나 구약에서는 모임은 있었지만 하나님과의 교제는 없었습니다. 왜냐하면 세 가지 이유 때문입니다. 구약에는 모임은 있었지만 교제가 없었어요. 하나님과 이거 펠로우쉽이 되어야 되는데 이것이 잘 안 돼요. 모이기는 모였어요. 그러나 안 돼요. 세 가지 이유가 있었습니다.

첫째는 하나님 앞에 출입할 수 있는 자유가 허용되지 않았습니다. 하나님이 계신다고 상징이 된 지성소 앞에서는 두터운 휘장이, 커튼이 쳐져있어서 아무도 그 안에 들어갈 수가 없습니다. 만약에 한 발자국이라도 들여놓으면 그 사람은 생명을 잃어버리게 되어있습니다. 꼭 1년에 한 차례씩 대제사장이 자기 몸을 씻고 피로서 자기 옷을 뿌리고 그 다음에 유대 나라의 열두 지파의 이름을 어깨에 메고 흉패에다 붙이고 조심 조심히 종을 쳐가면서 1년에 꼭 한 번 들어가서 하나님 앞에 전

국민의 죄를 회개하고 지성소로부터 들리는 하나님의 음성을 듣고 나올 수가 있었습니다. 그러나 다른 모든 백성들 심지어 제사장들까지, 레위 족속까지도 하나님과 교제할 수 있는 자유가 허락이 안 되었습니다. 이처럼 출입의 자유가 없었기 때문에 하나님은 항상 공포의 대상이었습니다.

그다음 두 번째 이유는요. 하나님께 접근할 수 있는 길이 없었습니다. 휘장에 가려서 아무도 통과할 수가 없게 되어있었습니다. 길이 없어요. 하나님 앞에 나가고 싶어도, 교제하고 싶어도 물리적으로 나갈 수 있는 길이 열리지를 않았습니다.

그다음에 세 번째로는 인도자가 없었습니다. 다른 말로 말하면 하나님과 백성 사이를 연결시켜줄 수 있는 대제사장이 없었어요. 물론 인간 대제사장은 있었지만 인간 대제사장은 자기가 들어가는데도 벌벌 떨고 들어가는 사람이에요. 잘못하면 죽음을 당할 위험이 있기 때문에 벌벌 떨면서 들어갑니다. 그러니 어떻게 다른 사람을 이끌고 들어갈 만한 사람이 되겠어요? 인도자가 없었어요. 그래서 구약 성도들은 성전에 몇 차례씩 하나님 앞에 모이기는 했지만 진정한 하나님과의 교제를 엔조이하는 또 즐기는 그와 같은 모임은 거의 다 불가능했습니다.

그런데 오늘 이제 우리 본문으로 들어가는데 예수 그리스도께서 오셔서 구약에서 해결되지 아니하던 이 세 가지를 주님이 해결해주셨어요. 세 가지. 하나는 자유가 없었다. 하나는 길이 없었다. 하나는 인도자가 없었다. 이 세 가지가 구약에서 문제점이었는데 신약에서 예수 그리스도께서 오시므로 이 세 가지를 우리에게 해결해주셨습니다. 그래서 누구나 다 하나님 앞에 나올 수 있고 어떤 사람이든 예수의 이름을 고백하면 모일 수가 있었고 모이는 그 자리에는 하나님도 동석하셔서 우리와 함께 교제를 나눌 수 있는 특권이 주어졌어요. 왜 그런 거냐? 예수 그리스도의 피가 우리에게 그와 같은 준비 작업을 해주셨습니다. 19절 다 보세요. '그러므로 형제들아 우리가 예수의 피를 힘입어 성소에 들어갈 담력을 얻었나니.' 그랬죠. 용기를 얻었어요. 담력을 얻었어요. 예수의 피가 우리에게 용기를 주셨어요. 과거에는 출입의 자유가 없었기 때문에 하나님은 항상 공포의 대상이었습니다. 다른 영어 번역에 보면은 예수 그리스도께서 메이크 어스 프리make us free라고 했어요. 우리를 자유스럽게 해주었다. 어떻게? 대담하게. 하나님의 성소에 들어갈 수 있는 자유를 우리에게 허용하셨다. 아무나 들어갈 수 있어요. 아무나. 하나님 앞에 언제든지 담력을 가지고 접근할 수 있어요. 그러므로 하나님은 공포의 대상이 아니라 사랑의 대상이요, 하나님은 두려워할 대상이라기보다도 자비로운 아버지와 같은 대상으로 우리에게 바뀌었습니다. 왜? 예수 그리스도의 피가 원수 되고 하나님을 대할 수 없었던 우리들을 그 피가 덮어주시고 그 피를 통해서 우리 자신을 깨끗하게 정화시켜주셨기 때문입니다. 그래서 22절에 보면, 22절 보면 예수의 피로 인해서 우리가 마음에 뿌림을 받았다고 그랬죠? 이것은 의롭다 함을 받는 걸 의미합니다. 칭의를 말합니다. 처음 나오신 분들은 좀 어렵겠습니다만 들어주세요. 그다음에 몸을 맑은 물로 씻었다고 했죠? 이것은 성화를 말합니다. 성령을 통한 성화 작업입니다. 점점 성도를 예수 그리스도와 같이 거룩하게 만드는 성화 작업입니다. 그래서 예수 그리스도의 피 때문에 죄인되었던 우리가 하나님 앞에 죄 용서받은 의인이 되었고 예수 그리스도의 피 때문에 오늘 우리가 하나님을 대할 수 있을 만큼 거룩한 존재로 하나님이 갖추어주셨어요. 그러기 때문에 담력을 얻었습니다. 언제든지 하나님 앞에 모여서 하나님을 "아버지 아버지" 하고 노크를 할 수 있고 대화할 수 있고 간청할 수 있고 찬송할 수 있는 축복이 우리에게 주어진 겁니다. 그래서 성도들이 하나님 앞에 모일 때마다 하나만 하면 됩니다. 그것은 발을 씻는 겁니다. 발 씻는 것이 무엇인지 아세요? 발을 씻는 것? 제가 아까 기도할 때 "회개합니다. 주님 용서해주시옵소서" 하고 기도하죠? 바로 발 씻는 겁니다. 우리가 이미 하나님 앞에 의롭다 함을 받았고 과거의 죄, 현재의 죄, 미래의 죄까지 하나님 앞에 용서를 받았지만 그러나 육신을 입고 있기 때문에 마치 먼 길을 걸으면 목욕한 사람도 발에 먼지가 오르는 것처럼 우리가 생활을 하다 보면 나도 모르게 죄를 범하고 우리의 마음이 더러워질 때가 있어요. 그렇죠? 그러므로 교회 나와서 성도가 서로 모이면 먼저 하나님 앞에 "주여 내가 이런 죄 때문에 지난 일주일간도 하나님 앞에 잘못한 거 있습니다. 용서해주십시오." 발 씻는 겁니다. 그러므로 이 하나님 앞에 나와서 발 씻는 자세가 여러분들의 마음에 되기만 하면 그다음에는 언제든지 하나님께서 우리를 받아줍니다. 우리는 언제든지 담력을 가지고 하나님 앞에 나올 수가 있습니다. 자유가 주어졌어요.

그다음에 둘째로 예수님께서 해주신 것이 20절이죠. '그 길은 우리를 위하여 휘장 가운데로 열어놓으신 새롭고 산 길이요 휘장은 곧 저의 육체니라.' 길이 열렸습니다. 예수님의 십자가는 우리 앞에 하나님을 향해 걸어갈 수 있는 길을 열어주셨습니다. 잘못 들어갈 염려가 전혀 없습니다. 그래서 보세요. 예수님이 십자가상에서 운명하실 때 성전에 있는 그 커튼이 어떻게 됐어요? 위에서부터 아래까지 찢어졌다고 그랬습니다. 지금까지 어떤 사람도 대제사장 한 사람 외에는 출입할 수 없도록 막아두었던 그 커튼이 예수께서 십자가상에서 살 찢고 피 흘려 고생하시다가 모든 인류의 죄를 그가 짊어지고 마지막 운명하시면서 "다 이루었다, 다 이루었다" 하실 때 휘장이 가운데로 찢어졌어요. 길이 열렸어요. 커튼이 찢어지고 길이 열렸어요. 이 말은 무슨 말이냐? 오늘까지 죄 때문에 하나님 앞에 나오려고 해도 길을 찾지 못하고 나오지 못하던 많은 사람으로 하여금 하나님 앞에 나올 수 있는 길이 열렸다는 뜻입니다. 길이 열렸어요. 그래서 예수님께서 "나는 길이요, 나는 길이요." 그게 막연한 길이 아닙니다. 영어로 '아이엠어웨이'가 아니에요. I am a way가 아니에요. I am the way에요. 한 길. 오직 모든 인류가 구원받을 수 있는 한 길. 유일한 길. 이 길이 누구냐? 예수 그리스도입니다. 인간이 하나님 앞에 나갈 수 있는 유일한 길입니다. 그러므로 나로 말미암지 않고는 아무도 아버지께로 올 자가 없느니라.

세 번째로 예수님은 22절에 '우리가 마음에 뿌림을 받아 양심의 악을 깨닫고 몸을 맑은 물로 씻었으니 참 마음과 온전한.' 무엇으로요? '믿음으로.' 어떻게 하자고요? '하나님께 나아가자.' 아, 미안합니다. 22절. 미안합니다. 21절 먼저 보세요. '또 하나님의 집 다스리는 큰 제사장이 계시매.' 예 우리에게 인도자가 생겼습니다. 예수 그리스도는 우리의 인도자입니다. 언제든지 우리 손목을 잡고 하나님 앞으로 인도할 수 있는 인도자입니다. 어떤 인도자입니까? 바로 옆에 폅시다. 히브리서 4장 넘어가서 14절. 히브리서 4장 14절. 처음 나오시는 분들이라도 성경 좀 보세요. 여러분들이 생각하지 못하는 세계가 있습니다 성경 안에는. 4장 14절. '그러므로 우리에게 큰 대제사장이 있으니 승천하신 자 곧 하나님 아들 예수시라. 우리가 믿는 도리를 굳게 잡을지어다. 우리에게 있는 대제사장은 우리 연약함을 체휼하지 아니하는 자가 아니요.' 쉽게 말하면 우리를 불쌍히 여겨주시는 분이요. 그 말입니다. 우리를 불쌍히 여겨주시는 분이요. 모든 일에 우리와 한결같이 시험을 받은 자입니다. 세상에서 인간이 살기가 얼마나 어렵다는 것 주님이 다 체험하셨어요. 그가 육신을 입고 있기 때문에 피곤이 뭔지를 잘 아세요. 굶주리는 것이 무엇인지 잘 아세요. 걱정하는 것이 무엇인지 잘 아세요. 병든 것이 무엇인지 잘 아세요. 그가 친히 체험했기 때문에 우리의 연약한 것을 동정하시고 이해하시고 불쌍히 여기시는 분 그분이 우리의 대제사장입니다. 그러므로 16절에 '우리가 긍휼하심을 받고 때를 따라 돕는 은혜를 얻기 위하여 은혜의 보좌 앞에 담대히 나아갈지니라.' 어떻게 은혜의 보좌 앞에, 하나님 앞에 담대히 나갈 수 있습니까? 우리를 이해하시고, 우리를 사랑하시던 예수님이 우리 손을 잡고 하나님 앞으로 인도해줍니다. 그러므로 우리는 담대하게 나갈 수 있어요. 심지어 어떤 사람이 죄를 범했다면은 죄 범한 그 사람까지도 요한 1서 2장 1절에 보면 '우리에게 대언자가 있으니 의로우신 예수 그리스도시라' 고 했습니다. 죄인을 그의 피로 씻어 주시고 하나님 앞으로 인도해주십니다.

이렇게 세 가지요. 구약에서 되지 않던 거 신약에서 세 가지. 자유가 주어졌고 그다음에 길이 열렸고 우리를 인도하는 인도자가 계십니다. 그러므로 성도는 항상 하나님 앞에 부지런히 모여서 교제할 수 있도록 특권이 주어졌습니다. 모이는 것은 성도의 특권입니다. 특권 행사입니다. 그러므로 이 세 가지 준비된 작업을 기초로 이 히브리서 저자는 10장에서 몇 가지 우리에게 권면을 합니다.

첫째로 예, 그거 앞에부터 봅시다. 금방 22절 읽은 마지막에 '참 마음과 온전한 믿음으로.' 어떻게 하자고요? 하나님께 나아가자. '렛어스Let us' 라는 말이 우리 본문에는 꼭 한두 번밖에 없습니다만 원문상으로 보면 네 번까지 렛어스를 쓸 수가 있는 본문입니다. 첫 번에는 하나님께 나아가자. 23절에 소망을 굳게 붙들자. 그다음에 24절에 사랑과 선행을 서로 격려하자. 25절에 주님의 재림이 가까울수록 더욱 더 부지런히 모이자. 네 가지 격려가 이 본문의 골자입니다. 왜? 우리는 이미 하나님 앞에 언제든지 모일 수 있는 하나님의 특권을 받았어요. 그러므로 네 가지를 하자는 겁니다. 그러니까 여러분 이 네 가지 렛어스는요 우리에게 대단히 중요합니다. 믿는 자들이 모인다는 것은 막연한 집회가 아니에요. 단순한 예배도 아니에요. 중요한 의의가 그 안에 있습니다. 첫째는 신자가 모인다는 것은 무엇을 의미하느냐? 하나님께 나가는 것을 의미합니다. 기억해두세요. 하나님 앞에 나가는 것을 의미합니다. 신자가 어디서든지 몇 사람이든지 모이는 그 자리는 뭐냐? 그 의미는 하나님 앞에 나가는 것을 의미하는 것입니다. 그러므로 성도의 모인다는 것은 귀한 것이에요. 그러니까 이런 결론을 내릴 수가 있죠. 누구든지 모이기를 게을리하는 것은 바로 하나님께 나가기를 싫어하는 사람이라는 뜻입니다. 저나 여러분이나 집회 한 번씩 잘 빠져먹죠. 바로 무슨 이야기냐 하면 하나님 앞에 나가는 걸 별로 달갑게 생각 안 한다는 뜻이에요. 성도는 이중적인 생활을 합니다. 하나는 시공속에서 사는 세상 생활입니다. 다른 하나는 영적인 하나님 나라의 생활입니다. 이 둘을 같이 살아요. 성도는 이 둘을 같이 살아요. 세상 사람은 하나만 살아요. 시공의 세계에만 삽니다. 그러나 하나님 앞에 구원받는 성도는 시공의 세계와 영적 세계를 둘 다 같이 삽니다. 그러므로 그만큼 어려운 거예요. 쉬운 것이 아니에요. 여러분 하고 싶은 대로 다 하면서 예수 믿겠다고 생각하면 당장 포기하세요. 안 됩니다 그건 절대. 영적으로는 하나님 나라의 세계를 살고 있고 육신으로는 세상을 살고 있습니다. 그런데 아직도 많은 성도들의 경우에는 이 육신의 힘이 너무 강하기 때문에, 이 육신이 잡아끄는 힘이 너무 강하기 때문에 시공의 세계에 너무 집착을 하다가 보면은 하나님 앞에 모이는 이 영적 세계가 등한히 될 수가 있어요. 세상 다 돌아보세요. 전부 잡아끄는 것이 마치 인력처럼 하나님 앞에 나가지 못하도록 우리를 잡아끄는 거밖에 더 있어요? 우리를 하나님 앞에 나가라고 미는 거 있어요? 미는거 없어요. 전부 잡아끄는 것들이에요. 그러니 정신 차리지 못하고 세상을 살면 제일 하기 쉬운 것이 뭐냐면 하나님 앞에 모이는 거 게을리하는 겁니다. 자연히 그렇게 되어버려요. 어떤 사람은 크리스마스 때 한번 나간다는 분도 있어요. 참 기가 막힌 이야기죠. 이렇게 하나님 앞에 부지런히 모이기를 힘쓰려면 믿음이 있어야 됩니다. 여기에서 온전한 믿음으로 하나님께 나가자 했죠. 온전한 믿음이라는 거 영어로 여러분 보시면은 'assurance of faith' 라고 나왔어요. 소위 믿음의 확신이라는 말로 나와 있습니다. 믿음을 가지고 나가야 됩니다. 하나님 앞에 나가는 자는 믿음이 없이는 나갈 수가 없어요. 하나님 앞에 나가는 자는 믿음이 없이는 나갈 수가 없어요. 이쪽 페이지 보세요. 6절. 바로 그 10장에 그러니까 365페이지 보세요. 11장 6절 보세요. 우리 다 같이 큰소리로 한번 읽어 보세요. 11장 6절. '믿음이 없이는 기쁘시게 못 하나니 하나님께 나아가는 자는 반드시 그가 계신 것과 또한 그가 자기를 찾는 자들에게 상 주시는 이심을 믿어야 할지니라.' 믿음이 있어야 하나님 앞에 모입니다. 그러니까 저는 이렇게 이야기합니다. 어떤 신자들이, 어떤 신자들이 신앙이 좋으냐 나쁘냐를 어떻게 평가할 수 있느냐? 다른 것도 할 수 있어요. 그러나 제일 중요한 거는 얼마나 부지런히 모이느냐? 저는 이것이 제일 중요하다고 봅니다. 얼마나 부지런히 모이느냐? 별 수 없어요 여러분. 내가 여태까지 목회 생활해왔지만 부지런히 모이는 사람치고 신앙 안 좋은 사람 없고 부지런히 안 모이는 사람 중에 신앙 좋은 사람이 없어요. 솔직한 이야기예요. 그래서 우리 교회같이 집회 통계가 없는 데는 모르지만 큰 교회 가서 여러분 주보 보면 저는 항상 무엇부터 먼저 보는지 아세요? 밤 예배 집회부터 먼저 봅니다 통계를. "아 낮이야 그거 뭐 천당 한번 가기 위해서 아이고 일주일에 한 번 낮이야 어떻게 나가줘야지 그거 뭐 어려워?" 그렇지요, 여러분? 그러나 하나님 나라 가서 계산하기 싫어하는 사람의 믿음이, 그 믿음이 과연 구원을 받을 믿음이라고 생각합니까 여러분? 하나님 앞에 가서 상급 얻을 생각 안 하는 믿음이, 그거 구원받을 믿음이라고 생각하세요? 속는 거예요 여러분. 믿음으로 구원 얻는다니까 그저 앉아서 예배나 한번 참석하고 그저 머리로만 가지고 "나 믿는다" 하고 생각만 하면 끝나는 줄 아는데 성경 똑똑하게 보라고요. 어리석은 사람들의 생각이에요. 그러니 다른 교회 가서 주보 통계를 볼 때 밤 예배를 보라고요 밤 예배를. 이 교회 낮에 얼마나 나올는지 몰라. 낮에 나오는 사람은 많아요 교회 안에, 하다못해 밑져야 본전이니까 천당이라도 가기 위해서 낮 시간은 나온다고요. 그러나 밤 시간까지 참석해서 나오는 사람 얼마나 되는지 주보 보라고요. 그 시간에 나오는 사람 많은 교회는 살아있는 교회예요. 아무리 낮에 많이 모여도 저녁 시간이 엉망인 교회는 죽어있는 교회예요 벌써. 이유 여하를 막론하고. 우리 교회도 그런 면에서 죽었어요 여러분. 살아있는 줄 아세요? 필라델피아에 있는 뉴라이트처치New Light Church라고 하는 교회를 제가 참석했습니다. 지난번에 말했죠? 낮 시간 보다 저녁 시간에 성도들이 더 많아요. 이건 어떻게 된 교회냐? 제가 두 번 다 참석했는데 왜 낮 시간보다 저녁이 더 많지? 살아있어요. 교회가 살아있다고요. 살아있어요. 사도행전 2장 46절 펴세요. 사도행전 2장 46절. 페이지 190페이지. '날마다 마음을 같이 하여 성전에 모이기를 힘쓰고.' '날마다 마음을 같이 하여 성전에 모이기를 힘쓰고.' 성전에 모이는 거 얼마나 힘썼습니까? 날마다 모이도록 힘썼다. 왜? 베드로의 설교를 들은 3,000명이 회개하고 돌아오니 그 마음에 믿음의 불이 붙어서, 믿음이 있으니까 안 모이고는 못 견디는 거예요. 모이는 거예요. 왜 안 모여요? 믿음이 없으니까 안 모이는 거예요. 믿음 있는 사람은 하나님 앞에 나가기를 기뻐해요. 믿음이 없는 사람은 하나님 앞에 나가는 거 싫어해요. 성도가 모인다는 것이 뭐냐? 하나님 앞에 나오는 거 의미합니다.

두 번째로 성도가 모인다는 것은 뭐냐? 소망이 흔들리지 아니하도록 붙들고 있다는 의미입니다. 다시 말합니다. 소망이 흔들리지 아니하도록 붙들고 있다는 이야기입니다. 이것이 성도가 모이는 의의입니다. 23절에 히브리서 10장 23절. '또 약속하신 이는 미쁘시니 우리가 믿는 도리의 소망을 움직이지 말고 굳게 잡으라.' 굳게 잡자 그랬죠? 모인다는 것은 무엇을 의미하느냐? 내가 소망을 든든히 붙들고 흔들리지 않는다 하는 뜻입니다. 무슨 소망요? 하나님의 나라에 들어갈 소망이에요. 무슨 소망요? 앞으로 다가오는 하나님의 나라, 그 세계에 대한 소망입니다. 무슨 소망입니까? "내 세계는 이 세상이 아니고 앞으로 다가올 세계다" 하는 것을 보여주는 겁니다. 이 소망이 있기 때문에 무엇을 분명히 하느냐? 소속 의식을 분명히 합니다. 하늘나라 사람이라는 소속 의식을 분명히 합니다. 내가 하나님의 나라 사람이라는 소속 의식을 무엇으로 표현하겠어요? 다른 사람 이리로 갈 때 나는 저리 가는 겁니다. 다른 사람이 일요일 등산 갈 때 나는 교회 가는 겁니다. 이것은 뭘 의미하는 것이냐? 나는 하나님 나라에 소속되어있다는 것을 과시하는 거예요. 수요일 저녁에 직장을 나와가지고 친구들이 술집에 가자고 그럽니다. 안 갑니다. "수요일이니까 나는 교회 가겠소" 합니다. 소속 의식을 분명히 하는 겁니다. 왜? 하나님 나라에 대한 소망을 가지고 있기 때문에 소속을 분명히 하는 겁니다. 나는 하나님 편이지 세상 편이 아니라는 뜻입니다. 뭘 가지고 표현하겠소? 내가 나가는 것을 보고 표현하는 겁니다. 예수를 믿어도 두 가지 형의 가정이 있을 수 있습니다. 두 가정에 똑같이 귀한 손님이 찾아왔어요. 이야기를 하다가 보니까 수요일 저녁입니다. 한 부부는 이럽니다. "당신같이 귀한 손님이 오셨는데 우리가 당신을 두고 어떻게 교회를 가겠소? 그저 오늘 저녁 우리 빼먹죠. 그저 같이 이야기합시다." 좋아요. 뭡니까? 소속 의식이 흐리멍덩하다는 이야기입니다. 그 대신 다른 부부는 "아이고 미안합니다. 오늘 저녁이 마침 수요일인데 우리 교회를 가야 됩니다. 오늘 저녁에 어떻게 우리하고 같이 한번 교회 참석해 볼 생각이 없습니까? 한번 가서 예배 좀 드려보시죠. 참 좋습니다." 그래서 어떤 가정은 손님을 데리고 교회를 나옵니다. 소속 의식이 분명한 가정입니다. 제가 언제 이야기를 했나요? 중공에 있는 지하교회 교인들은 남자들은 예배 인도하다가 잡혀가서 부인들이 남아서 예배 인도를 할 때 정부의 눈을 피하고 감시자들의 눈을 피해서 모여가지고는 소리도 제대로 크게 내서 찬송하지 못하고 눈물 콧물 흘려가면서 하나님 앞에 부르짖는 교회가 오늘 지하교회입니다. 저 중공의 지하교회입니다. 이북은 모르겠어요. 너무 닫혀있어서 소식을 알 수가 없어요. 그러나 중공은 알 수가 있어요. 홍콩을 통해서 자꾸 정보 들어와요. 그러니 얼마나 중공에 있는 지하교회들이 정부의 핍박을 무릅쓰고 생명을 내걸고 하나님 앞에 모여서 하나님 앞에 예배 드림으로 "우리는 중공 공산주의 소속된 사람이 아닙니다. 우리는 하나님 나라에 소속된 사람입니다. 우리는 이 세상에 소속된 사람이 아닙니다. 우리는 하나님 나라에 소속된 사람입니다." 그 사람들 생명 내놓고 그걸 보여주는 겁니다. 그러니까 오늘 중공이 문이 열리지 않아요? 여러분, 보세요. 민주주의 물결에 조금씩 조금씩 문이 열리지 않아요? 그 밑바닥에 뿌려진 피 때문입니다. 그 중공에 뿌려진 눈물 때문입니다 여러분. 심지어 어떤 사람은 너무나 모이지를 못해서 제사날 되면 무덤 앞에 모여가지고 관 쓰고 뭐 쓰고 예배복 입고 앉아서 식구들이 눈물 흘리면서 하나님 앞에 기도했다고 그래요. 그 때라도 모여서 예배라도 드리려고. 감시자들이 볼 때는 제사 지낸다고 생각하고 마음을 안 두겠죠. 하나님이 중공에 문 열어요. 앞으로 반드시 여십니다 여러분. 소속 의식이 분명한 사람들이 부르짖는 곳에는 하나님이 문을 열게 되어있어요. 내가 성경책을 끼고 여러분, 버스를 타고 내가 성경책을 끼고 교회를 간다. 무엇을 의미합니까? 나는 하나님 나라에 소망을 두고 내 소속은 하나님 나라라는 걸 보여주는 거예요. 막연히 강남은평교회에 여러분이 붙어있다고 생각하시나요?

그다음에 또 무슨 의의를 갖고 있습니까? 모인다는 것은? 24절인가요? '서로 돌아보아 사랑과 선행을 격려하며.' 서로 돌아보고 사랑과 선행을 격려하는 것이 모이는 겁니다. 신자가 모이는 것은 막연히 와서 하나님 앞에 경배하고 가는 거 아니에요. 성도와 만나서 서로 마음을 주는 것이요, 마음을 나누는 것이요, 사랑을 실천하는 것이에요. 서로가 위로하는 것이 하나님 앞에서 성도가 모인다는 의미입니다. 모이지 않는 사람이 어떻게 형제에 대해서 관심을 갖겠소? 모이지 않는 사람이 어떻게 형제에 대해서 생각을 하겠소? 모이지 않는 사람이 어떻게 형제와 같이 기도할 수 있겠소? 모이지 않는 사람이 어떻게 형제의 고민을 들을 수 있겠소? 서로 고민을 이야기하고 서로 여러 가지 문제를 나누면서 기도하고 붙들어주고. 여러분 우리 교회 안의 어려운 일을 당하는 사람 여럿 됩니다. 암으로 지금 고생하고 죽을 날을 기다릴 정도로 지금 고통에 빠져있는 형제가 없나, 감옥에 남편을 보내 놓고 지금 혼자서 울부짖으며 괴로워하는 사람이 없나, 겨울에 추위에도 난로 하나 제대로 때지 못하고 가난 속에서 허덕이는 사람이 없나, 우리 교회 안에도 적지만 별의별 사람이 다 있어요. 여러분 관심이나 둡니까? 물론 목사가 여러분들에게 정보를 제공 안 해서 그렇기도 하겠지만, 여러분 교회 와서 좀 관심이나 두시나요? 모인다는 게 무엇을 의미하느냐? 성도가 서로 마음을 나눈다는 뜻입니다. 사랑을 실천한다는 뜻입니다. 솔직히 이야기해서 서로 돕는 은혜가 없으면 저는 제 신앙도 감당할 수 가 없어요. 우리 교회 집사님들과 우리 교회 영적 리더들, 우리 교회 영적 형제들이 저를 위해서 기도해주고 저를 만날 때 격려해주고 같이 기도하는 이가 없으면 저는 목사라도 제 신앙 유지 못 합니다. 사영리, 여러분 전에 보셨죠? 사영리 보면 이런 이야기가 있죠. 여러분 모이는 것을 게을리하지 마십시오. 장작불을 때 보십니까? 장작불을 때 보면 아무리 잘 타는 장작개비라도 떼어가지고 하나 따로 놓으면 금방 꺼져버립니다. 성도도 아무리 신앙이 좋지만 모이는 거 게을리하고 혼자 있으면 꺼져버립니다.

마지막으로 또 하나 모인다는 것은 무엇을 의미하느냐? 말세를 대비하는 수단입니다. '그날이 가까움을 볼수록 더욱 더욱 모이자.' 무슨 말입니까? 말세가 가까워질수록 성도는 뭉쳐야 합니다. 성도는 모여야 합니다. 자주 모여야 합니다. 그래야 말세의 위기를 이길 수가 있습니다. 하나님의 나라가 가까워와요. 미국과 소련이 가지고 있는 원자탄은 세계 전체를 다 파멸시키고도, 몇 번을 파멸시키고도 남는 겁니다. 다가와요. 옛날에 요한계시록을 읽을 때는 지구 삼 분의 일이 없어지고 바다 삼 분의 일이 없어지고 사람 삼 분의 일이 없어지고.... 삼 분의 일이 없어지고 삼 분의 일이 없어지고 삼 분의 일이 없어지고 무슨 소리냐? 이게 도대체? 어떻게 해서 어떤 방법으로 해서 지구가 삼 분의 일이 없어지냐? 그래서 옛날 주석가들은 요한계시록을 읽어도 무슨 말인지 몰라서 아예 덮어두고, 덮어두고 했어요. 그래서 '존 칼빈' 같은 사람도 요한계시록 주석을 안 했어요. 그냥 손 딱 떼고 말았어요. 그런데 요즘 세계를 좀 보세요. 요한계시록 속의 지구 삼 분의 일이 없어진다는 말이 뭐가 그리 신기합니까? 현실 아니에요? 인구 삼 분의 일이 없어진다는 게 뭐가 그리 신기해요? 현실 아닙니까 여러분? 하나님의 나라가 가까워 오고 있어요. 그러므로 하나님 나라가 가까워 오고 말세가 가까이 오고 마지막에 예수 그리스도가 의의 왕으로 이 땅 위에 이 땅 위에 재림하실 때가 가까워 오면 성도에게도 위기가 옵니다. 왜냐하면 알곡과 쭉정이를 가리는 작업이 시작되는 겁니다. 곡식 거두어놓고 키질하는 겁니다. 그러므로 성도가 끝까지 바로 견디려면 나 혼자 신앙 버티어가지고도 힘들어요. 어떤 환란 속에서도 모여야 합니다. 모여야 합니다. 그러므로 네로 황제가 핍박하던 시대에도 성도들은 집을 내버리고 저 로마 교회에 있는 카타콤이라고 하는 공동묘지를 찾아가서 그 안에서 모여 살았어요. 안 모이면 죽어요. 말세를 대비하는 겁니다. 베드로전서 4장 7절 보세요. 조금 넘어가서. 베드로전서 4장 7절. 페이지 381페이지. '만물의 마지막이 가까웠으니.' 이제 말세를 경고합니다. 베드로가 말세를 경고하면서 '서로'라는 말이 몇 번이나 사용하는지 보세요. 말세를 경고하면서 '만물의 마지막이 가까웠으니 그러므로 너희는 정신을 차리고 근신하여 기도하라.' 무엇보다도 열심히 뭡니까? '서로 사랑할지니. 사랑은 허다한 죄를 덮느리라.' 또 뭡니까? '서로 대접하기를 원망 없이 하고.' 그다음 10절에? '각각 은사를 받은 대로 하나님의 각양 은혜를 맡은 선한 청지기 같이.' 뭐예요? '서로 봉사하라.' 말세가 가까울수록 이 서로라는 개념이 분명해야 됩니다. 모여야 돼요. 그래야 이겨요. 이제 결론 맺습니다.

어떤 성서 학자는 왜 신자들이 모이기를 싫어하느냐 하는 이유를 세

가지를 들었어요. 하나는 공포증이라고 했어요. 무슨 공포증이냐 하면 모이기를 열심히 하면 세상 사람들 보기에 하나님 나라에 충성을 받치는 것처럼 보일 테니까 그게 무서워서 못 모인다. 드문드문 나간다는 거죠. 일리가 있을 거예요. 어떤 회사 다니는데 교회 자주 나가면 회사에서 "저 애는 교회에만 미쳤다" 하는 생각을 할까 싶어서, 회사일 충성 안 한다 할까 싶어서 겁이 나가지고 못 모여요. 좀 일리가 있는 이야기예요. 그다음에 다른 하나는 괴팍증이라고 그랬어요. 괴팍증. 무슨 괴팍증이냐? 자기와 같은 비슷한 사람들이 안 모여서 안 간다는 거예요. 교회 가면 할머니들, 부인들 뭐 무식한 사람들 뭐 냄새 나는 사람들이 주로 거기 앉아있는데 거기를 내가 어떻게 가? 자기와 비슷한 사람이 안 모이기 때문에 안 간다는 거예요. 세 번째는 기만이라고 했어요. 무슨 말이냐 하면은 "아 나 예수를 믿어. 그러나 꼭 교회 나가야 내가 신앙 생활하고 구원받나?" 아주 자기 스스로를 기만하는 겁니다.

모르겠어요 우리 한국에 이것이 어느 정도 적용이 될는지 모르겠어요. 그러나 적용이 될 수도 있겠죠. 크리스마스가 다가오고 연말이 다가옵니다. 사랑하는 여러분들, 우리 하나님 앞에 한 가지 깊이 회개하세요. 이 해를 다 보내기 전에 회개하세요. 주님, 내가 1978년에 교회 몇 번 나갔죠? 적어도 제대로 되어있는 성도 같으면 적어도 세 번은 일주일에 나오게 됩니다. 새벽 기도 빼고도요. 그리고 조금 이제 더 열심히 나가는 사람은 팔로우업follow-up이라든지, 전도라든지 이런 기회를 통해서 모이는 시간까지 합하면 적어도 네 번 내지 다섯 번입니다. 그러면 52주일 계산해 보세요. 몇 번 모여야 된다는 결론이 나옵니까? 그러나 여러분 한 해를 놓고 한번 생각할 때 주님 내가 얼마나 모였죠? 회개해야 됩니다. 신자는 그렇게 하면 안 됩니다. 물론 특별한 이유가 있습니다. 제가 이해합니다. 특별한 이유에는 하나님도 이해하십니다. 그러나 여러분이 내놓을만한 이유 중에서 특별하다는 이유가 도대체 몇 개나 되겠어요? 다음에 모이기를 게을리해가지고 하나님 앞에 책망받든지 믿음이 바로 되지 못해서 나중에 후회하시지 마세요. 어떤 조크 잘하는 사람이 이런 이야기를 했죠. 지옥에 가면 제일 많이 사용하는 유행어가 있는데 그것은 "It' s too late" 라고요. 왜 그런 말이 나왔을까요? 아 미안합니다. 이 말 뜻은 "너무 늦었어. 너무 늦었어." 그래요. 모이는 것도 하나님이 기회줄 때 모여야 하는 겁니다. 그 기회도 날아가버리면 모이고 싶어도 못 모여요. 그러면 내 신앙이 엉망이 되어버립니다. 시험이 오면 넘어져버려요. 잘못하면 구원에서 탈락될 수 있어요. "It' s too late." 아무리 지옥 가서 후회해도 시간은 돌아오지 않습니다. 그리고 정말 내가 제대로 살았다는 것을 무엇으로 표현하겠어요? 믿음이 있다는 것을 뭘로 표현해요? 모이는 걸로 표현하세요. 그게 제일입니다. 여러분, 기도하십시다.

5. 헤롯은 에서가 혼이었다.
사가랴 = 주께서 기억하신다
는 의미
엘리사벳은 하나님의 언약의
맹세.
요한은 하나님의 은혜.
8 "제사장 직무". 당시 제사장 수는
약 20000으로서 분향의 직책은
제비를 뽑아 결정하였는데 일
생중 단 한번의 기회만 가짐
결정은 하루 두번 (출30:7,8)
분향시간에 백성은 밖의 뜰에서
기다리고 분향연기가 오르면
하나님께 개인적인 소원들이
기도함.

11. "주의 사자". 유대인들 사이에는
천사는 이상(v.22) 같은 초자
연적인 존재로 생각되고 있었다.
가브리엘(하나님의 사람) 침묵의 400
년후 최초의 천사 등장.
15 요한은 술과 포도주를 마시지 않
았다. 그는 평생 성별된 나실
인이어서 그로부터 충만한 성령
영감을 받았으며 그의 사명을
수행할 수 있었다.

누가의 기록이 유대인 가정에서
의미하는 것은?
(1) 후손이 없다는 것
(2) 메시아 탄생의 근거가 [illegible]
어진다는 것.
즉 모든 가정은 그들 후손중
어느 누구가 메시아로 [illegible]
강림 그 모습 보고 소망하였고
특히 다윗자손이면 그 [illegible]
은 더 기뻤을 것이다

17 말라기 3장의 예언 성취.
요한은 왕의 강림을 맞을 준비
케 함.
임신한지 6개월 [illegible]
주후 70년에 성취됨.

"엘리야의 심령, 능력"
(1) 사람을 주께로 돌아오게 했다
(2) 그는 능력의 사람이었다
(3) 그는 광야에서 살았다
즉 사람들로 하여금 살도록 했으며
심지어 다른 [illegible]

"아비의 마음" 어느 구절에서 [illegible]
"자식" [illegible]

요한의 역할은 회개를 외치므로 제사장 이스라엘을 다시 주께 향하도록 [illegible]

1978년 12월 24일 주일 낮 예배

예수님의 족보

(마 1 : 1 – 17)

16절에 가서 마리아에게서 예수 그리스도라 칭하는 예수가 나오니라. 그다음에 낳고는 누구 차례입니까? 예수는 누구를 낳고? 나를 낳고. 그렇죠? 그렇죠. 예수는 나를 낳고. 이제 예수 믿고 우리는 새사람이 됐잖아요. 새로 태어난 사람이에요. 이 예수가 낳은 이래, 예수가 나시니라 한 다음부터는 이제는 하나님의 자녀들이 전 세계 각 사방에서 낳고 낳고 낳고 낳고 계속 중생해서 나오죠.

1. 아브라함과 다윗의 자손 예수 그리스도의 계보라

2. 아브라함이 이삭을 낳고 이삭은 야곱을 낳고 야곱은 유다와 그의 형제들을 낳고

3. 유다는 다말에게서 베레스와 세라를 낳고 베레스는 헤스론을 낳고 헤스론은 람을 낳고

4. 람은 아미나답을 낳고 아미나답은 나손을 낳고 나손은 살몬을 낳고

5. 살몬은 라합에게서 보아스를 낳고 보아스는 룻에게서 오벳을 낳고 오벳은 이새를 낳고

6. 이새는 다윗 왕을 낳으니라 다윗은 우리야의 아내에게서 솔로몬을 낳고

7. 솔로몬은 르호보암을 낳고 르호보암은 아비야를 낳고 아비야는 아사를 낳고

8. 아사는 여호사밧을 낳고 여호사밧은 요람을 낳고 요람은 웃시야를 낳고

9. 웃시야는 요담을 낳고 요담은 아하스를 낳고 아하스는 히스기야를 낳고

10. 히스기야는 므낫세를 낳고 므낫세는 아몬을 낳고 아몬은 요시야를 낳고

11. 바벨론으로 사로잡혀 갈 때에 요시야는 여고냐와 그의 형제들을 낳으니라

12. 바벨론으로 사로잡혀 간 후에 여고냐는 스알디엘을 낳고 스알디엘은 스룹바벨을 낳고

13. 스룹바벨은 아비훗을 낳고 아비훗은 엘리아김을 낳고 엘리아김은 아소르를 낳고

14. 아소르는 사독을 낳고 사독은 아킴을 낳고 아킴은 엘리웃을 낳고

15. 엘리웃은 엘르아살을 낳고 엘르아살은 맛단을 낳고 맛단은 야곱을 낳고

16. 야곱은 마리아의 남편 요셉을 낳았으니 마리아에게서 그리스도라 칭하는 예수가 나시니라

17. 그런즉 모든 대 수가 아브라함부터 다윗까지 열네 대요 다윗부터 바벨론으로 사로잡혀 갈 때까지 열네 대요 바벨론으로 사로잡혀 간 후부터 그리스도까지 열네 대더라

예수를 처음 믿는 사람들에게 "성경을 좀 읽어 보세요" 하면 "그럼 어디부터 읽을까?" 묻습니다. 보통 "신약부터 읽으세요" 하지요. 그러고 나서 한 몇 주간 지나고 만나면 "아이고 목사님 무슨 성경이 그래요? 처음부터 낳고 낳고 낳고. 아이고 그 무슨 성경이 낳다가 말아요?" "예, 그래요. 그래서 낳고 낳고 하고 나서 그다음은 안 읽었어요?" "아이고 낳고 낳고 하다가 보니 그다음에 지쳐서 그만 그다음은 안 읽었어요." 예, 그렇게 아주 반농담식으로 얘기하는 형제들이 좀 있어요. 참 어려운 성경이죠.

이것은 예수님의 족보입니다. 오늘 이 족보가 우리 보기는 건조하고 대단히 참 아무 의미도 없는 거 같이 보이지만 한번 저하고 생각해 봅시다. 무궁무진한 족보입니다. 이 족보 하나가 구약 전체를 이야기하는 것과 마찬가지입니다. 구약 전부를 요약해놨다고도 과언이 아니에요. 다시 말하면 한 4,000년의 역사를 요약해놨다고 해도 과언이 아니에요. 이것이 족보입니다. 유대 나라에서는 이 족보라는 것을 굉장히 중요시 생각합니다. 성경 읽어보시면 그렇잖아요. 자기를 소개할 때 나는 누구의 아들 누구입니다. 꼭 이렇게 소개하죠. 성경에 보면 그렇게 나오죠. 우리같이 뭐 내 이름만 대는 게 아니고 나는 누구의 아들 누구 누구 예, 꼭 이렇게 이야기합니다. 족보가 대단히 중요합니다. 또 제사장 같은 사람을 성전에서 세울 때는 그 제사장 위로 다섯 손까지 족보를 전부 철저하게 조사를 합니다. 그래서 그 다섯 족보가 거슬러 올라가서, 다섯 번까지 그 족보가 정확하고 순수해야만이 제사장 직책을 맡기게 되어있습니다. 만약에 그 가운데서 탈락이 되면 안 되어요. 그래서 에스라서인가요? 거기 보니까 바벨론에서 돌아와가지고 제사장 일을 할 사람을 택했는데 어떤 사람들은 탈락이 됐죠. 왜냐하면 족보를 조사를 해보니 분명하지를 않아. 그래서 탈락시킨다고 나와 있어요. 헤롯왕, 당시 예수님이 태어나실 때 그 헤롯왕은 순수한 유대 족속이 아닙니다. 애돔 족속과 유대 족속 부모가 두 족속 사람이 돼서, 어떻게 보면은 그저 국제 결혼을 해서 태어난 사람입니다. 그런데 자기는 유대인 행세를 해가지고 로마 황제에게 가서 아부해서 유대 나라 갈릴리를 통치하도록 통치권을 받았는데 유대 사람들이 벌써 족보 조사를 해보니 이름도 없는 존재란 말이에요. 그러니까 실실 웃으면서 백성들이 아주 얕보고 멸시를 합니다. 이것이 보기 싫어서 헤롯이 이스라엘 나라 족보 문제를 전담하는 관직들의 아주 상당한 수를 죽여버렸어요. 그래서 자기 족보에 대해서 어떤 근거를 남기지 않기 위해서 그렇게 했습니다. 그만큼 이스라엘 나라에는 족보가 중요합니다. 왜 족보가 중요하냐? 지금 이 마태복음은 독자가 유대인입니다. 독자가 유대인이기 때문에 유대인들에게 예수가 정말로 하나님께서 약속한 그대로 올바른 혈통을 타고 태어난 분이라는걸 증명을 안 하면 유대인들은 그다음부터 읽지를 않아요. 1장 여기에 족보 문제를 정확하게 제시 안 해주면 2장부터 아예 들어가지도 않아요. 이거 뭐 순 나사렛에서 나온 알지도 못하는 존재를 가지고 야단친다고....아예 거들떠도 안 볼 거예요. 마태가 이걸 너무 잘 알거든요. 그러니까 족보를 아주 정확하게, 예수는 어떤 분이라는 것을 분명하게 제시하는 겁니다. 왜 이렇게 할까? 아브라함의 자손을 하나님이 택하신 이유는 예수님의 혈통을 지키기 위해서 택하신 겁니다. 아브라함 자손 외에도, 유대 민족 외에도 훌륭한 신자들이 많이 있습니다. 성서에 보면 우리가 그런 흔적을 찾을 수 있어요. 훌륭한 신자들이 많이 있습니다. 예를 들어서 맬기세덱과 같은 사람입니다. 유대 나라 민족이 아닙니다. 또 욥과 같은 사람입니다. 유대 나라 사람 아닙니다. 그럼에도 불구하고 상당히 차원 높은 신자들이 존재했어요. 그러나 왜 아브라함의 민족을 하나님이 특별히 선택을 했느냐? 예수님의 혈통을 유지하는 방법이었습니다. 그래가지고 이 혈통에 나쁜 피가 들어가지 않도록 지키는데 있어서 하나님께서 4,000년 동안 특별히 간섭을 하셨습니다. 그래서 조금만 죄를 지으면 그저 사정없이 매를 때리고 그다음에 어디 가도, 어떤 민족 속에 끼어있어도 절대 다른 피가 들어오지 못하도록 하나님이 지키시고 만약에 어떤 위기가 오면 하나님이 특권을 가지고 그 위기를 모면해주는 그런 역할을 하는 모습을 우리가 성경에서 봅니다. 좋은 예가 에스더서를 읽으면 알지요. 하만이 전 이스라엘 민족을 멸하려고 할 때 하나님께서 에스더와 모르드개를 통해서 특별히 그 혈통을 지키는 걸 우리가 봅니다. 이렇게 하나님께서 4,000년을 내려오면서 혈통을 지킵니다. 혈통을 지키려니까 자연히 족보가 중요할 수밖에 없어요. 왜 그렇게 하느냐? 예수 그리스도가 하나님께서 예언하신 대로 아브라함의 자손으로 분명하게 태어나도록 하시기 위한 하나님의 섭리와 뜻입니다. 그래서 우리가 구약을 보면 하나님께서 이스라엘 백성에 대해서 왜 그렇게 사납게, 왜 그렇게 하셨나 그랬겠죠? 그러나 순결을 지키기 위해서는 하나님이 그 방법 외에는 다른 길이 없었습니다. 그러니 이스라엘 백성 보세요. 어느 민족 틈에 갖다 넣어놔도 절대 자기 민족성 잊어버리지 않습니다. 혈통 뺏기지 않아요. 그만큼 강합니다. 사마리아 사람을 왜 개같이 취급했나요? 혈통 피를 섞었다고 해서 개처럼 취급한 겁니다. 그러면 오늘 이 본문이 우리에게 주는 교훈 중에서 첫째로 생각할 거. 예수 그리스도는 1절에 아브라함의 자손이라는 것을 증명합니다. 예수 그리스도는 아브라함의 자손이라고 증명합니다. 창세기 12장에 보면 아브라함을 하나님이 부르실 때 이렇게 약속했습니다. '너는 모든 민족 가운데 복의 근원이 될지라.' 복의 근원이 될지라. 너 때문에 많은 민족이 복을 받게 되겠다. 그 이야기죠. 너는 오리진origin이 된다는 이야기죠. 근원이 된다는 이야기죠. 그것은 무엇을 의미하느냐? 아브라함 혈통을 통해서 하나님의 아들이 태어나신다는 예언입니다. 그러니 하나님의 아들이 태어났잖아요? 이스라엘 백성들이 그 예언을 받은 다음부터 거의 4,000년 동안 웬만히 제대로 신앙이 있는 사람들 같으면 하나님이 아브라함에게 약속하신 그 하나님의 아들이 태어나신다고 하셨는데 오늘 오시지 아니할까, 내일 오시지 아니할까 이스라엘 백성들 중 믿음을 가진 사람은 그 기다림을 가지고 생을 살았습니다. 아브라함도 그 약속 믿고 생을 살았습니다. 야곱도 그 약속 믿고 생을 살았습니다. 요셉도 그 약속 믿고 생을 살았어요. 아브라함에게 약속을 하셨어요. 그런데 예수님이 태어나셨잖아요? 4,000년 동안 하나님께서 그 약속을 잘 이루시지 않는 것 같으니까 많은 사람들이 중간에서 탈락을 했습니다. 실망을 했습니다. 신앙을 포기했습니다. 그러나 여러분 꼭 기억하세요. 하나님께서 한번 약속하신 것은 절대 변하지 아니합니다. 반드시 이루어줍니다. 약속을 늦게 이행했다고 해서 그 약속이 약해지는 것 아닙니다. 타이밍은 하나님이 맞추세요. 드디어 옛 베들레헴 말구유에서 몇천 년 전에 약속하신 하나님의 아들이 태어났습니다. 아브라함의 자손으로 태어났습니다. 하나님은 그 약속을 그대로 이루었습니다.

그다음에 두 번째 우리가 배워야 할 것은 다윗의 자손이라고 나왔죠. 이것은 왕통을 이야기합니다. 다윗은 왕입니다. 예수 그리스도는 왕으로 탄생한다고 하나님께서 말씀했습니다. 시편 132편 11절에 보면 하나님께서 다윗에게 약속하시기를 '내 자손을 내 위에 영원히 둘지라.' 예 이것은 예수님에 대한 예언입니다. 영원히 왕통이 끊어지지 않도록 하겠다 누구를 통해서? 나사렛 예수 그리스도를 통해서 다윗의 왕권이 흩어지지 않도록 해주겠다고 했습니다. 그것을 증명하는 것이 족보입니다. 다윗도 아브라함의 자손이지요. 다윗도 유대 민족 유대 자손이지요. 그러니까 아브라함의 자손인 동시에 다윗의 혈통이요, 다윗의 왕통이라는 것을 이것이 증명합니다. 그러면 우리에게 무엇을 의미합니까? 예수는 왕입니다. '왕이 나셨도다.' '왕이 나셨도다.' 사랑하는 교우 여러분, 우리에게는 왕이 없습니다. 어느 나라에 갔다놔도 우리는 왕이 없습니다. 누구를 왕으로 섬기지도 않을 것입니다. 국민의 의무는 다할 수 있어도 어느 인간을 왕으로 섬기지 않습니다. 왜냐? 우리의 왕은 따로 있어요. 예수 그리스도. 그분이 우리의 왕이라고 그랬어요. 우리의 왕이라고 했어요. 예수 믿는 사람들이 머리를 숙이고 자기를 완전히 복종시키는 대상은 이 세상에 하나밖에 없습니다. 어떤 권력가 앞에서도 예수 믿는 사람은 예의를 지켜서 인사는 할지언정 자기 자신을 완전히 순복시키지는 않습니다. 왜냐하면 우리의 왕이 따로 있어요. 예수 믿는 사람이 무릎 꿇고 순복하는 것은 한 곳 밖에 없습니다. 예수 그리스도 앞입니다. 왜? 그분은 우리의 왕이기 때문에. 그 왕은 화려한 왕궁에서 태어난 왕이 아닙니다. 이 세상에서 성공한 사람들 하나님을 무시하고 스스로 교만해서 사는 사람들의 왕이 아닙니다. 가난한 자, 고통 당하는 자, 죄로 인해서 시달리는 자, 병든 자, 절망 가운데 허덕이는 사람, 이런 사람들의 왕입니다. 주님은 그래서 우리를 찾아오신 거예요.

그런데요 족보를 가만히 보면 처음에 1절부터 6절까지는 아브라함부터 다윗까지 나왔죠. 이것은 족장 이전 시대죠. 아 미안합니다. 왕정 이전 시대죠. 소위 족장 시대. 그다음에 다윗부터 요시야까지 내려오죠. 이것은 유대 나라 왕정 시대죠. 그다음에 12절부터는 포로 생활이지요. 이 세 단계가 구분이 되는데 자 1절부터 6절까지 소위 족장 시대는 예수님과 어떤 관계를 가집니까? 예수님은 믿음의 원리를 여기서 제시합니다. 족장들은 믿음을 가지고 산 사람입니다. 아브라함은 믿음의 조상입니다. 예수님은 믿음을 가진 사람의 왕입니다. 믿음과 관계됩니다. 그다음에 다윗부터 이 11절까지는 무엇을 말합니까? 통치를 의미합니다. 왕통을 주로 말하죠. 통치, 예수 그리스도는 통치의 상징입니다. 바벨론으로부터 포로된 다음은 무엇을 의미합니까? 멍에를 상징합니다. 예수 그리스도는 온 인류의 죄의 멍에를 짊어지신 분입니다. 그러니까 이 족보가 나타나는 거, 믿음이 없이는 예수 그리스도와 관계가 되어지지 않습니다. 예수님은 믿음의 대상입니다. 그다음에 예수님은 모든 인류의 유일한 통치자입니다. 왕입니다. 그다음에 예수님은 모든 인류의 죄를 짊어지시는 유일한 분입니다. 인간의 죄의 멍에를 짊어지신 분이라는 것을 배후에서 이 족보가 가르쳐줍니다.

그리고 또 한 가지 우리가 볼 것은 이 족보를 가만히 검토해보면 시대가 어떻게 흐르느냐 하면은 점점 타락해가는 상황입니다. 처음에 아브라함 때는 믿음이 좋았다가 자꾸자꾸 믿음이 약해지더니 나중에는 다윗왕, 임금 왕정이 된 다음부터 다윗 때 조금 좋더니 그다음에는 점점 썩어가기 시작해 나중에는 그냥 남의 나라 포로로 잡혀가가지고 고생해서 이제는 하나님의 아들을 기대하는 소망도 사라졌어요. 이제는 다윗의 왕통도 기억이 없어졌어요. 유대 나라 민족은 그야말로 멸시받는 민족이요. 유대 민족에게는 다윗의 그 아름다운 황금 시대를 찾을 길이 없어요. 절망 시대입니다. 이럴 때 누가 나타났습니까? 나사렛 예수 그리스도가 탄생하신 겁니다. 인간이 절망할 때 하나님은 찾아오십니다. 인간이 만족하고 인간이 스스로 자만할 때는 하나님은 찾아오지 않습니다. 오늘도 마찬가지입니다. 예수님이 모든 인간을 향해서 찾아오셨지만은 마음속에 깊이 자기에 대해서 고통하고 절망하고 스스로 나는 아무것도 아니라고 생각하는 겸손한 자의 마음에는 우리 왕이 찾아오시지만은, 하나님의 아들이 찾아오시지만은 스스로 마음의 가득한 것을 가지고 자만하고 교만한 사람에게는 크리스마스가 몇 번 왔다 갔다 해도 하나님이 찾아오지 않습니다. 예수님이 태어났을 당시에는 절망의 시대였습니다. 이스라엘 백성에게는 고통의 시대였습니다. 그런 절망적이고 고통의 시대였기 때문에 하나님께서 그 시대의 타이밍을 맞추어서 자기 아들을 보내 주었습니다. 또 하나 재미있는 거 우리 보십시다. 16절 한번 보세요. 야곱은 마리아의 남편 요셉을 낳았으니 마리아에게서 그리스도라 칭하는 예수가 나시니라. 이것을 바로 앞에 있는 모든 문장들 하고 통일성 있게 하려면 어떻게 써야 합니까? 야곱은 마리아의 남편 누구입니까? 요셉을 낳았고. 요셉은 누구를 낳으니라 해야 됩니까? 예수를 낳으니라 해야 앞에 있는 패턴으로 맞을 거 아니에요? 문장이요. 예수를 낳으리라 해야 되는데 여기는 어떻게 이변이 일어났습니까? 요셉이 예수를 낳으니라 그렇게 나왔어요? 아닙니다. 요셉이 예수님 안 낳아요. 그러니까 여기서 이제 재미있는 사실이 나옵니다. 예수님은 솔직히 이야기해서 아브라함의 혈통을 타고 난 분이 아닙니다. 그렇죠? 예, 예수님은 솔직히 이야기해서 다윗의 피를 타고 난 사람이 아닙니다. 단지 마리아, 처녀 마리아를 통해서 이 세상에 태어났다는 거 뿐이지 혈통은 닿지를 않았어요. 만약에 받았으면 죄인이지요. 그럼 어떻게 아브라함의 자손이고 어떻게 다윗의 자손이요? 법적으로 볼 때에 아버지가 어떤 자녀를 입양을 시키면 그 아버지가 갖고 있는 모든 권리가 다 그 아들에게 이양되고 그 아버지의 모든 혈통이 그 아들에게 전부 주어집니다. 그렇죠? 분명히 말하면 요셉은 예수님을 단순히 입양한 입장밖에 안 됩니다. 자기가 낳은 아들이 아니에요. 자기 피가 거기에 섞이지 않았어요. 마리아가 낳았기 때문에 요셉은 자기 자식으로 입양을 시킨 겁니다. 그래서 아브라함의 자손이 되고 다윗의 자손이 된 겁니다. 좀 신기한 일이죠. 그러나 사실이에요. 예수님은 사람에게서 태어나지 않았어요. 젊은 사람들에게 물으면 이 문제가 항상 걸립니다. 항상 걸립니다. "목사님 처녀가 아이를 낳다니요? 도대체 그게 어떻게 도대체, 그게 어떻게 합당한 이야기입니까? 아무리 천치 같은 이야기를 해도 좀 알아들을 수 있도록 말을 해야지, 아니 성경이 그게 뭡니까? 비합리적인 이야기를 해서야 사람이 어떻게 그걸 알아들어요?" 여러분 이런 이야기를 들으면 어떻게 대답을 하세요? 어떻게 대답을 하세요? 저는 대답 안 합니다. 대답 안 하고 뭐라고 그러냐면 "마리아가 처녀로서 예수님을 낳았다는 자체가 하등의 이상한 것이 아니고 당신이 하나님의 능력에 대해서 너무 모르는 게 탄식할 노릇이에요. 창세기 1장 보라고요. 창세기 1장. 없는 데서 말씀으로 무엇을 만들었습니까? 천지를 만드셨다는데, 천지를 만드신 분이 글쎄 처녀 몸을 좀 입고 세상에 태어났기로서니 그게 뭐가 그렇게 대단해요? 문제는 하나님의 능력에 대해서 너무 당신이 믿음이 없어요. 그게 문제야. 예수님이 처녀의 몸에서 태어났다는 그게 문제가 아니에요." 그렇죠? 그게 문제예요. 믿음이 없어요. 아마 그런 사람은 또 예수님이 부전 모혈의 법칙으로, 자연법칙으로 세상에 태어났다 그러면 "아유 그럼 석가모니나 똑같죠 뭐 다를 게 뭐 있어요?" 하고 또 나올 거예요 분명히. 그렇죠? 이렇게 가도 잡아뜯고 저렇게 가도 잡아뜯는다고. 왜냐? 믿음이 없으니까 그렇게 나오는 거예요. 그러나 보세요.

예수 그리스도는 비록 인간의 몸을 입고 이 세상에 오셨어도 인간의 혈통을 받지 않으셨어요. 누가 예언했습니까? 이사야가 7장 14절에 '보라 처녀가 잉태하여 아들을 낳으리니 그 이름을 임마누엘이라 하리라.' 600년 전에, 예수 그리스도가 태어나기 600년 전에 예수님께서 처녀의 몸으로 잉태하실 것을 미리 예언했습니다. 많은 사람들이 그 본문을 읽고 이해를 못 했을 겁니다. 서기관들과 율법사들이 날마다 하나님의 말씀 구약을 참고했지만 이 말씀을 그들은 이해를 하지 못 했습니다. 그래서 다 덮어놓았습니다. 그러나 하나님은 내용 없는 말씀은 절대 약속하지 않습니다. 반드시 그대로 실천합니다. 성령으로 잉태했어요. "할렐루야! 감사합니다." 예수 그리스도가 이사야 선지자 예언대로 처녀의 몸에 태어나셔서 우리를 찾아오셨다는 거 얼마나 감사한지 몰라요. 저는 아직까지도 처녀가 아이를 낳았다는 말에 대해서는 한 번도 마음에 걸린 일이 없습니다. 한 번도 그 문제에 대해서 생각해본 일도 없습니다. 왜냐하면 생명이 어떻게 태어나는 가에 대해서 난 잘 몰라요. 뭐 처녀 몸에서 태어나는 거는 고사하고 말이죠. 정식적인 결혼하고 나서도 생명이 어떻게 해서 태어나는지 난 잘 몰라요. 모르면서도 나는 태어났고 내 자식들이 있어요. 그걸 가지고 고민을 하기 시작하면 밥도 안 먹고 고민할 자신 있어요. 그러나 여러분 그게 고민할 문제입니까? 고민할 문제가 아니에요. 생명의 주인은 하나님이요. 어떤 방법으로 태어나든지 간에 하나님이 주인이야. 어떤 방법으로 세상에 보내시든지 간에 생명 보내시는 분은 하나님이야. 하나님이 절대 과학적인 테두리 안에서 생명 창조하지 않으세요. 하나님이 절대 우리 합리적인 방법 안에서 생명 창조하지 않으세요. 과학적인 사고방식에 젖어있는 젊은이들, 자기 두뇌의 노예가 되어있는 젊은이들, 하나님의 능력에 대해서 불신하는 젊은이들, 하루 빨리 깨어질 때 비로소 그 사람이 예수를 만날 수 있어요. 저는 한 번도 아직 그 문제 걸린 일이 없어요. 예수님이 마리아에게서 태어났다는 거 걸려서 내 신앙에 장애된 일이 없어요. 당연하죠. 천지를 만드신 하나님이 그게 뭐가 대단해요? 자 그런데요, 오늘 제가 여기서 또 한 가지 정말 꼭 언급을 하려고 하는 것은 이겁니다. 족보에 여자가 5명 나와요. 한번 조사 좀 해봅시다. 어디 있죠 첫 번 여자가? 아 몇 절이죠? 다말. 예 3절에 있지요 3절. 유다는 다말에게서 베레스와 세라를 낳고. 족보에 여자가 들어간다는 것은, 이것은 이변 중에서도 보통 이변이 아닙니다. 유대 나라에서는. 절대 족보 안에 여자 이름을 넣는 법이 없습니다. 넣으면 그것은 큰일 나요. 그런데 족보에 지금 여자가 5명이나 들어가 있어요.

처음 여자가 다말이죠. 이 다말 기사는 창세기 38장 읽으면 여러분 잘 알 겁니다. 성경을 읽는 가운데서 제일 읽기 거북한 내용들 중의 하나가 바로 이 내용입니다. 하나는 소돔성이 멸망하고 나서도 롯이 굴속에서 겪은 일들이 읽기가 거북하고 그다음에 38장에 넘어오면 바로 이 사건입니다. 다말의 사건. 참 불쌍한 여자입니다. 또 유대 나라 민족이 아닙니다. 가나안 여자입니다. 그런데 그 당시에 어떻게 유다가 신앙적으로 몹시 흩트려졌는지 가나안 여자를 좋아해가지고 그다음에 그 가나안 여자를 며느리로, 자부로 삼았죠. 자부로 삼아가지고 가나안 여자하고 하나님은 상통하지 말라고 했는데 유다가 벌써 잘못 들어갔어요. 그래서 그 뭡니까? 자기 그 아들 둘이 있는데 아들 둘 중에서 첫 아들을 이 다말하고 결혼을 시켰죠. 그랬는데 첫 아들이 죽었어요. 그 다음에 유대 나라 법칙으로 하면 어떻습니까? 형님이 자식 없이 죽으면 동생이 그 형수하고 결혼하게 되어있지요. 그래서 첫 번째 자녀는 형의 이름으로 호적에 올립니다. 그다음에 두 번째 자녀부터는 자기 자녀로 삼습니다. 이것이 여러분들에게 이상하게 지금 생각되겠지만 그 당시로는 혈통을 남긴다는 것이 그렇게 중요했던 거 같아요. 그래서 둘째를 이 다말이라는 자부에게 또 결혼을 시켰더니 그 아들이 또 죽었어요. 두 번째 아들도 죽었어요. 그러니까 소위 우리나라 말로 말하면 다말이 그만 팔자가 센 여자가 되어버렸죠. 그래가지고 유다가 이제 겁이 덜컹 났어요. 시아버지가 겁이 났다고. 마지막 막내가 하나 있는데 나이가 아직 어려요. 이 아들까지 이 자부한테 줬다가는 또 언제 쥐도 새도 모르게 가버릴지 겁이 난다 이거지요. 그래서 그 자부를 보고 "너 친정에 가서 있으라"고 그랬어요. 그리고 몇 년이 지났습니다. 막내가 다 자랐습니다. 그런데도 자부가 가만히 기다리는데 그 막내를 자기에게 남편으로 안 주거든요? 그러니까 자기가 서럽단 말이에요. 자기도 자신의 팔자가 왜 센지 알게 뭡니까? 그래가 고민하다가 안 돼서 나중에 그 뭡니까 화류계 여자로 변장을 해가지고 와서 자기 시아버지를 속이고 임신을 했습니다. 이렇게 해서 낳은 아들이 쌍둥이인데 바로 베레스와 세라입니다. 우리가 생각하면 참 읽기 거북한 이야기고, 이 이야기 정말 거북한 이야기인데.... 아 이렇게 돼서 태어난 자녀가 예수님의 조상이 되다니. 이상하지 않아요? 그러나 제가 볼 때 그 속에 참 큰 진리가 있다고 봅니다. 뭐냐? 인간에게 쓰레기와 같이 취급받던 사람을 하나님이 들어쓰실 때가 있어요. 한번 상상해 보세요. 다말이 나중에 화형을 당하기 위해서 끌려가다가 이 자녀가 누구의 자녀인지 그것을 가지고 증명을 합니다. 자기 시아버지가 주고 간 도장이랑 전부 내놓았습니다. 그러니까 화형을 시키려고 하던 사람들이 멈칫하고 그만 풀어줬습니다. 시아버지도 "내가 잘못한 거지 그 여자가 잘못한 거 아니다. 오죽 마음에 애가 탔으면 그런 일까지 저질렀겠느냐?" 하고는 그다음에 관계를 끊었어요. 그런데 그렇게 해가지고 태어난 베레스와 세라. 자라면서 얼마나 많은 사람들에게 천대와 멸시를 받았겠어요? 그 당시와 같은 상황에서. 그렇지 않겠어요? 어머니가 그 자녀들을 키울 때 얼마나 어려움이 많았겠어요? 얼마나 고통이 많았겠어요? 누구 자식이라고 말 한마디 못하고 키웠잖아요 계속. 그런데 하나님이 그런 밑바닥 인생에서, 남에게 그야말로 천대받고 모욕받는 그 사람을 들어서 위대한 조상으로 축복해주셨다는 거 이것이 기독교의 진리입니다 여러분, 이것이 기독교의 진리예요. 화려한 가문에서 태어나고 화려한 배경을 가진 사람이 예수 그리스도와 만나는 것이 아니라 인생 밑바닥에서 헤엄하는 사람을 예수님은 픽업하신다. 이것을 이야기하는 겁니다.

그다음에 또 두 번째 여자가 누구입니까? 5절에 라합이 나왔죠. 라합은 기생입니다. 여리고 성에서 여리고 성이 멸망할 때에 이스라엘이 탐정꾼에게 정보를 제공해주고 그들의 신변을 감추어주었던 라합입니다. 기생입니다. 이 기생, 이 여자도 이방 여자죠. 이방 여자인데 여기에 보니까 결혼을 했군요. 살몬과 결혼했겠어요. 보나마나 뭐겠습니까? 두 정탐꾼 중에 하나였겠죠? 그렇죠. 결혼을 했습니다. 그런데 보세요. 기생으로서 이스라엘 민족 틈에 들어왔으니 얼마나 멸시가 많았겠소? 그러나 보세요. 예수님이 그의 자손에 들어있습니다. 예수의 조상이 되었습니다. 보아스를 낳았습니다. 보아스를 낳았는데 보아스를 또 보세요. 보아스가 모압 여자인 룻을 또 자기 아내로 삼았습니다. 이것은 구약의 룻기서를 보면 나옵니다. 자세히 나옵니다. 아름다운 장면이죠. 모압은 특별히 하나님이 미워하던 자손입니다. 신명기 23장 3절에 보면 모압 자손은 절대 하나님의 성전에 들여놓지 말라고 그랬어요. 그런데 이 모압의 딸이, 이 개와 같이 취급받던 모압의 딸이 예수님의 조상으로 픽업됐습니다. 그래서 누가 됐나요? 다윗왕의 누가 됐죠? 몇조 할머니죠? 그러니까 룻이 오벳을 낳고 오벳은 이새를 낳고, 그러니까 고조가 되나요, 증조가 되나요? 증조할머니가 되죠. 다윗왕의 증조할머니가 됐다구요.

그다음에 또 여자 하나 봅시다 6절에. 우리야의 아내라고만 나왔죠. 바로 밧세바입니다. 아 참 하나님께서 이렇게 말이에요. 그 다윗이 범죄해가지고 남의 아내를 빼앗아오고 그 남편을 죽이고 해가지고는 다윗의 생애에 결코 씻을 수 없는 오점을 남겼던 이 하나의 역사인데, 이 역사에서 태어난 자녀를 하나님이 예수의 조상에다가 넣었다는 거 우리는 이해할 수가 없죠. 이해할 수가 없죠. 자 그러면 우리 요약을 합시다.

마지막 마리아는 우리가 잘 알고요. 요약을 합시다. 무엇을, 우리가 여기서 무엇을 배울 것이냐? 첫째로 예수 그리스도가 오신 다음부터는 남녀의 벽이 깨어졌습니다. 남자와 여자의 구별하는 벽이 깨진 겁니다. 기독교가 이 벽을 깨었습니다. 예수의 족보가 이 벽을 깨었습니다. 예수의 족보가 이 벽을 깼습니다. 여자의 이름이 들어갈 수 없는 족보에다 여자의 이름을 넣었습니다. 여자를 우대했습니다. 여자를 존경했습니다. 그것도 보통이 아니요. 이방인이고 죄인들입니다. 그래서 여자와 남자의 벽을 예수가 깼습니다. 기독교가 가는 곳곳마다 사회에 가보면 여권 신장이 일어납니다. 그다음에 두 번째로 유대인과 이방인의 벽이 깨어진 겁니다. 예수 그리스도는 유대인과 이방인을 가르는 벽을 깨뜨린 분입니다. 그다음에 세 번째로는 의인과 죄인의 벽이 깨어졌습니다. 의인과 죄인의 벽이 깨어졌어요. 여기에 들어가 있는 여자들은 전부 죄인들입니다. 마리아를 빼놓고는 사회에서 멸시받고 도무지 사람 틈에 낄 수 없는 전력을 가진 사람들입니다. 그런데도 예수 그리스도 조상 속에 집어넣고 거기서 태어난 자녀가 예수의 부모가 되었다는 것은 무엇을 의미하느냐? 예수 안에서는 죄인도 없고 의인도 없어요. 똑같아요. 벽이 깨진 겁니다. 그래서 이 족보를 좀 깨닫고 읽어보면 기가 막힌 장입니다.

여러분 다음에 성경 읽으실 때 낳고 낳고 자꾸 나온다고 불평하지 마세요. 저도 지금 약간만 아는 겁니다. 제가 지금 말씀드리는 거는 아주 약간만 지금 아는 거예요. 또 우리가 은혜를 받고 눈이 더 열리면 얼마나 무지무지한 진리가 이 안에서 나올는지 몰라요. 그러니까 여러분 절대 낳고 낳고 한다고 여러분들이 불평하시지 마시고 그다음에 16절에 가서 마리아에게서 예수 그리스도라 칭하는 예수가 나오니라. 그다음에 낳고는 누구 차례입니까? 예수는 누구를 낳고? 나를 낳고. 그렇죠? 그렇죠. 예수는 나를 낳고. 이제 예수 믿고 우리는 새사람이 됐잖아요. 새로 태어난 사람이에요. 이 예수가 낳은 이래, 예수가 나시니라 한 다음부터는 이제는 하나님의 자녀들이 전 세계 각 사방에서 낳고 낳고 낳고 낳고 계속 중생해서 나오죠. 계속 중생해서 태어납니다. 오늘도 온 세계를 통해서 하나님의 자녀로 태어나서 응아하고 우는 자녀들이 얼마나 많은지 몰라요. 그렇죠? 새로 태어나는 기쁨의 소리입니다. 이 역사는 주님 오실 때까지 계속됩니다. 얼마나 멋있는 성경인지 몰라요. 크리스마스를 통해서 여러분 이것을 확신하십시오. 예수님이 어떤 분입니까? 예 놀라운 분입니다. 남녀의 벽을 깨신 분입니다. 예수님은 여자와 남자의 벽을 깨신 분입니다. 예수님은 유대인과 이방인의 벽을 깨신 분입니다. 예수님은 또 무슨 벽을 깼나요? 그다음에 의인과 죄인의 벽을 깨었습니다. 예수 그리스도는 아브라함의 자손이요 믿음의 자손이요. 예수 그리스도는 다윗의 자손이요 왕이요.

오늘의 세상 사람들은 어떻게 크리스마스를 지나는지 그거 보지 말고 마음에 "주님 당신이 도대체 인간의 몸을 입고 나를 찾아오셨다니 감사합니다. 주여 감사합니다. 당신은 나의 왕입니다. 나의 구주입니다. 내가 찬송합니다. 내가 찬송합니다. 내 몸이 피곤하지만 찬송합니다. 내 상황이 참 잘 풀리지 않지만 찬송합니다. 내 주변이 뭐 신통한 거 없지만 찬송합니다. 내 신분이 아무것도 아니지만 찬송합니다. 주님이 나 같은 거 찾아오셨습니다. 주님은 나의 왕입니다. 나의 구주입니다. 내 인생 당신 위해 살겠습니다. 내 인생 당신 위해 살겠습니다." 이렇게 고백하세요. 여러분, 크리스마스가 뭡니까? 이렇게 마음으로 고백하는 것이 크리스마스입니다. 길거리에 돌아다니면서 술이나 퍼마시고 여자들이나 옆구리에 끼고 돌아다니고 댄스나 하고 썩어빠진 이 상황을 우리가 보면서 가슴 칠 줄 알아야 돼요. 예수님이 그런 사람들을 위해 찾아왔나요? 우리가 교회를 통해서 그런 사람들을 불러들어야 돼요.

다 같이 우리 기도하십시다. 오늘 한번 좀 금년 마지막도 되었고 또 크리스마스도 되었는데 좀 기도하고 싶은 제목들이 있을 것 같은데 예수 처음 믿고 기도가 잘 안 나오신 분들은 마음으로 하세요. 그러나 한 마디만 하셔도 돼요. "주님 주님이 나를 찾아오셔서 구원해주셨으니 감사합니다." 그 외 우리 형제들은 좀 입을 열고 기도해보세요. 다 같이 머리 숙여 기도하십시다.

〈우리안에 있는 적〉 (4) 1984.1.29

여호수아 7:1—15.

A. 위대한 승리. 하나님의 크신 능력을 체험한 다음 순간. [illegible] 있는 [illegible]
[illegible] 패하고 만 큰 사건이 발생한다.
그 죄는 이스라엘 안에 가장 가까운 곳에 있었다 (이스라엘 사람의 [illegible] 사건) [illegible]

사람에게 [illegible] 소리를 [illegible] 〈너무 가까워도 — / 너무 멀어도 — 〉 [illegible]

영적인 문제 〉 [illegible] 〈[illegible] 너무 [illegible] / [illegible] 너무 [illegible]. (Paul의 [illegible])

당신은 지금 어떤 [illegible] 있는가?
육신이 [illegible] —.

B. 아간의 죄는 다음과 같은 성격을 가지고 있다.

1. 하나님과 그의 백성 언약을 배신하고 어긴 것. — [illegible]
[illegible] 하나님 [illegible] 행위 (다윗의 경우) 삼하 12:9, 10
9. [illegible] 행하였느냐
10. [illegible]

2. 이웃을 [illegible] 7:1 (이스라엘 자손들 = 아간) 5/11 — [illegible]
이스라엘의 고통. 여호수아의 [illegible] [illegible]
[illegible] 상처. [illegible] "고전 5:6 [illegible]"
. "아간 — 이스라엘" 동사 v1, 11. 교회는 한몸. 고전 12:20, 26

3 영광 [illegible] 하게 하고, [illegible] 함.
하나님의 [illegible] "[illegible]"
[illegible]
※ [illegible]의 경우 [illegible] → [illegible]
[illegible]? [illegible] — [illegible] / [illegible] — [illegible]

4. 자기 파멸의 길

C. 하나님의 자녀는 예수의 십자가의 피로 영원한 속죄를 [illegible].
1. [illegible] 누구
2. [illegible] 더 큰 [illegible] 수 있는 [illegible].
"[illegible] ?
[illegible] (이미 [illegible])
3. 요 6:7
4. 여호수아의 자비로 돌아가라 (아간의. [illegible]. [illegible]. [illegible]).
여기에 예수의 십자가 있다. [illegible]
[illegible] 바로서 [illegible].
오늘 우리의 [illegible] X의 십자가 [illegible]

[illegible]: [illegible] 교회의 기쁨.

하나님은 당신을 사랑하십니다.

1978년 12월 31일 주일 낮 예배

송년의 반성

(눅 13 : 1- 9)

나하고 같이 1938년에 태어났던 사람들 가운데서 내 주변에 이미 세상 떠난 사람들이 많이 있고 국민학교에 같이 책상에 앉아서 공부하던 형제들 가운데서도 이미 세상 떠난 사람들이 있고 또 내가 지금 조사를 안 해봐서 모르지만 나하고 중학교에서 또 고등학교에서 같이 공부하던 젊은이들 중에 아직 세상에 남아 있는 사람이 몇 사람인지도 모르겠어요. 나이가 40에 접어들기 시작하면 주변에 있던 사랑하는 사람들이 하나씩 하나씩 떠나가는 것이 점점 우리의 숙명으로 나타납니다.

1. 그 때 마침 두어 사람이 와서 빌라도가 어떤 갈릴리 사람들의 피를 그들의 제물에 섞은 일로 예수께 아뢰니

2. 대답하여 이르시되 너희는 이 갈릴리 사람들이 이같이 해 받으므로 다른 모든 갈릴리 사람보다 죄가 더 있는 줄 아느냐

3. 너희에게 이르노니 아니라 너희도 만일 회개하지 아니하면 다 이와 같이 망하리라

4. 또 실로암에서 망대가 무너져 치어 죽은 열여덟 사람이 예루살렘에 거한 다른 모든 사람보다 죄가 더 있는 줄 아느냐

5. 너희에게 이르노니 아니라 너희도 만일 회개하지 아니하면 다 이와 같이 망하리라

6. 이에 비유로 말씀하시되 한 사람이 포도원에 무화과나무를 심은 것이 있더니 와서 그 열매를 구하였으나 얻지 못한지라

7. 포도원지기에게 이르되 내가 삼 년을 와서 이 무화과나무에서 열매를 구하되 얻지 못하니 찍어버리라 어찌 땅만 버리게 하겠느냐

8. 대답하여 이르되 주인이여 금년에도 그대로 두소서 내가 두루 파고 거름을 주리니

9. 이 후에 만일 열매가 열면 좋거니와 그렇지 않으면 찍어버리소서 하였다 하시니라

송년을 하는 마당에서 몇 가지 우리 회고하는 의미로 이 본문을 택했습니다. 그저 특별한 제목을 정하기 보다도 이 본문에서 나오는 그대로 우리가 몇 가지를 좀 생각해보고 싶습니다. 먼저 제가 이 본문의 그 내용에서 좀 설명할 것이 있군요. 그러니까 제가 먼저 본문 설명을 해 드립니다. 어떤 사람이, 유대인이 예수님에게 와서 끔찍한 사건 하나를 보고를 했습니다. 그것이 뭐냐하면 당시 유대 나라는, 예루살렘은 식민지였는데 그때 유대 나라를 지배하던 총독이 빌라도였습니다. 그런데 갈릴리 사람들이 예루살렘에 와가지고 특별히 제사를 지내고 있는 중에 빌라도가 군인들을 보내가지고 숫자는 얼마 정도 되는지는 모르지만 상당한 수의 갈릴리 사람들을 학살을 한 것 같습니다. 그것도 성전 안에 들어와서 학살을 한 것 같습니다. 이것은 대단히 참 끔찍한 사건이고 유대 나라에서는 결코 있을 수 없는 사건인데, 어떻게 해서 이런 사건이 일어났는지 지금 전혀 설명이 없으니까 우리가 말을 하기는 곤란합니다. 당시 로마 나라도 비록 유대 나라를 식민지로 지배를 하고 있었지만 유대 나라의 종교에 대해서만은 상당히 자유를 주고 또 엄격하게 보호를 하는 입장에 있었습니다. 그런데 왜 빌라도가 이와 같은 일을 저질렀을까? 또 이방 나라 사람들은 성전 안에 들어가지를 못하는데 군인들이 왜 들어가서 이와 같은 일을 범했을까? 우리는 알 수가 없어요. 그러나 여러 학자들의 견해를 몇 가지 종합해 보면 당시 빌라도가 예루살렘에 상수도 시설을 하려고 했는데 그 상수도 시설을 위해서 자금이 필요했어요. 그래서 예루살렘에 있는 성전, 그러니까 성전 금고에서 얼마를 좀 보조해달라 이렇게 유대 나라 종교 지도자에게 청구를 했는데 그것이 조금 지나친 액수였나 봅니다. 결국 빌라도와 유대 나라 사람들 간에 재정 문제 때문에 갈등이 일어나고 결국은 대립이 되었다고 그럽니다. 그런데 특히 이스라엘 민족 가운데서도 그 혁명적인 기질이, 전투적인 기질이 강한 사람들이 어디 사람이냐 하면 바로 갈릴리 사람들입니다. 이 갈릴리 사람들이 특별히 예루살렘에 와서 제사를 지냈는데요. 겉으로는 제사라고는 하지만 뭔가 자기들끼리 어떤 모의를 한 것이 틀림이 없다고 보는 것이 좋겠습니다. 그리고 그 정보가 빌라도에게 들어가니까 빌라도가 자기 부하들을 마치 예배 참석하는 사람들처럼 전부 다 위장을 시키고 성전 안에 무기를 들고 들여보냈습니다. 그리고 제사를 지내는 동안, 갈릴리 사람들이 마음을 놓고 무장을 해제하고 있을 틈에 습격을 한 것으로 보통 보고 있습니다. 갈릴리 사람들은 비록 유대 나라가 로마 나라의 식민지이기는 하지만 항상 그 민족의 독립을 기다리고 있었기 때문에 웬만한 청년들은 다니면서 꼭 몸에다가 무기를 갖추고 다녔다고 그럽니다. 갈릴리 사람들은요. 그래서 비상시에는 항상 대결을 할 수 있도록 그렇게 준비가 되어있었다고 합니다. 그러니 심지어 이 사람들이 제사를 지내는 시간에도 몸에는 분명 무기가 있었을 것이 틀림이 없는데도 워낙 예상 외의 습격을 받았기 때문에 그저 제대로 대항 한 번 못하고 성전 안에서 그냥 무참하게 학살을 당한 것 같습니다. 그러나 우리가 이 설명을 뭐 백 프로 신용은 할 수 없습니다. 왜냐하면 성경 자체가 전혀 그 내용에 대해서 언급을 하고 있지 않기 때문에 그 당시의 역사적인 여러 가지 증거를 고찰해서 우리가 이와 같이 추리를 하는 거죠. 정확한 것은 우리가 잘 모릅니다.

그다음에 또 하나의 사건이 있었는데 이것은 예수님께서 누구에게 보고를 받아서 여기에 첨가시킨 것이 아니고 앞에 있는 이 예루살렘의 갈릴리 사람 학살 사건과 비교해서 예수님이 알고있는 사건 하나를 더 첨가했습니다. 그것이 뭐냐? 실로암은 연못입니다. 베데스다 못 가라고도 그러죠. 즉, 베데스다나 실로암이나 같은 말인데요. 그 못 가에 망대가 있는데 그 망대가 어떻게 해서 허물어졌는지 모르지만 그 망대가 허물어지면서 못에서 목욕하는 사람들을 많이 죽였습니다. 주로 성전에서 제사를 드리기 위해서 많은 사람들이 여기 와서 몸을 씻는 습관이 있다고 그럽니다. 그런데 이 목욕하는 사람들 외에 우리가 베데스다 사건을 보면 알지만은 많은 병자들이 이 물이 한 번 동할 때 들어가면 병이 낫는다는 어떤 전설 때문에 병자들도 상당수 와서있는데 이런 장소에서 그만 망대가 무너져내렸으니까 사고가 크게 날 수 밖에 없죠. 그래서 18명이라는 숫자가 그 망대 사건 때문에 생명을 빼앗겼다.

이 두 가지를 지금 예수님께서 말씀을 하고 계시는데 이 사건들을 예수님에게 보고를 하는 그 사람들의 심리 상태는 뭐냐 하면요. 참 유대 나라 사람들이 그런 면이 강해요. "예수님 그 사건에 말려서 그렇게 생명을 잃어버린 사람들은 얼마나 죄가 많길래 그와 같은 사건이 일어납니까?" 하는 그런 내적인 암시를 분명히 가지고 예수님에게 이 사건을 보고를 한 것입니다. 그러므로 예수님이 그 마음을 아시고 분명히 말씀했죠. "성전에서 죽은 갈릴리 사람들이 너희들보다 죄가 더 많아서 죽은 줄 아느냐? 그렇지 않다. 너희들도 회개하지 아니하면 이와 같이 망한다. 그다음에 실로암 연못 가에서 정신없이 목욕을 하고 있던 사람들이 갑자기 망대가 무너짐으로 그 아까운 생명들이 18명이나 빼앗겼는데 그러면 그 사람들이 그 사고를 당한 것은 너희들보다 죄가 더 많아서 그러느냐? 아니다, 죄가 더 많아서가 아니다. 내가 분명히 말하는데 너희들도 회개하지 아니하면 이와 같이 망하리다." 예수님이 이 가르침을 더 보충하기 위해서 6절 이하에 비유를 하나 들었습니다. 무화과나무를 심은 과수원 지기가 있습니다. 그런데 3년 동안 와서 열매가 맺히나, 열매가 맺히나 보아도 열매가 안 맺혀요. 그러니 무화과나무를 심은 사람으로서는 화가 날 수 밖에 없죠. "이것 당장 잘라버려라." 과수원을 지키는 농사짓는 분에게 그 이야기를 했더니 농사짓는 사람이 대단히 마음이 좋은 사람이에요. 주인보고 사정을 합니다. "아니에요 3년을 기다렸지만 우리 1년만 더 참아봅시다. 제가 정성껏 거름을 주고 물을 주고 해서 꼭 열매가 맺도록 해보겠습니다. 1년만 더 참아보시고 1년이 지나도 열매가 안 맺히면 그때 주인이 원하시는 대로 처분하십시오." 여기서 주인은 하나님이고 과수원을 관리하고 농사를 짓는 분은 예수님을 의미하고 그다음에 열매를 못 맺는 무화과나무는 누구를 비유합니까? 예 우리들을 비유합니다. 그러니까 이제 1절부터 9절까지 모든 내용을 한 평면 위에다 놓고 우리가 조용히 생각해보면 여러 가지 생각할 점이 있습니다.

첫째로 우리가 생각할 것은 1978년에도 우리 주변에는 하나님께서 경고하시는 많은 사건들이 있었다는 점을 우리가 기억을 해야 합니다. 생각지도 못한 어떤 사건 때문에 목숨을 빼앗기는 사람들도 많이 있습니다. 또 지진 때문에 세상을 떠난 사람도 많이 있습니다. 몸이 그렇게 건강했는데 생각 밖에 갑자기 중병이 들어가지고 짧은 시간 안에 목숨을 잃어버린 사람들도 많이 있습니다. 우리 주변에는 갖가지 여러 가지 사건 혹은 비극적인 어떤 문제를 통해서 하나님께서 지난 1978년 한 해 동안 우리에게 경고하셨습니다. 무엇을 경고하셨느냐? 회개하라 회개하라. 너희도 회개하지 아니하면 이와 같이 망할 때가 있다. 그 사람들이 죄가 많아서 갔는지 그 사람들이 어떻게 해서 그와 같이 비극을 당했는지 그거 가지고 묻지 마세요. 그것은 하나님에게 속한 문제입니다. 어떤 사람은 죄 때문에 가는 사람도 있습니다. 왜냐하면 하나님께서 마지막 심판 때 모든 죗값을 다 다루시기로 작정하고 계시지만은 그러나 현실에서 보응을 하시는 경우도 많이 있습니다. 왜냐? 성경적으로 조사해보면 왜 하나님께서 어떤 사람은 현실에서 가만히 두고 어떤 사람은 현실에서 보응을 하시느냐? 보응하시는 이유가 있어요. 남아있는 사람들에게 경고하시는 겁니다. 하나님이 살아계신다는 거 경고하시는 거예요. 이 세상은 악이 전부 지배하는 세상이 아니라 하나님의 의가 지배한다는 것을 보여주시기 위한 경고입니다. 이스라엘 민족이 두 파트로 갈라졌죠. 우리나라가 마치 이북으로 이남으로 갈라지듯이 갈라졌는데. 갈라져가지고 위쪽은 이스라엘이라고 그러고 남쪽은 유대 나라로 상당한 기간 동안 서로 대치되어가지고 내려왔어요. 그런데 마지막에 어느 나라가 먼저 망했느냐면은 북쪽에 있는 이스라엘이 먼저 망했습니다. 앗수르에게 망했어요. 유대 나라가 망하기 약 반세기 전에 망했습니다. 그리고 성서에서 분명히 말씀하기를 “왜 이스라엘의 백성이 너희 유대 나라 사람보다 먼저 망했는 줄 아느냐? 유대 나라에 사는 너희들에게 경고하기 위해서 내가 그들을 먼저 망하도록 했다”고 하나님께서 분명히 설명했습니다. 예 하나님이 사랑하는 자들을 경고하기 위해서 하나님이 살아계신다는 것을 보여주기 위해서 우리 주변에 이와 같은 사건들이 왕왕 일어나고 있다는 것을 잘 아셔야 합니다. 물론 이와 같은 사고를 통해서 가는 사람들이 죄하고 관계 없는 사람들도 있습니다. 참 신앙이 좋은 사람이 가는 경우도 있습니다. 그래서 세계에서 가장 풀기 어려운 수수께끼는 고통의 신비입니다. 알 수가 없어요. 하나님께서 왜 이렇게 하셨나? 왜 저 사람에게는 저렇게 하셨느냐? 왜 이 사람은 이렇게 안 하시느냐? 우리 인간 같으면 모두 다 구별을 할 수 있는 사건인데 하나님에게는 그런 것이 별로 나타나지 않아요. 어떤 때는 의인도 데리고 가시고 어떤 때는 죄가 많은 사람이 그 죗값을 받아가지고 세상에서 떠나는 경우도 있어요. 그러나 목적은 하나입니다. 뭐냐? 하나님이 살아계시는 것을 우리에게 보여주는 것이고 그다음에 우리에게 경고하시는 겁니다. 회개하도록 우리에게 경고하시는 것입니다.

앞으로 1979년을 맞고 또 점점 세월이 옴에 따라서 우리에게 이와 같은 경고가 대단히 잦아질 것입니다. 왜냐하면 마태복음에 보면 분명히 예수님께서 말세에는 이상한 사건들이 많이 일어난다고 그랬습니다. 한마디로 비극적인 사건들이 많이 속출한다고 그랬습니다. 벌써 지진에 대해서는 전혀 생각도 안 했던 우리나라에까지 벌써 지진 문제가 큰 두통거리로 대두가 되고 있습니다. 24장에 보면, 마태복음 24장에 보면 전 세계가 지진 때문에, 기근 때문에, 전쟁 때문에 사랑이 식어서 오는 인간의 잔인성 때문에 인간들이 고통을 당하고 많은 사람들에게 경고가 되겠다고 미리 예수님이 내다보셨습니다. 우리가 앞으로 몇 년을 더 살지는 모르지만 우리 앞날에는 하나님이 경고하시는 이 경고의 음성, 경고의 종소리가 점점 더 잦아질 것입니다. 이것을 우리가 각오하고 있어야 돼요. 그러면 우리가 이런 상황 속에서 깊이 반성해야 될 것이 뭐냐? 나에게도 시간은 영원한 것이 아니라는 것입니다. 주님이 분명히 말했습니다. "너희들도 만일 회개치 아니하면" 하는 말은 조건부예요. 또 과수원 지기를 보아도 "1년만 더 참으십시오" 하는 것도 조건부입니다. 남아있는 사람들에게 하나님이 경고를 하시는데 그들에게 시간을 무한정 주고 경고하시는 것이 아니라 우리에게도 똑같이 시간의 제한을 두고 경고하신다는 사실을 우리가 알아야 됩니다. 그러면 여러분들이 생각하실 거예요. "거, 우리는 다 예수 믿고 하나님의 자녀가 되고 죄 사함 받고 이제 하나님의 나라를 위해서 사는 사람들인데 뭐 회개할 것이 그렇게 많고 뭐 그렇게 경고가 대단히 심할까?" 예, 그 말씀은 옳은 말씀이에요. 우리에게는 예수 안 믿는 사람들에 비해서 너무 큰 축복을 받고 있기 때문에 어쩌면 이 말씀하고 관계가 없을는지도 모릅니다. 지금 여기서 열매를 기다리는 주인이 몇 년을 기다렸다고 그랬습니까? 3년을 기다렸다고 그랬죠? 이것은 누구를 의미할 거 같아요? 예수님이 공적 생활 시작하고 나서 3년 동안 복음을 유대 백성들에게 자꾸 전하고 전하고 했지만 이 사람들이 돌아오지를 않아요. 그러니까 3년 동안 기다리는데 열매가 없는 겁니다. 그래서 예수님께서 또 한번 하나님에게 1년만 더 달라는 것과 같지요. 예 우리가 이렇게 해석을 하면 이 본문은 예수 믿는 사람들에게 그렇게 적응이 안 될 거 같습니다. 그러나 우리가 1978년 1년을 다 보내고 나서 이제 마지막 하루 남아있는 이 마당에서는 이 본문이 우리에게 적용이 돼야 됩니다. 적용이 되어야해요. 제가 지난 한 주간 동안 시간이 나면 이 본문을 내놓고 자꾸 읽어보는데 참 제 자신도 마음에 걸리는 것이 대단히 많았어요. 예수님의 사랑을 생각하면 참 감사하고 주님이 오늘도 하나님 앞에서 그가 흘린 그 보혈의 피를 보여 주시면서 "하나님 옥 목사에게 비록 부족한 거 좀 있고, 옥 목사에게 아직도 회개가 안 되는 점도 좀 보이는 거 같고, 여러 가지 면에서 하나님이 기대하는 것만큼 못한 거 있지만 하나님 옥 목사를 1년만 더 참아주십시오. 내가 더 가꾸어주겠습니다." 그러한 간절한 기도를 해주는 분이 누구입니까? 바로 예수님입니다. 그분이 지금 하나님 앞에 계세요. 그래서 그분을 생각하면 "주여 감사합니다." 나하고 같이 1938년에 태어났던 사람들 가운데서 내 주변에 이미 세상 떠난 사람들이 많이 있고 국민학교에 같이 책상에 앉아서 공부하던 형제들 가운데서도 이미 세상 떠난 사람들이 있고 또 내가 지금 조사를 안 해봐서 모르지만 나하고 중학교에서 또 고등학교에서 같이 공부하던 젊은이들 중에 아직 세상에 남아있는 사람이 몇 사람인지도 모르겠어요. 나이가 40에 접어들기 시작하면 주변에 있던 사랑하는 사람들이 하나씩 하나씩 떠나가는 것이 점점 우리의 숙명으로 나타납니다. "그런데 하나님 나를 오늘도 지켜주시고 오늘도 나를 건강하게 해주시고 또 이렇게 붙드시는 이유가 뭡니까? 1년을 더 참아주시는 이유가 뭡니까?" 예수 그리스도가 하나님 앞에서 나를 위해서 기도하고 계신다는 걸 제가 압니다. 부족한 거 있지만 기도하고 계신 것을 제가 압니다. 아마 여러 형제들에게도 마찬가지입니다. 여러분 다 예수 믿으시는 분들이죠. 예수님이 당신을 위해서 십자가에서 못 박혀 돌아가셨어요. 그분은 당신을 위해서 생명을 주신 분이요. 자기의 생명을 주고 샀기 때문에 여러분은 그만큼 귀한 분들입니다. 그러므로 하나님 앞에서 예수님은 매일 기도합니다. "하나님 저 형제 좀 부족한 거 있지만 1년만 더 참아주십시오. 저 사람 아직 마음이 열리지 않고 예수를 아직도 바로 받아들이지 못하는 점 있지만 그러나 가능성은 있으니까 1년만 더 참아주십시오. 저 사람 아직도 죄에 빠져가지고 빠져나오지 못하고 날마다 허둥대고 고통하는 거 있지만 하나님 내가 저 형제를 위해 십자가에 못 박혀 죽지 않았습니까? 그러니 1년만 더 참아주십시오." 그 기도를 지금 예수님이 하고 계세요. 그러니까 예수님이 이와 같이 나를 위해서 기도하신다고 생각하면 "아이고 나는 이제 예수님 있으니까 됐다. 괜찮다." 이렇게 생각하고 가만히 있으면 안 돼요. 나도 회개할 거야. 회개를 해야 대접이죠. 그렇지 않겠어요? 예. 마태복음 12장 33절 한번 찾아보십시다. 마태복음12장 33절. '그 실과로 나무를 아느니라.' 분명히 신자의 생활에는 열매가 있어야 됩니다. 저는 이렇게 봅니다. 나무는 뭡니까? 믿음입니다. 열매는 뭡니까? 믿음을 가진 사람에게 나타나는 결과입니다. 그러므로 나무를 판단하기 전에 열매를 가지고 판단해야 나무의 평가를 할 수 있어요. 나무가 좋으면 열매도 좋을 거지요. 열매가 좋으면 나무도 좋을 거지요. 하나님께서는 우리에게 분명히 열매를 요구하는 것이 있습니다. 하나님이 요구하는 열매가 있어요. 한 곳 더 찾아봅시다. 요한복음15장 1절. 예 오늘은 마지막 주일이니까 저도 감회가 깊습니다. 그저 차근차근 우리 대화하는 식으로 좀 성경 찾아보면서 한번 생각을 해보세요. 여러분 나름대로, 여러분이 생각을 하시라고요. 요한복음 15장 1절, 또. 예 보세요. 여기서 참 포도나무는 예수님이죠. 그 포도나무의 가지는 누구입니까? 예수 믿는 사람들이죠. 그래서 그 포도나무에 가지가 지금 붙어있어요. 그런데 재미있죠? 재미있는 거 보다 이건 참 비참하죠. 똑같이 예수에게 붙어있는 가지인데 하나는 열매가 있고 하나는 열매가 없어요. 그렇죠? 6절 보세요. '사람이 내 안에 거하지 아니하면 가지처럼 밖에 버리워 말라지나니 사람들이 이것을 모아다가 불에 던져 사르느니라.' 예수 믿는다고, 꼭 예수 안에 붙어있었던 사람 중에서 열매를 안 맺으면 그것을 예수님이 나중에는 커트해버립니다. 잘라버리는데, 잘라버리면 어떻게 되느냐? 다섯 가지 운명이 그대로 나오죠. 성경에 나타나는 대로. 먼저 가지처럼 밖에 버려집니다. 그다음에 말라집니다. 둘째는 모아모아 모읍니다. 그다음에는 던집니다. 그다음에는 사릅니다. 참 우리가 참 주의를 하지 아니하면 안 되는 것이에요. 교회 안에 들어와 있다고 해서 모든 사람이 다 안심하는 것은 아닙니다. 분명히 가지가 예수님에게 붙어있는 것은 사실인데 이상하게 하나는 열매를 맺는데 하나는 안 맺는 가지가 있다. 그럼 왜 안 맺을까? 예 회개가 안 되어있다는 문제죠. 죄의 속성 가운데, 죄의 정의 가운데 하나가 이겁니다. 죄가 뭐냐? 하나님이 기대하는 것만큼 미치지 못하는 것이 죄다. 죄의 정의 중에 그런 것이 하나 있습니다. 하나님이 목표를 정해놓고 기대하는 것만큼 미치지 못하는 것이 죄다. 열매가 뭘까요? 하나님이 구원해서 이미 우리를 불러주셨는데 하나님이 원하는 것만큼의 수준이 있을 거예요. 또 원하는 것만큼 목표가 있을 거예요. 그런데 거기에 미치지 못하는 거. 이것이 죄라고 그랬습니다 성서에서는. 지난 1978년 한 해 동안 옥 목사로부터 시작해서 우리 전부가 한번 깊이 반성해보세요. 하나님이 나에게 원하는 어떤 수준이 있었을 겁니다. 하나님이 바라는 어떤 목표가 있었을 거예요. 지금 거기에 내가 미흡했는지 아닌지 봅시다. 밸드사살이라는 왕이 있었습니다. 그 왕은 바빌론의 왕입니다. 바빌론의 왕은 하나님께서 특별히 간섭을 하는 왕들입니다. 왜냐하면 이스라엘 백성들을 그 나라에 맡겼기 때문입니다. 유대 나라를 그 나라에 맡겼기 때문입니다. 그러므로 바빌론에 있는 다리오왕이라든지 느브갓네살왕이라든지 밸드사살왕이라든지 나중에 아슈에로왕이라든지 고레스왕이라든지 모든 왕들을 보면 하나님이 특별한 간섭하는 왕들입니다. 그런데 밸드사살왕을 한번 보세요. 건방지게 자기가 왕이 되었다고 해가지고 성전에 있는 그릇들을 전부 다 가지고 와서 여자들 앉혀놓고 여자들 앞에서 또 다른 귀부인들 앞에서 자기의 그 명예로운 권세를 자랑하느라고 술을 마시다가 벽에 손가락이 나타나서 벽에다 글을 쓰는 것을 보았습니다. 손가락만 나타나서 벽에다 글을 써요. 성경에 보면 왕이 얼마나 놀랬는지 그것을 보고는 두 다리가 후들후들 떨려가지고 뼈 마디가 녹아내렸다고 그랬어요. 무슨 글인지 모르겠어요. 다니엘을 불렀습니다. 저 글을 해석해달라고 그랬어요. 뭐죠? '매네 매네 대겔 우바루신.' 맞아요. 매네 매네 대겔 우바루신. "왕이여 내가 당신에게 이것을 설명해드리리라." 매네 매네 대겔 우바루신. 다른 건 다 그만두고 '대겔' 이것은 하나님이 왕을 저울에 달았는데 어떻다고 그랬어요? 좀 모자란다고 그랬어요. 하나님이 당신을 달아보니까 왕으로서 적합하지를 않아. 하나님이 요구하는 수준에 오르지를 못해. 무게가 덜 차. 그래서 '우바루신.' 당신의 나라를 다른 사람에게 돌립니다. 그날 저녁에 그 왕이 죽었습니다. 우리에게도 대겔이라는 문제가 있을 수 있습니다. 하나님께서 여러분을 1년 참고 2년 참고 3년 참으면서 예수를 믿을 수 있는 분위기를 만들어주시고 하나님 앞에 헌신할 수 있는 분위기를 만들어주시고 여러분 생활에서 그리스도를 위해서 살 수 있는 분위기를 만들어주면서 기다리는데 하나님의 어떤 목적 선이 있어요. 그런데 1년이 지나가도 그 목적을 이루지 못하고 2년이 지나가도 그 수준에 전혀 오르지 못하고 3년이 지나가도 그 모양 그대로에요. 이것은 분명히 대겔입니다. 저울에 달아서 모자라요. 이런 사람을 일컬어서 열매가 부족한 사람이라고 그럽니다. 열매가 부족한 사람.

그러면 하나님이 원하시는 열매가 무엇입니까? 첫째 인격적인 열매가 있습니다. 크리스천에게는 꼭 인격적인 열매가 있습니다. 갈라디아서 5장 22절 찾아보십시다. 페이지 308페이지 신약. 다 같이 한번 읽어 봐요. 308페이지. 5장 22절. '오직 성령의 열매는 사랑과 희락과 화평과 오래 참음과 자비와 양선과 충성과 온유와 절제니 이 같은 것을 금지할 법이 없느니라.' 그리스도 예수의 사람들은 육체와 함께 그 정과 욕심을 십자가에 못 박았느니라. 예수 믿는 사람은 어떤 사람이냐? 정과 욕심을 십자가에 이미 못 박아버린 사람들이에요. 그러므로 정력이 그 사람을 지배할 수가 없어요. 욕심이 그 사람의 왕이 될 수가 없어요. 이미 예수님이 십자가에 못 박혀 돌아가셨을 때 우리의 정과 욕심은 그 때 죽었어요. 그러므로 정과 욕심이 이미 사형 선고를 받았기 때문에 예수님을 그의 마음에 영접한 하나님의 자녀들은, 중생받은 하나님의 자녀들은 자동적으로 다른 열매가 맺히게 되어있어요. 그것이 성령의 열매입니다. 제일 최고의 열매는 사랑이에요. 그다음에 하나 하나 내려오는데 여러분 이것이 전부 따로 나누어졌다고 생각하지 마십시오. 따로 나누어진 거 아닙니다. 어떤 사람은 성령께서 사랑의 열매를 특별히 맺게 해주시고 어떤 사람은 화평의 열매를 많이 맺게 해주시고 뭐 어떤 사람은 겸손의 열매를 많이 맺게 해주시고 마치 약방에 있는 주인이 감기 들었다면 감기약 내주고 두통 나면 두통약 내주고 하던 식으로 성령이 이렇게 나누어주는 것이 아닙니다. 우리 안에 누가 계시나요? 성령이 계시죠. 우리 안에 누가 계시나요? 예수님이 계시죠. 예수님이 계시는 사람은 이 아홉 가지 열매가 전부 골고루 골고루 나타나게 되어있어요. 이것은 한 사람의 인격적인 열매입니다. 지난 한 해 동안 어떻습니까? 이것을 보고 우리는 영적 성장의 결과라고 그러는데요. 우리가 영혼이 자꾸 자라면, 영적으로 성장하면 어린애 때 일은 자꾸 버리고 점점 어른으로 성장되는데 어른으로 성장되면 우리의 인격이 이와 같은 열매가 나타나게 되어있어요. 골고루 골고루 갖추어집니다. 여러분 사랑이 있나요? 희락이 있나요? 마음의 화평이 있어요? 오래 참는 인내심이 있나요? 다른 사람에 대해서 자비하고 온유합니까? 그리고 주님의 나라 위해 충성합니까? 또 쓰고 싶은 거, 먹고 싶은 거 있어도 절제할 줄을 압니까? 여러분, 어때요? 이런 생활을 가만히 한번 보면은 내가 하나님 앞에 어느 정도 인격적으로 지금 열매가 맺어지고 있느냐를 여러분들이 스스로 평가하셔야 돼요. 1978년도에 하나님이 원하는 어떤 수준이 있었을 겁니다. 우리 교회가 특별히 제자 훈련에 역점을 두는 이유가 바로 여기에 있습니다. 성경을 가르치려고 하고 같이 하나님 앞에 충성하려고 하고 한 사람 한 사람이 주님의 나라 일을 위해서 일할 수 있는 기회를 줄려고 노력하는 이유는 영적 성장이 중요하기 때문입니다. 신자가 영적으로 성장하지 못하면 문제가 큽니다. 그런데 여기서 재미있는 거 있지요. 제일 중요한 열매는 믿음 같은데 믿음이 있어요 없어요? 믿음은 예수 믿는 사람이면 누구나 다 가지는 겁니다. 여러분 믿음 하나도 제대로 유지를 못 해가지고 절절매죠. 믿음은 가장 초보예요 초보. 예. 믿음은 가장 초보예요. 그런데 예수를 믿고 10년, 20년이 가도 믿음 하나 제대로 유지하지 못해서 절절맨다고. 나머지는 어떻게 하실 거예요? 열매가 전혀 없어. 베드로후서도 보세요 한번. 베드로후서 1장. 384장, 384페이지. 4절 제가 봅니다. 1장 4절. '이로써 그 보배롭고 지극이 큰 약속을 우리에게 주사 이 약속으로 말미암아 너희로 정욕을 인하여 세상에서 썩어질 것을 피하여.' 무슨 성품에 참예하는 자가 된다고요? '신의 성품.' 예수 그리스도의 성품에 참예하는 자가 되게 하는 것. 그 예수님의 성품에 참예하는 자가 되게 하기 위해서 필요한 것들이 뭐냐? 첫째는 뭐죠? 믿음입니다. 제일 기초예요 기초. 1학년이에요, 1학년. 믿음 외에 이제 필요한 것이 얼마나 나옵니까? 덕, 지식, 절제, 인내, 경건, 형제 우애, 사랑. 사랑이 최고죠. 그런데 아직도 우리 믿음의 문제가 1년이 다 가도 해결이 안 되고 있다면 나머지 문제는 이제 영원한 겁니다. 이런 사람을 보고 열매가 아직도 없다고 그럽니다. 그러므로 사랑하는 교우 여러분들 우리가 하나님 앞에 겸손하게 마음을 열고 마음으로 여러분 고백하세요. "주여 하나님은 나에게 열매를 요구하시는데 열매를 맺기 위한 믿음 자체도 지금 제대로 안 되어있습니다. 그러니 무슨 열매가 나타나겠습니까? 주여 이 문제를 해결해주시옵소서. 금년에는 내가 제대로 살지 못했지만 한 해만 더 주님이 기회 주시면 내가 정신을 차리겠습니다" 하는 마음의 간절한 기도가 있어야 합니다.

그다음에 또 무슨 열매가 필요하냐? 지금까지는 인격적인 열매를 이야기했어요. 그다음에는 무슨 열매가 필요하냐? 헌신의 열매가 필요합니다. 생활의 열매입니다. 로마서 12장 1절 2절입니다. 페이지 256 페이지. 다 같이 우리 소리 내서 생각하면서 읽읍시다. 이것은 우리가 예수 믿는 사람으로서 생활을 어떻게 하나님 앞에 드려야 하느냐 하는 생활의 열매입니다. '그러므로 형제들아 내가 하나님의 모든 자비하심으로 너희를 권하노니 너희 몸을 하나님이 기뻐하시는 거룩한 산 제사로 드리라 이는 너희의 드릴 영적 예배니라. 너희는 이 세대를 본받지 말고 오직 마음을 새롭게 함으로 변화를 받아 하나님의 선하시고 기뻐하시고 온전하신 뜻이 무엇인지 분별하도록 하라.' 하나님의 뜻을 분별해서 너희 몸을 거룩한 산 제사로 드리라고 그랬어요. 이것이 열매입니다.

이제 마지막으로요. 우리가 금년을 보내면서 몇 가지 회개할 것을 찾아보십시다. 저는 세 가지를 들고 나왔습니다. 참 저도 회개하고 싶은 문제입니다. 저는 목사지만은 아직까지 인생관이 정확하게 정립이 안 되어있다고 자꾸 느낍니다. 어떤 인생관입니까? 그리스도의 인생관. 그리스도의 인생관. 그리스도의 인생관을 여러분이 생각할 때 성경 어디에서 찾을 수 있습니까? 저는 항상 고린도 후서 5장 15절을 생각합니다. 고린도 후서5장 15절. 항상 이것은 그리스도인의 인생관을 이야기하는데요. 저 자신이 목사지만은 아직도 여기에 미흡하다고 생각합니다. 왜냐하면 나의 마음속에 지금도 불결한 것들이 많이 있는 것을 보기 때문입니다. 좀 더 순수하지를 못한 것이 저의 탄식이에요. 인생관이 바로 정립되지 못한 거 여러분 회개해야 합니다. 우리는 하나님의 사람이에요. 같이 읽어 봅시다. 15절 다 같이요. '저가 모든 사람을 대신하여 죽으심은 산 자들로 하여금 다시는 저희 자신을 위하여 살지 않고.' 자 분명히 합시다. 우리는 우리 자신을 위해서 살아야 합니까? 살지 않아야 합니까? 살지 않아야 합니다. 나를 위해서 생을 보내지 말아야 합니다. 나를 위해서 시간을 낭비하지 말아야 합니다. 나를 위해서 물질을 쓰지 말아야 합니다. 이것이 예수 믿는 사람의 인생관이에요. 그러면 어떻게 하라는 거예요? 그다음에 '오직 저희를 대신하여 죽었다가 다시 사신 자를 위하여 살게 하려 함이니라.' 예수 그리스도가 우리 생의 초점이요 우리 생의 목적이요. 우리 인생을 사는 최고의 소망입니다. 여러분은 1978년에 누구를 위해서 사셨나요? 하루 24시간, 24시간, 24시간 보내면서 여러분 목적이, 인생의 근본적인 목적이 인생의 근본적인 초점이 인생의 궁극적인 스탠다드가 어디에 가서 있었습니까? 그렇다고 해서 자녀를 못 키우라는 거 아니에요. 가정을 돌보지 말라는 거 아니에요. 직장을 다니지 말라는 거 아니에요. 다 잘 해야 됩니다. 그런데 한 가지 묻자고요. 정신이 어디 가서 있었느냐 그 이야기예요. 예수 믿는 사람은 아무리 직장을 가서 뛰어도 하나님의 나라 위해서 뛰어야 합니다. 아무리 길에서 번데기 장사를 하고 다녀도 주님의 나라 위해서 해야 합니다. 아무리 자녀를 키워도 주님의 나라를 위해서 키워야 됩니다. 정신이 어디 가서 있느냐가 문제입니다. 그런데 그렇게 못하고 순전히 땅만 쳐다보고 내 욕심에 끌려가지고 생활을 했다고 한다면 우리는 금년이 다 가기 전에 회개해야 합니다. 그거 회개하지 아니하면, 여러분의 마음속에 영적인 문제가 해결이 안 되고 하나님의 축복이 오지 않습니다.

두 번째로 저는 무엇을 회개하고 있느냐 하면 시간의 문제입니다. 에베소서 5장 16절 보면, 한번 찾아보실래요? 에베소서 5장 16절 보면

'세월을 아끼라 때가 악하니라.' 세월을 아끼라 때가 악하니라. 시간을 잘 활용하고 선용하라 하는 이야기입니다. 다른 말로 하면 기회를 만들어서 유용하게 사용하라는 뜻입니다. 세월을 아끼라. 때가 악하니라. 그런데 저 자신이 시간 활용에 참 많이 실패를 하는 사람입니다. 시간은 주님이 나에게 주신 재산인데 어떻게 하면 내가 이 시간을 바로 활용할까? 1978년도 365일을 보내면서 저 자신이 시간을 하나하나 조사해보면 너무 낭비가 심했다고 제가 생각합니다. 쓸데없는 일에 너무 시간 보냈고 잠에 취해있었고. 시간 문제만 들고나오면 항상 칼빈을 생각합니다. 종교개혁자 칼빈이 일생 동안 하루 3시간 이상 자본 일이 없을 정도로 그리고 하루 두 끼 이상 먹어본 일이 없는 정도로 자기의 몸을 쳐서 복종시켜가며 잠을 아껴가면서 하나님의 복음을 증거하고 하나님의 진리를 사수하기 위해서 그 55세 평생을 받쳤습니다. 어느 누구도 그와 같이 인생을 하나님 위해서 산 사람이 없을 정도입니다. 그런데도 마지막에 죽을 때 "하나님 아버지 내가 인생을 살면서 게을렀던 죄를 용서해주시옵소서." 마지막 임종에 그 이야기를 했습니다. 그렇게 산 사람도 마지막에 죽을 때 "하나님 나의 게을렀던 죄를 용서해주옵소서." 1978년도 우리가 시간 보내면서 얼마나 게을렀고, 얼마나 쓸데없는 일에 시간 낭비하고, 하나님 앞에는 내 시간을 얼마나 인색하게 받쳤는가 한번 여러분들이 깊이 회개하고 반성해야 합니다. 요사이는 컴퓨터가 발달을 해서 그런지 재미있는 이야기도 자주 나오는데 인생 일대기를 70년으로 삼으면 뭐 15년은 엄마 밑에서 철없이 지낸다고 시간 다 보내고 20년은 잠자는데 보내고 그렇게 되나요? 자는 시간이 한 20년 되는 거 같아요. 또 5년은 늙어서 할 일 없이 그저 노년기를 보내고 15년은 먹고 마시고 그저 시간 엔조이하는데 보내고 나면 남는 것이 고작 15년이라지요? 일을 좀 할 수 있는 기간이 인생 70년에 15년밖에 없다지요. 우리가 자주 듣는 이야기 아니에요? 그것도 텔레비전을 많이 보는 사람은 7, 8년을 거기에 뺏긴다지요. 그러니까 남는 기간은 결국 한 6년 그저 한 7년 하나님을 위해서 우리가 인생을 살겠다 해도 해도 인생 전체를 놓고 따져보면은 그건 전체 십 분의 일에 미칠까 말까 합니다. 그러니 저는 우리 교회 신자들에게 부탁합니다. 지금은 우리 교회의 기초를 닦는 시간입니다. 여러분 시간 활용 잘 하십시오. 제일 중요한 건 나의 영혼을 위해서 시간을 바로 활용하는 겁니다. 그다음에 하나님을 위해서 내 시간을 바로 활용하는 겁니다. 오늘 제가 이제 대충 몇 가지를 말씀드렸습니다. 금년 한 해 동안 많은 사고가 있었지만은 우리를 돌보아주신 하나님 앞에 감사합시다. 그리고 우리에게 시간 주시고 기회 주시고 자꾸 참으시면서 우리의 연약한 것을 보충해주시기를 원하시는 주님 앞에 감사합시다. 그리고 또 1년을 우리에게 주시기로 작정하고 계시는 하나님 앞에 감사해야 합니다.

11. 최근 들어 예수를 본받자는 메시지가 볼륨을 높이고 있다. 나
우엔/우리들의 영적 생활에 있어서 커다란 도전은 우리 자신
이 예수님과 같다고 주장할 수 있어야 하며 또 우리는 오늘
을 살고 있는 살아 있는 예수라고 말할수 있는데 있다.진정한
구원은 그리스도가 되는 것이다. 맥스 루카도/하나님은 당신

을 있는 그대로 사랑하신다. 그러나 그대로 두시지는 않는다
하나님은 당신이 예수처럼 되기 원하신다......

12. [illegible] 있는 우리[illegible]
[illegible] 있을까
[illegible] 있을까.

13. 콜슨/교도선교회의 사역자들에게 이런 질문을/어떻게 하면 우
리 앞에 놓여진 이 사명을 잘 감당할 수 있을까요? 그러나 그
는 즉시 수정하였다. '이 질문은 잘못 던져진 질문입니다.정말
중요한 질문은 이것입니다. 우리들이 어떤 사람이 되어야 합
니까?' 척스윈돌 목사가 그의 사역자들과 함께 늘 확인하는
지침들/지난 주에 어디서던지 사람들의 의심을 살만한 여성과
같이 있은 일이 있는가? 금전 거래를 정직하지 못하게 한 적
이 있는가? 노골적인 성적인 자료를 탐닉한 적이 있는가? 성
경공부와 기도에 적절한 시간을 보냈는가? 가정에 우선적으로
시간을 할애하는가? 소명에 따른 요구에 잘 응하고 있는가?
나 자신에게 거짓으로 대답하지는 않았는가?

14. [illegible] 인격의 수준이 [illegible]
[illegible]
[illegible]

15. [illegible] 인격이 [illegible]
[illegible]

작년에 미국 국민은 역사상 가장 치열한 대통령선거전을 치
루었다.말 그대로 박빙의 표차로 승부가 갈리는 혈투였다.
기투표에서 고어가 얼마간 앞서는가 하면 금방 부시가 앞
르는 엎치락 뒷치락이 여러 번 반복되었다. 선거전이 막바
접어 들면서 부시진영이 힘을 얻기 시작하였다. 두 후보자
대결을 벌린 티비 토론회에서 고어가 잘했다고 하는 여론
우세하였음에도 불구하고 지지도는 부시한테 밀리고 있었
기자가 그 이유를 분석/고어보다 부시가 더 인격적으로 신
가 간다는 것이었다. 부시가 훨씬 더 정직한 지도자가 될

편집자 노트 2

- 1978년도 옥한흠 목사님의 무삭제본 설교집 無편집.교정을 마치며

은보 출판사로부터 옥한흠 목사님의 육성 설교 녹취 원고 그대로를 교열 교정만 작업하면 된다는 요청을 받고 흔쾌히 원고를 받아들었다. 조금은 설레는 마음으로 그중 가장 오래된 날짜의 설교부터 천천히 읽어내려 갔다. 무삭제본이라는 출판사의 말이 있었기에 편집은 애초에 생각하지도 않고 단순한 교열 교정만 생각했던 나의 생각이 녹취 원고를 읽으면 읽을수록 점점 복잡해졌다. 가장 먼저 녹취 상태가 많은 부분에서 명확하지 않았다. 예를 들자면 '예루살렘'을 예수살렘, '아브라함의 의로움'을 아브라함의 외로움으로....이 정도는 단순 오타로 보고 얼마든지 수정이 가능한 애교 수준이었지만 진짜 심각한 부분들은 따로 있었다. 에스더서에 등장하는 하만이 들어가야 할 자리에 대신 모르드개가 있다던가, 설교의 날짜를 아예 뒤바꿔놓았었던가, 예화에 등장하는 이름들을 전혀 확인 불가의 수준으로 전혀 말이 되지 않는 다른 인물의 이름으로 써놓았었던가....그리고 무엇보다 옥 목사님이 쓰신 헬라어와 히브리어의 원어 인용에 대한 판독 불능 수준의 녹취는 신학을 잘 모르는 나 같은 사람이 감당할 수 있는 수준의 원고가 아니었다. 편집으로 거두어내지 않고 읽는 순간 옥 목사님의 육성을 듣는 듯한 설교집이 되기

위해서는 정확한 녹취의 내용이 처음이자 끝이라 생각했다. 이를 위해서는 녹취 원고를 그 당시 오디오 자료와 비교하는 길 외에는 없었다. 그러나 불행히도 녹취 파일에 해당하는 오디오 자료를 받아볼 수 없었다. 나는 은보 출판사에 이 부분을 설명하고 편집이라면 오히려 가능하겠지만 그대로 복원하는 것은 어렵다고 정중하게 거절의 의사를 전했다. 그것이 내가 존경하는 옥 목사님에 대한 예의라고 생각했다. 그러나 은보 출판사는 내게 한 달간의 시간을 요청했다. 한 달여 후 다시 수정된 녹취 원고를 받았다. 놀랍게도 중간에 끼여 내용 자체를 알 수 없도록 만들던 많은 단어들이 정체성을 찾아 깨끗하게 정리되어있었다. 문맥 흐름이 쉽게 이해되자 녹취 원고는 옥 목사님의 전매특허와도 같은 그분의 논리력으로 생생히 살아 생명력 있는 설교가 되어있었고 나는 마치 시공을 초월하여 옥 목사님 앞에 앉아 그분의 음성을 듣고 있는 것 같았다. 어느새인가 나는 말로만 들었던 테헤란로 국기원 옆 강남은평교회의 그 조그마한 예배당 안에 놓인 철제의자에 앉아 옥 목사님의 설교를 듣는 특권을 누리고 있었다. 옥 목사님 특유의 어투와 습관화되어버린 어미 사용, '.....해가지고' '....그래가지고' 등등 그리고 진심을 토로할 수밖에 없어 일침을 가하시는 말씀은 순간순간 내 마음을 아프게 찌르기도 했다. 내 앞에서 젊은 옥한흠 목사님이 쏟아내는 재미있는 예화들을 들으며 나는 웃기도 하고 또 울컥하기도 하였다. 그분께서 얼마나 한 사람 한 사람에게 관심을 가지고 있었고 또 어떤 눈으로 세상을 바라보고 계셨는지 알 수 있었다. 옥 목사님이 설교 준비에 쏟은 정성은 이미 잘 알려져 있다. 분명 수많은 자료를 연구하셨기에 나올 수밖에 없는 내용들을 보면서 그 사실이 내게 더 생생하게 다가왔다. 분명 개척교회를 시작하고 수없이 심방을 하며 오로지 혼자 정신없이 뛰어다녔어야 했을 상황(본문 내용 중에도 나옴)에도 이런 수준의 설교를 당시 준비하셨다는 사실에, 무엇보다 그분의 성실성에 나는 고개를 숙이지 않을 수 없었다. 한 번의 설교를 위해 준비하신 원고의 분량은 결코 적은 분량이 아니였다. 보통 사람이 정독하면서 읽는다면 족히 한 시간은 걸릴 분량이다. 중언부언의 그런 내용이 하나도 없고 한 단락의 길이도 상당하다. 이렇게 액기스 같은 문장들을 만들기 위해 수많은 반복과 수정을 거치셨다는 것을 준비하시면서 친필로 혹은 직접 타이핑하시고 여러 번의 수정을 한 흔적을 볼 수 있는 자료를 보면서 생생하게 느낄 수 있었다. 그런 설교를 일주일에 세 개씩 준비한 옥 목사님의 성품과 성실성에 가슴이 무거워져 뻐근해질 정도의 느낌을 받았다. 그리고 무엇보다 그 당시의 녹음 또는 녹취자료가 현재 온전히 보존되지 않은 사실이 마음 아팠다. 행여 잘못된 교정교열로 인해 옥한흠 목사님의 설교가 자칫 퇴색되지 않기 위해 열심히 보고 또 봐서 이제는 설교 내용을 어느 정도 외울 정도가 되었다. 하지만 혹시 실수하여 오기록 된 부분이 있지 않을까 노심초사 된다. 그러나 출간 일을 더 미룰 수 없으므로, 마냥 붙들고 있을 수 없어 봐도 또 아쉽고, 아쉽고 또 확인해서 완벽하게 복원하고 싶은 마음이지만 이번 1권을 마무리한다. 그러나 다음 2권은 지금부터 더 일찍부터 준비하여 지금보다는 작업하는 나 자신이 덜 아쉬워할 만큼 성의를 다하고 싶다. 그만큼 옥 목사님의 설교는 지금 바로 방향을 잃고 방황하는 현시대에 반드시 들어야 할, 읽어야 할 시금석이라 생각된다. 기독교인이 아니여도 이 책의 가치는 인간이면 이 세상을 살아야 하는 우리들에게 새겨들으면 아주 좋을 만한 큰 어른의 말씀이다. 그리고 오로지 개인적인 견해지만 이 책을 읽은 설교자들 혹은 예비 설교자들은 옥 목사님의 설교에는 오로지 한 가지 주제밖에 없다는 사실을 깨달을 수 있을 것이다. 어떤 제목으로 설교해도 결론은 오로지 '예수 그리스도의 복음'밖에 없음을 생생하게 느낄 수 있을 것이다. 설교자의 설교에는 오로지 복음만이 담겨야 한다는 그 엄중한 진리를 이 책을 손에 쥔 또 다른 설교자에게 지금 그분이 살아서 가르쳐주실 것이라 확신한다.무엇보다 어느 정도 방치되어왔던 우리 한국교회에 귀중한 옥한흠 목사님의 개척 초기 설교를 복원하고 보존하는 의미 있는 일에 작은 힘이라도 보탤 수 있어서 영광스럽고 감사하다.

이재경

恩步

無削除本

옥한흠 설교전집

Vol.1 1978年

1쇄 발행 2016년 6월 15일

지 은 이 옥한흠
펴 낸 곳 도서출판 은보

기　　획 은보 편집부
편　　집 은보 편집부
디 자 인 책을 디자인 하는 사람 Mulyeongari
영　　업 예인북

등　　록 제 124-87-43024호(2013년 9월 2일)
주　　소 (442-010) 경기도 수원시 팔달구 수원천로 255번길 6, 19호
주문 전화 (031) 975-2739
팩　　스 (0303) 0947-2739
이 메 일 jpb2739@hanmail.net

ISB N979-11-957997-2-5
ISB N979-11-957997-1-8 (세 트)

도서출판 은보는 고 옥한흠 목사가 지난 40여 년간 한 영혼을 살리는 제자훈련 목회에 매진하며 쌓은 콘텐츠를 기반으로 설립되었습니다. 그가 남긴 방대한 연구성과를 발굴 및 공급함으로 생전의 옥한흠 목사가 꿈꾸던 교회가 이 땅에 더 많이 세워지는데 밑거름이 되는 출판사가 되겠습니다.

恩步 옥한흠 無削除本 무삭제본 설교전집

1978년부터 2003년 까지